U0139795

洪汉鼎　主编

伽达默尔著作集
第 6 卷

希腊哲学 II

洪汉鼎　师庭雄　刘康　等译

商务印书馆
创于1897　The Commercial Press

Gadamer, Hans-Georg

Gesammelte Werke

Bd. 6 Griechische Philosophie Ⅱ

© J. C. B. Mohr(Paul Siebeck), Tübingen 1987.

本书根据德国蒂宾根莫尔·西贝克出版社 1987 年版译出

国家社会科学基金重大项目成果

（项目编号:15ZDB026）

目　　录

Ⅰ　论文

II 书评

I

论　文

1. 希腊哲学与现代思想

（1978 年）

3

　　希腊哲学与现代思想——这是一直以来尤其是对德国哲学提出的一个课题。人们径直谈论德国哲学研究的希腊癖（Gräkomanie），当然这个词不仅仅对海德格尔或者新康德主义马堡学派适用，它同样对德国观念论的伟大运动也适用。德国观念论——受康德启发——从费希特到黑格尔，曾经进行了一场直接返回到柏拉图和亚里士多德的辩证法的思想启发（Denkanstößen）。然而，这样一种对质对现代思想而言是以某种特殊的方式提出的双重意义上的挑战。一方面，人们永远不应忘记，希腊的哲学并不是我们今天与这个词联系起来的狭隘意义上的哲学。哲学意指着理论的以及因此是科学的旨趣的全体。毫无疑问，正是希腊人通过他们特有的思想引导了一个世界历史性的抉择，并通过创建科学决定了现代文明的道路。使得日落之地（Abendland）——欧洲，也即所谓的"西方世界"——与亚洲国家的宏大的僧侣文化相区别的，恰恰就是这种求知欲（Wissenwollen）的重新觉醒，这种觉醒是与希腊哲学、希腊数学、希腊医学以及其整个在理论上的好奇心和理想上的高超技艺结合在一起的。所以，对于现代思想而言，与希腊思想的对质乃是一种与自身的照面（Selbstbegegnung）。

在这种思想(即希腊思想)中,人类的在世居家(das Daheim-sein des Menschen in der Welt)意味着,"成为在家的"(Heimis-chwerden)与"使自己在家"(sich heimisch Machen)之间的内在对应,而后面这点正是手工匠、能手、新的构造与形式的创造者、技工,即掌握某门技术的人的特征;同时还意味着找到了他们自己的位置,即在一个先行给定的自然中,或者说在一个自身在形式与形态上都秩序井然的世界整体中找到了借以去构建的敞开的自由空间。所以,在希腊式觉醒中的哲学便是对人的非同寻常(Unge-hauer)地放逐(Ausgesetztheit)到 Da(此)之中的思想着的觉察,Da,自由空间的这个狭窄区域,它使得自然运作的有序整体向人的意愿与能动敞开。然而这个放逐同样在思想中被意识到并引向重大问题的提出,诸如:一开始时存在什么? 什么叫作某物存在? 什么叫作无物存在? 虚无是事物么? 这些问题的提出是希腊哲学的开始,其基本回答是:*Physis*(自然),即在整体秩序中由-自身-出发-在此-存在(Von-sich-aus-Da-Sein in der Ordnung des Gan-zen),以及逻各斯,即对这个整体的识见洞察性,还包括人类技能的逻各斯。但是希腊的哲学图像在此几乎如同另一个意见相左者与现代科学相对,而不仅仅作为理论能力与控制的道路的先驱与开启者。可理解的世界与可控制的世界之间的对立,这是我们在希腊思想这里了解到的。

这是 17 世纪随着伽利略力学的创立与 17 世纪的伟大研究者与思想家对新的知识意向与知识道路的反思所开启的一场伟大的突破。借助于现代实验科学的数学构想与抽象分离的提问,世界从此成为按一定的方法进行研究的对象。如果我们想把这种新现象用一句简明的话来表达的话，那么可以说，它是对希腊世界观的人神同形同性论的背叛。亚里士多德传统下的物理学也曾是如此了不起地简单与富有说服力，它告诉我们，火向上走，因为想在上面是它的本性；石头向下落，因为在下面它才在家——这些由人及其自我理解出发而表述的对自然的解释，正如我们所知道的，并且现代没有任何一个人能够回避的，乃是一种对通过认识来应对与掌握世界的可能性的人神同形同性论的遮蔽。

如果现代科学不是通过任何后续的兴趣，而是通过自己的通达世界的方式着眼于技术、形式、制作、改变与建构的话，那么在此之外的古代哲学的遗产就会继续存在于这一明显的事实中，即我们愿意以及不得不把我们的世界视为可理解的而不仅仅是可以操控的。与现代科学的建构主义相对——它只把它能够复制的东西视为可知与可理解的——希腊的科学概念以 *Physis* 为特征，即由自身显现自身的以及自我运行的事物秩序的此在的视域来刻画的。由此，现代思想与这个希腊遗产的对立向我们提出的问题便是，在多大程度上古代的遗产提供了一个真理，而这一真理在近代的特殊的知识条件下却对我们保持被遮蔽。

若我们想用一个词来指明此处出现的区别，那么这个词就是 5 "对象"（Gegenstand）。对我们而言似乎至少在外来词"客体"（Objekt）与"客观性"（Objektivität）中有知识概念的一个自明的前提，即我们认知"对象"，也就是说，以一种客观认识的方式在其本己存在中认知它。古代传统与古代的遗产向我们提出的问题是，这个对象化的活动受到了多大程度的限制？是否存在一种原则上的非对象性，它通过内在的事实必然性而避开了现代科学？

我想试着借助几个例子（Prob）来表明，事实上，这种实际上仍在延续着的希腊思想的遗产就在于让人们意识到对象化的界限。

在我看来，身体的经验是关于这个论点的居于首位的例子。我们称为"身体"的那个东西，显然完全不是笛卡尔主义用来规定物体（*Corpus*）的广延物（*res extensa*）。身体的显现方式不是单单的数学广延性。它也许按其本性就避开了对象化。身体性究竟如何对人显现？当身体有功能干扰的情况下，身体是否不仅仅在它受到的阻碍中和由此而来的可能的对象性中对人显现呢？在疾病、不舒服（Missbehagen）等等中，作为自身活力丧失的不适（Störung），它显露出来。当人觉察到自身置于客体的处境中，置于被技术手段处理的病人的处境中时，他体验到一个冲突，这个冲突存在于自然的身体体验——这种舒适与健康的不可觉察的隐秘进程——与通过对象化对不舒适的控制的努力之间。对我们的现代医学科学自明的是，借助现代科学的手段使那些作为身体性向对象化对抗的扰乱可加以掌控。

事实上，"对象性"与"对象"的概念对于直接的领会——在其中人们寻求使自己以居家状态在世界中——来说是如此陌生，以致希腊人非常明显地对此压根儿没有任何概念。他们也几乎不能只就某个"事物"而论。在这整个领域中他们惯常作为希腊词使用的，是对我们而言不十分陌生的外来词 *pragma*，也就是说，人们在生活的实践中所陷入其中的那个东西，它并非作为某种要克服的东西而处在对立面上，而是人们活动在其中并与之相关的东西。这样一个基准方向，它在现代的、依靠科学而结构化的对世界的强占以及建基于其上的技术中被挤向边缘。

　　第二个例子——我举一个尤其挑衅性的例子——是人的自由 6
(Freiheit)。自由在结构上也是我称为本质上非对象化的。这当
然并没有被完全遗忘，并且自古以来自由思想的最伟大的思想家，
我指康德，他完全有意识地相对于现代科学的基本导向及其理论
的认识可能性提出下面这一点：自由不能凭借理论的知识可能性
加以把握与证明。自由不是自然中的事实(Faktum)，而是就像他
在富有挑战性的悖论里表述的，是一个理性的事实，是一个我们必
定思考的东西，因为如果我们不把自己思考为自由的，就根本不再
能理解我们自己。自由乃是理性的事实。

　　然而在人的活动的领域内，不止这一个有可对象化事物的边
界情况。我相信，当希腊人把社会性的塑造物即 *Ethos*(伦理)置
于理性的事实之外时，他们是正确的。*Ethos* 这个名称是亚里士
多德找到的。有意识的选择与自由的决断的可能性是由我们一直
已经所是的某物共同承担的。我们自身不是"对象"。在我看来希
腊思想给我们思想的伟大遗产之一，就是希腊伦理学在这个现实
经历的生活基础上给一个现象留下广阔的空间，而这个现象在近
代几乎不再作为哲学反思的课题，我指的是友谊这个主题，即
"*Philia*"。这个词对我们而言有着如此窄的概念关联，以至于我
们必须首先拓展，以便明晓它到底意味着什么。也许提醒注意毕
达哥拉斯的那句著名的话就够了："朋友之间一切都是共同的"。
友谊在哲学反思中是团结的代名词。但是团结是世界经验与社会
实在的一种形式，它不能由人来制作，不能通过对象式的夺取来规
划或通过人为的机构来导致。因为相反，团结是机构、经济秩序、
法的秩序、社会风俗的所有可能的效用与作用的前提，它支撑它们

并使它们得以可能。法学家尤其明白这一点。这在我看来是真理的一个方面,这个方面又是由希腊思想在这一事例中为我们当代思想准备好的。

　　第三个与之相关联的现象,我指的是自我意识在现代思想中所起的作用。众所周知,这是现代思想的真正的轴心:自我意识拥有方法论上的优先权。对我们而言,方法的知识就是一种自我意识的、每一步都在自我控制下完成的操作程序。所以自笛卡尔以来,自我意识成为关键点,在这里哲学似乎获得其最终的明晰性,并为科学的确定性创造出其最外在的合法性。然而当希腊人看到:自我意识相对于世界给与(Weltingegebenheit)与世界敞开(Weltoffenheit)——这些我们称之为意识、知识、经验的开启——乃是次生的现象,他们难道不是有正当的理由吗?现代科学的发展不也教导我们怀疑自我意识的述说么?尼采曾反驳笛卡尔主义知识奠基的彻底怀疑:必须更为根本地怀疑。弗洛伊德教导我们,生命倾向有多少遮蔽隐藏在我们的自我意识中。社会批判、意识形态批判向我们表明,有多少被自我意识认作自明的且一直没有问题的确定的东西全然是其他的旨趣与实在的反映。简言之,自我意识所具有的那种由近代的现代思想归给它的无疑问的优先性,可以有充分理由质疑。甚至在我看来,此处希腊思想也显得处在令人惊异的自我遗忘中,藉此遗忘它把自己的能-思、自己的世界体验思考为精神的巨大的睁开的眼睛,这为限制自我认知的幻觉做出了原则性的贡献。

　　从此出发我们继续看最后一个例子,它在当代的哲学讨论中才引起了普遍的重视,同样从对象性与对象化的概念出发,它只能通过强制与暴力来得以确定：我意指语言现象。如果言说的执行性格以本质的自我遗忘为特征的话，那么在我看来，语言就是非对象性的最具说服力的现象之一。当现代对语言的课题化处理在语言中看到全套工具、符号系统、交际媒介的器械库时，这一直是对语言的技术性的扭曲，就好像人们把这些工具或言说的媒介、语词和词组以一种储藏的形式准备好，只是将它们运用在遇到的事物上。在此方面希腊的相反的图景极为明晰。希腊人压根儿没有任何表示语言的语词。他们只有一个词表示发出声响的舌头——*Glotta*，与一个关于由语言所传达内容的词：*Logos*。藉着 *Logos* 恰恰那个东西被推入视野，这个东西与言说的内在的自我遗忘在本质上关联着，即由言说引发，提呈于当下，处于可支配和交往参与中的世界本身。事物在对事物的言说中处于在场（da），在言说与交谈中人的世界与世界经验建立起来，而非在某种对象化中——对象化和人与人之间的观点的交往传达相对立，建基于客观性之上并想成为适用于任何人的知识。在 *Logos* 中道出的世界经验、相互间交谈，以及包含了所有我们能相互交流的我们的世界经验的交往性的沉淀，所有这些构成了一种知识样式，它仍一直处在现代科学的宏大的独白及其增长的经验潜能的聚集之外而展示真理的另一半。所以，现代科学与希腊哲学思想的对立这个课题具有持久的现实性。因为所关涉的是现代经验科学及其对世界掌控的令人惊叹的结果与能力-功用进入并形成（Einformung）社会意识，形成个体与群体的生活经验。但这个形成最终不是通过现代科学的方法与其持续的自我调控的路径来实现，它实现于社会生活自身的实践之中，而实践必须始终把置于人的权限之中的东西取回，放到它的实践责任中，而且实践不得不捍卫把人的自我权限及莽撞的人的理性对立起来的分界。不需要证明，即便对今天的人们而言，在这个意义上理解的世界总是最终的审决机关，在这个世界中，人们感到熟悉，感到自己在家，与之相对，现代工业与技术的陌生世界只能担负服务的与次要的功能。

（夏一杰 译，洪汉鼎 校）

2. 论形而上学前史 *

（1950 年）

我们知道，当我们从事哲学时，我们不仅仅只是言说希腊人的语言。不仅是"形而上学"这个名称，而且形而上学的实际任务都是被希腊人发现的，当我们探究它那里提出的基本问题，即存在的问题（die Frage nach dem Sein），探究它如何在希腊思想中成为了使命（Aufgabe），这就绝非一种单纯的历史性的努力，也绝非其他任何一种对我们的希腊开端的触碰。因为每一次这样的触碰都带来一些展露。这种看上去乃关乎我们自己的事情的思想，同时却又变成了完全陌生于我们的艰难图景，它到底是什么呢？希腊人的声音触动了我们，仿佛我们从中想要听到自己，然而它听起来像是来自我们永远无法返回的彼岸的呼唤，因为我们与它之间隔着一个强大的潮流。随着基督教而开启的东西，那些在那里向我们敞开的新的内在空间，我们似乎永远也不会再忘记。

所以，自从我们对自己有意识——一种历史性的自我意识——以来，我们就在每次与希腊思想的相遇中，都带有一种对距

---

* 此论文中的想法曾于 1941 年 11 月 15 日在莱比锡的萨克森科学院演讲过（请参见《德国文献报》第 63 卷〔1942 年〕中的报道，第 187 页）。

离和变化的意识。我们读了亚里士多德,并希望通过莱布尼茨和文艺复兴以来被涂上斯多葛派-新柏拉图主义色彩的亚里士多德主义来"动态地"(dynamisch)理解他。我们将柏拉图视为理念论者,将巴门尼德视为贝克莱主教——即使我们觉得这不太合适。当然,我们事先知道距离和变化,尤其是黑格尔给予它的那种哲学的历史自我意识的创造者的形式。在希腊哲学中,虽然黑格尔看到了哲学的伟大开端,但是希腊哲学却只是以一种天真的、漠然的直接性的形式出现,它还没有在"存在"中认识到那种作为其真正未完成的真理的精神(Geist)。主体仍被淹没在实体中,尚未唤醒它的自为存在。相反,新近的哲学是由如下的认识所规定的(正如新近的时代通常是由自由的自我意识所规定),即绝对就是思想、精神和生命。因此,在黑格尔的后继者中,人们会说希腊人"存在论地"(ontologisch)进行思想,这就意味着,希腊人思考的是存在(Sein),而不是存在的思想,希腊人仍然缺乏自我意识中的哲学基础,因为他们被束缚于客观主义中。在现代"历史"思想的地基上看,"古今之争"是空洞和无意义的。19 世纪对古代哲学的历史探索是以新近哲学根本上不言而喻的优越性为前提的。

然而,近代主体主义不再是我们精神中无可争议的确定性,随之而来的这种与希腊哲学的关系开始发生变化。有人可能会想到尼采从德国唯心论的后史中带来的可怕的后果,或者想到自第一次世界大战以来一再出现的对现代的文化意识的一般威胁,无论如何,我们父辈仍然笃信的"进步之宗教"已经死了,因此哲学对它自身的历史,尤其是对古希腊哲学的立场也发生了变化。人们将对这种"变化"的哲学上的无能以"历史主义"名称加以概括,但是从这种变化中同样滋生出了一种新的可能性:在历史性空间中赢获一种新的哲学伙伴,他突然作为一个他者、一个通晓者,凸出了他的声音,并且要以下述方式来聆听这个伙伴:我们尚不知道他能对我们说出什么,能提醒我们什么。特别是,自从希腊人的根本问题,即存在问题,被马丁·海德格尔从对唯心论失望的最新的哲学所涉及的问题出发,以全新的方式重新唤起以来,这个古老的问题便获得了新的、强大的生命力。这个他者,相对希腊人的关切来说的陌生者,不仅可被领会式的理解通达,而且它完全地自行显示为在本己的哲学活动中的他者和陌生者,显示为希腊存在哲学对整个西方传统所具有的那种被遗忘了的、变得理所应当的统治性地位。即使是黑格尔为精神的世界历史所赋予的世俗化终结也受到希腊人形而上学方法的支配。谁想超出黑格尔和观念论之外,谁就必须返回到希腊形而上学之后,返回到苏格拉底之前的伟大而生动的哲学构型,有如尼采一样,尼采曾在反对柏拉图主义和基督教的斗争中追寻古希腊悲剧时代的哲学。希腊形而上学前史,因此不再具有"一条通往真理的道路上所迈出的第一步,或者史前时期不确定的一步"的含义,人们在亚里士多德和托马斯那里,在康 11 德或黑格尔那里或者在某项根据他们所有人而加以完善的本己研究中,都可能会抵达和看到这一点,毋宁说,希腊形而上学蕴含有一个历史性的决定,它发生在与其他未被思考的真理可能性的原初亲近之中,并能够唤醒那些尚待思考的事物。

　　在历史性自我意识的先决条件中,所谓的希腊思想中的"史前"特征将成为一种本己的哲学旨趣的对象。在下文中,希腊的存在概念将在如下这一视角下加以考察:对它的赢获和阐述是希腊形而上学的真正起源。来自埃利亚的巴门尼德在这个历史的入口处占据主导地位,此概念直到发展到亚里士多德那里都不过是埃利亚学派的存在思想转变的结果。在形而上学的起源上,巴门尼德的这种立场是十分独特的,这在于他的哲学不会将自己嵌入亚里士多德所描绘的那种历史形象之中,因为亚里士多德企图以目的论的方式将他的前辈都往他自己的哲学这一方向指引。当亚里士多德在《物理学》第 1 卷(第 2—3 章)以及《形而上学》第 1 卷(第 5 章)之中提到巴门尼德的哲学时,他的争辩与后者并不相容(εἰς τὴν νῦν σκέψιν τῶν αἰτίων οὐδαμῶς συναρμόττει περὶ αὐτῶν ὁ λόγος[他们的解释无论如何都不适宜于我们现在对原因的研究])①。尽管如此,巴门尼德的哲学在以上两处地方并未被回避:因为它的考察有(哲学意义)ἔχει γὰρ φιλοσοφίαν ἡ σκέψις(原意为:因为这种研究具有哲学意义,或者这给哲学提供了研究范围)②。亚里士多德批判性的关切集中于巴门尼德教谕诗——此教谕诗除了关于存在的真理之外,还提供了一种由对立所主导的关于人类意见的世界图景——中内在的不一致。亚里士多德将这种不一致解释成自然(Physis)问题的实际后果的表达,并以此迂回的方式,他看上去在他的历史阐述中也就超越了埃利亚学派哲学。但他很清楚地知道,至少巴门尼德并不是以"自然研究者"(Physiologen)的方式在质料(Hyle)的意义上来谈"一",而是根据逻各斯来谈"一"。但是,这意味着:存在者的存在这一存在论问题——亚里士

---

① 《形而上学》,第 1 卷,第 5 章,986b13。

② 《物理学》,第 1 卷,第 2 章,185a20。

多德的形而上学通过实体和范畴学说给出了一个答案——其实就潜伏在巴门尼德"史前"问题中。亚里士多德的发展图式——四重原因之真理的展现——并不能很好地适用于他，因为他已经全面地掌握了整个形而上学的问题。没有什么比柏拉图能更好地证明这一点。当他的关于存在问题的对话录中，柏拉图首先表明要向一位埃利亚学人请教他的对话体形象，那就是老巴门尼德本身在他的辩证进程中克服了其存在学说中站不住脚的顽固性③，也是来自埃利亚的客人所要求的同样的克服④。他让苏格拉底本人在老巴门尼德的高贵之手面前恭敬地退回了⑤。这一切都表明柏拉图在埃利亚哲学的效果史上占有一个特殊地位：在埃利亚学派的教学之外，柏拉图仍然特别关注它们的哲学。而只要亚里士多德被理解为与柏拉图哲学处于永久对抗之中，形而上学的起源历史就表现为埃利亚思想的历史。对史前特征的考察因此就要集中于埃利亚学派思想史，它让我们对希腊哲学感到如此惊诧，并深受触动。我总结如下：

（1）存在论问题和宇宙论问题的交织：存在与整全。

（2）将概念视为世界性的部分：整体与部分，一与多。

（3）客观性优先于主体性：存在与思想。

一

对埃利亚学派哲学的理解——基本上是根据其流传的事

---

③　《巴门尼德篇》，137c 以下。

④　《智者篇》，241d。

⑤　《泰阿泰德篇》，183e。

实——是由亚里士多德主导。在教谕诗中 ἔστι, εἶναι（存在,是）以及 ἐόν, μὴ ἐόν（存在者,是者）的含义,以及它究竟如何描述了这种 ἐόν 的真理,都是基于柏拉图对理智存在（intelligible Sein）和可感存在（sensible Sein）的区分而被理解的。巴门尼德的单一"存在"意味着一个理智存在,一个根据逻各斯而来的"一"。教谕诗的整体结构似乎证实了这一点,因为它区分了相信其感觉的有死者的具有可欺骗性的意见与真理学说。如果亚里士多德批评其他埃利亚学人,尤其是麦里梭（Melissos）,指责他们粗鄙地将存在仅仅理解为感性物质的东西⑥,那他恰恰相反将巴门尼德拔高成了一位"更能洞察者"——显然,因为巴门尼德思考存在的方式,就正如思想自身思考存在一样,并进而将存在刻画为被规定者和被限定者,也就是说,因为他在柏拉图理念的意义上来思考存在。尽管如此,亚里士多德并没有错看以下这一点,即埃利亚学派整体所理解的存在的确无异于感性的可见存在,并且因此过渡到对这种观点进行思考的要求（《论天》,第 3 卷,第 1 章）。亚里士多德对埃利亚学派思想的批判在如下一点中达到顶峰:埃利亚学派根本没有认识到 Sein（存在,是）之意义的多重性,对此的发现只有到了柏拉图通过其辩证法对 δισσόν（分歧,模棱两可）的区分才开始的。

13　　亚里士多德的这种批评完全可以从教谕诗本身的教导中得到了解。当巴门尼德说 τὸ ἐόν（存在者,是者）时⑦,他带有对存在者整全的关注。他对 ἐόν 所有的陈述并不意指——当这些陈述思考

---

　⑥　《形而上学》,第 1 卷,第 5 章,986b20。

　⑦　正如亚里士多德自己对色诺芬尼所正确指出的那样,参见 986b24。

世界时——有死者之外的别的存在，毋宁说，它们指的就是这个世界，在其存在中的这个世界，它们因而把意见的世界图景作为欺骗性和无思想性的东西加以抛弃。谁思想，谁就在所有存在着的一切中发现某种对感官来说不能被感觉到的东西，某种在整全中同一的东西：它们中无论在何处都同样的东西，并且始终作为一个并且同一的东西而被发觉的此在。巴门尼德可能是第一位研究"存在者"（dem Seienden）人，也就是说，在复数的位置使用单数的人。诸如在 τὸ ἐόν τοῦ ἐόντις ἔχεσθαι（实是与实是的贴合）（残篇 4）以及 ἐόν γὰρ ἐόντι πελάζει（因为存在接近于存在）（残篇 8，第 25 行）这样的短语能够很好地推导出真的存在中的这个"ἐόν"的含义。因为它是在每一个存在者中存在着的东西，所以它是那一个以及唯一的存在者，在它之中，所有可区分的存在者都不可区分地合并起来。即使是离席者也和在场者（在此意义上）共属一体。而这正是那条真理之路的学说，即"它存在"：所有的缺席、所有的差异、所有的变化、所有的缺失、所有的不（非 Nicht）都绝不会关涉存在，存在只是指它所是的东西。所有这些想法都是非思（Ungedanke），它们源于此在内部对作为虚无经验的特定构型进行固化的渴望。它们是 δόξαι βροτῶν——人性的角度。"存在本身"并不生，也不灭。这样一种定律可以被亚里士多德从艾多斯（Eidos）而说出[8]，艾多斯是一种与存在者相区分的存在。对于巴门尼德来说，这种区分很明显只能意味着，存在整体是这样的，以至于没有存在者能从中掉落出来，没有存在者能够作为"存在着的"而与它

---

[8]　《形而上学》，第 7 卷，1033b17；第 9 卷，1051b29；第 12 卷，1069b25。

相区分。生理学家提出的宇宙起源学的世界图式在思考存在的产生时包含着一种内在的疏忽。如果我们检查教谕诗的陈述,我们就不可能怀疑,巴门尼德所想出的关于存在的纯粹的思想无异于将所有存在者作为一个整体,一个统一的、在自身中相互关联的完全在场者:思考存在的思想者并不能将存在者与那些与之相关联的其他存在者分开,如此一来,将既没有分散也没有合并,伊奥尼亚人已经能讲到这一点,但没有考虑"进入虚无"与"出于虚无"的"不思"(Ungedanke)到底是什么(残篇 4)。但是巴门尼德却目不转睛地盯着虚无的不可思想性,并且因而除了如下一点外,什么都不想说,即存在存在着(Sein ist)——他将他的这一真理看作是那样一个自我同一的、不生不灭、自我关联的整体。对虚无之不思性的远离则将有死者对宇宙万物所能说的一切东西从存在者中排除了出去。存在存在着——这一思想因此必须获得可直观的形式,即存在是一。所以我们在《学述》以及埃利亚学派那里读到:一切是一,并且多的存在是不可思想的。

巴门尼德本人(不仅仅是对他的后继者的误解)⑨将"根据逻各斯而来的一"转化到了事物的可见的存在上,正如亚里士多德所说的那样,这一观点从柏拉图-亚里士多德关于智性存在和感性存在之间的区分之发展的终点来看,乃是完全正确的描述。但是,将存在者的存在自身作为一种存在者去理解,就并非巴门尼德逻辑的单纯的古老意象,毋宁说,正如形而上学的历史所教导的那样,这乃是在存在与存在者的思想性区分之中始终包含着的对"未思

---

⑨　库尔特·里茨勒(Kurt Riezler):《巴门尼德》(1933 年)。另见下文第 31—38 页。

者"(Nichtgedachtes)的关涉。存在是存在者的在场性。对存在的纯粹思想思考的就是纯粹的在场性。存在就是那所有存在都"在其中"的东西,并且除了在存在者整体之中,难道所有存在还在其他什么之中吗?

从埃利亚学派思想史中,我们知道,"在其中存在"(Insein)事实上乃是芝诺关于存在所思考过的一个辩证法的问题[⑩]。整体是在什么之中呢? 这是一个亚里士多德只能通过转变其意义才掌握的问题,也就说在另外一种意义上理解"在其中存在"(Insein)。正如这一问题的历史所教导的那样,埃利亚学派必定已经思考到,存在"在其自身"存在着(καθ' ἑαυτό τε κεῖται〔在其自身而存在〕,《巴门尼德残篇》,残篇 8,第 29 行;《泰阿泰德篇》,180e;参见《高尔吉亚篇》〔B3,70〕中关于这种"在其自身之中存在"〔Insichselbstsein〕的讨论;在亚里士多德《物理学》第 4 卷第 3 章中也与芝诺产生关联,以及《阿那克萨戈拉残篇》A50 所给出的论证),并且埃利亚学派还通过这一宇宙论悖论表达出了对存在的思考,即他们思考的不再是被包罗的整体(umfasste Ganze),而是包罗着万象的整体(das umfassende)。因为借此,埃利亚学派思考的是一个不同于所有其他存在者的、排除了生和灭的特殊存在者,同样也还因为它包括了所有存在者。这一无所不包者(Umfassende)因此在同样的空间伸展中呈现自己,以至于我们会同时想到空间连续统,对所有存在者来说,它们的在场性也都同样处于这个无所不包的空间连续统之中。或者,我们也可以看向这一存在整体的无区

---

⑩　《前苏格拉底残篇》,19B24。

别的同一性。与所有在质上相区分的规定性相比,这一存在整体都显得突出,它好像作为材料(Stoff)被思考,作为可能的形式化
15 的一种空的不确定性。但这些显然是用一种对智性存在和感性存在进行区分的柏拉图式的语言对埃利亚学派存在思想的翻译。事实上,存在就是存在着的一切,它没有任何缺失,并且正是因为它不再超出性地指示可能的他者及外部状态,所以它才是"有界限的"(begrenzt)。正是在这样一种完成了的在场性之中,它具有这样的存在特性,它才"在其存在之中"解除了人类同任何一种存在者的经验所具有的那种逃逸性(Entgänglichkeit)。这种思想的必然性"使其保持在围绕它的边界的范围内。"⑪这与"只思考在场性的存在者"具有同样的思想必然性,在场性是所有其他间接证明形式的基础,它也是埃利亚学派思想的标志。例如在教谕诗的论证中,"因为它没有缺失;(否则)如果是的话,它将缺乏一切"(残篇8,33);又如在麦里梭给出的论证中,"如果存在在一万年之后仅仅只有头发丝般的不同,那么它必定奠基于整个时间之中"(B7);但最重要的还是芝诺的辩证法的论证。它们都基于这样的基本原则:"很明显,一次性谈论这一点与总是反复地声明它,其实是一回事"(残篇1)。因为思想在其自身的可能性中是无界限的,因此思想的必然性拒斥了感性的世界图景:这是所有如下论证的基础,即可思想的都被思考为存在着的,也就是说在场着的(B1—4,A29等)。甚至在"所有的东西都是同时的"、教谕诗的 νῦν ἔστι ὁμοῦ νῦν(完整的一句是:因为它现在是完整的、统一的和连续的〔ἐπεὶ

---

⑪　残篇8,v.30以下。

νῦν ἐστιν ὁμοῦ πᾶν, ἕν, συνεχές〕)（残篇 8,5）与"恒常、永恒"以及
ἀεὶ ἦν ὅτι ἦν καὶ ἀεὶ ἔσται（它在过去永远地存在,在将来也永
远地存在）（《麦里梭残篇》,残篇 1）之间所谓的对立,在巴门尼德
那里的存在的有界性与麦里梭那里的存在的无界性（残篇 6）之间
所谓的对立其实都是外在的。对整体的思想具有这种双重的可能
性,即以它的可直观的当下来呈现,以及以它的无限制的可遇见性
（Antreffbarkeit）的当下来呈现,在现在或者在恒常,在这里或者
无处不在。

　　正如黑格尔所说的那样,为了存在的思想,埃利亚学派摒弃了
感性的神,但其实对存在的思想自身也是被思考为一个存在
者——那个存在者（das Seiende）。如果我们在埃利亚学派思想
的效果史中发现原子就是作为真实的存在（τὸ ἐτεῆόν,德谟克利
特）而被思考的,那这一关联就具有丰富的成果。但是,即使当可
思考的存在与感性存在第一次得到根本区分时,即使在柏拉图的
理念学说中,这一同样的关联也以一种有说服力的方式持存着。
理念是通过那种归因于埃利亚学派的存在的标记（Merkmale）而
被刻画的。并且理念也是"整全的、单纯的、稳定无波动的"（《斐德
罗篇》,250c）。理念还"永远存在,既没有生灭,也没有增长和消
逝"（《会饮篇》,211a）。然而,重要的是,理念同样具有 ὅλον（毁灭 16
的)的特征,而这又要归因于埃利亚学派的存在。艾多斯是存在者
之是其所是,它排除了所有不存在（非是）,它"无非只是":它自身
（αὐτό）。这一点将艾多斯与所有分有它的事物区分开来:它并不
是与它的对立面相混合,它是"纯粹的",是完全的在场性。美的艾
多斯（理念）就是"美本身",正是因为它除了美什么都不是,因为在

它之中没有任何丑。只有这样才构成了艾多斯的存在。在这个意义上,斯坦策尔(Stenzel)曾经针对亚里士多德主义的天体学说所讲的以下话是完全正确的,即"所有的火","所有的气"都是纯粹的、没有混合的本质,因为在此质料与形式是同一个东西。[12] 这些即便是亚里士多德的术语,但完全是埃利亚学派的思想。纯粹的、没有混合的存在的本质,"除了存在外什么都不是"(nichts als Sein),即纯粹的在场性,就是"一切存在"。因此,柏拉图在《斐莱布篇》中所说的火,就是就整体而言,作为"纯粹之物",它具有与它的本性相符的全部潜能,因为它"除了火之外什么都不是"。[13] 人们当然也可以想到阿那克萨戈拉的努斯学说。努斯作为(自为的)纯粹与无混合,拥有对所有事物的强势($\kappa\rho\alpha\tau\epsilon\iota$),以至于它就无非只是对所有的事情的知悉(Vernehmen,$\gamma\nu\omega\mu\eta\nu\ \iota\sigma\chi\epsilon\iota$)(残篇12),并因此被思考为一个始终当下、贯通一切又将一切分开的某物。即使柏拉图认为有"关系理念",诸如相同性或相似性等,但理念从根本上来说就是复数性的,他能够说,$\alpha\dot{\upsilon}\tau\dot{\alpha}\ \tau\dot{\alpha}\ \dot{\iota}\sigma\alpha$,$\alpha\dot{\upsilon}\tau\dot{\alpha}\ \tau\dot{\alpha}\ \ddot{o}\mu o\iota\alpha$(这是相等的,这是一样的),就像一对理想的搭档在那里,作为搭档,这种纯粹的关联并没有与不同或者不相似进行混合。[14]

柏拉图的艾多斯就是存在者的"真存在"。巴门尼德在存在的唯一性和完整性中所思考的内容,现在在如下的视角下得到思考,在这个视角下,每一个存在者在其存在中得到思考和召唤。但是

---

[12]　J.斯坦策尔(Stenzel):《数与形》(*Zahl und Gestalt*),第85页。

[13]　《斐莱布篇》,29c。

[14]　[J. Wippen, Seele und Zahl in Platons Phaidon. Silvae, FS E. Zinn, Tübingen 1970, S. 271—288.]

这个视角是存在者本身所集中的本质,是它全部之所是,是其所是。存在者的"何所是"(was sein)就是它的存在,它的真的、持存的在场性。只要它呈现自身——并且正是以此它对思想和把握来说,才是"持留的原型"(stehendes Urbild)——那么,存在者的"何所是"就正是这一视角,只有通过这一视角,话语才是可能的。柏拉图哲学并非仅仅只限于在理念的思想中以自己的方式捕捉埃利亚学派的存在思想——正如原子论的唯物主义以自己的方式所做过的那样。理念思想只不过是柏拉图总是不断地通过艺术而灌输的前提预设,他的哲学的一个假设。在此意义上,艾多斯思想的毕达哥拉斯起源的论点在英语世界中比在德语研究中占主导的意见更加正确,后者认为,对理念的接受的"诸多劝说"(τὰ πολυθρ-　17　ύλητα,《斐德罗篇》,100b)就是真正的柏拉图哲学。只有当柏拉图哲学开始谈到理念的前提预设时,即当他根据理念的存在、理念的复多性以及给予它们同一性的视角、善的理念而来追问理念的前提预设时(《理想国》,第 6 卷),柏拉图哲学才真正开始。但是,正是在这里存在着对埃利亚学派关于存在与存在整体之间的关联的发展。虽然有对 διττὰ εἴδη(两种看见),感性之物与智性之物的区分,柏拉图也出给出了理由,但是新柏拉图主义者努力将这一区分放在巴门尼德的教谕诗中来解释的尝试是站不住脚的。不仅如此,新柏拉图主义对这两个"世界"以及它们之间的关系以柏拉图的意思加以解释也是站不住脚的。个别物是对理念的分有——这一理解比喻对柏拉图来说,其实只是一个临时性的描述,它仅仅定义了理念的假设的意义。相反,"善的理念"则是那种不再是预设的开端——从这一开端出发,存在整体成为可见的,也就是说,善的理念是在灵魂的洞见中所自身呈现出来的理念的秩序。在这里,完善的洞见性的理想其实是作为一个完善的洞见者,作为一个 μέγιστον μάθημα(最高的教诲)而被思考的(《理想国》,505)——理念的秩序则被思考为天际之上真正存在的世界[15]。

　　这可以通过《斐德罗篇》中的一个例子很快澄清。苏格拉底在那里曾经比较过医术和演说术。作为医生知道身体的知识,并且想向身体施加影响,而演说家则同样需要灵魂的知识(《斐德罗篇》,270b)。"你认为人可以不认识整体的本性而正确认识灵魂的本质吗?"通过援引希波克拉底,斐德罗回答道:对身体来说,这一次都不可能。然后苏格拉底进一步描绘了一个真正的、出于真实的知识而行事的演说家形象,他拥有灵魂的知识和演说的知识,并且知道如何让它们彼此协调和适应。在《斐德罗篇》中总是有很多真正想说的东西被以讽刺的方式遮掩起来,这里也是如此。如果我们自问,这样一个演说家在何种程度上可以没有对整体的本性的认识而办到如此呢? 那么如上的讽刺意味就会显露出来。很明显,一个普遍的如同希波克拉底式的演说家会是什么样的:一个了解真正的演说并让它付诸实施的人。但是,真正的演说与其说是形式上的话语风格——这其实是一个具有讽刺意味的假象——不如说是由演说所说的东西,即事物的真理,理念本身所规定的。绝不存在着一种在内容上(而不仅仅是形式)不是辩证法(即关于理念的知识)的有知识的演说术。只有哲学家才走在成为真正的演说家的道路上,他思考着整体的本性,也就是说,思考着本质的

18

---

　　[15]　对此参见我的文章:《柏拉图的辩证法伦理学——对〈斐莱布篇〉的现象学阐释》,汉堡,1931 年,第 59 页以下(现收入我的著作集,第 5 卷,第 54 页以下);"柏拉图与亚里士多德之间的善之理念",海德堡,1978 年,第 41 页以下(现收入我的著作集,第 7 卷)。

真的存在。因此,灵魂能够洞见到超感性世界的存在,并且柏拉图关于超感性存在的宇宙论不仅规定了灵魂命运的图像,而且也规定了世界结构的图像。

　　最后,如果我们重看一下亚里士多德,我们似乎终于进入了我们所熟悉的存在的真理领域。这是亚里士多德思想中的唯名论特征,对我们来说似乎是如此熟悉。每次只有个别的存在者存在着。其存在的诸原则,与所有普遍性一样,没有独立的自为存在,它们只是我们用以理解存在的概念构造。用亚里士多德的形而上学语言来说,尤其是在以"第 7 卷"为代表的它成型的早期,与柏拉图主义者的争辩仍然占据主导地位的时候,这意味着:自然界事物之存在的原则并不是对于所有东西都是完全一样的,毋宁说只是类比的一样。同一个东西只是对各存在者就其原因方面进行解释的方向。运动的质料、形式、目的和动力虽然在每个存在者那里都是不同的,但对每一个存在者来说也就都是这四种原因。这同样适用于对范畴的存在解释,以及潜能和实现。除却这样一个视角,它将每一个存在者都当作类比意义上的同一个,还有另一个不同的视角,它将所有的存在者放在一个唯一的存在和运动的关联中加以合看。但是,与众不同的是,运动的推动力乃是推动一切存在者的第一推动者(第 12 卷,第 4 章,1070b34)。或者说,单个人的原因是他的父亲——此外,黄道(作为所有生命的原因)也是太阳的原因(第 5 卷,第 5 章,1071a13)。再者,对存在的追问同时也是对世界以及它的统一的秩序的追问。当亚里士多德超出世界(在"自然"的意义上)迈出更多的一步而追问不动的存在时,这一点就表现得最为明显。从近代思想来看,这"更多的一步"首先是单纯地在宇宙论的或者动力学的意义上被考察的,即追问整个运动的秩序的推动力是什么,对此我们只能设想,它与它的作用后果是一样的。但是,对亚里士多德来说,只有这"更多的一步"才实现了对存在者的真存在的追问,并且因而才由于对这一步骤的强调而超出了"拯救现象"这一口号所仅仅要求的东西。[16] 必须要有一个存在者比其他每一个运动的存在者都拥有更多的存在;一个存在者,它不仅仅是引起了所有存在者的运动,而且它自身无非就是那个推动者,并且因而并不花费或失去什么,并不花费或失去运动;一个存在者,它纯粹的在场性(ἐνέργεια)才真正实现了存在的意义;而这个存在者就是神性存在者,它自身就是当下的。同样,这种"宇宙论的上帝证明"也是处于埃利亚学派决定性的影响之下。正如巴门尼德担忧的是存在的唯一缺失中的完全的虚无性,麦里梭担忧的是在一万年之后唯一的变化所带来的万物的覆灭,亚里士多德同样思考:只有对一切潜能的排除,即对来自第一存在者的所有可能的非存在(不是)的排除,才会将世界的可能的静止和覆灭驱逐出去。[17] 他们三位都思考着存在的必然性,也就是说,思考着在一个完全和绝对的存在者之中的在场性,正是它构成了存在的意义。

二

　　如果埃利亚学派认为存在是存在整体之不可动摇的在场性,

---

　　[16]　《形而上学》,1040b34:当我们不看着星星时,我还是同样认为,在我们所认识的存在者旁边还有永恒的存在者。

　　[17]　与此类似的是,柏拉图同样在心灵(作为自身运动的原则)之中看到了世界秩序的担保者。参见《泰阿泰德篇》,153d;《斐德罗篇》,245e。

那么其存在学说就必定接受"一切——一"的统一学说形式（Form der All-Einheitslehre）。但是，根据真理之道路，正是因为其存在学说想要思考的无非只是存在，所以它就曾对"存在整体"这一概念所表达出来的意涵置若罔闻。对芝诺通过对"多"的拒斥所形成的学说进行间接的辩护恰恰也指点了这一点。不仅很多人都拒斥"多"，不仅有死之人的虚假的世界图景——教谕诗的第二部分包含了它的后果体系（这也呈现了一个对有死生物来说必然的对存在的观点）必然在存在本身之中有其本源，而且，真存在本身的特点之中也包含了"多"，因为存在所有这些"标志"（Zeichen）无非就是取自于这些标志所排除了的东西，即生和灭、划分和分离、运动和离席、空，以及想象力诱使我们去思考的那"无边界者"。埃利亚学派致力于通过"无变化性"（Unverwandtheit）来思考存在，而对这一"无变化性"来说，以下这一点是标志性的，即思想的转变不会发生在它的这种内在的自相矛盾之中，正如芝诺为了支持其老师的学说而发展的辩证法的论证方式，并且他没有料到，这一学说如何必然地会反对它自身（这一点在高尔吉亚那里曾被亚里士多德〔参见 979a〕所记载）。

　　在柏拉图的《巴门尼德篇》中，我们拥有对埃利亚学派学说的此种命运很好的鉴定。在那里，柏拉图让芝诺演讲他的小文章，其中芝诺以多重样式讲到了接受"多"会产生自相矛盾。芝诺为稍早之前写就的这篇文章辩护，其中根本没有包含任何超出巴门尼德的新内容，他辩护道：这篇文章是从巴门尼德那儿偷来的，也就是说，是违背了巴门尼德的意愿而将它公之于众的。应该如何理解 20 这个关于盗窃的故事呢？考虑到这其中的滥用和由此产生的弊端,显然应该减轻合法所有者的负担。芝诺以前带着善意所发展的辩证法已经失去了意义,已经成为了一种特别令年轻人陶醉的论辩术。柏拉图总是将这种对演讲的着魔($\tau\tilde{\omega}\nu$ $\lambda\acute{o}\gamma\omega\nu$ $\alpha\dot{v}\tau\tilde{\omega}\nu$ $\dot{\alpha}\vartheta$-$\acute{\alpha}\nu\alpha\tau\acute{o}\nu$ $\tau\iota$ $\kappa\alpha\grave{\iota}$ $\dot{\alpha}\gamma\acute{\eta}\rho\omega\nu$ $\pi\acute{\alpha}\vartheta o\varsigma$〔这是在我们之内那永不会消逝和老去的情感属性,因为它属于理性自身〕,《斐莱布篇》,15d)作为真正的、实事求是的相互理解的对立面而并举。我们也从喜剧的叙述中了解到什么是这种拘泥于细节的诡辩。这是一种廉价的程序,它将多证明为一,又将一证明为多,苏格拉底在《斐莱布篇》中就曾警告这是一种流俗行为。然而,从演讲的这种辩证法的自身代替中引起的存在论后果,就是所谓的赫拉克利特主义,柏拉图将它描绘为自己理念学说的对立面。所有所谓的存在者事实上都处于流变的永恒河流之中,这一点正是通过与臆想的确凿纠缠在一起的矛盾所证明的。逻各斯摧毁了所谓的"一个存在"(《智者篇》,246c;《泰阿泰德篇》,157b;《大希庇亚篇》,301b)。正是为了反对这种流俗形式的辩证法,柏拉图拥护艾多斯作为与自身所是同一的理念的存在这一前提预设,但是也拥护埃利亚学派的存在思想的真理。芝诺在一个青年苏格拉底所属的社会中讲诵他的辩证法论证,这一事实表达出了埃利亚学派学说新的发展现状,但是同时也表达出了对其辩证克服的紧迫性。

对埃利亚学派的"存在"的内在辩证法的意识似乎首先是从"整体"这个概念上发展起来的。巴门尼德自己用这个词作为真实存在的标志之一,并进而用它来表达存在的无差别性,而不是如同亚里士多德显然在提及巴门尼德时,将"整体"定义为"无物可以离开它的东西"($o\dot{v}$ $\mu\eta\delta\grave{\epsilon}\nu$ $\check{\alpha}\pi\epsilon\sigma\tau\iota$),或者特别是在关于存在的整体时说到

"无物在它之外"(οὗ μηδὲν ἐστι ἔξω,《物理学》,第 3 卷,第 6 章,
207a)⑱。但是,与通常一样,"整体"的概念恰恰挑战了去思考在它
之中所设定了的"诸多部分"的概念。在这个辩证的自相矛盾问题
上,埃利亚学派学说要么必定失去了它的意义,要么必须进行如下
的改造:对整体与部分,一与多之间的辩证统一进行辩护。看起
来,当柏拉图发现一与多就是演讲的真正的辩证法奇迹的时候,他 21
就首次对埃利亚学派学说(事实上,在芝诺那里,它已经得到了发
展)无意识的辩证法采用了整体与部分的概念。无论如何,在柏拉
图那里,我们总能找到整体(与部分的)概念及其固有的辩证法,并
且首先是在与埃利亚学派的关联之中。在《智者篇》中,正是以整
体及部分的辩证法对"一切即一"的学说进行讨论而开始的(《智者
篇》,244d 以下),在《巴门尼德篇》中,整体与部分的关系就是巴门
尼德用以发展自己学说的辩证法的第一个概念对应。即使在亚里
士多德对埃利亚学派的批评中(《物理学》,第 1 卷,第 2 章),也插
入了有关部分与整体之间难题的讨论:"它们究竟是一个还是多
个,何种样子的一个或多个,如果是多个,那并不连续地关联的部
分又是如何的呢?"在这之中,最重要的是,对连续性的部分来说以
下是有效的:"如果每一个部分都与整体是不可分割地统一的话,
那么这些部分彼此之间也是统一的。"但是柏拉图在《斐莱布篇》
(14d)中正是瞄准了这种辩证法问题:"如果某人在逻各斯中将人
的四肢以及身体部位分开的话,那他实际上是把它们所有当作了

---

⑱　正如在《巴门尼德残篇》的残篇 8 之中 πάρεξ τοῦ ἐόντος 确实也认为,作为整体存
在就是基础性的、排除了虚空的含义,麦里梭对此的主张是正确的(残篇 7)。

‘一个’来对待的。"

　　事实上,部分和整体的辩证法是如下的一种方式:它在形式上逼迫了柏拉图关于艾多斯的思想。所有部分同时都是整体,这一点看上去是理所当然的,尽管整体不是这些部分中的任何一个。整体是与它的部分中的任何一个都不同的东西,它也不是它们所有。但是整体又是从它自身来说被分割了的,因为所有部分都曾是整体。在艾多斯的设定中所含有的那种必然性^⑲就走进了与这种辩证法的关联之中。但是在每一个艾多斯之中,都包含有同样的辩证法,即既作为整体存在,又在分有中作为多而存在。巴门尼德让年轻的苏格拉底陷入了艾多斯的辩证法之中:同时作为整体和分割部分存在。因此,他为埃利亚学派存在概念——这其实是苏格拉底"理念"概念的基础——的辩证式克服打下了基础。存在就是艾多斯的自为存在(Fürsichsein),它无法被固化,或者正面来说的话就是:一本身就是多。在柏拉图的《智者篇》中,理念的这种内在多样性在对埃利亚学派命题的明确克服之中得到了进一步发展。存在自身既是一,又是多,它与它自身是同一的,正是因为它就是差异性(每一物都不同于他物)。每一个存在者,它是它所是的,正是凭借于它不是他物。恰恰只有当它是"除此之外的无物",它不是所有其他的东西。辩证法的这种实事求是的严肃性打破了"是"与"否"之间的空洞的游戏。存在的多,以及存在的一,乃是存在的内在分段结构,它正体现在逻各斯的不稳靠性(ηλάνη)之中。

────────────

　　⑲　在《斐多篇》(101b)中,数的本质就是艾多斯假说的一个示例。在理想数的学说中,所有数与理念的始基(Arche)就正是在一与二的关系之中被认识到的。

所有克服都指向,都取决于"克服什么?"。柏拉图式的辩证法 22
取决于它所消解了的埃利亚学派的存在思想。这一点没有比在柏
拉图提出的"混合"的概念广泛使用时变得更加清晰的了。柏拉图
的"混合"概念远远超出了严格意义上混合原来所指的存在着的组
成部分的范围。柏拉图不仅讲美与丑的混合,存在与非存在的混
合,相同与差异的混合,而且混合甚至还指"规定者"与"不规定者"
之间的关联(《斐莱布篇》中的四种属学说)⑳。即便是规定和测量
的本质也要从埃利亚学派的背景出发而加以理解。事实上,关于
混合的思想不仅是柏拉图所描述的诸种理念之间真实关系的众多
形式中的一种,它还包括交织、结伴、亲缘性、分有,等等。而且它
们都具有共同的本质特点,即它们都预设了在关系之中的持存者。
但是这也意味着,要从埃利亚学派的存在概念出发并且将诸理念
之间的关系作为辩证法来经验。

所有的言说都是辩证的,因为它总是多于"对一的单纯命名"。
言说通过将某物作为某物而进行攀谈,将某物作为某物而进行规
定,或者将某物作为某物而进行解释,言说就总是已经包含了从不
同视角(理念)出发的多,包含了在与一个"意见"的统一之中的"合
一"。所以,它总是同时是多与一。看上去仿佛正是安提西尼
(Antisthenes)通过完全放弃言说中的真正的综合,而不是通过将
定义式的规定仅仅看成同义反复的命名,尝试着将起源于逻各斯
的此种结构中的辩证法的混乱排除出去(《智者篇》,251b)。而且

---

⑳　当我在《柏拉图的辩证法伦理学》(1931 年)(我的著作集,第 5 卷,第 95—97
页)中谈到这一点时,我还尚未综览到埃利亚学派的背景,以及它与辩证法的起源之间
的联系。参见本书第 106—107 页。

在这里,埃利亚学派存在思想的后续影响在其术语之中都可以察觉到。每一个所意谓之物都应该是一个"不可分的理念"(《泰阿泰德篇》,205c；ἰδέα ἀμέριστος)。安提西尼(如果是他的话)将有望成为一个埃利亚学派的苏格拉底主义代表,因为他在对所意谓之物的同一性的坚持之中同样坚定地反对诸逻各斯辩证的冲漂和流逝,就像埃利亚学派反对有死者的世界观一样。当然,柏拉图不屑于对待这一理论。他采取的立场就是一与多的神秘纠缠,而正是这一点构成了逻各斯。但他最重要的对话录之一《泰阿泰德篇》,

23 就致力于揭示执着于埃利亚学派的存在概念会陷入的困境。因为它使得对理解何谓认识与科学变得毫无可能。不管我们是否像赫拉克利特-普罗泰戈拉那样为知识奠基,并且在 αἴσθησις(感知)、在直接性的明见之中追寻知识,不管我们是否在意见中、在"观点"中追寻知识——按照它存在论的基础来说,这些学说都以埃利亚学派为基础,也就是说,它们都在意见、在错误的问题上失败了——知识都不可能只是当前之物的直接性。这些学说解释不了什么是错误,因为错误和知识不是在内容的直接性,而是在解释的关联之中,也就是说,在逻各斯的"作为"(Als)特征中奠基。

柏拉图承认了在逻各斯之中被给予了的混淆的暴力。只要被意谓之物的统一性是通过感性直观而得到保证,并且成为可检验的,那混淆的暴力就可能是可笑的、不值得加以严肃地考量。但是如果事情关乎的是对理念自身的把握,关乎的是 λόγος οὐσίας(第一实体的逻各斯),那么混淆的暴力就是不可否认的了。在这里,只有不断的辩证法实践才能避免从事情方面来看,被语言的同义词所排挤掉。《第七封信》的附录,与柏拉图的《巴门尼德篇》中提出的对辩证法练习的要求，在如下一点上是达成一致的，即逻各斯自身永远不能保证自己免于陷落到事情的不适度之中。事实上，柏拉图对逻各斯的辩证混淆给出的解决方案，也就是"Dihairesis"（二分）的方法，根本上也以看的实质上的主导（die sachliche Führung des Sehens）为先决条件，正如亚里士多德对这种方法的价值所提出的批评也复又强调了这一点。㉑ 因为分类的视角不是来自概念本身，而是来自对所意谓事物——它贯穿了其规定的多样性，并始终在视野之中——的先见。因为最后正是属的次序让"一"作为不可再分的一个艾多斯（理念）得以产生，并且属的次序就是在"一"之中"一同被拾取的"，所以事物的逻各斯就是多。

    "理念的二分法"是在逻各斯的基础上复演的，这一点就是柏拉图通过整体和部分之间的辩证法对埃利亚学派的再次审查。逻各斯的单个化的诸要素，比如在《巴门尼德篇》中的"一"与存在，作为一个整体的诸部分同时也反而被看作了彼此区分的整体。与此相同的是，理念的二分法，在自身内部对一个整体进行的划分同样也是整体。因此，二分法是整体和部分，以及一与多之间的辩证法的积极转向，从"欧波里亚"女神（Euporie）转向"困境"（Aporie）（《斐莱布篇》，15c）。这组成了技艺（Techne）的结构。因为事实上，每一个定义都预设了知识的整体。所有的声音和它们之间可能的关系的确定，是音乐本身；在文字系统中的所有发声的确定就是写作艺术和阅读艺术本身。并不存在一个单一的定义，毋宁说，每一个定义都包含了理念的交织。智者学派对存在概念的改造就 24

㉑ 《前分析篇》，第 1 卷，第 31 章。

是对逻各斯本质洞察的必然的存在论结果。存在（Sein〔是〕）总是同时就是"不存在"（Nichtsein〔不是〕），这意味着，"不是"就是它与所有其他之物区分之所，或者说，所有它所不是的东西。

因此，逻各斯就被柏拉图和亚里士多德思考为对规定的综合、交织和混合。那首先共同组成了话语的统一性的名词和动词，就是"部分"的集合。另外，亚里士多德也明确地强调，不仅整体的质料性组件是它的部分，而且我们用定义的"要素"来称呼的东西也是它的部分（τὰ ἐν τῷ λόγῳ τῷ δηλοῦντι ἕκαστον, καὶ ταῦτα μόρια τοῦ ὅλου〔此外，那些在阐明个体事物的定义中的因素，被称作整体的部分〕，《形而上学》，第 5 卷，第 25 章，1023b22）[22]。亚里士多德的形而上学的读者在关于神学的"第 7 卷"开头就会被如下的一种用语所惊呆："我们思考的乃是存在（是〔Sein〕）。因为我们是对'什么是存在（是〔Sein〕）'的原则和原因的探讨。也就是说，如果整全就如一个整体的话，那么存在就是它的第一部分；而且，如果整全就如串起来的一样，那么首先就是存在，然后才是情状和大小。""整体"（ὅλου）通常与"整全（πᾶν）"相对，后者不能够被划分为诸部分，而这里所指的"整体"首先是相对于"串成一的排列"，后者我们能够在斯彪西波（Speusipp）对存在（是〔Sein〕）的构造中找到这种理解。存在并不仅仅只是一个序列的第一个，毋宁说，它也是所有其他之物找到它们的关联之所在（πρὸς μὲν γὰρ ἓν ἅπαντα συντέτακται〔万事万物都指向一〕）。

---

[22]　也见《物理学》，207a26 用表达 ἐν μορίον λόγῳ（在部分的定义中）来指代 ἄπειρον（无界限）。

在此，亚里士多德所论的到底是范畴的秩序、存在（是〔Sein〕）的多样性，还是世界的构造、存在者诸领域的秩序？那拒绝了多元论（《形而上学》，第 12 卷，第 10 章）的语词与终止了在存在者（是者）的"是什么"之中的所有存在话语的语词是同一个吗？"是什么"的优先性同时也是存在之存在（是之所是）的尺度，从而也是所有存在的一切的等级的原则吗？

三

Sein 这个语词也属于引导巴门尼德走在真理道路上的存在的标记。很明显，它意味着：存在就是纯粹的在场，或者也可以表示为了什么而在场。真理就是这种在场性和当前性的敞开存在。因此，总是随同存在一起当前的，还有"思想"，对思想来说，存在是当前的。* 在这里，我们不能让德语的"思想"概念卷入对古典思想的"观念论"诠释。思想是一个能思想的人的思想，这一事实还远不意味着思想者的存在就是那种思想和在思想中被思想的存在由之出发得以理解的东西（从何出发理解思想和被思想的存在之所）。在对教谕诗的解释中，解释者总是尝试着，将 Sein 这个的主动语态翻译成被动的，并遭受到了错误翻译的指责。然而，毫无疑问，比"思想与存在是同一个"更正确的说法是：被思想（Gedacht-werden）与存在是同一个。如果说教谕诗中所说的是："因为没有存在——一切都基于它而被说出——的话，你就发现不了思想。"（残篇 8,35）那人们则总尝试着反对一切的自然语序，而将其理解

_____

* 这里，按照伽达默尔的表达，思想是"存在是当前的"的第三格宾语。——译者

为："因为没有存在的话，那你就发现不了思想——一切都基于它
而被说出。"(参见弗伦克尔〔Fränkel〕：《巴门尼德研究》，z. St.)现
代的主观主义先见完全支配了对发声(说出来)以及逻各斯的理
解。但是，并不是存在在思想中被说出，而是相反：思想在存在中
被说出。同样，被说出来意味着：存在的敞开状态。思想不是投向
虚空的想象式筹划的自由可能，毋宁说，思想一直意味着在场性，
也就是说，总是对存在的见证。所以虚空就真的意味着非存在(不
是)，也就是说，不可思想之物。我们可以言说和思想的东西，都是
着(存在着)(残篇 6)㉓，也就是说，它们不可能从存在的在场性中
脱离，而对存在的知悉(Vernehmen)就是思想。另外，思想也对世
界图景虚假的解释作为意见而加以把握，即作为存在者之间的关
系，作为一个"更多"，正是通过它一物从另一物之中凸显出来，并
借此也让他物为它而存在(《巴门尼德残篇》，残篇 16)。从这个意
义上讲，所有的存在者都有某种认识，也就是说，都与一个他物有
存在关联。㉔ 整个前苏格拉底的知觉理论是基于这种彼此(Ein-
ander)的概念，正是这种"彼此"让知悉着的存在(das Verneh-
mend-Sein)(努斯〔Nous〕)在存在自身之中得以起源。

　　众所周知，正是阿那克萨戈拉(Anaxagoras)首次将这种知悉
着的存在作为一种自为存在而思考，并且这是在一种微观理论的

㉓　因此我认为，如果我们想要获得 Sein 这个动词的全部力量，就必须留意将它
的用法集中起来并且翻译 τὸ...ἐόν。

㉔　我认为赫尔曼·兰格伯克(Hermann Langerbeck)曾正确地看到了这一问题
的前苏格拉底的整体视域，参见其论文"意见之流——关于德谟克利特伦理学与认识
论的研究"(1935 年)。

思维方式之图式中,就像它是在对埃利亚学派的存在思想的持续强制中成长起来一样。努斯是最精微的,它无所不在并穿透一切,因此不会混合任何东西。它的这种纯洁的自为存在使它具备认识的力量。除了它与所有存在者一道在此,以致所有存在者对它来说也在此之外,这难道还有什么别的意谓吗?[25] 柏拉图和亚里士多德对阿那克萨戈拉的努斯思想所进行的所有批评都不能掩盖如下事实:柏拉图式的艾多斯(作为在场着的在场性)思想仍然是对阿那克萨戈拉思想的有效的发展。

　　柏拉图式的辩证法将自己解释为这样一个进程,它也说明了 26 数学家的间接理性(dianoetisch)达致认识的行为所依赖的先决条件。但是,不仅数学家在不追问这些先决条件的情况下,基于这些先决条件而思考,而且还包括每一个言说的人,也就是说,每一个通过使用语词而与其他人关于某事某物达成相互理解的人。[26] 只有当他使用的每个词语所意谓的东西与其他人的意谓是同一个时,那他才有可能关于某事与其他人达成相互理解。因此,他的每一句话都包括了一个预设:一个与自己同一的打量视角(Hinsicht),也就是艾多斯。柏拉图的辩证法提出了这样的预设,也就是说,它使自己成为了其所需说明的最明确的对象,从而使言说的使用远离于语词的混乱,远离于 καἰ ὄνομα διώκειν(按照字面名称来探寻)。这就是二分法的意义,即打量视角的方法论差异以及它们从一个共同之物中的派生的意义。柏拉图在其中看到了一和多

　　㉕　参见《克力同篇》,412d 以下。对 δίκαιον 的词源学将它作为最深入者和最快者,"以至于它将所有其他存在者都当作静止的来对待"。

　　㉖　《理想国》,533 以下。

之间辩证法问题的积极转变。

　　这也就是分有（Methexis）的问题，与之相关的不仅仅涉及诸理念彼此之间的关系，而且还有统一地得到考察的灵魂与理念之间的关系。因为分有虽然是对多与理念之一之间关系的表达，但是这种分有——从亚里士多德的存在论预设出发，它恰恰是对真正的问题，也就是说 φύσει ὄντα（自然自身）的存在（是）的掩盖㉗——对柏拉图来说，并不是一个问题，毋宁说，它只是对理念的意义的表述。分有在这个意义上说，就是存在者本身的“何所是”（was-sein）。然而存在者本身的这一“是什么”，也就是艾多斯，所有相互理解的所谓不可或缺的先决条件，事实上都隶属于一与多的辩证法——而这才是理念学说的辩证的关切。因此，柏拉图的《巴门尼德篇》不是柏拉图理念（思想）学说发展中的批判性阶段的表达，而是其问题的核心表述。自为存在着的艾多斯的统一性是一个年轻的（不太成熟的）的假设，它与埃利亚学派的存在思想一样，都是必须被克服（或超越）的。年迈的巴门尼德与年轻的苏格拉底的哲学未来达成了秘密的、微笑着的一致。一的存在并没有将他者的存在，或者多的存在排除出去，恰恰相反，它包含了它们。理念作为“静止稳固的打量视角”的多样存在也并没有排除运动，恰恰相反，它包含了运动。只有当一与其他之物相区分，一才是一。存在（是）就意味着“自我区分”，在灵魂——它认识和把握了存在——之中的在场性同样也意味着“自我区分”。灵魂的逻各斯就是在其中一与其他之物进行区分，并且也与其他之物发生

　　㉗　《形而上学》，第 1 卷，第 9 章，991a20。

关联的逻各斯。

在《智者篇》中，以下的想法已经作为一个不可能的设想被加 27
以拒斥，即艾多斯的存在是静止的、无理性的和无生命的[28]。如果
它要被认识到，它就必须是运动的，因为它分有了有认识力的、能
运动的灵魂。但这并不意味着真正的存在就是自为存在着的、有
认识力的灵魂的存在，恰恰相反：因为存在在其自身之中进行自身
区分，借此进入到"是这样，而不是别样"的敞开性之中，所以它拥
有运动和生命，它是思想。灵魂并不是为了自己，毋宁说，它是对
存在的分有和参与，存在在它所是的东西之中将自己带向显露，带
向可陈述性。每一个关系都是逻各斯，也就是说，它是对某物得以
观看的打量视角（Hinsicht）的强调和凸显。柏拉图的辩证法将逻
各斯中的在场性解释为这种存在的发掘，从而为艾多斯的预设进
行了说明。

正是理念彼此之间的分有，特别是存在的最高的属之间的交
织让哲学思考成为了可能。最高的属在所有存在着的事物以及可
以言说的事物中都在场。这一图景（Bild）的辩证法，即是它所不
是的，以及不是它所是的，重复的仅仅只是存在自身的辩证法，存
在一向是作为其他之物所不是的那样而存在着，也就是说，它在它
所不是之物之中拥有自己的"何所是"。在存在自身之中不仅有作
为一的存在（是），而且也有区分的不确定的二元性（Zweiheit）。
艾多斯的存在是数的存在方式。艾多斯的存在并不仅仅可以给出
逻各斯，而且它自身就是逻各斯。根据逻各斯的可能性来看，它就

---

[28] 《智者篇》，248e。

是存在的真实的图景,因为存在将它自己带入到了这种一与多的统一性之中。可以肯定的是,在《智者篇》中,柏拉图所意味的并不仅仅是抓住哲学思考的本质,同样要抓住诡辩者(智者)的本质,也就是说,不仅仅把握可以给出逻各斯的存在,而且也把握给出虚假和错误逻各斯的存在。但重要的是,对真实假象(Schein)的发现掩盖了错误和虚假的假象。哲学与诡辩之间的区别最终仍然是没有被把握的,也是不能把握的,因为柏拉图辩证法的维度与真(无蔽〔Aletheia〕)的真正问题,也就是存在的敞开性非常接近,即便是它想从对错误的远离和克服出发来理解真正的真理。正是柏拉图的哲学不断超越自身的临时性质,表达了对这种不可把握性的接近。正如《第七封信》教导我们的那样,以及柏拉图的整个书面作品所证明的那样,哲学家与诡辩者的自我区分正是柏拉图哲学永远没有被遗忘的思想关切。这种哲学思考并非是在逻各斯中的一种自由能力,毋宁说,它是存在本身的一种“将自身带向语言表达”——这既不是一种从主观向对象性的客观的神秘过渡(如斯坦策尔所认为的那样),也不是对“思维的存在”来说的一种泛灵论的先见。毋宁说,这一点是奠基在埃利亚学派存在(作为聚集了的在场性)思想之中,也就是说,奠基于存在与无蔽(作为“是真的”)关联之中。从这个意义上讲,柏拉图思想非常接近于开端。虽然理念论思考的是“何所是”以及它的正确的规定,但是只要“何所是”表现为辩证法,那理念论思想的先决条件就得以建立,并且它思想的就不是存在者的存在,而是作为这种“优先于所有正确规定的真之是”的存在的存在性。辩证法并不是在逻各斯中思想存在(何所是),毋宁说,它将存在自身作为逻各斯而思考,也就是说,作为一个在其中，并且通过它，言说所采取的打量视角才得以衡量的展开领域。

然而，这种关联的持续影响在亚里士多德的形而上学，因此也在形而上学思想的全部传统之中，也仍然展现在所强调的 ὂν ὡς ἀληϑές（"是真的"〔Wahrsein〕）之处。尽管亚里士多德在《形而上学》第 9 卷第 10 章中是否将其发展的对存在者的存在之追问的系统论真正地达到了最高的等级，以及"真之是"是否就是对最本真存在的称谓（τὸ κυριώτατα ὂν〔原意是最为主要意义上的存在，也可翻译为最本真意义上的存在〕，《形而上学》，第 9 卷，第 10 章，1051b1）[20]，都尚且是充满疑问的，但是本章出现的内容对整个实体学说以及它在逻各斯的"指南"之上的展开描述来说，都呈现了必然的结论。在那里，问题关乎的是第一实体的逻各斯（λόγος οὐσίας），也就是说，关乎的是本质性的定义，并且对亚里士多德来说，主导的问题恰恰也就是："本质性的什么"如何既是一，却又在逻各斯中成为可被规定的。从这个角度来看，真之是（Wahrsein）被理解为一种综合，也就是说，在事物中共同站立者被共同放置到逻各斯之中。正如言说的统一性是词语的综合一样，本质的统一性也就是其"各部分"的综合。但是，什么是不可分者、单纯物、非组合物的真理呢，如果它们优先于任何一种组合和解释的话？它的真理不可能在于一种正确的共同放置。亚里士多德在这里谈及的只是单纯的命名和触摸。但触摸是共同-当下的直接性。存在概念最本真地实现在"自身当下化"，即 ἐνεργείᾳ ὄν。谁能够自身当下化，谁

---

[20]　毕竟，这一章的思路其实是这样展开的："本真的"存在借由导向着陈述之正确性的真理概念才明确地被赢获。

就是不可分的一，也就既不诞生也不消逝，作为自身当下化的努斯，它自身也就是思想者。当辛普里丘(Simplicius)看到在亚里士多德的努斯规定之中有对埃利亚学派作为一之存在概念的返回时㉚，他是完全正确的。不仅实现(Energeia)的概念超出了运动的关联——正像《形而上学》第9卷所教导我们的——它将存在表述为与自身关联者。清醒(Wachsein)、感知(Wahrnehmen)和思想——亚里士多德的"标准例子"——并不仅仅是当下，毋宁说，它们之所以是其所是，恰恰因为它们是当下化者。因此，柏拉图在《卡尔米德篇》(168e)中曾做出暗示的在自身中起作用的能力，就是对存在者的存在的另一种表达，而亚里士多德则把它把握为纯粹的实现，也就是自身当下化者。此外，亚里士多德并不将灵魂的存在看作一个杰出的自为存在，而是看作存在者的当下性："理念的场所(地方)"或者"以某种方式的存在者自身"。

以上从三个不同方向所追索的埃利亚学派思想的效果史，被证明为形而上学本身的前史。在它之中所呈现出来的史前的事情包括：存在被思考为存在者的整体，也就是说作为世界整全(Weltall)而被思考；存在是一个由部分所构成的整体，存在自身就如它在逻各斯之中的展开描述一样，思想就在存在之中，而不是存在自身在思想之中。这并不是在如下的意义上是史前的，即它还没有被终结性地思考，毋宁说，它其实是在以下意义上是史前的：它还可以开端性地被思考。这些古风在其内在的共属一体性中表现出与开端之物——即对存在的一种使得所有形而上学得以

㉚　辛普里丘：《物理学》注释，87，9以下（第尔斯）。

可能的经验——的统一的亲近。事实上,这种存在经验不仅传递到了亚里士多德和形而上学学派的形成,毋宁说,它延伸到了它的终结并且超出了它。

因为形而上学的前史同样孕育了辩证法,借助于辩证法的中介,形而上学的完成在费希特和黑格尔处得以发生。这绝非仅仅一个巧合。打破了知性的一成不变的辩证法,思辨唯心论让其得以尽情发挥的辩证法,就是对古代的那个辩证法的反思形式,在其中,埃利亚学派的存在思想保留了一种对其的克服和超越。同样,思辨思想首先也预设了,它到底想要克服的是什么。此外,思辨思想将存在思考为一个特别的存在者,即精神。思辨思想意图思考总体——对近代的主体主义来说,这当然意味着:它想将整体作为包纳了主体性和客观性的存在而思考,并且它就是以此方式,在对抽象对立的辩证性克服之中看到了它的使命。可以肯定的是,它并没有达到开端的维度,而柏拉图和亚里士多德所尝试的对埃利亚学派思想的进一步思考则保持在了这一开端的维度之中。但是,在他们思想中的这种自身超越的不安,恰恰是对这一开端维度的证明。因此,形而上学的终结仍然处在其开端的法则之下。

(贺念 译,洪汉鼎 校)

3. 巴门尼德的教谕诗
——库尔特·里茨勒的巴门尼德注解
（1936 年）

　　库尔特·里茨勒（Kurt Riezler）在他的著作中尝试着对巴门尼德的教谕诗进行一种新的解释，这一新的解释应当说让巴门尼德的教谕诗对存在问题（Seinsfrage）的历史所具有的决定性的意义显然可见。事实上，自从赖因哈特发表那本革命性著作（1916年）以来，巴门尼德就成为人们对前苏格拉底的哲学兴趣中最为重视的人物——这一点，并不是完全通过颠覆以往那种认为巴门尼德与赫拉克利特之间存在着论战关系的固定看法，也不是通过尝试对前苏格拉底时期的哲学进行一种时间上和事情本身上的新的秩序的建立而完成的，毋宁说，它主要是因为赖因哈特对巴门尼德教谕诗本身，以及它的两部分之间的事实关联的解释所具有的能量而引起的。从那以后，所有不是以一种规定这全部哲学的意义的方式将 δόξαι βροτῶν（有死者的意见）与着重预告的 ἀλήϑεια（无蔽，真理）连接起来，而只是在 δόξαι βροτῶν（有死者的意见）中看到展示、折衷、假设、批判、争论，或者某种次等的、增补的东西的解释，一概都不被理会。这其中尚有很多未解之谜，并不仅仅是针对一些具体细节问题的解释，而且也包括整体性的意义。所以，里茨勒基于当前哲学的关切(主要是海德格尔对存在问题的揭露,参见其前言)而对巴门尼德的残篇所进行的新的实事求是的解释,应当受到欢迎。

诸多对巴门尼德的处理和报告都排除了那种重视历史研究,以及与巴门尼德进行哲学争辩的关切和思虑。人们兴趣的核心点总是在于对教谕诗残篇的语词研究,因为我们从当代思想中能够获得的关于残篇的说明实在太少了,所以对于细节的注解和整体的把握来说,我们都有太多的怀疑。然而与此相反,意见性的传承物及其在柏拉图、亚里士多德同巴门尼德之间的争辩中的起源,却被丢置一旁。这同时也伴有一种确信:根据柏拉图本人的话,他十分清楚教谕诗的真正的意义已经下落不明了。当里茨勒在其 31 著作第 9 页中把柏拉图关于巴门尼德的这种指明看作教谕诗的真正意义流失的确实证据(而不是作为对它的真理进行更新和重复的表达),其中表明了双重的含义:一方面是意愿从对教谕诗的晚期解释和把握中解放出来,以追寻巴门尼德的"完全本源性的深度";另一方面是相信借助传承下来的原初文本能够通过哲学性的解释返回到本源性的意义。绝非偶然,弗里德里希·尼采对希腊时代的最终构型正是基于这个意义上的"相信",他对希腊悲剧以及悲剧时代的哲学的解释在内容上也规定了对教谕诗的注解。

里茨勒在巴门尼德注解的第 1 章里,试图发掘那种尚未与后来的哲学性的概念科学发生分离的最古老希腊哲学的本源意义,其方法是通过荷马对世界和此在的理解来阐明这种本源意义。这种最初的指明具有其历史正当性,因为哲学是神话的遗产,正如我

们在荷马史诗中看到的那样。这将表明：因为哲学通过科学而要
求成为一个世界解释与此在解释的整体，正如神话就曾是这样的
整体一样，所以这种开端的哲学就多于"自然的科学"。用后来的
话讲，它是"哲学"或者"形而上学"。我认为对神话与哲学的关联
这种一般性的指向是正确的，也是唯一的、有说服力的规定了前苏
格拉底哲学最古老证据之意义的传统。在这些最古老哲学家中，
认识到宇宙论、气象学，简单来说，伊奥尼亚的 ἱστορίη（学术探究）
的那种科学启蒙的标准，在我看来，是排在这一意义规定的后面
的。然而，里茨勒对古希腊神话——对里茨勒来说，古希腊神话的
意义联姻的遗产就是开端性的哲学——的"生命情感"的展示，却
已经不断地使用概念以及对这一哲学的认识。以此，开端性的哲
学就表现为对"存在问题的本源意义"——因为对教谕诗的解释
它才开始得到强调——进行一种单纯的直观化的导论式尝试。荷
马的"真理"在于：他在所有个体和集体中贯穿着对同一点的言
说——此在的秩序。在此在的组构（Gefüge）中总是有对立的"力
量"共同在场：生与死、光明与黑暗、勇气与恐惧、知识与盲目。荷
马的人性真理就立于其中，也就是我们常说的："（它）就是这样"。
这其中的"它"（Es），显然并不是指在属概念意义上的人性的普遍
概念。

　　人们看到，这一特性是完全与在对巴门尼德解释的追索之中
展露出来的区分协调一致的，进一步说，荷马的这一特性基本上承
担了艺术本身以及它的简明真理的普遍本质。里茨勒自己在其著
作第 20 页讲到，此在的力量之组构与多种存在者的秩序按照种与
属的原则的分离，虽然是作为一个历史性的难题而出现的，但是同

时也是一个"最大的体系性的问题,它深深地感动了我们"。

在第 2 章中,里茨勒刊登了巴门尼德的残篇,并且附有"平庸的、完全不能胜任解释的翻译"(第 7 页),这一翻译实质上是沿用了赖因哈特。因为里茨勒在接下来的解释中,经常会超出文本而有哲学性的发挥,所以我觉得他非常不幸地错过了以下的机会,即通过一个总结性的翻译来表达,他究竟是如何详细地理解巴门尼德文本的。在我看来,有时候他所做的并不是他的翻译要表达的。

他的解释非常紧凑,篇幅很短,才不到 40 页,因此所有对巴门尼德思想的概貌不太重要的具体问题都被排除了。从赖因哈特关于教谕诗的两个部分之间的本质关联的认识出发,里茨勒从意见世界以及它的假象开始着手分析(残篇 8,53 以下〔第尔斯〕),并且紧接着讨论了残篇 9 和残篇 19。真理($\dot{\alpha}\lambda\dot{\eta}\vartheta\epsilon\iota\alpha$)世界与意见($\delta o\xi\alpha$)世界并不是两个不同的世界,而是看的两种方式。真理就是超越了(克制了)的假象(überwundener Schein),而假象就是沉沦了的真理。里茨勒通过对残篇 2 进行极有见解的阐明来证明这一关联:真理之路在在场者之中同时也看到了离席者,在黑暗中也看见了光,在生之中也看见了死;这就是对光与黑夜进行绝对分割的错误的克服,残篇 8,56 以下,就正是对这一错误的讨论。里茨勒在此洞见到了辩证法的基本思想:"他者作为某物的他者,也在某物之中一同当前化"(第 46 页)。基于这样一种看法,假象的 $\kappa\acute{o}\sigma\mu o\varsigma$(世界)也接收"真理"。对知道的人来说,在假象之中,以及在划分的遮蔽性的 $\delta o\xi\alpha$(意见)之中,真理也是可见的,真理女神,在假象中间"同一地存有"(einend waltet)。

　　从这一起点出发,里茨勒尝试着来理解巴门尼德的存在问题。巴门尼德的ἐόν指的就是"作为现状情况的存在之是","一个整体,其中每一个离席者都与在场者不可分割"(第49页)。然而,这意味着,存在作为一个整体指的并不是存在着的东西的大全,毋宁说,它指的是将它们彼此缝接起来的力量整体。存在者的存在指的并不是一个"普遍之物",毋宁说,它指的是与存在者之多相对的那个一。由此出发,就如同赖因哈特一样,里茨勒也注解了思想的三条道路,以及通往真理的道路上能看到的存在的标志:作为统一性,存在乃是唯一性、整全性、最远大的,在自身中完成了的组织性。

　　如果巴门尼德的ἐόν指的不是一种不成不变的千篇一律的单一,而是在每一个现在中都作为整体而当前化的存在组构的统一性,因此它自身之中就必然包含变易(Werden)与消逝(Vergehen)的力量。在其巴门尼德解释之中,这是决定性的一步。"变易并不变易,消逝并不消逝。变易与消逝同样也是存在自身"(第62页)。里茨勒力图通过巴门尼德的文本来证明这一结论,并且他相信他在"思想(νοεῖν)与存在(εἶναι)的同一性"中找到了证据。太一就是"对并非彼此之间没有关联,因为总是寓于彼此,并且贯穿于彼此之存在"(第65页)的指明。如果残篇16是对由混合(Mischung)而来的知觉进行说明,那么这一点就是隶属于错误的假象本质的力量所进行先行分割的结果而已。与此相反,认识的真理却是如下一番状况:"我们在对存在的观看之中,也是存在着的;正是因为我们是存在,所以我们看见存在。"(第69页)在对主体的此在与客体世界之分离的克服中(更好的说法是:在它们之间的未切分之存在中),存在的统一性这一命题达到了其顶峰。"变易指的就是从遮蔽的黑暗中涌现出来,消逝就是一种消失,一种自身遮蔽。"(第73页)这样,"运动作为存在的运动就被否决了,而作为认识的运动就被肯定了"——这就碰触到了这一学说最后的内在界限。里茨勒借助于尼采而发问到,假象的变易难道不是必定比再次的假象更多吗? 并且难道这一学说不是必定要将假象自身"收纳到受到威胁的真理的存在中吗?"(第76页)他在此看到了对这一学说的进一步发展的征兆,后来正是通过柏拉图在《智者篇》和《巴门尼德篇》中对此有所经验。

　　里茨勒紧凑的呈现并不是那么容易认清他的思路,为了将一些评论连结起来并且让细节更加的明晰,我已经尝试着尽可能简明地将他的思路凸显出来。其中最好的连结点是由里茨勒在第4章"论存在问题的历史"中提供的,在其中,里茨勒以明确的方式将他的巴门尼德解释的成果表述为反对"埃利亚学派"以及柏拉图和亚里士多德的存在论疑难。他对教谕诗的注解让他看到了在麦里梭那里的误解(第57页),在芝诺那里一个"偷换了的问题"(第86页),并且只有在柏拉图那里,才又重新有一种提问方式,这种提问方式虽然是改变了的,但同时又是再一次提出了古老的巴门尼德的原初的问题:对灵魂的追问,灵魂并不是作为存在者之下的另一存在者。里茨勒带着彻底的坚决性将巴门尼德对存在在力量的组构中的"交叠"(Faltung)的追问与芝诺对对象性的多的秩序的追问分离开来。在差异及对立的统一性与存在者在空间与时间中的秩序的统一性及整体性之间存在着绝对的鸿沟。

　　这一主张是由赖因哈特所给出的将"意见"（Doxa）注解为自然的"现象学"之后在存在论的彻底化的一个结果。不需要对前苏格拉底哲学家的关联的历史延续性的普遍的反对理由，人们就将 34 能够遇到这一主张。我甚至相信，支持里茨勒注解的关于历史持续性的论证是存在着的。因为第一时期的整个前苏格拉底哲学在基本意图上有令人惊奇的统一性。米利都学派、巴门尼德和赫拉克利特对差异的统一性都明确表达出了相同的基本观点。在这一事件之中我并没有看到什么特殊之处。相反，我们必须学着，不仅仅是从亚里士多德对这些思想家的次序关联的表象中，而且也要从黑格尔以及现代的对它们的表象中解脱出来。他们并不是在反对彼此而从事哲学思考，毋宁说，作为哲学家，他们总是反对有死者的"非哲学"而从事着哲学思考。关于巴门尼德的残篇 6 所关涉的内容，赖因哈特对它著名的注解因此在我看来是正确的，并且我相信，赖因哈特——与色诺芬尼（Xenophanes）的情况类似，在我看，耶格尔（Jaeger）曾给予了正确的指明（《教化》，第 230 页以下）——在赫拉克利特那里读到的是与埃利亚学派的一种并未形成有意识的敌对意识的争辩的关系。耶格尔在那里将色诺芬尼看成是伊奥尼亚学派的一位流行哲学家。之后，在《早期希腊神学》之中，耶格尔将他严肃地处理为一位"神学家"。我认为，以下观点是不恰当的：我们必须学着将"哲学家的哲学语句出于自身的目的是针对谁的"与"对哲学的历史学家来说，到底是什么样的事实性的关系"进行严格的区分。（以下这一点对我是清晰的：这种事实性的关系并不是在形而上学上的基本位置的转换，毋宁说，它立于逗留着的基本直观的澄清与表达的发现之中。）人们或许能够建立一条准则：只有当别的学说成为"多"的哲学的时候，这种学说才能被理解为是反对某一其他学说的。这涉及巴门尼德和赫拉克利特都明确反对过的麦里梭哲学。然而，这里关涉的也并不是支持巴门尼德而反对赫拉克利特，或者相反。正如我所相信的，它关涉的也不是支持巴门尼德而反对当时的毕达哥拉斯。

当人们将埃利亚派哲学的学派关联作为一个纯粹的沉沦历史而进行解释时，那只有教谕诗的文本不再允许任何别的意义的情况下，人们才能够自我决断。然而，我却认为，事情并非如此。尽管里茨勒万般谨慎地将柏拉图的理念学说所发展的存在论放在巴门尼德的存在学说之中进行观照，并且因而在那里接受了一个鸿沟，而（此鸿沟）对于巴门尼德来说，毫无疑问，应该是处于统一性之中。我想展现的东西就是，在教谕诗中，对存在的追问包含了对存在者整体的追问，以至于并不是芝诺才着手向着"改变了的追问"而进行过渡，毋宁说，芝诺进一步地发展了一个巴门尼德思想之中本来就起着作用的关联。

考虑到篇幅，不能将所有相关问题都进行详细论述，因此我必须要将自己限制到可以直观地展现这一反对意见的主干问题上。首先，存在问题的决定性的觉醒开始于以下的洞见：存在存在着，并且绝不会不存在。这一认识将哲学家带到了有死者的意见的对立面。但是有死者的意见究竟是哪些呢？它们相信存在者的消逝与沉落，也就是相信走向虚无的消逝以及从虚无之中的诞生。这 35 是人们一种常见的对世界和此在的经验的方式。这一点与女神富有教益的话语形成对立，后者是同时关于真理和有死者的意见的阐明。对 δόξαι βροτῶν（有死者的意见）的阐明就是对基本错误的阐明,而人们对存在者的变易与消逝的信念就奠基于此。这一基本错误就在于,将光明与黑夜处理为两种分离的本性,然后再将一切的产生和持存都归结为它们二者的混杂。富有教益的女神的话语则完全指向了多的秩序,即如下的一种世界图景:所有事物都立于其中的那个存在,仿佛与所有事物都消逝于其中或者从中产生的虚无,形成了对立。女神的话语就是为了揭露根基于这种世界图景的一种存在论的混淆。真理之"路"的所有力量都是反对这种存在论的混淆,然而后者是一种始终与"在世界之中存在"一同被给予的假象。世界中的万物就是如此必然地展现自身的。经常被引用的 $\chi\rho\eta\nu$(命运)(残篇 1,32)就是对这种持存的必然性的表达。巴门尼德在其宇宙论中也许也以一种因袭的方式对这种必然性进行了展示,因此这种必然性就不是错误的"产生",也不是如赖因哈特所说的认识的"原罪",毋宁说,似乎是人类此在的原罪,因为人类此在总是黏附在世界万物(以及各自的单个此在)之上,鉴于它们的易逝性而容易信服虚无的现实性。

里茨勒在残篇 2 中所认识到的核心思想,也就是对企图分割缺席者与在场者的一并在场性的意见进行了克服,这一点在我看来是正确的并且极具指导意义的,然而他有点过于夸大了。对此,必须还要有进一步的发展(正如赖因哈特已经指出的那样,这种发展反对自然直观,后者的起源要归因于麦里梭哲学):正确的理解并不会将存在者与存在者进行分割。这是从存在着的事物而言说的。谁如果分割光明与黑暗的基本构型,谁就分割了存在着的事物。因为他将存在着的多的世界分别划分到此在与无化的虚空。或者更好的表达是反过来说:谁如何将世界分段表达为此在与非存在（Nichtsein）——每一个以世界为向导的人都是这么做的——谁就会错失如下的真理：缺席并不是虚无性，光明与黑暗并不是自为的，只有将它们分别作为此在和非存在而理解，才能够让事物存在或者不存在。

里茨勒从他的这一假定中得出结论：存在的真理就在于：光明与黑暗的这些"力量"以及所有这种对立都不可分割地在巴门尼德的存在的统一性之中被"组构"了。如果巴门尼德的"存在"在对这些"力量"真实关联的追问中找到其本源的话，那么以上就会成为一个必然的结论。然而，事情却并不是这样。其实，这些力量自身——作为日常经验的显现的世界对那些已经认识到了真理的人来说，能够从其出发得以解释的要素——是起源于对事物的产生与消失的基本经验。然而，巴门尼德所教导的"从虚无中而来的产生与归于虚无中的消逝并不存在"的明显真理，其实也是起源于这一基本经验。因此虚无并不存在。所有存在着的东西，如果它还能够成为它所意愿成为的，那它就与"它存在着"是完全同一的。教义的全部的真理都立于这一存在论的提问方式之尖锐中。从它出发，才产生了那些"力量"的真正的假象。以我之见，巴门尼德从来没有说过，存在就是光明与黑夜、生与死的组构的统一性。他所说的，仅仅是，存在者的存在必定是出于自身意义——这个意义也禁止了去思考虚无——的不可反驳的逻辑从自身中导出虚无性的外显，虚无性的外显恰恰基于世界中存在着的事物的变易和消逝而依附于存在者的存在。

"力量"是隶属于显现的世界，而不是隶属于 ἀλήθεια（真）之 ἐόν（存在）——在我看来，这一洞见对于整体来说具有最重要的后

果。因为从它出发，著名的 νοεῖν(思想)与 εἶναι(存在)，以及立于
真理之路上的 σήματα(路标)的同一性就被确保了一个意义，此意
义将这一同一性与麦里梭宇宙论的关联紧密地连接起来，并且能
够让埃利亚学派与他们的大师之间的连结没有裂隙地被理解。里
茨勒的注解要求，巴门尼德的存在要将变易与消逝也包括在内。
然而这是基于对残篇 8,13 以下文本的误解之上(第 60 页)。(在
那里，原本的含义是:)不是变易与消逝，而是存在被攫住了(正如
H. 弗伦克尔在《巴门尼德研究》第 159 页以下所正确强调
的那样)①。

　　如果我们现在讨论的是残篇 8,34 以下论及"思想"部分，那
么我在其中并没有看到在认识上有意识的思辨的对作为一的存
在的接纳。因为"思想"在此也是作为存在的一种 σῆμα(标记)，
在其他"客观的"存在规定之间中的一种而遭遇到。为什么教义
想说的是，"思想"从不超出存在而承载任一彼岸的非存在呢?这
一点是完全可以理解的。这里询问的完全不是作为一种主体性行
动的"思"(denken)，而是那种一直必须被思考成存在者的被思者

37

---

　　① 　关于这一点，还有两处细节需要注意:卡罗吉鲁(Calogero)对残篇 8,12 处的
注解在我看来是正确的(参见《埃利亚学派研究》〔Studi Sull'Eleatismo〕，第 63 页以
下)。他的思路的结构不是被"从非存在-从存在者"的对照，而是被"产生-自我增长"
的对照(残篇 8,6—7)所规定。存在者自我增长的可能性(γίγνεσθαι τι παρ'αὑτό，第 10
行)可以用一节半的诗行而完成，因为这种可能性根本上与来源于非存在之中的变易
的设想并没有本质的不同。残篇 8,14:弗伦克尔(Fränkel)对于以一种惯常的正当表
象来让诗篇中正义女神狄刻(Dike)的意义成为可理解的，已经感到绝望了。这其中的
关联在我看来是这样的:女神狄刻拒绝了非存在企图将存在授权给变易和消逝的要
求，因为这是一个非正当的、由危机所奠定的要求(残篇 8,15 以下)。

(Gedachten)。②

在我看来,这种存在的"标志"(Zeichen〔符号〕),正如所有其他立于真理之路上的标志一样,都包含着宇宙论的含义。因为这里被拒斥的,在存在之外的一个他者,乃是包纳了变易与消逝的虚无性,在宇宙论上,它就是作为虚空而显现。这里,一个内在的、关乎于事情本身的,对存在的追问与对存在者整体(世界)的追问之间的关联映入眼帘。并不仅仅是关于单个事物的产生与消逝的有死的意见会将我们带向虚无的问题,而且对世界整体的追问也同样如此。存在者整体会在虚无中迷失自身吗? 难道世界终止的地方,就是虚无吗? 在我看来,将残篇 8,42 开启的诗篇作为对这一问题的回答来进行理解,将是不可回避的。埃利亚学派在芝诺和麦里梭那里之所以在教谕诗的一个真正动机中得以进一步发展的根源也就展现了出来。参见芝诺 A24 中对地方和何处的追问,以及麦里梭 A8。麦里梭所教导的存在的无边界性,只是看起来与巴门尼德的圆球比喻处于矛盾之中。教谕诗中所谈论的最后的界限,根本就不是指反对某物的界限,恰恰相反,它指的是:存在者在为世界划定界限时所反对的那个虚无,实则并不存在。圆球构型就是对存在者的构型,存

---

② 弗伦克尔对诗篇 35/36 的伪造的注解因此并不具有说服力。思想总是基于存在者而被言说的——这是一个完全正确的陈述。因为被言说之物,无非就是被思想的存在者。这一点恰恰就立于思想的本性之中,它并不是自为存在,并且完全就是与存在的相遇。弗伦克尔关于 οὕνεκεν 的含义 = ὅτι 的有益的(从海德尔〔Heidel〕那里就已经先行把握到了)阐明在我看来还需要另外的补充。οὕνεκεν ἔστι νόημα 指的就是,思想(被思考者)存在着,而这就是思想的"意见"。让 οὕνεκεν 依赖于 νόημα,在我看来是伪造的,并且意义上来说也是多余的。(νόημα 指的当然不是:与"思想"相对立的"被思考者"。然而之所以不是,恰恰是因为思想总是被思考之物。)

在者并不反对某物而划定界限，毋宁说，存在者在自身中为自己划界。巴门尼德真正的想说的乃是：存在总是达至关于某物之思想所达至的地方。可以参考恩培多克勒（Empedokles）对圆球比喻的接受（21B28）：πάμπαν ἀπείρων（那彻底的无界限）。

因此，对存在者的存在的追问与对存在者的世界（宇宙）的追问之间的关联，在我看来，就归属于巴门尼德存在论追问方式的根源之中。这两种追问方式的区分以及它们之间的关联的体系性的表达（第 87 页）事实上解释了柏拉图疑难的诸多维度。对巴门尼德教谕本身以及存在问题的历史来说，这一表达却使得对存在的追问被对存在者整体的追问所替代，后者只有从柏拉图所发展了的存在论提问方式的基地出发才是可能的。是的，在我看来，用对宇宙的追问来替代对存在的追问根本上就不是一种希腊的可能性。只有到了力图基于人类的此在来为存在论问题进行定位的现代哲学——它认为，如果不是世界里面，那就不在世界的任何地方——才将存在问题从它与对存在者整体追问之间的古希腊关联中清除掉了。柏拉图关于灵魂的神话学说，以及亚里士多德的存在论所具有的神学-宇宙论导向都证明了，古希腊的存在论对存在的追问并不是因为发生了向"变化了的追问"的转变才开始追问世界的，仿佛从形而上学转变到了现代的生存问题，毋宁说，对存在的追问已经就是对世界的追问。里茨勒对古老的巴门尼德所进行的富有真正的哲学激情的注解，因此在我看来就离柏拉图的"巴门尼德"比离教谕诗更近，但是作为一种哲学性的尝试，它却可以胜任将巴门尼德的问题重新带向活力的要求，而且也能够对历史性和哲学性科学有所教益。

修订

（1952 年）

我们获得的关于巴门尼德的教谕诗的材料，是我们拥有的古希腊哲学的最原始的连贯文本。我们越是从黑格尔写作这一思想的最初历史所使用的那种建构的图式中解放出来，埃利亚学派哲学对早期希腊思想的最核心的含义就越发明晰。我们无处不与巴门尼德的痕迹相遇。甚至，"学派"这种东西也是基于芝诺和麦里梭与巴门尼德紧密的连接才有的，它比毕达哥拉斯的伟大的不知名学派更明确，也比所谓的赫拉克利特的学派更现实。并且，虽然这一哲学被后人所改造过，对柏拉图、亚里士多德和形而上学的历史来说，这一哲学也同样包含了对 λόγος οὐσίας（实体之言或对实体的理论）的新的追问的答案，因此它成为了全部其他真理的证人，但我们这里依然还是能够按照丰富的文字引文，将从柏拉图直到诸多学述记载（Doxographie）文献——这主要是由辛普里丘（Simplicius）、克莱门（Clemens）和塞克都斯（Sextus）为我们保存下来的——的巴门尼德哲学整个间接的流传物做一个总结。

对埃利亚学派哲学的解释是语文学家和哲学家的一个共同的任务，我们也可以说，几十年以来，人们为了这一任务付出了无尽的努力。最开始第尔斯（Diels）以及他的同时代人通过创立文本，然后对文本进行说明和解释而实现的功绩一直都是奠基性的。但是几十年以来，当时哲学研究工作所默认的前见，现在已经被动摇了。尤其是将教谕诗的宗教-历史定位归入"神秘的-毕达哥拉斯"运动，并且将古希腊哲学的起源归于神秘主义的精神，现在不再被认作本质性的,而是被认作困难的、成问题的。这里,卡尔·赖因哈特那本划时代的著作,完全从根基上重塑了研究的状况,尽管他的命题在细节上还是有争议的。第尔斯关于前苏格拉底的残篇的最新版本因为是从俄耳浦斯(Orpheus)开始的,所以就固守了一个今天已经不再有效的角度。最新的研究更喜欢从著名的荷马(Homer)和赫西俄德(Hesiod),而不是从不知名的俄耳浦斯寻找旁证。

　　甚至毕达哥拉斯以及他被看好的哲学,对我们来说,长期以来也都不再那么满怀信心地被作为埃利亚哲学及其论争的背景而承认了。我们对事情的检验越多,埃利亚哲学及其"学派"是否与毕达哥拉斯学派的哲学的多元性有关联,就变得更加的不确定。① 赖因哈特的巴门尼德著作所提出的伟大纲领,以及古老的哲学的基本原理(并不是无来由的)就这样得以贯彻。但是首先,对巴门尼德的哲学理解是通过对教谕诗所进行的无偏见的新的解释,而在核心的地位上得以重新展开。"从那以后,所有不是以一种规定全部哲学的意义的方式将 δόξαι βροτῶν(有死者的意见)与着重预告的 ἀλήθεια(无蔽,真理)连接起来的解释一概都不被理会。"②

　　在这种情况下,以下一点就必定显得特别惊奇:尽管如此,巴门尼德解释的本质性的要点始终还没有达成固定的一致意见。谁

---

　　① 如斯坦策尔(Stenzel)对巴门尼德的杰出的展示对我们来说,就会变得十分陈旧,参见《古代形而上学》(1929 年)。也可以参考拉文(J. E. Raven)对康福德(Cornford)的理论所提出的有合理的怀疑,参见《毕达哥拉斯与埃利亚学派》(1948 年)。

　　② 《日晷》(Gnomon),第 12 卷,第 77 页(现收入本卷,第 30 页以下)。

如果概览了斯坦策尔、弗伦克尔（Fränkel）、卡罗吉鲁（Calogero）、里茨勒（Riezler）和弗里茨（Fritz）——这里只是列举了最重要的一些人，而且它们都是建立在赖因哈特的著作之上的——的文章，当然也还包括克兰茨（Kranz）对前苏格拉底进行重新整理的文章以及策勒（Zeller）的奈斯托文章，那么他就会发现，在重要的问题上，一切总都是还未确定的，同样也包括经由赖因哈特令人信服的解释而被认定为所有问题中最重要的：教谕诗的两个部分之间的本质关联究竟如何。这里还列举一些：尽管赖因哈特对反对"第三 ₄₀条道路"的证明是彻彻底底令人信服的，而且影响到了其他人——包括我，然而可疑的第三条道路始终还是被他们其中一人看作对赫拉克利特的反制。赖因哈特倾向于借助高尔吉亚（Gorgias）的论证方式对残篇 8 的结构的分析，在很多人看来——也包括我，是没有说服力的。富有争议的句子"ταὐτὸν δ'ἔστι νοεῖν τε καὶ οὕνεκέν ἔστι νόημα（思想和所思的原因是同一回事，残篇 8,34）始终也还是争论的焦点，而激动人心的残篇 16 才是令人合意的，这也是学述记载传统为巴门尼德注解所做出的唯一的本质性的贡献，因为泰奥弗拉斯托斯（Theophrast）的原初文本中就包含了 περὶ αἰσθήσεως（论感觉）。

　　在这种情况下，如果人们不对所有个别解释都事先具有的一些问题提前达到一致，就不能够期待可以进一步探讨。然而，更好的方式或许就是通过具体的例子来尝试。如果人们在现代科学整体之中，通观巴门尼德解释的历史，那么人们就能够认识到由黑格尔创造的图式是毫无疑问被接受的前提预设之一，从而在对照式的关联中建构哲学思想的进展。在亚里士多德-逍遥学派的学述记载之中,这是有它的样板的——当然是非常外在的,因为主要是非历史分类的样板。但是它的根源却埋得更深,并且关涉到一个包含了哲学的-历史性研究的规范元素,这一规范元素将向着持存之物的进步看作是历史的真正的现实性——在科学中则是对真理认识的进步。同样,在文学的普通历史中,与之相应的是:有历史意义之物仅仅在于"经典的"构型,而不是在于更宽泛的文学产品潮流之中,为了能够渗透进历史的距离,后者也一同承载了当代的意识。最终,正如在古典文学中一样,传承物自身所展现出的规范性的"挑选"得以完成的地方,同样必定也有历史性的思想在一种理想化和典型化的重构中的运行,这种重构是会不断地自行更正的。在前苏格拉底研究中,这种自行更正是通过对有疑问的后期传承物(俄耳浦斯、毕达哥拉斯)的放弃,以及通过在叙事诗的语言的基底上,对语文学家来说合适的语言研究而进一步进行的,而赖因哈特将巴门尼德与假定的对赫拉克利特的批判分开的尝试同样也立于叙事诗的基本面貌之中。赖因哈特的著作曾给惯常的思考方式带来了巨大冲击力,然而在此期间,对惯常思考方式的翻转自身却也被经验为没有完全摆脱惯常思考方式的其中一种。尤其是,色诺芬尼总是更可见地从希腊早期原创性思想家之列中转移出来,并且总是更可贵地作为如下情况的一种文献:在社会上层人士的意识之中,开端性的伊奥尼亚科学对史诗-神话传统——以及反对这一传统——究竟意味着什么③。

---

③　参见耶格尔对色诺芬尼赏识性的评价(《教化》,第 1 卷,第 230 页以下),它当然还有待于通过对学述记载的色诺芬尼传统进行基础性的分析而得以确认。

今天，我们并不将巴门尼德看成特定思想家的论敌，毋宁说，是将他看成对整个伟大的伊奥尼亚生理学背景的反对——并且，我们对此生理学的大部分的把握恰恰都是从巴门尼德对它的尖锐批判开始的。如下一点是确定的，并且在过去的几十年中，因为巴门尼德研究而变得更加确定：我们对巴门尼德教谕诗的第一个对立的部分的认识，在其非常原创的行文——在整个前苏格拉底到柏拉图为止的传承物中，都是独一无二的——中，是带有少许遗漏的。因为这意味着，我们这里拥有的是一个与学述记载形成对照的原创性的传承物的现实基底。我们可以自己来学习它的文学作品、论证方式和这一思想的"风格"——在这一道路上，赖因哈特（以及克兰茨通过 Proömium）再一次地走在了前面。在此期间，海德格尔的哲学以一种完全不能被低估的方式让对巴门尼德关切的事实性理解重新活起来，里茨勒的尝试就是对此的一个证明。这一点到底是如何在具体说明中产生影响，我们将会在以下的对具体的解释问题的修订中，看得更加清楚。

首先，赖因哈特已经指出，里茨勒在残篇 4 中已经拒绝了的 μὴ ὄν（非存在或非是者）的道路，需要在严格的高尔吉亚式的虚无主义意义上进行理解，并且里茨勒的哲学解释已经将巴门尼德存在问题的简明意义变得事实上可理解。因为高尔吉亚进一步地发展了他在那里的陈述"οὔτε γὰρ ἂν γνοίης …οὔτε φράσαις"（既不能认识它，亦不能言说之）——这一点是显而易见的。当我们阅读高尔吉亚对此的证明时，在我看来，它对整个新的逻辑的-辩证的反思层次来说都是标志性的。显然，巴门尼德自己并没有为此找到必然的证据——这一点恰恰就是 παναπευθής（那绝然不可捉摸者）

的意义,即在这一条道路上,根本就不可能有任何东西能够被思想或者被言说。因为人们让积极的 τὸ γὰρ αὐτὸ νοεῖν ἐστίν τε καὶ εἶναι(思维与存在是同一的)——这一点却很可能是无缝衔接着残篇4——作为对此的证据,然而这只不过是对此的一个纯粹的翻转而已。

对我们所期待的巴门尼德的论证方式来说,这一点却意味重大。虚无就是真正的非思(Ungedanke),即一个持存于自身的思想不允许的非思——这一点将成为一个并且是统一的方向,他教导我们去遵循正确的道路。这也就是伫立在真理之路的 σήματα(路标),它们防止了走上虚无的歧路。同时,它们——作为对它们对立面的拒斥——也是对存在之思想的内容上的充实。所以,它们都是消极性的,也就是说都是从否定的方面而被思考的:ἀγένητον(不可知者),ἀνώλεθρον(不可毁灭者),ἀδιαίρετον(不可区分者),ἀκίνητον(不动者),οὐκ ἀτελεύτητον(不是未达目的者),νοεῖν(思维)的不可分割性,界限——它们的反面不可能存在,因为否则的话,虚无就是可以被思想的。

如果人们坚守这一点,那么残篇8就赢得了思想展示的精确性。那些单个的 σήματα(路标)不应该作为其自身而被思想,而是应该在它们拒斥虚无之迷雾的闪光中去思想它们。这就是对虚无的内涵的揭示,一切都是奠基于此的。这样的话,解释家长久以来到底在惊奇什么,为什么对消逝的拒斥没有给出证明——就一下子变得清楚了。确定的是,这不是因为它显而易见地对应于 γένεσις(生成)。因为以下一点是不可怀疑的,即消逝就是对存在的思想真正的激发和威胁。在麦里梭那里被清晰地挑明的东西,同时也是在教谕诗的文本中可以觉察到的,这就是(40 以下):发光的颜色的转换——它的发生并不是偶然的也并不是因为隐藏在背后的颜色理论,毋宁说,这是消逝以及易逝性(它是对生命所追求的长存的威胁)的一种诗意的闪耀。如果在论证中,消逝被如此惊人地忽视了,那么这一定另有他因,即这里并不需要对虚无的内涵进行单独的揭露,因为坦率地说,消逝本身就意味着这种"走向虚无"本身。

　　(人们可能对以上将一些充满争议的地方进行新的讨论还是有所顾忌,我爱莫能助。残篇 8,3:ὡς ἀγένητον ἐὸν καὶ ἀνώλεθρόν ἐστιν〔它是不生不灭的存在者〕并不是指:因为没有变易,所以也没有消逝。这并不是人们所期望的,并且在下文中也不会这样展开。毋宁说,人们所期望的其实是:它没有变易(同样也不会消逝)。这样理解的话有何损害呢? ὡς〔残篇 8,3〕引导了下文中所有对 σήματα〔路标〕的列举,并且一个没有变易也不会消逝的存在者存在着,或者可以更好地表达:因为它存在着,所以它没有变易也不会消逝——它伫立在那里,并且也正是人们所期望的。如果人们偏爱这种阅读方式,那么与之紧密相连的 ἔστι γὰρ οὐλομελές〔整全的肢体〕也绝对不能被看作是一种论证上给出根据,而应解读为一种串连〔Anreihung〕。)

　　与此相反,对 γένεσις(生成)来说,就需要明确地揭露出,虚无的非思就包含于其中。因为亚里士多德的《物理学》所说的,"无物从虚无中来"是所有自然哲学家的共同的前提,这一点恰恰只有通过巴门尼德的思想才被意识到的(正是因为这样,辛普里丘才在一个对阿那克萨戈拉的混杂学说〔Mischungslehre〕完全正确的、通过可见的文学模仿而确证的推论中引用了教谕诗。)将任何一种微观理论的前提放到麦里梭的世界图景之中去解释,因此也就是非常不恰当的。不管是对阿那克西曼德来说,凑合着算被证明的 $\check{\epsilon}\kappa\kappa\rho\iota\sigma\iota\varsigma$(分离),还是在阿那克西曼德那里的 $\mu\acute{\alpha}\nu\omega\sigma\iota\varsigma$-$\pi\acute{\upsilon}\kappa\nu\omega\sigma\iota\varsigma$ 之中所意谓的东西都不能够为此提供足够的理由。教谕诗的残篇 2 拒斥了 $\sigma\kappa\acute{\iota}\delta\nu\alpha\sigma\theta\alpha\iota$(分散)和 $\sigma\upsilon\nu\acute{\iota}\sigma\tau\alpha\sigma\theta\alpha\iota$(聚合)(在这一点上,赖因哈特正确地看到了对麦里梭哲学的批评),这一点之所以成为可理解的,唯有不以 5 世纪 $\mu\check{\iota}\xi\iota\varsigma$(混合)学说的方式,而是将它们作为对存在者的在场与离席单纯描述,来思考这种“自我分散”和“自我结团”——并且正是因为它包括了虚无的非思,所以对巴门尼德思想的批评才是没有中的的。

对 $\gamma\acute{\iota}\nu\epsilon\sigma\theta\alpha\iota$(生成)之不可能性的证明也无非就是对包含了非思的虚无的揭露——这也正是人们一直以来对 $\gamma\acute{\iota}\nu\epsilon\sigma\theta\alpha\iota$(生成)的理解。自高尔吉亚以来,所谓的、固化了的、被亚里士多德的评述者们当作基础的对 $\gamma\acute{\epsilon}\nu\epsilon\sigma\iota\varsigma$(生成)检查的二分法(或者三分法),也就是 $\acute{\epsilon}\kappa$ $\tauο\tilde{\upsilon}$ $\check{ο}\nu\tauο\varsigma$(那出于存在者的)和 $\acute{\epsilon}\kappa$ $\tauο\tilde{\upsilon}$ $\mu\grave{\eta}$ $\check{ο}\nu\tauο\varsigma$(出于非存在者的),显然没有在教谕诗中流传,毋宁说,它只是在赖因哈特对二分法的逻辑的引用中才被复原进来。但是,这样均衡的逻辑恰恰并不是巴门尼德的风格,毋宁说,它是对同一个东西的不断强调,是思维的相同结论或者前后矛盾,正如人们总是可以思考 $\gamma\acute{\epsilon}\nu\epsilon\sigma\iota\varsigma$(生成)的情况。思考 $\gamma\acute{\epsilon}\nu\epsilon\sigma\iota\varsigma$(生成)的第一种形式,就是 $\acute{\epsilon}\kappa$ $\mu\eta\delta\epsilon\nu\grave{ο}\varsigma$ $\grave{\alpha}\rho\xi\acute{\alpha}\mu\epsilon\nu\omicron\nu$ $\varphi\tilde{\upsilon}\nu$——开端之思想的古老渊基,而它恰恰是哲学家所回避的东西,或许阿那克西曼德就是这样,如果人们在此将关于 $\check{\alpha}\pi\epsilon\iota\rho\omicron\iota$ $\kappa\acute{ο}\sigma\mu\omicron\iota$(无限的宇宙)的学说纳入进来,那么肯定就还

包括亚里士多德，以及奥古斯丁通过他对上帝创世的决断的追问和康德对世界的开端的二律背反的追问。因此，$\pi\acute{\alpha}\mu\pi\alpha\nu$ $\pi\varepsilon\lambda\acute{\varepsilon}\nu\alpha\iota$（或全面的交锋）是必然的——这就是第一条结论。如果人们学习了这一论证的结构，那就会清晰地了解到，它是由两部分组成的——对$\varepsilon\kappa$ $\mu\grave{\eta}$ $\acute{\varepsilon}\acute{o}\nu\tau o\varsigma$（出于非存在者）（$o\grave{u}\delta'\dots\acute{\varepsilon}\acute{\alpha}\sigma\sigma\omega$, v.7）（将不会存在，以及接续的东西）之不可能性的正面的主张，以及一个支持这一主张的反问（v.9以下），也就是一种间接证明的方式。因此，这里面并列着一个积极的证明和一个消极的证明，它们推导出来的就是在 v.11 的结论。

在紧接着的地方，我们发现的是与这一论证完全相同的结构，只是在那里，虚无之内涵的那同一的自相矛盾不是在$\varepsilon\kappa$ $\mu\eta\delta\varepsilon\nu\grave{o}\varsigma$ $\grave{\alpha}\rho\xi\acute{\alpha}\mu\varepsilon\nu o\nu$ $\varphi\bar{\upsilon}\nu$（从虚无之处重新生长），而是在 $\gamma\acute{\iota}\gamma\nu\varepsilon\sigma\vartheta\alpha\acute{\iota}$ $\tau\iota$ $\pi\alpha\rho'$ $\alpha\grave{\upsilon}\tau\acute{o}$[④]（某个与它〔实事〕相对的东西生成），也就是在更多的存在附加到存在中，才得以揭露的。赖因哈特与其他学者所设定的，即变易恰恰是从存在中来的（更好的说法是：附加到存在中），这一点当然是完全正确的，但却不是作为一个自为的单独证据点，毋宁说，它内在于同样一个证明之中，即虚无的非思也是同样立于其中。再者，在麦里梭的论证之中，他总是将 $\mu\grave{\eta}$ $\check{o}\nu$（非存在）或者是 $o\grave{u}\kappa$ $\check{o}\nu$（非是者）作为真正问题的主题而给予了最为明确的表达。传承了的东西恰恰就是要去期待的东西，也就是说，$\mu\grave{\eta}$ $\check{o}\nu$（非存在者）的内涵是从一开始就被作为问题主题。

---

④　这里的 $\alpha\grave{\upsilon}\tau\acute{o}$ 这个词指的绝对只能是它所引导的词的整体，也就是说，它指的是 $\tau\grave{o}$ $\check{o}\nu$(Anders Albertelli,*Gli Eleati*,1939,p.144,16)。

　　只有这样,紧接着的 v.13 中的 τοῦ εἵνεκεν(原因或因何故)才是可理解的:因此,也就是,因为 μὴ ὄν(非存在者)立于其中。同样,它接下来的进展也才变得可理解:μὴ ὄν 同样也立于"附加到存在之中的变易"之中——这一点并没有如绝对开端的那般赤裸裸的显而易见性。这里因此需要对真正的批判性思考进行特别的提醒,v.15:ἡ δὲ κρίσις(判断或批判)。如果人们固守这一点,那么将会发现,被唾弃的 οὐκ ἔστι(非是)恰恰立于变易本身之中,也就是立于未来存在的观念(想象)中。这一点可以通过 v.19 的那个反问而被揭示,从论证上来看,它对应的恰恰就是 v.10 的那个反问。[5] 向着未来的存在(ἔπειτα πέλοι)或者"在变易中存在"(γένοιτο)总是包括了非存在。在这样一种最强的论证之后,带着对已经证明了的双重结论的重复,对第一个 σῆμα 的处理得出的结论就是:v.12。这一论证的这种双重结构其实之前就被告知过——正如卡罗吉鲁(Calogero)[6]曾暗示过的——它是通过 v.6处所提出的双重问题 τίνα ... γένναν;—πῇ πόθεν αὐξηθέν(何物生成?……又是如何以及从何处而生长呢?)而完成的。这两个在开端处就已经提出的反问后来明确地在论证的进程中又通过(v.9 和v.19处的)反问再一次着手处理——显然,这是论证技巧的一部分。

　　同样,μὴ ὄν(非存在)作为一个刺激词(Reizwort)在这两种证明进程中都出现在了开头,这也是论证技巧的一部分。而考虑到μὴ ὄν 的诱惑力,我并不会相信,诗篇 33 的治愈是以 μὴ ὄν 为代价

――――――――――

　　[5]　v.19 之所以对消逝进行了纠正,这恰恰不是没有原因的。第尔斯(Diels)在之前就带有充足理由地先行指出了手稿的异文。

　　[6]　卡罗吉鲁:《埃利亚学派研究》(Studi sull' Eleatismo),第 61 页,注释 1。

而发生的。克兰茨(Kranz)在附录中就记录了一个因此对我来说更合理的弗里德兰德(Friedländer)的治愈尝试。ἐπιδευές和δεῖσθαι(必须)的含义域完全从其自身出发就落入到了 μὴ ὄν(非存在)的含义域。因此,我们不是要去理解"如果不是没有缺失的(会怎样)",而是要去理解"如果没有某物(会怎样)"(因为它缺失)。

其他的真理的"路标"也同样具有类似的布局方式,也就是:首先显示,然后演示,最后明确地给出容纳了显示的结论。正是以此,v.25 是对 v.22 的回溯,v.30 以下是对 v.26 的回溯,v.49 是对 v.42 以下的回溯。在对真的存在的坚守中,著名的并且通过几千年柏拉图-亚里士多德形而上学的共鸣而变得面目全非的路标——它意味着 νοεῖν(思想)与 εἶναι(存在)的不可分割性——依然也归属在这些路标的序列中。自从弗伦克尔(Fränkel)、卡罗吉鲁(Calogero)、冯·弗里茨(von Fritz)[7]、赫尔舍(Hölscher)[8]新近对这一诗篇的开端处的 ταὐτὸν δ᾽ ἐστὶ νοεῖν τε καὶ οὕνεκεν ἐστι νόημα(思维与所思内容的原因是同一的)进行探究之后,我已经不敢相信我对这一处[9]的语言上的把握能够带着新的根据而继续成立。这里我只是斗胆给出一个小的语言性的提示。赫尔舍的观察,即 ἐστι,因为它在其自身有一个不定式,所以很难被作为一个系词来理解。这在我看来,就正如残篇 3 和残篇 6 一样,需要牢记

45

---

　⑦　Von Fritz, *Class. Philol.* 1945, 223ff. ; 1946, 12ff.

　⑧　参见赫尔舍(U. Hölscher)为此纪念文集而写的论文。因为与作者的友谊,我在写作我自己的论文之时就已经读过了。

　⑨　《日晷》,第 12 卷,第 84 页(现收入本卷,第 37 页)。

在心。然而,所有摧毁了诗篇的对称的协调性的解释,都是不能够让人满意的。它在 τε 与 καί 之间的间隙处保持了均衡。思想与存在的联结在这一方面亦如在那一方面被安排围绕这一重点。超越所有关于 οὕνεκεν(原因)意义有教益的讨论,超越所有语法上的重构尝试,在我看来,这一联结的含义力量具有一个占有优势的明见性。ἔστι νοεῖν＝它可以被思想,ἔστι νόημα＝它是被思想者,或者＝它是着,即它有效,它是"现实的",也就是说,它是现实的、有持存性的、有存在性的思想。这里的"相等"在残篇 3 之中就已经被思考了——谁想回避它呢?[10] 在那里,"它是可以被思想的"与"它是可以存在的"其实是同一回事(更好的说法是:"他可以被思想也可以存在")。如果在同一个诗行中,ταὐτό(同一)以及它与 τε-καί(和)的关联都出现了,谁还会回避它呢? 如果他思考了以下的这一关联,即如果人们不应该离开真理之路,那人们就必须坚守关于这种自一性(Selbigkeit)的路标,那谁还会回避它呢? 然而,它又是危险的——一个最为危险的路途,在这条路途上,正如残篇 6 所叙述的那样,自我迷失、在没有决断的犹豫不定中来回犯

46

---

⑩　我并不接受赫尔舍将 ταὐτό 与 νόημα 放在一起进行处理,这不仅仅是基于诗篇结构的形式上的原因,而且也包括内容上。巴门尼德这里并不只是从一个被思者出发在陈述——他是从所有真的被思者出发来陈述。并且,难道 ταὐτό 在巴门尼德那里不是作为谓词而被使用的吗?(除了充满争议的残篇 3 和残篇 8,34,以及残篇 6,8;残篇 8,29;残篇 8,57;残篇 16,9!)这一无可反驳的文本观察总是被不断地忽视,并不仅仅包括海德格尔,他曾将他后期思想中关于同一与差异的深层意义与此发生关联。在 οὕνεκεν 之前对一个知觉动词(verbum sentiendi)的补充,在我看来,一定总是比对 νόημα 的补充要更容易。后者不仅被弗里茨(Class. Philol. 1945 年,第 223 页以下),而且也被赫尔舍在 οὕνεκεν ἔστι 之后所实施——因为在这之后,它已经在文本中摆在那了。

错都是最容易发生的。⑪ 因为允许思想成为超出存在的思想，也就是自由地放飞思想进入虚空和虚无——这看起来是一条无法避免的道路。冯·弗里茨对 νοεῖν 的语言使用所进行的卓越的分析是值得称赞的，但是他不可能（也根本不愿）否认以下一点，即：νόος 与 νοεῖν 不可能总是真的关注，或者对真之事物的关注，即便对巴门尼德来说，也是如此。毋宁说，人们可以将他作为正确地从事哲学活动（这是巴门尼德所要求的）的一个路标，一个真之标志，也就是说，它的持存会阻止所有不思考存在的思想——它并不是现实的思想，因为他误以为去思考的其实是虚无的非思，即并不存在的 ἄλλο πάρεξ τοῦ ἐόντος（存在者的另外歧路），巴门尼德将之称为虚空或者虚无。但是，这一点却已经不再是 νοεῖν（思想）了，而只是单纯的 ὄνομα（名称），是从无数的习惯（ἔθος πολύπειρον〔残篇 7,3〕）中被误导了的思想。然而，存在却是包纳一切的，οὖλον ἀκίνητόν τε（彻底的不动者）——对存在来说，不可能想着给它增补任何东西，因为它绝对不是 ἐπιδευές。只要人们听从它的意义，

---

⑪　这里我不想在残篇 6 中重又探讨赫拉克利特的问题，因为我知道，在抹掉高尔吉亚式的辩证法的并非强迫的引入之后，赖因哈特杰出的证明已经不需要增添任何东西了。如果人们不想将如下一点作为新的补充的话，即对道路的统一的构形域包裹了残篇 8 中的标志以及残篇 6 中的错误，那么路标就应该防止（人）离开正确的道路。因此这种离开，以及来回失措，对那些坚守真理之路的人来说，就是一个显而易见的危险。无论如何，这并不是反对赖因哈特的如下证明而提出的异议，即残篇 6 中提到的第三条道路实际上是第二条道理，也就是完全阻止了真理的虚无之路。因为在这条道路上行走，并不会固守 κρίσις（残篇 8,15）。他们不希望承认它，而且也不知道，他们总是承担着女神所警告的虚无的非思（这一危险）。他们追寻着真的存在。但是因为他们没有路标而漫步，所以他们走不远（所有的道路最后又会折返回来），这也就是说，在不知道也不意愿的情况下，他们陷入了矛盾之中。

那么存在就一直存在，这一只要就是真理的所有标志中最后的和最伟大的，就是 $\pi\varepsilon\iota\rho\alpha\varsigma$ $\pi\upsilon\mu\alpha\tau o\nu$（最后的界限），它并不为思想划定任何界限，任何虚无的渊基——存在在其中将要失去它自身——的界限。⑫

我们终于要开始探讨残篇 16 了。在这里，在我看来，里茨勒总体的解释对这一说明来说，是成就非凡的。因为在赖因哈特的著作中所呈现的对人类认识进行这种说明的意义，借助于对立学说——它要以 $\beta\rho o\tau o\iota$（可死之人）的世界图景为基底——这一工具而提出了一个双重的任务，即不仅仅要说明，认识是什么，它是如何产生的，它的条件是什么，而且首先还要说明，根据它自己的臆测，认识乃是某种不同于女神关于认识所教导的东西。因为我们只是将这里的四个诗节作为孤立的引文阅读，因此在细节上对它的说明就是充满争议的——泰奥弗拉斯托斯（Theophrast）在对全部诗歌的掌握的基础之上，对此进行了详细的研究，如果没有他的话，我们将会是完全无助的状态。他的注解整体上值得对其仔细的陈述给予尊敬，虽然在细节上，有些还是悬而未决的。

弗伦克尔关于事情的评论，并不足够的确定，因此并没有足够的说服力。卡罗吉鲁同样也在这一问题上投入了太多的不确定，因此也不能有过高指望。⑬冯·弗里茨并没有探究有争议的具体

⑫　残篇 8，42—49。

⑬　从 $\varphi\upsilon\sigma\iota\varsigma$ 向 $\varphi\upsilon\sigma\varepsilon\iota$ 的转变！但是也有 $\nu o o\varsigma$ $\pi\alpha\rho\iota\sigma\tau\alpha\tau\alpha\iota$ 作为对自身意识的表达！"关注"自身作为一个存在者而出现，单纯地加入到了存在之物之中，因此也就加入到与存在者的关系之中——这一点恰恰就是我们对古希腊思想的期待。再者，亚里士多德就是将 $\alpha\iota\sigma\vartheta\dot\alpha\nu\varepsilon\sigma\vartheta\alpha\iota$ 理解为 $\pi o\iota\varepsilon\iota\nu$ 与 $\pi\dot\alpha\sigma\chi\varepsilon\iota\nu$ 的更普遍关系的一种特别情况（比较《论灵魂》，416b35 对《论生成与毁灭》第 1 卷第 7 章的参考）。

问题。同样,我也只能够给出较少的评论。首先,对 v.1 和 v.2 来说,虽然荷马⑭以及阿尔基罗库斯⑮(Archilochos)作为写作风格上的榜样,已经排除了第尔斯将 νόος 作为前置句主语的建构,但是与荷马的转变的这种显而易见的关联能够告诉我们更多。诗篇之中有细微的色诺芬尼的论辩风格。因此,不及物词 ἔχει,它带着副词 τως 一起使用,就可能意味着:它不是宙斯所传达的东西,而是指如何从其自身出发,与 μέλεα 的混杂建立起关联。这样的话,我最想保留的就是 ἑκάστοτ'——内容上并没有什么会反对它,而希罗多德(Herodot)对它相对较晚的证明也并不是特别重要——并且用卡罗吉鲁的 κρᾶσις 来阅读它,但是无论如何,也估摸着将 ἕκαστος 作为 ἔχει 的不及物意义而理解。也就是说,类似于讲,每一个都与混杂发生关联——这就是亚历山大(Alexander)在 1009b21 完全正确地理解到了的东西。

而第二句话所关涉的东西,弗伦克尔则部分地让我信服。人们期待着:被思者到底是什么? ὅπερ 因此是第四格。如果人们将这里的 μελέων φύσις(属于肢体的自然)作为主语来理解的话,那么现在就出现了一个最漂亮的、与第一句话的对称,即根本上,它一直是同一个东西,并且也总是思考人类环节的本性(＝将之带向意识)——也就是说,被思者总是超出元素的均衡之外的那个“更多”(Mehr)。之所以注解要往这个方向上靠,其实是基于泰奥弗拉斯托斯(Theophrast)的评论:对均衡状态来说,οὐ μὴν ἀλλὰ καὶ

---

⑭　σ 136.

⑮　残篇 68(第尔斯)。

ταύτην δεῖσθαι τινος συμμετρίας(它并不需要某种比例上的对称或均衡)以及它所处的困境。作为有生命的我们，能够看见光明，而死去的人只能看见昏暗——这一点清晰地表明：根据我们的混杂情态，我们是向着光明，而他们向着黑暗，这就是区别。我们是这样，那他们就是对这样的否定。以下二者显然是共属一体的：自身是具有光明的优势与向着光明的优势进行感知。⑯ 正如其中一个并不寓于我们，另外一个也不寓于我们。因为我们更看重光明，所以我们总是朝向着光明而进行感知——这一点，我们并不是在我们的意谓中得知的，也正是因为如此，我们将我们所看见的东西认定是"真实存在着的"，并且不去考虑说，我们没有将关注力集中于它的东西，就因此不是非存在着的。

　　无论如何，在我看来，将整个段落的意义仅仅从有机体的结构之中本来有的优势，而不是从被感知者以及它的优势来考虑的话，是完全不可能的。只有这样，泰奥弗拉斯托斯的困境才是可理解的。我们必须要承认，泰奥弗拉斯托斯在巴门尼德那里所阅读到的东西，是在看（Sehen）的后期理论的视野下进行解释的，并且它位于亚里士多德逍遥学派的提问方式之下，这种提问方式尝试着将对 ὅμοιον ὁμοίῳ（与同者同）与 ἐναντίον ἐναντίῳ（与异者异）进行彼此协调。泰奥弗拉斯托斯在巴门尼德那里所阅读到的东西，其实仅仅只是：光明看见的是光明，黑暗看见的是黑暗。但是，这其

---

⑯　这里我想到亚里士多德的《论灵魂》，第 2 卷，第 2 章，425b20：即便我们不认识任何东西，我们通过看也能够区分黑暗与光明，即便不是以相同的方式。我们看，看到"什么都没有看到"这么一回事；即便有时当我们看到那是黑暗的时候，我们也朝向着光明。根据巴门尼德，死去的人做得恰恰相反。

中还立有另一种关于假象（Schein）的真理。因为，将注意力集中于对立之物，并且"看见"它——这正好是有死者的一个原初的错误。这一点在麦里梭⑰那里也被证明仍然发挥着影响：我们没有正确地看见，这意味着，我们将所见者思考为存在着的——它所不是的东西，因为它被将消逝的这个无稽之谈包纳进了虚无。我们没有正确地看见——巴门尼德说，为什么？因为我们在看中没有与看的人一起思考。相反，看的人经历了遗忘，就是说，他所看见的东西，不是真的东西本身，因为它们的意义自身遗忘。所以，假象会被理解为自为存在着的对立，就像用斧头将存在者从存在者中切除掉一样。⑱除此之外，还有一个更真实的思想，它并不做什么，而是在一切之中都担保了存在的均衡，而这就是女神的教义。

　　甚至这一教义也认识到这一点：ὡς τὰ δοκοῦντα χρῆν δοκίμως εἶναι（那些信以为然的意见是如何必须被普遍地接受的），认识到它是如何成为了这样一种无思想的看。其实是因为人们思考的是自为存在着的对立，也就是说，可分割的、自为地可以被认识的，存在着的可以被（分开）取下的对立，比如：光明-黑暗。只要看思想着，那么看自身就总是已经是对这种对立的无思的思想。这样的话，生活着的人就并不比死去的人做得更好。他们犯的是同样的错误，即遗忘了所有对立之物的统一性。

　　在此之外进一步的追问，这些对立自身以及它们的"混杂"应该如何在那同一个存在之中存在，就是无意义的问题了。谁如果理解，人类 δόξαι（意见）的存在认定是一个错误的抽象，是一个在

---

　　⑰ 《麦里梭残篇》，残篇 8。
　　⑱ 《巴门尼德残篇》，残篇 4。

认定之中对存在者的切割，并且反过来，理解正确的、真实的思想
49 在一切之中保存了那"作为一的存在"的纯粹的当前性，谁就将在
它自己的视域范围内发现完全的 ἀλήϑεια（真）——即便并且恰恰
是因为他自己本人没有对这一为他划定了界限的视域产生意识。
巴门尼德看到了后来伊奥尼亚学派的新的思想所没有看到的东
西，尽管他沿袭了这种思想。巴门尼德有些东西没有看到，这一点
就与所有敢于拿着思想去冒险的哲学家一样，包括那些新近的哲
学家，对他们来说，存在就是绝对的自身意识，以及在其中被思想
的一切看的自身透明性，当然也包括其他那些哲学家，他们已经意
识到，本己生存的历史性，以及本己视域的不可超越性具有原则性
的意义。因为这种知识所意味的就完全不同了，真理——很可能
它将是而且保持为唯一的——不再是从一个有效命题的无时间的
当前性之中去寻找，毋宁说，是在知识构形的历史性的后果之中去
寻找，这个当前的寻找者（哲学家）自身也必然地归属于其中。然
而，哲学自身恰恰确证了自己：它必须要成为语文学，也就是说，要
成为理解与解释。只是在假象的意义上，语文学家的弃绝才是在
哲学家的要求背后的一种掉队。相反，事实上，这一点不仅仅属于
语文学家的意识，而且还"与超越了它的显现有关"⑲。

---

⑲　卡尔·赖因哈特：《著作与形式》(*Von Werken und Formen*)，戈德斯堡，1948
年，第 7 页。

里茨勒注解后记

（1970 年）

"里茨勒在他的著作中尝试着对巴门尼德的教谕诗进行一种新的解释，这种新的解释让巴门尼德的教谕诗对存在问题（Seins-frage）的历史所具有的决定性的意义成为了可见的。事实上，自从赖因哈特发表那本革命性著作（1916 年）以来，巴门尼德是人们对于前苏格拉底的哲学兴趣中最为重视的人物——这一点，并不是完全通过颠覆以往固化地认为巴门尼德与赫拉克利特之间存在着论战关系的看法，也不是通过尝试对前苏格拉底时期的哲学进行一种时间上和事情本身上的新的秩序的建立而完成的，毋宁说，它主要是因为赖因哈特对巴门尼德教谕诗本身，以及它的两部分之间的事实关联的解释所具有的能量而引起的。从那以后，每一种不是以一种规定这全部哲学的意义的方式将 δόξαι βροτῶν（有死者的意见）与着重预告的 ἀλήϑεια（无蔽，真理）连接起来，而只是在 δόξαι βροτῶν 中看到展示、折衷、假设、批判、争论，或者某种次等的、增补的东西的解释，一概都不被理会。"

以上是我为里茨勒于 1933 年出版的著作所写的书评（《日暮》，1936 年）中开头部分的文字，现在他的书要再版了，我想没有比一种坚决的担保它的文字至今依然保留着全部的真理更好的支持它的方式了。虽然在此期间，对于教谕诗的说明出现了很多新的研究，对词汇、思路布局以及论证性的结构仔细的研究都呈现了出来，之前由赖因哈特新提出来的关于教谕诗的两部分之间的关系这一核心问题及其解决方案,也尤其通过对第二部分开头的深入的新的解释(主要是汉斯·施瓦布尔[①])而得到了充分挖掘。但是里茨勒的工作的优秀之处在于,他是第一个明确认识到存在(Sein)与假象(Schein)之间的事实性关系——此关系连接了教谕诗的两个部分,并且赖因哈特努力地使此关系成为其注解的核心问题——其实是存在与假象一种内在的交织,并在哲学上通过论证使其具备合法性。在这一点上,冯·弗里茨在此期间也通过对Nous 和 νοεῖν 语词的历史研究而做出了极有意义的贡献。同样,海德格尔在其晚期的作品中也把同一与差异的思辨性的关联应用到巴门尼德的基本原理上,并且因而重新让巴门尼德思想焕发了生机。跟随巴门尼德而从事哲学——在这条道路上,已经有一些人迈出了尝试性的步伐,比如芬克(Fink)[②]、布勒克(Bröcker)[③]和我,然而走出第一步的人是里茨勒。

　　除了援引赖因哈特之外,里茨勒还经常提到海德格尔的《存在与时间》对他产生的冲击。只是这一切都只能从另一面来着手。之所以他们以不同的方式阐述存在问题,最深层的原因就在于:对里茨勒来说,存在问题得以展现的最本真的模式,就是艺术。虽然

---

① 参见汉斯·施瓦布尔(Hans Schwabl):"巴门尼德那里的存在与意见"(Sein und Doxa bei Parmenides),载 *Wiener Studien*,第 66 卷(1953 年),第 50—75 页;伽达默尔编:《论前苏格拉底哲人的概念世界》(*Zur Begriffswelt der Vorsokratiker*),达姆施塔特,1968 年,第 391—422 页。

② E. 芬克(E. Fink):《论时–空运动本体论的早期历史》(*Zur ontologischen Frühgeschichte von Raum-Zeit-Bewegung*),海牙,1957 年。

③ W. 布勒克(W. Bröcker):《苏格拉底的哲学史》(*Die Geschichte der Philosophie von Sokrates*),法兰克福,1965 年,第 52 页以下。

之前对于谢林来说,艺术就是哲学的推理法(Organon),同样对于晚期的海德格尔来说,他对艺术的反思让他最终离开了超越论-哲学的反思道路(这也就是他的所谓的"转向")。但是对里茨勒来说,艺术现象从一开始就是存在与存在者的多之分割——这必须是重新产生的——的本真证明。所以里茨勒就先行地对其教谕诗的解释给出了一个导言式的观察,这一点尤其是在荷马那里得到过演示,即普遍人性的东西得以表达的诗意性的真理,并不是概念式的普遍性。毋宁说,在这种诗意性的真理中,里茨勒所称谓的此在的"组构"(Gefüge)的东西,即此在力量彼此之间的交织,荣光与不幸,勇气与恐惧、生与死、光明与黑夜,被揭示了。这就是荷马的真理——也是所有艺术的真理。 51

事实上,这是一个基础性的主张,并且它确实也遭到了以下质疑,即这种将多的统一性作为此在力量的组构的统一性进行的注解是否具有超时间的有效性。这种注解非常酷似一个时代,即一战之后的时代,当时对资产阶级道德的黑白画,以及对应的"应当与拥有"风格的艺术家构形的批判非常盛行——这一点是非常值得思考的。与尼采心理主义的深度观察的亲近,也确实意味着,里茨勒在这里同样也进行了深度观察。然而,更少歧义性的心理学以及能够使一切更纯朴、更理想化的艺术,却能够表达出真理——这一点是基本没有争议的,即便可能表达的不是"它是如此的"的真理,而是"它应该是如此"的真理。

在几年之后,里茨勒在他的《美的论集》中,筹划了他自己的巴门尼德注解以及深刻的荷马理解——他杰出的论文《荷马的比喻》

就是对此的明证④，并从而筹划了他的美学，或者更好的表达是：一个美学的（感性的）形而上学，并且提出了内行的、存在论的普遍有效性的要求。但是不管怎么样，他的巴门尼德研究隶属于他作为一个思想家的思想道路，他早年献身于政治事业，在他成熟时期，作为管理人将新建立起来的法兰克福大学带向了更好的鼎盛时代，在他的内心，以及此后全部的外国流亡岁月中，他完全献身给了哲学事业。受海德格尔激发，他重视存在与存在者问题，他以一种完全独立的方式，总是将存在问题与古希腊哲学进行沟通——当人们重读他的巴门尼德之书时，都应该意识到这一点。里茨勒晚期论文中的一篇⑤，也是对此的确认，这是他给他的朋友赖因哈特的献文，并且在其中，他反对海德格尔在《存在与时间》中对存在问题的阐述，提出了一种反向筹划，即用具有多重的分段结构、并包纳一切的"他性"（Andersheit）作为主导动力，来反对海德格尔对"无"（Nichts）的使用，这种他性是人类此在必然会遇到的：世界的他性，你的他性，我们的他性以及每一个人都必须将它作为"自己的"加以接受的天命的他性。这一点，人们察觉到的是，他亲近于海德格尔的"在他者的存在之中认识自身"——虽然这完全不是里茨勒情愿承认的，但是通过他所使用的概念来看，这种亲近却不可避免。

---

④　*Antike*，Ⅻ，1936 年。现收入伽达默尔编：《论前苏格拉底哲人的概念世界》，达姆施塔特，1968 年。

⑤　库尔特·里茨勒（K. Riezler）："无与他者，存在与存在者"（Das Nichts und das Andere，das Sein und das Seiende，in：*Varia Variorum. FS für K. Reinhardt*，Münster/Köln 1952），第 82—103 页。

　　在里茨勒关于巴门尼德的研究中,他维护了一个大胆的命题, 52
并通过这一命题对赖因哈特所开启的关于教谕诗的两部分之间的
关联,给予了一个坚定的推进。在这一点上,他投入到了一个柏拉
图式的提问方式之中,即关于一与多的辩证性问题,它并不与感性
世界,而是与理念的多性有关——这在里茨勒对意见(Doxa)的单
数性的、不受拘束的使用中已经透露了出来,但是,我们在教谕诗
中找不到任何证据支持这一点,因为意见(Doxa)一词一直是被当
作复数来使用的。他对巴门尼德教谕诗的思辨解释是从如下的确
信开始的,即所谓的埃利亚学派指的是巴门尼德伟大的直观沉落
的历史,因为巴门尼德关于存在的统一性的学说被芝诺错误地将
之与对存在者的多性的拒斥关联了起来,后来也被麦里梭有意地
且粗糙地将之变更为关于宇宙的陈述。对后者来说,里茨勒有理
由回溯到麦里梭在亚里士多德那里发现的一个轻蔑的评价,对正
面的命题来说,里茨勒也有理由回溯到柏拉图在《泰阿泰德篇》对
巴门尼德的"高贵的深度"的明确的称赞,"高贵的深度"将巴门尼
德作为一个独特且未被理解的人物而加以展示。麦里梭当时并不
是真正的埃利亚人,这样一位海军统帅,是自从柏拉图和亚里士多
德以来真正走近芝诺的人——这仅仅见证了一点,他在他的思想
中与埃利亚学派紧紧纽结,大致是为了将对他来说已经不可反驳
的埃利亚学派的学说同其他当时代的学说对立起来,他想借此与
它们进行抗争。但是对芝诺,里茨勒的结论却是没有道理的。因
为在《巴门尼德篇》的对话中,看上去令人尊敬的巴门尼德是完全
同意他的学生芝诺的。考虑到这一点,就并没有什么理由相信,芝
诺将巴门尼德的存在论的直观有所降格,并且返回到了一种宇宙

论的提问方式之中。因此,人们将会犹豫是否要在这一点上跟随里茨勒,并且我在写给他的书评中也给出了其他我为什么不赞同他的理由。⑥

关于这一问题,里茨勒在 1936 年 3 月 16 日从柏林写给我的一封信里说道:

"然而因为您只愿意将巴门尼德的 ὄν 与存在者整体发生关涉,所以我们之间的差异就归结于这重要的一点。我并没有声明过,巴门尼德完全看透了这两个问题的存在论差异——我声明的只是,在对这两个问题的区分中,他的问题的意义是对 ὄν,对存在(Sein)才有效的,而不是对存在者。在我看来,明确的区分也是之后才做出的。最后,存在总是存在者的存在。事实上,巴门尼德将存在者看作是一,因为他是在存在者的存在中看存在者。作为 omnitudo rerum(整体)的宇宙是一个意见(Doxa)。如果人们并不执行这一区分,并且将教义的意义指向'一'('一'既是存在者之一般的本性,也是它的秩序的宇宙),那这将会冲淡教义的意义——将会拔高'Ist'(是)而反对'不是'(Nicht-Ist),思想(Noein)与存在(Einai)的关系也将会消失为作为存在者的被思者的存在特性。这样的结论,您完全是做出了正确的推导,但是,如果这样的话,也会将教谕诗中的很多内容,比如假象(Schein)的(处于中间道路的)真理,悬在了空中。您就不能够在

---

⑥　参见本书上文第 30 页以下。

每一个地方都统一性地给出贯彻的解释，从而自圆其说。在此期间，卡罗吉鲁曾（在其著作《埃利亚学派研究》）力图将 ὄν 放在两种不同的意义上进行讨论：逻辑的意义与存在论（本体论）的意义。但是这样的话，"看"的明确的力量以及它的激情就会消失。

您显然很反感我引入性地使用'（诸）力量'（Die Mächte）这一术语。这一术语的确是非常不清楚，并且弹性很大。它的哲学意义是'要素'（契机〔Moment〕），作为要素的，而不是作为物的本质性。也就是说，'力量'这一术语就是为了反对'物化'而提出的。所以，只要力量被理解为要素，也就是说，在它的统一性中被理解，那它就不会被分割，真的思想也就不会离开它——分割以及对事物的划分，ἐπὶ τοῖσι τε καὶ τοῖς，就将'一'委托给了多以及它的变易。这样的话，现在这个就只是意见——因为已经不再是与 εἶναι 相关涉的思想了。

对我们的意见–思想来说，这样的质性指的就是事物的属性，它们是与基底（实体〔Hypokeimena〕）的多性相关涉——但是对前苏格拉底哲学家来说，质性却并不是这样，对泰勒斯（Thales）来说也不是这样。因为它们是在事物中显现出来的本质性（Wesenheiten）。恩培多克勒的残篇 109 在 γνῶσις τῷ ὁμοίῳ γαῖα（相同者的知识）与 ὕδωρ（水）中处理的就正是 Philia 与 Neikos。它们同样也是本质性，而不是如同亚里士多德那里的作为基底（实体）的要素。这些本质性的多对巴门尼德和赫拉克利特来说,是'一'——也就是阿那克西曼德那里的所有对立的 ἕν。但是他认为,从本质性的分割开始的"一向多的移交"因为被分割者最后被分配到了事物之中,所以掩盖了统一性(真理性)。对存在问题的分段表达——也就是存在与存在者的区分——实际上已经内在地包含在了 ἕν 与 πολλά(一与多)的区分之中。"

里茨勒在这封来自 1936 年的信中所做的以上这些论述非常清晰地展现了他如何面对我对他的相关批评,所以我把它放在了这里。同样,我在这里也还要做一些补充。的确,如果不接受早期的米利都学派都是同样的——里茨勒倾向于这样,海德格尔在《林中路》的"阿那克西曼德箴言"中也这样认为,那么完全可以说,巴门尼德没有提出过单纯的宇宙论问题。这样的话,在里茨勒的命题与我的倡议之间真正所关涉的,其实是一个强调的重点不同的问题。的确,如果巴门尼德就是致力于不断地确认并且确保,关于无的思想只是一个非思的话,那么巴门尼德的思想就会变得更贫乏。人们必定也会同意,所谓的教谕诗的第二部分指的就是隶属于真理自身的假象,因为它表达的就是一个清除了非思,但是又能明确地说明有死者的惯常观点的世界图景。里茨勒问道:"第二部分展示的优秀之处,难道不是恰恰在于,真理在假象之中仍然是可被观看到的吗?"人们应该会同意这一点。但是,这一点就一定意味着如里茨勒所说,巴门尼德确实超出了这两部分的争端并且将变易的世界以及它的多样的显像也纳入到了关于真理的学说之中了吗?里茨勒尝试着通过深入的解释而达至这样一种第一眼显得完全不可能的观点,并且带着这样的目的首先开始了他对教谕诗第二部分的研究。

从赖因哈特关于教谕诗的两个部分的本质关联的认识出发,里茨勒首先着手于意见世界以及它的错误(残篇 8,53 以下〔第尔斯〕),并且将它与残篇 9 和残篇 19 联系起来。真理的世界与意见的世界并不是两个世界,而是看的两种不同的方式。真理就是被超越了的假象。假象就是沉沦了的真理。里茨勒通过对残篇 2 进行极有见解的阐明来证明这一关联:真理之路在在场者之中同时也看到了离席者,在黑暗中也看见了光,在生之中也看见了死;这就是对光与黑夜进行绝对分割的错误的克服,残篇 8,56 以下,就正是讨论的这一错误。里茨勒在此洞见到了辩证法的基本思想:"他者作为某物的他者,也在某物之中一同当前化。"基于这样一种看法,假象的世界也接收"真理"。对知道的人来说,在假象之中,以及在划分的遮蔽性的意见之中,真理也是可见的,真理女神,在假象中间"同一地存有"。

从这一起点出发,里茨勒尝试着来理解巴门尼德的存在问题。巴门尼德的εόν 指的就是"作为现状情况的存在之是","一个整体,其中每一个离席者都与在场者不可分割"(第 49 页)。然而,这意味着,存在作为一个整体指的并不是存在着的东西的大全,毋宁说,它指的是将它们彼此缝接起来的力量整体。存在者的存在指的并不是一个"普遍之物",毋宁说,它指的是与存在者之多相对的那个一。由此出发,就如同赖因哈特一样,里茨勒也注解了思想的三条道路,以及通往真理的道路上能看到的存在的标志:作为统一性,存在乃是唯一性、整全性、最远大的,在自身中完成了的组织性。

55　　　如果巴门尼德的ἐόν指的不是一种不成不变的千篇一律的单一，而是在每一个现在中都作为整体而当前化的存在组构的统一性，因此它自身之中就必然包含变易（Werden）与消逝（Vergehen）的力量。在其巴门尼德解释之中，这是决定性的一步。"变易并不变易，消逝并不消逝。变易与消逝同样也是存在自身"（第62页）。里茨勒力图通过巴门尼德的文本来证明这一结论，并且他相信他在"思想（νοεῖν）与存在（εἶναι）的同一性"中找到了证据。一就是"对并非彼此之间没有关联，因为总是寓于彼此，并且贯穿于彼此之存在"（第65页）的指明。如果残篇16就是从混杂（Mischung）来对知觉进行说明，那么这一点就是隶属于错误的假象本质的力量所进行先行分割的结果而已。与此相反，认识的真理却是如下一番状况："我们在对存在的观看之中，也是存在着的；正是因为我们是存在，所以我们看见存在。"（第69页）在对主体的此在与客体世界之分离的克服中（更好的说法是：在它们之间的未切分之存在中），存在的统一性这一命题达到了其顶峰。"变易指的就是从遮蔽的黑暗中涌现出来，消逝就是一种消失，一种自身遮蔽"（第73页）。这样，"运动作为存在的运动就被否决了，而作为认识的运动就被肯定了"——这就碰触到了这一学说最后的内在界限。里茨勒借助于尼采而发问道，假象的变易难道不是必定比再次的假象更多吗？并且难道这一学说不是必定要将假象自身"收纳到受到威胁的真理的存在中吗？"（第76页）他在此看到了对这一学说的进一步发展的征兆，后来正是通过柏拉图在《智者篇》和《巴门尼德篇》中对此有所经验。

　　当里茨勒在以这种方式将假象与变易纳入到真理以及存在之

中时,教谕诗中的文本却没有给出这样的解释。

对诗篇 8,22 以下的援引,因为我在书评中指出了关于它的误解,所以里茨勒很快就放弃了。在那一处文本之中,变易和消逝并没有被释放,毋宁说,是存在保持得如何地紧密,以至于变异和消逝就远离了它。但是里茨勒认为,他的整个解释并没有涉及这一点。如今,里茨勒解释工作的一个成果就是,它已经指出,巴门尼德对存在的追问不同于对一个宇宙的多的秩序的追问,这一点是不容置疑的。巴门尼德反对"无思"(Gedankenlosigkeit),而为存在的意义进行辩护,前者指的是将存在与非存在(Nichtsein)作为同一的,而捍卫后者就是为了将这两者,以及在场者与离席者、产生与"变成无物"区分开来。黑格尔并不是平白无故地称赞巴门尼德,说他将感性之物扔掉,而完全站立到思想之中。但是里茨勒想将与存在者的多性对立的"存在的完全他者"作为多的一,也就是说,作为多种力量(它贯穿并且规定了所有的显现者)的组构的统一性来理解。在第二部分所描述过的世界整体的中央有一个神性 56
(Gottheit),它驾驭了一切——这一点在我看来,正如里茨勒在给我的信里所谈到那样,是对此的一个证明。对里茨勒来说,将思想家引导到存在的真理以及假象的真理之中的,是同一个女神,并且她超越于所有的显现者而存有。

在里茨勒的第二步中,他援引 Noein(思想)。存在与思想的共属一体性的确总是被不断地明确地声明。"思想"与"存在"的同一性构成了一切的核心原理,并且也众所周知地导致了观念论风格中的现代主义解释。但是这一关于思想的原理,在残篇 8,34 以下中,它与在真理之路上伫立的其他的路标并没有不同。它们都是为了防止行走在思想道路上的行人离开正确的道路而自我迷失在对非存在的承认之中。这一人们从来不可能脱离存在而接触到的思想，是否就意味着在存在之中，一切都运动着呢？Noein（思想）是否就是指思想的运动呢？难道这不就是指一切存在者本质上都要归属于它的在场（Präsenz）——它对所有的缺席者，与对所有的在场者同样有效——吗？（残篇4，里茨勒；残篇5，第尔斯）这里并不是针对作为精神直观的运动的思想，而是针对存在，它绝不是虚无，根据它最本己的本质，存在总是对一个直观而在此。如果人们听从于教谕诗自己的话语，那我认为，在这里几乎是不太可能使用涌现和撤回、显现与真理的自身遮蔽这些语词来谈论对此的认识。从事实来看，将巴门尼德的思想完全与一个且唯一一个思考相关涉——他想将对无的非思与思想分开，是更合适的。

另外，如果人们不能承认，由巴门尼德所思考，之后重回生机的问题的结论，真的超出了在教谕诗中直接见诸文字的范围，那么人们就不能完全正确地评价里茨勒的尝试。对他来说，教谕诗的思想运行以如下的这种尺度和强度是成功的，即对一个思想家来说，他认为以下一点是完全自然的——他对思想的事情比文本所引导他做的那样，更进一步地进行了探究。

如果人们将一种在文本中发现的哲学思想，按照事情本身的尺度，发展为了自己的结论，那么文本自身对于他来说就鲜有完全有效的。在我看来，这一点对里茨勒也是同样情况。如果里茨勒没有贯彻他的意图，即将假象自身纳入到真理的标志之中来，那么他在巴门尼德的思想中所发觉的丰富的直观，也并不是没有支撑的。对教谕诗第二部分的解释已经开始展示了这一点，虽然人们不会将从中心出发驾驭一切的女神与第一部分中神话的形象联系起来(对此,也无人知道,是否女神指的就是 Aletheia)。人们更倾向于将她看成是从赫西俄德(Hesiod)那里起源的统领一切的爱的传统动力(Motiv),这种动力与世界的秩序紧密相关。但是,女神所教导的世界说明所拥有的优先性,似乎只有通过一种与里茨勒的基本直观非常相近的方式才能给出说明。因为作为对立,自身是错误并且作为被分割的而被设想的对立,并不是古老的伊奥尼亚的对立组,如:热与冷、干与湿,而是光明的黑暗。因为这意味着:并不是在存在论上不可能的产生与消逝,而是没有"虚无"才是可思想的显现与消失,才是二元性的假象的基础。在残篇 9 中所声明的光明与黑夜的均衡,恰恰是充实了以下这种公设,即没有任何地方会有空洞,会有虚无的地盘。在残篇 9 的末尾,人们必须将 μηδέν 理解为虚无(与施瓦布尔一道),并且必须将世界说明的优先性看作如下:虽然它进行分割,但是并没有误认(或不认)这些分割的构形背后的真实的统一性,因此这种统一性不可能内在地包含虚无的非思。

　　同样,残篇 16 从这里出发,就终于获得了一个安全的位置。只要人类的觉知(Vernehmen),即 νόος,被怀疑是对分段结构的混杂的迎合,那么这到最后,就重又并且首先意味着:虽然不同之物以不同的方式被觉知,但是虚无却从来不可能被觉知。死去的人听到的是永远的安宁。泰奥弗拉斯托斯(Theophrast)明确地传承了这一点。如果这一点最后是真的,那巴门尼德伟大的直观就将伊奥尼亚学派的对立学说进一步地带向了如下的方向,即对立的统一作为真理而显现。虽然它不是如女神在教谕诗第一部分中所教导的存在的真理本身，但是它可能是假象的真理，我们有理由相信女神同样也承诺了去展现它。这一点与里茨勒的关切非常接近，并且我们将他认同为对这一洞见的第一个先知，对此，我今天比在 30 年前看得更加清楚了。

（贺念　译，洪汉鼎　校）

4. 柏拉图与前苏格拉底学派[*]

（1964 年）

"关于苏格拉底的流传资料具有如此的性质,以至于史学家对于从中赢得可信的成果一事不抱任何希望",赫尔穆特·库恩（Helmut Kuhn）以此结论作为他 1934 年为他的苏格拉底解释进行辩护的后记之开始[①],并同意弗朗茨·奥弗贝克（Franz Over-bech）所提出的起源史（Urgeschichte）概念,以便证明,他不是从多种流传资料的分散的诸证据中重建历史上的苏格拉底,而是试图从苏格拉底对柏拉图以及西方形而上学的诞生的影响着手去经验这位苏格拉底,因此他虽非在其历史的偶然性,但也是在其历史的真实性去处理苏格拉底。关于知识任务的改变在苏格拉底这一特例之中发生了什么,如我于其他地方所尝试讨论得那般[②],要从其普遍和根本的意义中来探究。但完全确实的,这也适合于这样

---

[*] 本文最初发表于《Epimeleia——赫尔穆特·库恩纪念文集》,慕尼黑,1964 年,Anton Pustet,第 127—142 页。

[①] 赫尔穆特·库恩:《苏格拉底》,1960 年第 2 版,第 129 页。库恩教授大作的方法学的基本思想早在数十年前就已令我印象深刻。我为该书写的书评可为佐证。参见《德国文学期刊》（DLZ）,1936 年第 3 期,第 95 页以下（现收入我的著作集,第 5 卷,第 322—326 页）。

[②] 《真理与方法》,1960 年版（现收入我的著作集,第 1 卷）,主要是第 284 页以下。

的一些历史事实,这些事实从属于"开端"(Anfang)的范畴,且只
有经由后续与结局才能得知其规定。因此上述库恩的句子无须修
正,即可用在早期希腊的西方哲学的开端。正如我们所知这些最
早的思想家泰勒斯(Thales)、阿那克西曼德(Anaximander)以及
阿那克西美尼(Anaximenes),我们不但无法从旧的和新的流传资
料中重建他们的真相——而且从研究及其进步的现状来看总是陷
于一种臆想的确实性中,并且此一不确实性还不断在增加。如果
我们也能拥有稍晚些的《巴门尼德篇》的教谕诗的重要段落以及毫
无疑问的赫拉克利特的原著句子,那么这些"起源"(Quellen)本身
也会沉沦在不确实的巨大黑暗中,如对每个研究者都很知名的毕
达哥拉斯(Pythagoras)问题或俄尔甫斯教(Orphiker)问题。当在
公元前 5 世纪此一黑暗被逐渐照亮,恩培多克勒(Empedokles)、
阿那克萨戈拉(Anaxagoras)和德谟克利特留给我们一个可信的
轮廓时,我们面对整个关于前苏格拉底流传资料就毫无疑问也处
于和苏格拉底问题同样的情况:希腊哲学的文学流传资料是从柏
拉图的对话和亚里士多德的教学著作开始的,他们如此渗透且形
塑了所有我们拥有的关于前苏格拉底学派的流传资料,以致就算
我们站在历史批判及其方法的高度上,也无法在柏拉图,尤其是亚
里士多德所印记的历史图像之外,找到其他的确实资料。完全
不受那些影响的流传资料,几乎是不可能的,人们或许会指出来
自巴门尼德的教谕诗的摘要,但此一由辛普里丘(Simplicius)忠
实编辑的手稿只是一选本,它也如同每一个选本那样既被影响
又发生影响。

　　但这并不是说——此处也是——我们就必须承认没有其他的

研究途径。此处也有这样一种可能,通过回溯对其创始者的影响,也就是,通过柏拉图和亚里士多德如何明确或不明确的反映前苏格拉底学派的传统,学到这些最初的思想家,他们是什么。此处当然有一批判的视角不可回避:我们不只否定了亚里士多德的解释中那种作为泰奥弗拉斯托斯(Theophrast)和教义学基础的信仰,而且也否定了那种统治整个近代历史和语文学思想的解释——除了历史学派的反黑格尔主义(Antihegelianismus)之外——我想称之为黑格尔派的解释(interpretatio hegeliana)。这种解释的不证自明的前提虽然并非像在黑格尔那里那样,是从其内在"逻辑"(Logik)而来的对历史的全然把握——但有一点对此是确定的,即个别的思想家们及其学说彼此相互关联,相互"超越"(überholen)、批评、争论,以致有一个逻辑上可理解的关联安排着流传的对话。

　　就算这大致正确,但在那如前苏格拉底学派那样的例子中,其传承物主要只是来自后来的证言,则此一前提并不存在。例如,我们就不知道,巴门尼德是否真的认识赫拉克利特;我们不知道,米利都"学派"看起来是什么样子,流传到我们手中的本子是否更是一个后来的编辑本。我们不知道,毕达哥拉斯究竟是谁?而最主要的是:柏拉图和亚里士多德对先前思想家的态度不顾时间上的先后顺序,而是以"系统的"观点去排序。如果人们想要从这种流传状况中重建一个历史上先后的顺序——有如 60 通常的情况那样,试图对诸个别思想家及其学说进行相互区分并从中分别做出推导的话,那是高估了我们的知识的可能。在我看来,相反的任务是——而在此领域的最新研究也证实了这一点:只有共同的、统一一切的动机和问题,才能提供一个符合事实的、通往这些开拓者的入口。

这一任务所面临的主要是:柏拉图如何看待他的"先行者"(Vorgänger)。因为他把他们全部——唯一的例外是埃利亚学派——视为一整体,并给予一单独的名字,亦即"赫拉克利特学派"(Herakliteer)③。此一传承物的观点形式有一相互对照的图像,而其真正的动机乃是通过理型论积极接受埃利亚学派的存在思想(Seinsgedanken),这点是显而易见的。因此,埃利亚学派思想的效果史,也就一直是通往此一学派学说的真正入口,而柏拉图正是立于这种效果史的尖端。④

反之,较不幸的例子是伊奥尼亚学派(Jonier)。他们正是因为此一由柏拉图提出的埃利亚学派的反命题而与赫拉克利特及其后学者一同隐没。如果人们想要回到亚里士多德那里寻找对伊奥尼亚学派的支持——亚里士多德由于埃利亚学派关于运动(κίνησις)的争论将该学派哲学边缘化,并给予伊奥尼亚学派的"自然哲学"以积极的评价——那么人们将会低估反毕达哥拉斯主义与反柏拉图主义在亚里士多德的后-物理学(Meta-Physik)(也就是真正的物理学)的亚里士多德前史中有多大影响。正如赫尔穆特·库恩在他论苏格拉底的书中已经正确提出过的,苏格拉底在其对柏拉图的影响中展示了后-物理学(形而上学)的起源,就算这种"物理学"(Physik)对柏拉图而言,本就是其自身的东西。而正

---

③　《泰阿泰德篇》,179de。

④　参见我的论文:"论形而上学前史"(Zur Vorgeschichte der Metaphysik, Anteile,1950),第51—79页(参见上文第9—29页)。

是由于这点，使柏拉图成为对于哲学的开端是什么这一问题的无可比拟的证据，以致他从苏格拉底对这一较古老的传统的脱离中，或更恰当地说，从有意识的答复此一传统中，赢得他自己的学说。要理解他的哲学作为答复，就要提出那从希腊哲学思考的早期开端中出现的问题。没有比此处展开的可能性更重要、更直接的诠释学上的可能性了：此处与证据、有意识的解读和呈现的可信度无关，而是与柏拉图思想的自身的可能性有关。当柏拉图将他的苏格拉底如此地与前苏格拉底学派对立时，前苏格拉底学派——尤其是伊奥尼亚学派——究竟是什么？

　　当人们进入这一问题时就会发现，《蒂迈欧篇》正位于其核心。61如其特有的任务所要求的那样，该书那尽可能回顾的多层次的整体，关于前苏格拉底学派所说的远比更多的提及前人的著作，如我们在《斐多篇》《泰阿泰德篇》或《智者篇》所见，更为直接，而其中的讯息我们当然不可忽略⑤。

　　《蒂迈欧篇》因为其自身的此在（Dasein）和如此存在（Sosein）并非像人们所解释得那样：是一篇与德谟克利特的伟大的对话⑥——而是就是它自己那样，是一个到早期诸思想家们的历史入口。众所周知，当亚里士多德在其《形而上学》中论及柏拉图的对话著作时，他最先看到的正是《蒂迈欧篇》。而对其主要的批评是：那里有过多"空洞的比喻"（leere Metaphern），柏拉图用这些

---

　　⑤　《斐多篇》，96a 以下；《泰阿泰德篇》，152d 以下，180c 以下；《智者篇》，242c以下。

　　⑥　参见 E. 弗兰克（E. Frank）：《柏拉图及所谓毕达哥拉斯学派》（*Plato und die sogenannten Pythagoreer*），第 118 页以下。

"空洞的比喻"解释现象对于理型的分有(Teilhabe)——而且这些空洞的比喻来自技术(Techne)范围,却被用在并非基于技术上的事物——尽管亚里士多德在其自己的四因说中也使用了技术的模式,以便概念地把握那一个本质存在者($\varphi\acute{\upsilon}\sigma\epsilon\iota\ \ddot{o}\nu$)。《蒂迈欧篇》很显然并不是亚里士多德的《物理学》所符合并追随的"柏拉图的物理学"(die platonische Physik)。因为《蒂迈欧篇》是一个神话、一个故事,其可信度和真实性并非是逻各斯的可信度和真实性。但就像所有其他的柏拉图的神话那样,这个神话也不是一个非逻各斯、非知识的虚构,而是从一个内在于逻各斯的已知(Gewußten)中蕴育出的一个想象的设计。理型是什么?理型的可理解的存在在可生产物的领域之外该如何决定可看见物,对此,柏拉图尝试用生产(Herstellen)的方式去说。

事实上,这在柏拉图主义者中似乎已经是一个有争论的问题,即在《蒂迈欧篇》中所叙述的世界结构(fabricatio mundi)是否真意味着世界的已然存在(Gewordensein),或者,是否它是"因其可传授性"(der Lehrhaftigkeit wegen)而被解释成如同一个数学结构?⑦亚里士多德自己就是这般暗示,而普罗克洛(Proklos)也有较详尽的报道。可确定的是,世界的诞生不是在语词上去理解,而《蒂迈欧篇》中的说法是,如此安排的秩序是永恒的。亚里士多德反对这一已成的永恒的论证很接近并如此令人信服地符合柏拉图自己,以致人们从《蒂迈欧篇》中的故事可以看出其神话

---

⑦　参见普鲁塔克:《道德论文集》(De fato,568c)。这篇可信的传承物的意义在于,"解神话学者"(Entmythologisierer)决不会被像《智者篇》243ab 以下的段落所迷惑。但他们也不认真对待这一点!

性格。

　　当然,在这大胆且闻所未闻的故事中的真正的神话因素,是这个世界的被做出的存在(Gemachtsein)——而非其已成的存在(Gewordensein)。关于已成的存在的想象在前人中是占据统治地位一事,不仅在亚里士多德的争论中很明显是作为前提,而且也在例如我们在《智者篇》中所见的关于生成的童话般故事中的批判-嘲讽的叙述中⑧。毫无疑问的,我们拥有关于伊奥尼亚的"宇宙生成"(kosmogonisch)论,特别是阿那克西曼德的报导,含有正确的成分。关注《蒂迈欧篇》对于这一宇宙生成论的意义是深具启发的。这一理论的高峰很明显的是来自那其自身保持自动平衡的现存宇宙秩序——正如世界秩序的巧妙产生是经由《蒂迈欧篇》中的创造主(Demiurgos)在并非无冲突的现实中,将已生成的秩序描述为一数学和谐的组合整体。无疑的,早期思想家们的宇宙生成观点(Kosmogonie)是为宇宙论(Kosmologie)而存在的。

　　现在人们可以明确地说,所有的宇宙生成观点都是为宇宙论而被解释的。事物的本质即是如此,被叙述的世界史,就是现在所是物的历史——具有其一切统治的秩序与合规律性。宗教的宇宙生成论也是——俄尔甫斯教派(Orphiker)、巴比伦人(Babylonier)、埃及人的——都有此种意义。然而,是否一个宇宙生成的故事报导许多都是从一颗蛋,或情欲,或夜晚开始的奇迹——这是生成奇迹的直观模式,或者是否这些故事是被对于完美的目的的直观所主宰和决定,这个世界的生成由那些使世界成为可见到的及

_____

　　⑧　《智者篇》,242c 以下。

62

将之开展的相同的力量和前奏来解释,这两者间有重大的差别。研究东方诸神话的影响的学者赫尔舍(U. Hölscher)⑨曾正确地指出,即便是赫西俄德(Hesiod)对于原始状态,也没有直观式的报导——与东方的诸起源史非常不同。"并非是世界如何产生,而是它如何被建构的,才是吸引诗人注意的东西"(第401页)。

我认为,关于宇宙论或宇宙生成论是否出现在希腊哲学思考的开端这一个古老的问题,如果对其意义进行更锐利的分析,则不会出现,而正是《蒂迈欧篇》揭示了这个提问的偏向。一个例子:当我们在关于阿那克西曼德的报导中总是遇到矛盾性时,一方面,他传授的是关于作为"开端"(Anfang)的无限(Apeiron)的观点,在其中对立物是被排除在外。另一方面,是惊人的平衡秩序,在其中是对立物统治并被结合(因此人们最好不要归咎于亚里士多德,当他提问,如果一个对立物在其中平衡得当的世界——或者这些相互消解的诸世界的顺序——能被同一种物质〔Masse〕所建构的话,它为何还需要一种关于世界形成的无限多的想象?),这个直到今日原因仍无解的矛盾使我觉得从逻辑上来看,它和《蒂迈欧篇》中所形容的"已成之永恒"(gewordene Ewigkeit)没什么两样。那个精心安排的关于世界的消解的问题,无疑是其学说的核心,但是在阿那克西曼德那里并非偶然的停留在暗处。有这样一种东西

---

⑨　《赫尔墨斯》(*Hermes*),第81卷(1953年),第257页、第385页以下。[此文现收入《开端问题——早期希腊哲学研究》,哥廷根,1968年](经译者复查,题目应该是:Anaximander und der Anfang der Philosophie,现收入作者此书:*Anfängliches Fragen:Studien zur frühen griechischen Philosophie*(Göttingen 1968),第9页以下。——译者)

吗？或者，那是像在《蒂迈欧篇》中所描述的那样？然后，人们不该对关于"诸多世界"（vielen Welten）的流传，另眼相看吗？

　　难道人们不该——又是为《蒂迈欧篇》所启发——重新检讨这整个问题吗？那毫无疑问被报导的关于"世界"（Welten）的多数的学说，一般而言，因此被以一种引起严重矛盾的方式安排于时间先后的顺序中，因为人们将此一先后序列视之为一个巨大的，最初在公元前5世纪末由极端的原子论所提出的包含一切可能的经验和直观的综合体⑩。

　　但让我们从《蒂迈欧篇》中的叙述检讨这个学说⑪。在那里我们遇到一个对许多，甚至无数多的（ἄπειροι）宇宙（κόσμοι）或诸天（οὐρανοί）的学说之明确的反对，虽然其论证引起不少困难。很明显的，柏拉图那根据范型（Vorbild）进行模仿（κατὰ τὸ παράδειγμα δεδημιουργημένος〔31a2〕）的架构，并非很简单的像亚里士多德那样，能证明世界的"单一性"（Einzigkeit）。亚里士多德能够依据于一切物质的分离（Aufbruch），而柏拉图则必须以其他的方式证明我们这一世界之单一性（《蒂迈欧篇》，33a）。他那模仿最完美的、包括一切生物的生命本质（Lebewesen；παντελὲς ζῷον）的模式的论证是充满问题的。这里根本未提及物质。柏拉图宁可想单纯从理型，也就是从本质的关联，来证明我们世界的单一性。范型的单

---

　　⑩　基尔克（Kirk）：《前苏格拉底学派哲学家》（*The Presocratic Philosophers*），1957年，第121页以下；卡恩：《阿那克西曼德与希腊宇宙论的起源》（*Anaximander and the Origins of Greek Cosmology*），1960年，第46页以下。比较 J. 克尔席斯坦（J. Kerschensteiner）：《宇宙》（*Komos*），1962年，该书对学说史上无异议的流传资料正确地进行辩护，参见第38页以下。

　　⑪　《蒂迈欧篇》，31a 以下。

一性,一个包含一切生物的生物之理型,是很逻辑的从范型理型
(Idee des Vorbilds)导引出来的,用很著名的方式,即第二个范型
必须回归到一个包含两者的一(ein Eines)。这可能是有启发性
的。但麻烦的是,现在,摹本(Nachbild)应该也只是一。然而,一
个范型可以有许多模仿品,这正是属于模仿品和模仿的本质结构。
此一根据同一模式(κατὰ τὴν μόνωσιν〔b2〕)的相似究竟意味着
什么?

64　　或者另一种提问更好:如果鉴于一个范型的可见世界的产生
应该使得诸多世界的问题成为可回答的话,难道人们不是该从此
下结论,对柏拉图而言,这个问题若没有他的关于造物者的神话故
事就无法回答吗? 而此处所提及的,就真的是从未被他指名道姓
的留基波(Leukipp)和德谟克利特吗? 此处所使用的技术-模式这
此一论证有何功用? 这是很明显的,即直到在关于整体的前瞻
(Vorblick)中,整体理型,作为统一的包罗万象的无限者,才真的
被思及。这完全符合如在《斐多篇》篇中以二为例所导入的那种关
于理型的明确的假设的方式——我强调:二的——所显示的那样,
它既不是从结合,也不是从分离而"产生",而是二的统一体(Ein-
heit)。若这是正确的,如赫伯特·伯德尔⑫令人信服的论证,早期
伊奥尼亚学派(Jonier)将其所追问的整体称之为 τὰ πάντα(宇宙万
物),这一命名已表达出了不足的统一理解,而这是与包含一切的
观点连结在一起的。作为存在可无限制扩张的无限(Apeiron)的

───────────

⑫　赫伯特·伯德尔(Herbert Boeder):《作为问题目标的早期希腊哲学之基础与
现况》(Grund und Gegenwart als Frageziel der frühgriechischen Philosophie),1962
年,第23页以下。

观点,这一无限观点是永无止境的(在这一空间的意义中,每个不试图去保卫一已被把握的题目的人都会了解阿那克西曼德的话),很明显正是那关于一和整体的未被表达出来的观点。

如此看来应该承认,《蒂迈欧篇》的证据从一开始就有一个关于 φυσικοί(自然研究者)的基本缺失——色诺芬尼(Xenophanes)和巴门尼德当然不在此列。但这符合柏拉图将埃利亚学派视为其理型说的先行者——并由此间接地确认早期伊奥尼亚学派所追随的直觉,即标识着我们的世界的产生与组成的"从自身而来"(Von selbst)的观点。这也许并没有那导致原子论学派的宇宙生成论的激进的意义。然而关于那作为始基(Arche),作为先于一切世界生成的存在状态,作为如同一个取之不尽的宝藏之无限制(Grenzenlosen)的观点,难道不是与那初期"分离出来"(Sich ausscheiden)的多重世界的观点很接近吗?即使这些多重世界是一个接一个,但难道不是每一个作为自足的构造都有其存在,并且正是一个接一个的存在吗?这真的不可能吗?如果人们想要把无限制的学说和对立物的平衡之学说一起思考的话,这难道不是必须的吗?当阿那克西曼德冒险将无限制存在(des grenzenlosen Seins)的"神性"(Göttlichkeit)想作取代荷马或赫西俄德的诸神之神性时,这难道不是一种闻所未闻的大胆想法吗?

此处出现了一个再次由柏拉图而开展出的早期思想的核心动机,即无须借助地图(Atlas)的神话角色,就可以自然地解释位于宇宙中心的地球之状况。就柏拉图而言,他对早期思想家们是持批判的态度,他们将有着气旋或气垫形状的"新"地图视为地球的状态。而他自己却完全不愿意从善的理型(Idee des Guten)导引

出这种解释:《斐多篇》99c。正如他自己所想,而说得最明确的是
《斐多篇》(108e)中的神话:天的 ὁμοιότης(共同性),它的 ἰσορροπία
(平衡),就足以表明地球不偏不倚的停留在中心。这当然仍是一
种半神话的描述,其中所表现的是在毕达哥拉斯学派的影响下的
几何学的对称观念,而非一种动态的平衡关系。但正是此点深具
启发性。因为稍后我们会在亚里士多德那里读到的可为阿那克西
曼德作证的类似说法:坐落在中心的东西,会因为 ὁμοιότης(共同
性)而停留在其位置上(《前苏格拉底残篇》,A26)*。当然,对亚里
士多德这种证言,人们不应像卡恩(Kahn)那样令人惊讶的认为是
可能的而轻信[13],尤其不能依赖那完全以几何方法论证的希波吕
托斯(Hippolytos)的权威。这种"几何学的目的论"(geometrische
Telelologie)最终只适用于球形的地球观点,如《斐多篇》所论。但
我们对于阿那克西曼德有明确的证据,一如希波吕托斯自己来自
学术史的报导,他将地球形容为一圆柱桩形态(《前苏格拉底残
篇》,A25)。一或他者!

　　在亚里士多德想要从阿那克西曼德那里发现 ὁμοιότης(共同
性)这一课题中,人们应该要寻找的是另一种起源的意义,而非几
何学的意义。而这只能够是一种平衡观点(Gleichgewichtsvor-
stellung)的方式,如柏拉图将其批评为一新地图的发现,有如阿那
克西美尼所言(《前苏格拉底残篇》,A20),像个气垫。我相信这是

---

　　*　《前苏格拉底残篇》(VS)是第尔斯(H. Diels)编的名著 *Die Fragmenter der Vor-
sokratiker*(简称 VS)。引文见此书第 1 卷第 88 页(1951 年第 6 版)。引证的是亚里士
多德的著作《论天》(*De Caelo*),第 2 卷,第 13 章,295b10。——译者

　　[13]　Ch. 卡恩(Ch. Kahn),前引书,第 76 页以下。

伊奥尼亚宇宙论的原始动机——除了阿那克西曼德的扁平的圆柱状外——我还要观察另一个在泰勒斯（Thales）处的证明，我们对泰勒斯唯一确知的是，他也是如此地应用他关于水的学说，也就是主张地球像一块木头般在水中浮动（《前苏格拉底残篇》，A14）。我们大可以相信此报导的真实性，因为亚里士多德将其批评为：仿佛这不是同一个问题，为何托住地球的水（ὀχοῦνιος！），自己却不靠任何东西支撑而在原地。在此我们很明显能确认的是那共同性（ὁμοιότης），亚里士多德认为伊奥尼亚哲学家与神学家的区别就基于这一共同性；这是一种泰勒斯视之如同"证明"（Beweis）般的观察：木头漂浮于水上，以致水也同样总是向上漂浮。我们称之为"排水量"（Wasserverdrängung）的，很明显是被设想为一种惊奇的自然平衡现象：这并非是诸多相同几何距离的共性（ὁμοιότης），而是一种平衡（ἰσορροπία）——如《斐多篇》真的说过的，是一种反抗（ἀντέρεισις），如在学术史中为阿那克西美尼（Anaximenes）、阿那克萨戈拉（Anaxagoras）与德谟克利特所称呼的那样（《前苏格拉底残篇》，A20）。阿那克西美尼——似乎是——为他的气垫提供了一个颇具创意的解释：在滴漏（水钟）中的水。如此，我们在批评柏拉图的毕达哥拉斯式的神学之外掌握了些许伊奥尼亚学派一贯的宇宙论的动机，当柏拉图谈及平衡（ἰσορροπία）时，他也让古老的传统贯穿于他那来自对称的神话般的论述。事实上，他自己的神学–理型论的"宇宙论"（theologisch-eidetische Kosmologie），要求的是一种纯粹几何学的论证：要去思索的是一自足的整体（das Sich-selberhalten des Ganzen），而非一新地图。

　　指引我们的方法上的基本思想是，如前述诸例所示，正是由于尚未提供亚里士多德以来决定我们所有证据的适当概念性，所以柏拉图的答案允许了对这一由前苏格拉底学派思想所展示的问题进行重构。在同样的方法观点下，柏拉图在明确反对前苏格拉底学派关于灵魂概念的传统中所指出的东西也得到多次的陈述。柏拉图的《斐多篇》中所使用的多层次论证，其高潮在从生命理型中导引出的灵魂不灭的论证。这正是理型秩序的普遍观点，这种观点把灵魂与死亡的不兼容性和热与雪的不兼容性并列。这是一个值得注意的论证。虽然灵魂所从属的存在秩序是依据数学的存在之本质（Wesen）而发展出来的，但到最后"灵魂"（Seele）却意味着那个所有前人都在找寻，但却不能够真正去思考的东西，也就是指事物的"本性"（Nature）。苏格拉底在其由阿那克萨戈拉的著作中所带给他的著名的期待与失望中，对此有所描述。那作为决定一切真实认识的最终目的的善的理型（Idee des Guten）在此已可见。没有这个善的理型——也包括：没有灵魂——自然理型（Idee der Physis）也无从思考。这个就是塑造灵魂成为柏拉图思想的核心地位的东西。特别是如《法律篇》第 10 卷中所述，灵魂乃是自然的真正本质。并非诸事物盲目的必然存在（Genötigtsein）或相互碰撞（Zusammengeraten）就可以称为自然，而是那指向善的事物的状态：灵魂（Psyche）与技术（Techne）都指向一相同者（892b7）。在如此的极端中人们当然会认识那反对留基波和德谟克利特原子论自然观念的立场。而作为"从自身而来"（Vom selbst）的自然思想的极端正是关于那种前人所想，却不能真正去思考的东西的一个效果史上间接的证据：存在整体（Seinsganz）的秩序、恒定与规律。这一点由柏拉图所引述的技术–模式可以清楚得见。

　　但还有第二个。在《泰阿泰德篇》中所讨论的关于普遍运动学说的解释，无疑地并非是关于所谓的赫拉克利特学派的较为古老的思想之直接证据。这一普遍运动学说毋宁说是由柏拉图的理型概念(Eidos-Begriff)和由之衍生的灵魂观所建构。柏拉图将这一古老思想导入一个他自己也保持距离的彻底结果中。这也许最清楚的反映在这样一种方式上——如我们主要应当感谢赫尔曼·兰格伯克(Hermann Langerbeck)的知识[14]——灵魂是如何与诸感官区别，即在它那方面，它是属于可感知到它的运动整体。灵魂以同样的方式认识，但这是说，它与它们是有区别的，而它对于存在的面向是开放的，其中只有真正的在者(wahrhaft Seiendes)。Nous(理性)与 Noesis(直观)的概念在此才赢得其特殊的地位。现在柏拉图认为真正的在者的认识，乃是那种与那些其自身是在感觉(Aisthesis)中被掌握的、并非真正的存在，而总是与他者的事物相脱离。我们可由此得出结论——而这当然是我们从柏拉图那里能赢得的关于前苏格拉底学派最重要的见解之一，正如在柏拉图的意义中没有一致的灵魂观那样，也没有感觉与直观的真正对立。这对于巴门尼德的存在学说(Seinslehre)的重要性，并不亚于在赫拉克利特那里出现的灵魂与火的关联。[15]

　　在我们的方法学的指导思想下有着非常独特地位的则是所谓的埃利亚学派对话(Eleatendialoge)。不论是《智者篇》还是《巴门

---

　　[14]　赫尔曼·兰格伯克(Hermann Langerbeck)："意见之流——关于德谟克利特伦理学与认识论的研究"，载《新近语文学研究》(*Neue Philol. Unters.*)，第 10 期，1935 年。

　　[15]　参见我的著作集第 7 卷中有关赫拉克利特的论文(以前未发表)。

尼德篇》都给予来自埃利亚（Elea）的哲学家以优势,但这并非说它们以埃利亚学派的存在概念（Seinsbegriff）来反对一般的赫拉克利特主义,而宁可说它们让埃利亚学派超越其自身。这是逻各斯（Logos）的一个新面向,这是一个用埃利亚学派的方法打开的苏格拉底-柏拉图的新面向。但这却以对埃利亚学派学说的改造为条件,而这又允许了向原始的学说的回溯。

首先,人们可以确定,在柏拉图诸对话中出现的关于巴门尼德存在学说的解释,其重点是从存在（On）向一（Hen）移动。但埃利亚学派对多的拒绝,则由此转变成存在（Sein）与一（Ein）自身的概念中对多的辩证的接受。因为一总是多之一。但由此逻各斯的本质才正确可见:因为逻各斯的本质正是以此方式为一,即它并非只是简单地设定那个被它所说和所设定的东西,而是当从它那里说出了些什么,并由此而造成多数,而它自己却能超脱于此一多数,而意指一。

对于整体的概念也完全可以这样来确定。它也是一个如"一"概念那样的概念,此概念虽然在巴门尼德的学说中有暗示,但作为如此的概念,其意义却并未被开展出来。直到柏拉图的辩证法才引导了这一展开,也就是,他发现了那连结整体概念与部分概念的内在的本质辩证法（die innere Wesensdialektik）[16]。《智者篇》中的论证是将整体的概念如同一概念那样进行辩证的拆解,这一论证所反映的是一种否定性,即巴门尼德作为整体的存在

---

[16] 《智者篇》,244d 以下。作为柏拉图式的——回溯到口授学说（是指不成文学说〔die Ungeschriebene Lehre〕。——译者）吗?——也可由亚里士多德在《物理学》（第 1 卷,第 2 章,1185b11—16）中所引用的难题看见。对此主要比较《斐莱布篇》,14de。

(das eine Ganze des parmenideischen Seins)仍停留在直观中,因此对于名(Onoma)和 Logos 的整体面向及其辩证的含义毫无启发。

那由此开启的 Logos 的面向,对于其相对于迄今为止的思想的差异了解得怎样少,在《智者篇》的论述中表现得很清楚。那使 Logos 成为逻各斯的承载一切的诸连结概念,即存在(Sein)与非存在(Nichtsein),同一(Selbigkeit)与差异(Andersheit)——只有它们相互之间的连结才能使 Logos 成为可能——在其旁边有另外两个完全不同种类与来源的最高相的概念:运动(Bewegung)与静止(Ruhe)。的确,它们在此也会被运用在对 Logos 的结构的分析上,只要一个不变者、静止者能够是知识的对象,而对其自身的知识又不可能,且无须在存在之中作区分,也就是,有改变或运动。以此方式将柏拉图所建构的赫拉克利特-埃利亚派的对立表述为 Logos 的结构环节,是够累的了——只要能由此回溯,Logos,知识与灵魂的现象在整个更古老的思想中,是如何仍未与在者(Seinden),也就是,与那作为被认识者而开启了存在(Sein)的在者作区分,对我们就是深具启发了。而这也意味着:自然(Physis)与灵魂(Psyche)的对立以及由之而来的自然概念与灵魂概念只能由柏拉图的提问去赢得。

如果人们将目光投向在柏拉图的《智者篇》中,那位来自埃利亚的陌生人所叙述的关于更古老的思想的明确讨论以及凸显前苏格拉底学派的历史图像的话,则人们可观察到令人惊讶的两件事。第一个是,我们在此发现了最早经由亚里士多德及其逍遥学派 69(Peripatos)的统治而形成的关于哲学史的论述。在《智者篇》中有一个对于那决定学术史的逍遥学派的历史图像的决定性印记。陌生人以计算并逐一列举的方式追问作为起源的存在者（Seienden）有多少，以及什么能被接受为起源的存在者（《智者篇》，242a—243b）。这是我们得自亚里士多德较为可信的提问，这一提问特别以一种还需解释的方式出现在《物理学》第 1 卷里。这里存在于亚里士多德和《智者篇》的架构之间的一致性，我认为，甚至使得《智者篇》可能反映了那来自柏拉图的课程中的著名思路，就算是以一种嘲讽的掩饰[⑰]。

第二个同样也是经由《智者篇》中的描述而浮现的则是我们那关于生成、存在（Sein）、宇宙生成论和宇宙论的老问题。来自埃利亚的陌生人以嘲讽的敬意对那些充满想象力的生成论哲学家们的批判则是，这些爱好发明的说故事的人们对出生和结婚的叙述是太美好了，以至于无助于我们今日的理解。关于以此方法应能为被阐明的存在（Sein）的真正意义是什么，他们并未说明。我认为一个间接证据是，所有这些关于存在（Sein）的生成、出生，以及产生的故事，由于服务于神生论的架构（theogonische Schematik），所以它们无非只是想要阐明存在之自身——而正因如此，存在才陷于未知。

看来似乎有一个经由静止与运动概念而被表述出来的全然断裂，并且陌生人问到——这如同迷惘的高峰——存在该如何在此二者之外显示其自身？（《智者篇》，250d）毫无疑问，这个关于存

———————

⑰　在《智者篇》243a6 出现的转变的嘲讽"ἡμῖν ωλιγώρησαν"（轻视我们），也同样出现在亚里士多德的《形而上学》，第 2 卷，第 4 章，1000a10（用来反对神学家）。这是《智者篇》的引文？或是柏拉图的引文？

在的迷惘，正是海德格尔在《存在与时间》一书中所提及的。但此
处的"存在"（Sein）当然不是意指那个真理（Aletheia）的面向，根据
海德格尔的看法，真理的遮蔽性构成形而上学的本质——"存在"
在此毋宁意指一切的存在者（Seiende）——他们必须或是静止，或
是运动——此外，也意指所有我们说它是存在的东西，也就是指在
那 Logos 中遇到的存在，其自身在静与动的对立中是无法被掌
握的。

　　人们在此也可以说，依据 Logos 为指导而进行的对埃利亚学
派的存在概念所作的改造，在此仍未达到其适合的概念性（Begrif-
flichkeit）。那进入存在（Sein）而使得理型是多数成为可能的"多"
（Vielheit），虽然基本上是以承认存在中有非存在（Nichtsein）为基
础，但此非存在对于柏拉图而言，摇摆于他者（Anderssein）的形式
范畴和改变以及运动的内容范畴之间。这一点正是亚里士多德得
以彻底消解了埃利亚学派存在界限的关键。他将那在决定在者的
内容的范围里的非存在解释为"成为存在的可能性"（der
Möglichkeit nach Sein），或是缺少那造成完美的存在的东西，也就
是，理型的"尚未存在者"。

　　此处显示了亚里士多德超越了在《蒂迈欧篇》中的毕达哥拉斯
学派理论的决定性一步。他认识到：自然的秩序在其自身中无法
适当的被决定，如果人们在其中是想在一个有限的不确定者（Un-
bestimmtes）中去想象一个可理解的宇宙的话［毕达哥拉斯学派古
老的对立组：有限（peras）与无限（apeiron）］。亚里士多德所看到
的其实是，理型的未存在（Nochnichtsein）与完全现在（voller Ge-
genwart）的对立，并不是未定（Unbestimmten）与已定（seiner

Bestimmung)之间的抽象对立,而是尚未存在(Noch-nicht)自身属于理型的范围,并作为"欠缺"(Steresis)*展示一种由在者提供的自己的"视角"(Anblick),而此一视角也一起阐明了自然的真正本质。技术-模式(Techne-Modell)因此从其特点上被改造,只要不是像在技术中那样,最终的产品就是真正的存在者,其"自身"(an sich)就已可被使用,而是那种处于不断生成之物(das im Hervorkommen Befindliche)。这就是每一阶段上的自然。就算人们能把自然定义为自己能生产(Sich-selbst-herstellen),自然也并非真就是技术。因为它并非能像艺术家那样,用"合适的"(ge-eigneten)的物质的随意性率性地制作这个或那个。这里也适用:物质"尚未"(noch nicht)是作品。但此一"尚未"(Noch-Nicht)和自然物的尚未(das Nochnicht)是不一样的。它们朝向其成熟而生长或是满足其"自然的"(natürlichen)运动之空间。柏拉图从技术去思考存在的方法,不能完全使这个兑现。"真正的"(wirkli-che)自然并不是对真实的存在的一种混淆,如它在一个反抗的媒介中对可知觉的结构的想象中必须被容忍那样——它是事物的存在本身,如它从其所开端以来即是如此。如此那统治着早期思想的始基(Arche)、开端(Anfang)与起源(Ursprung)的意义,在亚里士多德那里又被重建了起来。亚里士多德反对在柏拉图神话中的

---

* Steresis 应该是希腊文的 στέρησις 的转写,意为抢夺。此处意译为欠缺。对于没有读过柏拉图的《智者篇》的读者,可能有些费解。事实上,不在者(Noch-nicht-Seiende)和存在者(Seiende)在柏拉图的理型论体系中并非平等的对立物,而是存在者比不存在者更重要得多。先有存在者,才会有不存在者——因为这样存在者才能不在——这正是整个《智者篇》的核心。所以柏拉图在 257b—260d 中特别解释了不存在者为何不在那五个通种之中;因为他被差异给取代了。——译者

技术-模式。同样地,他坚持那从技术而来的观点形式,并由此排除对早期思想完全不合适的物质(Hyle)概念。

（刘康 译,洪汉鼎 校）

5. 吾爱柏拉图,吾更爱真理

(1968 年)

"吾爱柏拉图,吾更爱真理"(Amicus Plato magis amica veri-
tas)这句格言以这种形式出现,首先可以追溯到中世纪盛期,但最
终要追溯到亚里士多德传记。而关于这句格言,亚里士多德传记
本身又可以首先跟《尼各马可伦理学》第 1 卷第 4 章相联系,作为
亚里士多德批判柏拉图善的理型的引言,这个章节让亚里士多德
说了类似的话①。另外,从所谓的拓扑学的(topologisch)*意义上
来说,这个章节又进一步回溯到柏拉图通过苏格拉底的嘴说出的
一些话,比如:反驳我不难,但反驳逻各斯以及类似的概念则较难。
这句格言来源于亚里士多德传记,该传记反映了古典时代晚期几
个世纪学派纷争的情况。在那个世纪里,不顾亚里士多德对柏拉
图的批评并且一反学园可尊敬的学派传统而将亚里士多德归为柏
拉图的合法精神同盟,显然属于逍遥学派和亚里士多德拥护者的
辩护任务之一。因此,这颇有意思,因为,当晚期逍遥学派的评释

---

① *Vita Aristotelis Marciana*,hrsg. O. Gigon S. 70.

 * Topologisch 一词源于希腊语的 topoi,意指位置、地方的意思。后来演变成一种
学科的拓扑学可以追溯到莱布尼茨提出的"位置的几何学"和"位理型分析"。这里实
际是想确定此格言源出的位置或地方。——译者

者们（Kommentator）引用大量新柏拉图主义的概念和解释时，大家必须搞清楚他们的基本意图，这样我们才能大体上说，尽管亚里士多德对柏拉图的理型论多有批判，但在古典时代，柏拉图和亚里士多德之间的一致性倾向还是远占上风的。中世纪亦是如此，尽管纷争不断，一致性倾向却贯穿始终。基督教柏拉图主义者奥古斯丁同时深受亚里士多德影响，这个事实近来已经得到确证②。相反，伴随着亚里士多德在中世纪盛期逐渐为人接受，奥古斯丁式柏拉图主义的传统一直得以延续，因此我们可以说，柏拉图和亚里士多德的对立在现代伊始才逐渐升级。对近几个世纪的研究思想而言，亚里士多德肯定是以导师的角色出现，他的权威应该保护关于自然的陈旧科学不受奠基于数学的新自然科学的挑战。新科学 72 竟敢于不仅通过观察自然，还借助人工实验和数学假说来提出一些与亚里士多德的自然观理型对立的观点。伽利略甚至大胆讽刺学识深厚、德高望重、对我们影响甚大的亚里士多德阐释者教皇辛普利丘斯（Simplicius），把与自己谈话的那位拒绝背离亚里士多德、并不得不与自然科学家对抗的讨论者称为辛普里丘（Simplicio），这个名字影射的当然不只是教皇，更是那些头脑简单的教条书生。至此，柏拉图和亚里士多德的真正对立才清晰起来。柏拉图将数学的假说方法用于辩证法，能够赋予伽利略的物理学真正的合法性，而亚里士多德的权威却妨碍着对自然提出大胆的质疑。

---

② 鲁道夫·施奈德：（Rudolf Schneider）：《灵魂与存在：奥古斯丁与亚里士多德的一致性》（*Seele und Sein. Ontologie bei Augustin und Aristoteles*），1937 年。

　　同样,纵观整个自然科学的近代史及其哲学演绎,一直到黑格尔,都贯行着这样一种持续不断的尝试,即在现代数学方法的柏拉图主义还有亚里士多德的实体形式学说、隐德莱希(Entelechie)学说之外,去获得某种遗产。莱布尼茨,这位在亚里士多德和新科学之间寻觅其独特道路的伟大协调家、综合者,尤其如此,并且,莱布尼茨还在背后支持着从康德到黑格尔的德国唯心主义的发展。就此而言,直到19世纪自然科学宣告胜利——伴随着历史意识的出现——柏拉图和亚里士多德的逻各斯哲学的综合影响才告一段落。直接地追本溯源,用现代科学方法论来阐释希腊文本,亦即摆脱一切教条主义的预先推定而对之进行阐释,才把亚里士多德的柏拉图批判的根本问题解放出来。当然,在这种新的历史态度的作用下,这个根本问题也有所缓和。因为如今它自身已经变成一个发生学-历史学的问题了。如今,问题已被历史地,也就是说以生平经历和心理学的方式提出来了,即亚里士多德对柏拉图理型论提出的肤浅的、明显不恰当的、近乎恶毒的批判,如何跟亚里士多德的天资协调一致,如何与亚里士多德在柏拉图那里度过的二十年学徒生涯协调一致,以及最后,又如何与他本人的形而上学所具有的洞察力和思辨深度协调一致。

　　现代研究对此给出的五花八门的答案在两种观点之间摇摆:一是令人遗憾地断定亚里士多德没能理解批判哲学的思想;二是发生学的-历史学的托词,比如他们在托辞中建构出柏拉图的一个年龄阶段,认为事实上针对这一阶段,亚里士多德的批判是有效的,或者亚里士多德根本无意针对柏拉图,而毋宁是针对学园里的柏拉图主义者。近几十年来,不断有人做出相反尝试,从发生学的视角研究亚里士多德的著作，还有，如维尔纳·耶格尔（Werner Jaeger）所做的，将亚里士多德哲学与柏拉图哲学的亲近定位在前者的哲学开端时期，并将亚里士多德与柏拉图理型论的逐渐分离和转向新的经验立场标画为亚里士多德个人思想路径的主要特征。当然，从这个角度出发，亚里士多德对理型论的批判依然令人费解。因此后面这一种语文学的解决方法目前同样站不住脚。人们有太多理由通过深入分析发现，亚里士多德从一名形而上学者到经验论者的发展轨迹与传统所说的状况几乎南辕北辙，与我们的经验科学概念（这个概念构成了耶格尔假说的隐秘前提）更是风马牛不相及。

我自己曾试着就这令人不安的谜团给自己写首诗，因为新康德主义所推荐的解决办法并不能令我满意。他们认为亚里士多德并没有摆脱教条主义的魔力，认为从柏拉图哲学的批判意义上去理解柏拉图哲学是行不通的，这一切使亚里士多德的批判如此不恰当。在我看来，一种如此这般的解决方法至少对亚里士多德在伦理学中所应用的、对柏拉图善的理型的批判而言是不公允的。可是，如何妥善处理形而上学中如此离奇推论的理型论批判呢？将柏拉图的学说在亚里士多德的批判中遭到的曲解归因于柏拉图"辩证的"论说方式，这似乎是一种可能的解决方法。今天，如果人们跟随罗宾（Robin）、纳托普（Natorp）和斯坦策尔（Stenzel），再次着手研究这个问题，那么，如此这般的考虑的权利越大，我们就会越发意识到，我们只拥有柏拉图的"文学"作品，相反，对于他的学说，只有通过这些作品和亚里士多德的批判我们才得以了解。完全不同的是，我们拥有亚里士多德的学术著作，但他极具文学性的作品却只剩残篇。这给对我们的问题的方法论研究造成了困难，在我看来，这种困难限制了语文学的可能性。一个半世纪以来，现代语文学和哲学史竭力从柏拉图对话中读出他哲学理论的发展，这种尝试，跟对亚里士多德遗失著作的光彩夺目但收效甚微的重构(我们要将此归功于维尔纳·耶格尔的敏锐)几乎一样大胆，在方法论上几乎一样异想天开。当传承的情况(Überlieferungslage)试图在文学/文献传统各种不同的形式背后去认识诸事实问题(Sach-probleme)并以这些问题为导向时，那么这情况就迫使我们把方法论上的优先权赋予哲学。如果人们想要从柏拉图的对话中读出从未以文字形式固定下来的独特的柏拉图哲学，也就是说，想将其转译成有明确概念性的语言，他们难道必须扩展到亚里士多德那里去，并且似乎必须通过亚里士多德才能建立被亚里士多德所批判的柏拉图哲学吗？

　　我在几十年前已经尝试过绕开这个问题，通过强调指出一种不同的、只有在亚里士多德那里才完全实现的与概念的关系。当时是海德格尔的亚里士多德阐释影响了我。他自己的本体论批判的意图还完全被他的亚里士多德阐释所遮盖，这些阐释基本上重演了亚里士多德对柏拉图的批判，并且采用的形式是对理型论传统的实存和情境哲学(existenz-und situations-philosophisch)的批判。③ 但这样就足够了吗？

　　我认为，一切以事实为导向的阐释其首要前提都是，亚里士多

---

③　比较《柏拉图的辩证法伦理学——〈斐莱布篇〉的现象学阐释》，汉堡，1931年，第4页(现收入我的著作集，第5卷，第8页以下)。

德的柏拉图批判其出发点在本质上与柏拉图有共通性，并且这个
共通性就在于向逻各斯的转变（这个转变通过柏拉图的《斐多篇》
就可以在文学/文献上加以把握），亦即从原则上背离自然解释和
自然调研中的未经反思的诸方法，在该书中，柏拉图是让苏格拉底
来完成这个背离。我们所谓的前苏格拉底派就是如此形成联结
的。柏拉图让苏格拉底述说，即由于理解前辈的尝试失败了，他踏
上了一条第二最佳的道路：寻求在镜像中通过逻各斯探索真理，而
不是希望在直接的仰视中观察太阳，他认为那只会导致灼瞎和眼
疾。真是颇具反讽意味的一段话。我已经在 1931 年的"柏拉图的
辩证伦理学"中详尽解释过[㉚]，在多大程度上，在逻各斯中对存在
者（Seiend）的研究恰恰是通往存在者的真理，又在多大程度上有
助于揭示宇宙的真实秩序。但这就是早期希腊思想传统背后的巨
大任务，也是柏拉图在《蒂迈欧篇》中借助这种传统以神话的方式
展现出来的巨大任务。柏拉图此处无疑是在暗示，"在逻各斯中寻
找"可能不只是一条第二最佳的道路，而是真正的知识之路，并且
亚里士多德在这一点上是一个柏拉图主义者。现代研究——在现
代研究中，所有决定性的东西我们都要归功于海德格尔的现象学
直观力量——已经使大家普遍意识到这一点。今天，如果有人把
观念论的柏拉图和实在论的亚里士多德相互对立，并且用上不仅
在这个领域已变得令人生疑的知识论范畴，我们就会将他视为纯
粹的门外汉。

当亚里士多德追问 πῶς λέγεται（如何说）时，他首先追问的是 75

　　㉚ ［《柏拉图的辩证法伦理学》，现收入我的著作集，第 5 卷。］

我们的言说方式。这并不是亚里士多德为引入一套语言规范所做的关于语言用法的学究式序言,而是在语言用法中为自己定位,寻求去理解语言用法中隐含的思想面向(Hinsicht)并给出一种明晰的解释。因此,逻各斯之"镜"完全不是思想孜孜于斯的对象。这同样适用于形而上学原本的核心问题,即追问 ὂν ᾗ ὄν(作为存在的存在),也就是追问述说存在的逻各斯。至此,人们通常会想,当亚里士多德将 τόδε τι,即"这一个"(Dieshier)视为本己的(eigentlich)存在者时,当亚里士多德把回答 τί ἐστι(是什么)的"理型"(Eidos)仅仅视为 δευτέρα οὐσία,即第二实体(zweites Substanz)时,他就已经脱离了逻各斯领域。但以这种方式援引第一实体和第二实体的区别并不合适。这个区别背后的原本的真理,才毋宁是逻各斯本身的真理。对于"这一个"(dieser),当我们通过回答它的"什么"(Was)、它的本质(Wesen)、它的 τί ἦν εἶναι(是其所是)来解答"何为这一个"的问题时,就已经意味着,亚里士多德对 τόδε τι(这一个)和 τί ἐστιν(是什么)或者 Eidos(外观、理型)做出的首要区分表达了一切言说的终极意义。显然,柏拉图大体上也不会反对,一切言说最终都谈论存在者——只是当柏拉图把逻各斯作为理型结构来分析时,他没有对此(即一切言说最终都谈论存在者)进行反思,并且即便这时候它依然是逻各斯的问题④。促使柏拉图对此进行反

---

④　所以,《智者篇》263a 处出现了一个奇怪的现象:一种本质不可能性(泰阿泰德会飞)被用作错误知觉判断的例子,来说明根本不符合错误知觉判断的问题。近来已经有许多学者(卡姆拉、洛伦茨以及米特尔施特拉斯)不无道理地强调过这一点——并且这一点还反映在,逻各斯作为被言说之物的本质结构是如何被逼迫去面对对各个存在者的谈论的。

思的乃是假象/假名(Pseudo)的问题，而不是"存在"之意义的问题。

当我们首先确定了柏拉图和亚里士多德的这第一个共同点，这个共同点顺便也让大家明白，为何亚里士多德尽管批判了柏拉图的理型论却仍能够接受与柏拉图哲学的内在的、精神影响上的同一性并且能够成为西方形而上学的鼻祖，这个时候，要在他们文学表达的纯粹类型区别中扬弃(aufheben)两者的差异(Differenz)（就像我早先尝试过的那样），恰恰就不再有说服力了。大家尤其必须扪心自问的是，柏拉图在逻各斯中所把握的融合或 συμπλοκή（相互联接），到底是否符合逻各斯的结构，还有，亚里士多德对"是什么"和"这一个"做出的区分是否也没能更好地解决这个问题。[76]关键依然首先在于赢获影响柏拉图的理型论以及亚里士多德对理型论的批判的那些要点。在柏拉图那里显然是他对数之本质的关注，而在亚里士多德那里则是对活生生的事物的关注，这种关注影响着整个思维走向和概念形成。

先谈谈柏拉图。我的出发点是，柏拉图本人通过他的文学作品以及就我推测是他自己写的《第七封信》明确地说过，是师从苏格拉底的经历引领他走上了思想之路。他在苏格拉底那里的那段经历，是处于某种环境中的某个人的不可理解的合理性，周遭的人对于这种合理性一般不会有更多的概念。对此，最意味深长的证据之一便是《克力同篇》。在该书中，虽然克力同提出一切准备就绪，并列举了逃狱的各种政治理由，苏格拉底仍拒绝逃离监禁避免死刑，苏格拉底的合理性在这里得到了最突出的描述。柏拉图（在苏格拉底那里有人曾经问过柏拉图这个问题）的问题是：一个人如此脱离他周遭的一切，这如何可能？在一个我们的行为总体看来仍然还是符合我们立于其中的自然环境和社会条件的地方,他的行为却如此不同,这是如何可能的? 一个人像苏格拉底这样如此突破框架,不为所有人的言行所动摇而坚守法的理型,这又是如何可能的? 什么样的理型才能做到呢? 对像苏格拉底那样生活并能如此坚定地做出决定的人而言,这理型一定是切实可见、无可辩驳的。显然,似乎亲眼见到了正确之物的人,不可能真的面临选择情境。因为没有人能否定自己所见,就像没人会自愿错过本想拿到的东西一样。从这个意义上说,苏格拉底那句著名的 οὐδεις ἑκών ἁμαρτάνει(无人自愿作恶)必须这样来理解:它与另一句话"知识即德性"(Areta sei Wissen)相互补充。这句话中包含着关于"所知"之物的一种间接表达,即所知之物跟人们亲眼所见并完全确切地知道的任何事物一样,是坚若磐石地确凿无疑的。众所周知,柏拉图最初的作品都致力于引导大家进入善之理型的这种存在的真实性,并最终通过出色的推论以国家乌托邦的形式将这个如此无可辩驳且真真切切的(wahrhaft)存在者,即善的理型置于最高峰。这个推论如此构想和建立一个完整的国家、一座完整的城市、一个完整的社会生活组织,以至于苏格拉底的实存(Existenz)之谜可以说是在一个真实国家的奇迹中出现的。在这个城市中,使苏格拉底显得像当时的雅典城中的一个古怪异类⑤的东西,构成了所有人的市民存在(Bürger-Sein)。

现在确确实实的是,柏拉图在论述这个乌托邦的过程中引用了数学,而根据他自己对苏格拉底的描述,数学是完全超脱于苏格

---

⑤　现在可参见"柏拉图与亚里士多德之间的善之理念",海德堡,1978 年;"柏拉图的乌托邦思想",载《高级中学》,第 90 卷(1983 年),第 434—455 页(这两篇文章现在都收入我的著作集,第 7 卷)。

拉底式的知和非知范围的。在此我们所有人都得承认——并且这并不比苏格拉底看待正义时所表现出的那种个人坚定性更少的神秘——这事关一种 παρὰ ταῦτα(在这些事物周围),如果用亚里士多德的表述的话,即那种处于可见现实之外且位于可见现实近处的存在。数学就是那些不具有感官属性的事物之存在方式(Existenzweise)的伟大例证。我们跟随柏拉图将这种存在方式(Seinsweise)称为"智性的"(noetisch),也就是说,可智识的(intelligibel)。数学至少作为预备基础对柏拉图的哲学和理论起着决定性的作用。因此,数学的诸原理结成某种体系性的基本概念,这的的确确也很重要。使数学科学得以建构起来的数、线、面、体间的依赖关系和次序,实际上确实被柏拉图本人偶尔强调过,并且在亚里士多德分析柏拉图时非常频繁地得到强调⑥。但在我看来,数、线、面、体间的依赖关系和次序依然更多的是一种一般性的体系推导模型,就像数本身对于柏拉图的"λόγος οὐσίας"(本质逻各斯)(即对"本质"〔Wesen〕的陈述)任务而言也只是一种模型一样。我想,我们应该从几十年来关于理想数论(Idealzahlenlehre)的讨论中得出这个结论。因为很明显,柏拉图是在数字模型的引导下回答 λόγος οὐσίας(本质逻各斯)的问题的。不仅在这个意义上,即理型被证明是多的统一这个意义上,理型自身不断变化的形态构成

---

　　⑥　康拉德·盖泽(K. Gaiser)最近在他对柏拉图"学说"的重构的中心位置提到过这一点——我认为,他在这次思考中有点用力过猛。参见康拉德·盖泽:《未写出的柏拉图学说——柏拉图学派之科学的体系和历史基础研究》(*Platons Ungeschriebene Lehre. Studien zur Systematischen und Geschichtlichen Begründung der Wissenschaft in der Platonischen Schule*),斯图加特,1963 年。

了生成的世界(Werdewelt),而且在更深的意义上,即理型的逻各斯自身,亦即言说向来是某物的统一本质的东西的尝试,也旨在一个界定性陈述的统一体中来概括多个理型的规定(即本质规定),在这个意义上也可以说,理型自身不断变化的形态构成了生成的世界。这也是(或者说这恰恰是)多的统一。还有大概是《智者篇》或《理想国》中的结论性话语,在其中柏拉图悉数列举了在对话中得到展开的、对被问询者——智者和政治家——的本质规定的诸阶段,这些结论性话语也具有数的结构,即数目。在柏拉图把已经得到展开的规定再列举一遍这种极为讽刺的方式中,这一点已经得到表明。现在,如果我们承认《智者篇》和《理想国》有特别指出的东西,亦即,只要人们通常据之而进行划分(Teilung)的方面不具有任何必要性,则通过二分法(即种加属差)而得到的定义自身并不能消除某个随意性的环节,确实是的,柏拉图在对话中甚至用这种随意性玩了一个迷人的、讽刺性的游戏,并且,如果我们想想,一种如此这般的划分方法,正如亚里士多德恰巧已经批判性地指出的那样,其结果其实已经在划分过程中被预估到⑦了,那么,二分法实际上就全然不是一门普适的固定分类学、一座理型金字塔。这反过来说明,数作为多元统一的范本,拥有本体论的模型功能。在这些二分法中发生的正是,它们指向一个永远不能完成的解释整体。这也许是数和理型间最重要的相似点。大家必须坚持把这一点看作柏拉图真正的洞见,即不管对单个的理型还是理型的整

---

　　⑦　亚里士多德:《前分析篇》,第 1 卷,第 31 章,46a32—37,以及《后分析篇》,第 2 卷,第 5 章,91b13 以下。比较《斯彪西波残篇》,残篇 31,a—e,他从中得出了反对理型论的批判性结论。

体来说，都不存在一个由所有可能的解释方式构成的整体。况且，
"不管……还是……都不"这个句式不过是伪选项。如果有人真的
想在某个理型的所有界定中发展出这个理型，那他必须这样来界
定它，也就是使它与所有其他的理型都不同，这就意味着，人们总
已经面临这样的情境（这个情境也是我的出发点），即所有可能的
解释构成的整体才使完整的真理成为可能。这即是《巴门尼德篇》
这本对话集背后隐藏的教导。我认为，亚里士多德和其他人谈到
的柏拉图关于"一"和不确定的"二"的理论本来首先表达的是，在
所有"对统一的看"和"对统一的言说"之中，可能解释的无限性是
永远无法通过逻各斯得到填补的。[8]

　　这其中的意思，在我看来似乎最终只能从毕达哥拉斯的模型
出发才能理解。虽然完全未经澄清，但在毕达哥拉斯那里，主导的
基本理型是，在现象的所有彼此交织、令人眼花缭乱的变种当中，
存在一种纯数字关系的惊人精确性，就像尤其是和声（Harmonie）
或宇宙秩序的和谐（Harmonie）所体现出来的那样。如此看来，和
谐是世界的基本构成要素之一，说事物是由数和数的关系"组成"
的并非无稽之谈。就柏拉图只是转借了这个构想并将其应用到逻
各斯的反思层面而言，他依然是毕达哥拉斯派。柏拉图持续关注
的，是理型之间的协调与不协调。《斐多篇》中否认灵魂之死的论
述即基于此。类似的论述 * 在《智者篇》中作为最高属之"共融" 79
（Koinonie）理论而得到表达，并且在那里——就像在《斐莱布篇》

---

　　[8]　参见"柏拉图与亚里士多德之间的善之理念"，海德堡，1978 年，第 69 页下（现
收入我的著作集，第 7 卷）。

　　* 　指理型间的协调或不协调。——译者

中一样——理型的协调通过一些音素形象地得到说明,即一些与所有其他音素并行的音素、所有具有黏合作用的元音的音素以及彼此间仅存在有限关联的辅音。毫无疑问,对于将毕达哥拉斯的和谐思想转移到逻各斯领域这个行为而言,这是一个精心挑选的直观示例,同时也是一种提示,告诉我们数和数的关系是如何作为理型之和声华彩(Ideenfiguration)的模型起作用的。

当然,当初我在《斐莱布篇》阐释中更多地以现象学的方式进行描绘和分析而不是从其历史关联出发进行解释的东西,在此似乎必须从隐含的观察角度重新阐释⑨,即从关于"界限"(Peras)和"无限"(Apeiron)的毕达哥拉斯理论的接受和改造的角度。在那里,我突出了"界限之存在"(Sein von Peras)和"被界限限制者之存在"(Sein des durch Peras Begrenzten)之间显著的无差别性(Indifferenz)。这里面包含着某种具有独特的柏拉图主义特征的东西(尽管还有《菲洛劳斯残篇》,残篇 2)。因为,这里讲的是解除束缚而进入无限(Entlassung ins Apeiron),而这赋予了毕达哥拉斯的这对旧概念以新的、从逻各斯出发而创造的意义——当然不是新康德主义所主张的,通过思想的设定(Setzung)对无规定者进行规定:εὑρήσειν γὰρ ἐνοῦσαν(我们应该去发现,因为它就在那里)(《斐莱布篇》,16d2)⑩——而是这样,即,在"感性"现象的世界中,数和量的清晰可辨的秩序只能得到某种近似的实现。由此可见,被思考的是理型和现象间的存在之区别(Seinsunterschied),并且

⑨　参见《泰阿泰德篇》(207 以下)中的逻各斯分析中对简单词的枚举的批评。

⑩　参见纳托普对柏拉图理型论中的这种用法的令人惊叹的不偏不倚的全新阐释,第 321 页以下。

是这样，即停留在理型的精确性背后就意味着存在的丧失。构成第三属（Gattung）的"已生成的存在（gewordene Sein）"，恰恰并非"纯粹"的存在，而是掺杂了"不存在"（Nicht-Sein）和"生成"（Werden）。当柏拉图某天将其称之为 γένεσις εἰς οὐσίαν（流变的本质）时，这比他本来意味的听起来更具亚里士多德的味道。因为"流变的本质"并非意指本质向隐德莱希（Entelechie）展开的自然过程，而是意指在现象与其理型的数和理型的量的关系中归属于现象的近似特征。当然，亚里士多德关于 τί ἦν εἶναι（本质/是其所是）的学说考虑到这个环节。谁若谈论"理型"，也必须要谈到理型的显现条件。但在亚里士多德那里，主要的是，大自然中所有存在者都具有生成之规定性（Werdensbestimmtheit），与那种无法消除的偶然性无关。至于人们是否在生成之规定性的意义上思考萌芽中被遮盖之物的"尚未"（Noch-Nicht）、资质、δύναμις（潜能），或者通过"地上的残渣"（Erdenrest）思考生物（Wesen）的难以留存的零落成泥碾作尘，那是另外一回事了。

通过其辩证法的非封闭性理论，柏拉图似乎已经从古希腊思想的基本经验中得出了合理的结果。

这也许意味着：关于不确定的"二性"（Zweiheit）的理论，意指 80 本质与实在（Wirklichkeit）间的瓦解（Auseinanderfallen）的原始状态，这种原始状态在《蒂迈欧篇》对世界的描述中仍然能找到跟《巴门尼德篇》的教谕诗中一样的直接表达。《巴门尼德篇》通过一种从对立出发而对世界的描述完善了埃利亚派的原一理论，而无须调和教谕诗的两个部分[11]。

如果我们现在紧紧盯着亚里士多德对柏拉图理型论的批评，那么我们就必须从这个背后隐藏的问题出发看待它：根据其真正的本质，存在真的是数的纯粹和谐吗？并且，根据我们领会真真切切的（wahrhaft）存在者时运用的逻各斯，存在是"理型"的诸规定性的一个结合体（Fügung）吗？但这又意味着这样的问题：当逻各斯展露为对数的可智识的（intelligible）存在方式的反思性重演时，逻各斯得到恰当的理解了吗？如果"理型"是真正的存在，正如那些推广毕达哥拉斯学说的柏拉图弟子们所教导的，那么"理型"是否真的可能是某种 $αἰτία\ παραδειγματική$（作为模板的原因）？我们的世界的秩序是否源于理型之间这种纯粹的、和谐的关系？这在何种程度上只是构想，又在何种程度上是可能的？如果我们不该像《蒂迈欧篇》那样满足于纯然的比喻（一位造物主创造的整体），那在多大程度上我们应该认为，理型真的是 $παρὰ\ ταῦτα$（在这些〔个别物〕周围），即在这一个事物的近旁，并且施展一种它自身的影响力呢？我们是从何处看见这些的？如果不是直接通过生命体、通过方法途径，生命形式、植物和动物如何繁衍？在大自然中

---

[11]　值得探究的是，这样未经中介的并存会不会只在我们所引用的理论一致性尺度下显得不合法。不仅恩培多克勒和阿那克萨戈拉学说的疑难能够借助这个追问而获得新的面貌，也不仅柏拉图的分有问题之不可解性，也许还包括围绕早期亚里士多德的争论的难解，它引发了所有时代的唯实论者和唯名论者之间的争论。的确，人们可能会冒险猜测，恰恰基于这种理论的贫瘠、基于这种对体系连贯性的放弃，希腊思想能被犹太-基督教创世论吸收。看来似乎真如此，实存（Existenz）问题似乎在本质追问的背景下，才能在基督教的标记下显出其分量。这样看来，吉尔森的托马斯阐释或许不无道理。参见 E. 吉尔森（E. GiLson）：《存在和本质》（L'être et l'essence），巴黎，1948 年。

似乎的确如此，仿佛物种的一个自为地存在着的原始形态以某种神秘的方式一路不断繁衍生命。如果说理型论具有某种本体论意义，也就是说表达了一种真实的存在力量的话，那也是最直接地在自然和生命领域。

如果我从这个设想出发，那么，我相信，对一个迄今仍存在绝对争议的问题的澄清就达到目的了。这个问题便是：柏拉图理型论的源头在哪里？研究现状大致认为，柏拉图的理型首先源自Aretai（至善）和数学要素，出于我自己在讲述柏拉图成长历程时谈到的原因，这是不言自明的。因为此处摆在眼前的是"超越"各种流动不居的现象的某种坚定不移的东西。于是，思想的必然性迫使他说出：在我们使用语词的所有地方，我们都有一个如此这般内在的视角转换（Hinsichtnahme），越过感性的可见之物而看出物外（Hinausblick），我们都可以说触及到了别的什么东西，纯粹的属、纯粹的意义，或如人们用现代概念对"普遍"所作的可能解释那样。关于理型的学说最终会蔓延到一切可言及、可用词语描述之物，这是不可避免的。这就如同柏拉图使那个与毛头小伙子苏格拉底对话的白发苍苍的巴门尼德说出的那样紧迫。这么说来，备受争议的《第七封信》⑫中提到的一切，一切具有理型的东西，它们的汇总就不再特别令人惊讶了。这与亚里士多德的柏拉图批判明显矛盾。在那里——总是以我们的形式——还有在《形而上学》第1卷的更多章节中提到：对理型的接受进行的论证迫使我们比我们所做的接受更多的理型。我们显然是柏拉图主义者，或

---

⑫　342d2.

者——我宁愿这样理解——我们愿意尝试阐释柏拉图关于理型的理论并为之辩护，我们享受着"上好的福分"。看来亚里士多德谈及"我们"是完全有理由的。因为上文已经引述过的色诺克拉底(Xenokrates)句子也把"作为模型的原因"限制在 φύσει συνεστῶτα (普遍自然)中，而且是有意为之，因为理型恰恰不应该经由一种先于它的创造力而被超越，而是 αὐτῷ τῷ εἶναι λέγωμεν αὐτὴν δρᾶν καὶ τέλος εἶναι τῶν γιγνομένων τὴν πρὸς αὐτὴν ὁμοίωσιν (我们当说，它〔理念〕通过自身之实是就能行动，而且是那些生成之物的目的，就这些生成之物在与〔理念〕相似的意义上来说)(普罗克洛，《巴门尼德篇》,136)。学园的趋向明显完全导向证明这种水晶玻璃栅栏一般的数学的存在秩序就是理型论的意义。如果真有这种意图，那么我们就不会从人造物出发了，因为事先勾勒和决定那些将被制造物的外观的，显然是我们的技术精神。在此，人们将没那么容易认为，理型是自为地存在着。一个力证就是《形而上学》，第2卷，第4章，999b18—19:οὐ γὰρ ἂν θείημεν εἶναί τινα οἰκίαν παρὰ τὰς τινὰς οἰκίας (因为我们不能设定在那些个别的房屋之外还存在某所房屋),以及《形而上学》第7卷，第8章，1034a3:μάλιστα γὰρ ἂν ἐν τούτοις ἐπεζητοῦντο οὐσίαι γὰρ μάλιστα αὗται (在以下的情况中，形式是在最大程度上被寻求的东西，因为这些形式在最大程度上是实体)。同样地，否定的理型也不存在，因为否定只有通过我们说不才出现。关系的理型也不存在。因为，关系并不是就在那存在着，不需要我们采取某个视角就会出现，也不是说，一旦人们知道如何命名一个自为的存在者，关系就会"通过"它而存在——据说关系竟能为个体发生变化，而不需要这个个体自身身上先有变化发生。我的观点是：亚里士多德把理型问题简化到他本体论预设中最为乐观的情况，即 φύσει ὄν（自然本性）的情况，当然，他的目的是借助这种最乐观的情况来证明，即便在那种情况中，谈论自为地存在着的"理型"⑬也是不行的。

　　藉此，亚里士多德采用的这些论证，在某个方面给柏拉图论述理型问题的方式投去一缕光线。首先，理型论批判的开头就颇显奇特，在那里亚里士多德解释说，理型的接受将使至少双倍的存在最终被接受，这会导致世界的加倍，并且这也是毫无意义的，就好比当某人认为统计存在者数量这一任务过于艰巨，妄图通过采用更大的数值来降低难度一样⑭。这一论点由于本身的愚蠢而不断激起挑战。这个论点引人注目的地方是，它包括数（zählen）本身的理型。这里首先要计算理型，还要计算使理型成为有效理型的物，因此有了双倍的结果。这看似荒谬，其实不无道理。在我看来，亚里士多德显然是可以用真正柏拉图的方式把柏拉图眼里理型的存在方式理解成数量（Anzahl），并因此可以谈到所有理型的总数的。正是柏拉图认为，"原因"的任何一个意义都没有"此在"（Dasein）、在场、分有、在旁-共在（Mit-Dabeisein）那样归属于理型，以至于对彼此共在着的事物成分进行列举就构成了"逻各斯"、核算和解释说明。另一个例子是：他认为，理型其实绝不会一直是理型，种（Genos）也不会一直是种，这非常棘手。有时，理型属于更高一级的属。那样的话，理型及其种在逻各斯中就显现为造成某种

――――――――――

　　⑬　这一命题的经典表达出现在《形而上学》第 1 卷第 3 章中，虽然《形而上学》第 12 卷关于理型的学院讨论似乎也很接近。

　　⑭　《形而上学》，第 1 卷，第 9 章，990a34―990b6。

结果的双原因。个体究竟分有哪一方呢？显然是双方。这里又出现了一个论证，只有当有人把理型和种似乎与在逻各斯中被聚集（versammelt）的在场的某个层面，也就是与数字的被合计之物联系在一起——正如在《智者篇》和《政治学》的结尾、在出于学究气而对别人大加嘲讽的最终总结中发生的那样——这一论证才有意义。我由此推断：亚里士多德对理型论的独特批判指向的是 φύσει ὄντα（自然存在者），因为理型论在自然（Physis）的生物（Wesen）中似乎能够最直接地得到证明（比较《形而上学》，1070a18）。

现在，亚里士多德表明，为什么甚至在自然生物中理型论也行不通。他显然在其中看到了自然的数学化，并由此以技艺为模型发展出他的四因说，以此反对柏拉图。也就是说，他表明了，即便在自然物那里情况也并非如此，即理型的关系作为如此这般的关系真的起作用。即便在我们拥有自然之处，情况也是像技艺模型所体现的那样：必须有一个作为使动者的存在者，还必须有质料（Hyle），以之一个新的存在者将被生产，这个新存在者再次拥有同样的理型。人生下人。生物性的物类并不是像一个神秘的自我一样得到贯彻实现——无论在不变的自一性方面，还是作为它自身持续生殖的"原因"。这也意味着，理型根本无法自为地存在。看似自为地存在的理型其实是对现实之物的某种错误的分割。存在的始终是一种 ἔνυλον εἶδος（有质料的理型）。

这在多大程度上是在反对柏拉图，《物理学》第 1 卷说得特别清楚了。在那里亚里士多德做了一个影响重大的论断，即人们跟随柏拉图而称之为否在（Nichtsein）的东西，其实具有双重含义（《物理学》，第 1 卷，第 8 章，191b15）。不存在并非单一且明确地

是 ἕτερον（异质）意义上的理型的不存在，理型以每个给定的规定
性排除了所有其他规定性。理型也有某种"不存在"，但这个不存
在并不改变理型的关系，而是意指这个存在者自身，或者如亚里士
多德在此有力地表达的那样：被剥夺性（Beraubtsein）、匮乏状态
（Steresis）。每个自然过程都在匮乏与理型、在不存在与存在之间
进行。根据对存在者的理型的规定，如此这般的"不存在"归属于
存在者，只要这个不存在缺失理型的规定。就这点而言，不存在同
样通过理型而得到规定：作为理型的缺乏，还有作为我们也常说的
"缺失症"。这样，"不存在"也包含所有终将成为某种东西的"尚未
存在"。由胚胎发展而来的生命体，不单进入了另一种理型的规定
性，也不单是——从数学角度来看的那样——在本质上受一些不
同规定影响的不同物。更确切地说，它，这个生物（Wesen），是作
为一个存在者而存在（ist），这个存在者身上还不具有完整的规定
性，就像那个从其自身付诸阙如的规定性抵达完整规定性的存在
者一样。因此，不能将其描述成不同规定性之间的关系，而是从不
成熟到成熟的渐变和上升。这里始终有一个还不具有其"形体"
（Gestalt）的存在者，可以称之为"质料"（Hyle），ὑποκειμένη φύσις
（作为基底的自然），它是所有发生形体变化之物的基础。因此，每
一种此类形体规定性都是具体的理型。这是从技艺那里观察到
的。尽管这里呈现出与技艺的区别，但是一些概念，如形状、质料、
运动、目的或者说 οὗ ἕνεκα（为了）还是用到了。此处最本质的并且
最快得到理解的区别之一便是，在工艺品的情况中，只有在谈论成
品时人们才能说，它展现了它的理型，而未完成的工艺制品则完全
不是它应该呈现的样子。但一个自然生物与之相反，它还未长成、84

还未发育完全,就已经是它即将变成的东西了[15]。生物展露了
$\varphi\acute{v}\sigma\iota\varsigma$(自然)的意义,自然始终是 $o\delta\grave{o}\varsigma\quad\acute{\epsilon}\kappa\ \varphi\acute{v}\sigma\epsilon\omega\varsigma\ \epsilon\acute{\iota}\varsigma\ \varphi\acute{v}\sigma\iota\nu$(从一
个自然物通往另一个自然物的一条通路)(《物理学》,第 3 卷,第 1
章,193b13)。这就是潜能(Dynamis)概念的意义,这个概念在自
然领域显然有其特殊的运用,它证明接受一个自为地存在的理型
是站不住脚。自然中只有具体的理型。

这个反柏拉图的论点的含义借助于一个微小的语文学细节而
得到阐释,这个细节涉及一个在我看来还没有恰当地得到说明的、
亚里士多德的一个小问题。这个问题就是:亚里士多德喜欢用某
个特定的语词来解释具体的理型,那就是对 $\sigma\iota\mu\acute{o}\varsigma$ 和 $\sigma\iota\mu\acute{o}\tau\eta\varsigma$(字面
意为:凹鼻)这个词的使用。德语没有这种表达。据我所知,它在
希腊语里也算不上十分常用,只是经由亚里士多德,这个词才获得
了某种深奥的不朽意味。这个词是如此矫揉造作,以致只能用于
形容凹陷的鼻子。我们不能用说任何其他东西是 $\sigma\iota\mu\acute{o}\nu$(凹陷的)。
因此,$\sigma\iota\mu\acute{o}\varsigma$ 即指涉一个 $\sigma\iota\mu\acute{o}\tau\eta\varsigma$(有着凹鼻特征的)鼻子。如果我们
想用抽象数学的方式来描述这种单纯的形式,我们会说,这个鼻子
$\kappa o\iota\lambda\acute{o}\tau\eta\varsigma$(有孔)。这个奇特例子是什么意思? 的确存在一些适用
范围十分有限、无法迁移到其他任何范畴的词汇,比如说德语里的
Schielen(斜视)就只能用来谈论眼睛。因此,$\sigma\iota\mu\acute{o}\tau\eta\varsigma$ 可能至多能
够用"Stupsigkeit"(戳鼻子)来代替,尽管我们还可以用"Stups"
(轻戳)这个词而不用带上"鼻子"这个词——但也只能用它来描述

---

⑮　例如比较保罗·瓦莱里对柏拉图的美妙模仿,参见其《欧帕林诺或建筑师:源自
灵魂和舞蹈》(*Eupalinos ou L'architecte, précédé de L' Âme et la danse*),巴黎,1938 年。

鼻子。这个例子里是否可能暗藏机锋呢？我们也许可以联想到，苏格拉底就长着一个这样的鼻子。让我们看看亚里士多德是怎么描述苏格拉底的：《形而上学》第13卷第4章讲述了苏格拉底对定义的形成所起的重要作用。德谟克利特和毕达哥拉斯学派只是远远触及过这一课题的边缘。当苏格拉底能试图对"什么"（Was）进行规定时，他似乎的确已经做到了，因为他想要寻求的是"结论"（Schlüsse），而所有结论的本原都是"什么"。亚里士多德于是进一步表示：但是，当时苏格拉底还没有从个别的事物中得出普遍之物，也没有创造一些界定明确的概念。其他人把普遍之物分离出来了，并将之称为"理型"——这点苏格拉底也没有做。在苏格拉底看来，普遍之物还是存在者身上尚未分离之物。由于他没犯这个错误，即分离（Chorismos）的错误，也就是把理型与理型所属的以及所依赖的东西分离开的错误，他就一直贴近真理，真理的信据他就戴在自己脸上。所以，亚里士多德通过 σιμότης 这个暗藏机锋的例子似乎要说些什么。作用是确定的。因为对当时每个刚刚踏进科学初创期的人而言，与苏格拉底相像无疑是一件值得自豪的事。泰阿泰德就因为鼻子长得和苏格拉底很像而颇感自豪，并为此备受称赞。亚里士多德的例子表明，苏格拉底的鼻子在后面几代人中依然十分出名。无论如何，在我看来似乎很明显，这里影射的是苏格拉底，为的是借助他容貌的某个特征来彰显他在形而上学方面的优势。

　　不过，更重要的是，亚里士多德对理型的本体论主张所作的原则性批评对他本人的学说，特别是对 λόγος οὐσίας（本质的逻各斯）学说——本质的逻各斯差不多就是理型的逻各斯——发挥了影响。如果我没看错，亚里士多德真正抓住了根源，即为何把逻各斯作为导向使柏拉图的理型论陷入窘境的根源。我们已经看到，对亚里士多德来说，理型的本体论要求，即展现真正的存在的要求，是如何达到它对自然物，亦即对 φύσει ὄντα（自然存在者）的驱逐的。反之，理型的逻各斯面向正是对理型本体论的普遍性的义不容辞的辩护。追问"存在是什么"恰恰不能局限于这样的东西的本质规定性，即真真切切的自为存在（Fürsichsein）所拥有的东西，或者人们——比如柏拉图——可能将真真切切的自为存在判归其所有的东西。理型概念扩展到所有被思考、被谈论的东西上，这是逻各斯导向（Orientierung am Logos）的难以避免的结果，这种导向柏拉图本人——比如在《巴门尼德篇》中——已经描画得足够清晰了。但下面这个显然是亚里士多德给自己布置的任务：把理型概念的逻辑普遍性所具有本体论尊严解除掉，同时藉此为 οὐσία（本质）的优先性找到新的合法性，但不是以有点背离逻各斯的方式，而是相反以一种差异化的差异。理型思维在一种独特的黑白显影中保留着逻各斯的意义，只要逻各斯被思索为理型间的关系。逻各斯自身中包含着这样的事实，即它不只是事物之内容的组合结构。它始终关涉某物，大部分时间都关涉此时此地存在的东西，关涉这一个（Dieshier），对于它，我们不仅能够复述它的本质规定性，而且还可以将许多其他并不构成它永久本质的东西判归其所有。但这个被判归其所有的东西的形式自身却是最最各不相同的。这些形式即 σχήματα τῆς κατηγορίας（范畴类型）。

　　范畴问题的出发点看似逻辑性的。但这并不代表，范畴论原

本的目标是为了避免意义模糊或启发式的虚假论证⑯。更确切地
说，在对存在的不同意义的区分和存在的优先性之间应该有一种
真正的联系，亚里士多德是从自然存在者那里接收到这种联系并
牢牢地将其作为每一个本体论主张的标准。范畴论的源头毋宁仅
仅在这个意义上才与逻各斯有关，即亚里士多德在柏拉图所开创
的逻各斯普遍性，亦即向所有被指涉者提出"什么之问题"（Was-
Frage）的可能性之中，确保了不同的存在意义之间的种类差异性，
而存在的意义正好回答了这个"什么之问题"。因此，在大概最早
提及十大范畴的《论题篇》中，对这些范畴的区分似乎完全没有问
题地得到实施。对"存在是什么"的追问成为了这些范畴的共同主
线。借助这些范畴，存在的不同意义，如 οὐσία（本质）、ποιόν（质）、
ποσόν（量），等等，就彼此区分开来了。所有这些范畴都以同样的
方式同时呈现出来。但如果追问的不是"什么之内容"（Was-Ge-
halt），而是那个是它们本身所是或它们栖身其中的存在者，那么
这些范畴就彼此判然有别了。然而不难发现，"本质"自身从所有

---

　　⑯　弗里茨（Kurt von Fritz）合理地指出，在作为实存（Existenz）的存在（Sein）和作
为系词（Copula）的存在（Sein）之间运转的那些辩谬，通过范畴问题根本没有得到解
决，因为实存之述谓意义上的存在在此完全没有出现（Archiv f. Gesch. d. Phil. Bd. 40,
1931；453 ff.）。［克雷默（Krämer, Archiv f. Gesch. d. Phil. Bd. 55, 1973；S. 29）与吉勒
斯皮（Gillespie）和 E. 卡普（E. Kapp）一道反对弗里茨文章的立场，但自己却很难像迪林
（Düring）那样否认，亚里士多德的"语义学的"研究方法并非范畴论的独特方面。我想
说的，也很可能被克雷默低估的是，《范畴篇》和《形而上学》有着理型的物理学背景。
现在，从理型出发来理解运动的原因，就像克雷默在第 121 页所做的（目的论的—潜能
的原则），也是一个不可靠的具体化（Verdinglichung），就像被我批评过的哈普（Happ）
的《质料》一书中所作的具体化一样。参见"物质存在吗？"（Gibt es die Materie?），（本
书下文）第 200 页以下。沃尔夫冈·维兰德（Wolfgang Wieland）在《亚里士多德的物理
学》（Die aristotelische Physik）（哥廷根，1962 年）一书中进一步澄清了这一问题。］

其他可归属于存在者的范畴中凸显出来。因为所有其他范畴都具有非本质之物（Unwesentlich）的、"这样那样之物"的可变特征。本质和非本质之物间的差异在柏拉图二分法（种加属差）的定义逻辑中就已经作为前提被提出来了。但是亚里士多德认识到，συμβεβηκότα（偶性），在各种各样不同的意义上归属于存在者的偶性，也指涉着存在，尽管以非常不同的方式，但无论如何都不仅仅指涉非本质之物的笼笼统统的不存在（Nicht-sein）。

　　然而，重要的是理型异于其他范畴而被赋予的优先地位：理型不仅属于存在者，更构成了存在者的存在。这句是一个基础性的表述，它被嵌入逻各斯的存在权利之中，并且赋予所有总已存在的存在者以一种最初的印记。这句话说的不是事物规定性的集合，也就是说逻各斯所提供的事物规定性的普遍在场，而是逻各斯中出现的陈述内容，这个内容以完全不同的方式"存在着"。位于这些内容的顶端的，是存在者"什么之内容"，即存在者的本质规定性，这也就是说，构成存在者永久本质的东西。将其他范畴与"本质之什么"（Wesenswas）从根本上区分开的，是其他范畴的事物内容自身就包含了这样一个东西，这个只能借助另一个存在者（它具有某种本质内容）才能存在，也就是说，它不能自为地存在。与此理型相对的是，虽然存在者的本质规定性也没有独立的自为存在，但只是因为如此，本质规定性才不被存在者所陈述，因为它在存在者中完全展开了。本质规定性的意义无非是：恰恰意指这个存在。也就是说，正因为如此，本质规定性并不与"这个"存在者同在，因为本质规定性根本不拥有自为存在，而只是把存在者的存在带到陈述中。本质规定性与存在者的存在不属于同一层次（就像普罗克洛说的，它们不是 ὁμοταγές⑰〔同一水平的〕*），对包含在本质中的所有属规定性来说也是如此：理型与属不是像在柏拉图那里看起来的那样，是理型的相加数且其总和是逻各斯。理型与属的作用仅仅在于，在存在者的逻各斯无法接近的指示性实存（Existenz）中标识出存在者自身。当然，本质规定是一种多，λόγος οὐσίας（逻各斯实体）把自己展开进这个多中，并从这个多而来把自己融入自己的统一本质之中。但是，这是被定义者（definiendum）的多，是一种与其他那些规定**的多截然不同的多，那些规定的符合或是不符合正是各个（真的或者假的）述谓的对象。

　　因此，亚里士多德所赢获的决定性洞见，且整个范畴论都为之服务的那个洞见即是：经由"是其所是"之逻各斯而得到限定和把握的本质，其单一性本身根本不是本质自身的自为存在，而是构成了存在者的自为存在。如果大家应该把这些所谓的奠基性书籍（Substanzbücher）——它们的微妙洞察力如此容易让人不知所踪——与某个一以贯之的动机联系起来，那么，这个动机恰恰是，确保本质的单一性。本质的单一性对每个存在者而言都是不可分解地独有的。如果亚里士多德在这种关系（本质与存在者的关系）中、在某种特定的意义上也容许对混合的构成词（比如"白人"）提出本质的问题，这并非是钻牛角尖或形式主义式的滥用。他只是考虑到"什么之追问"（Was-Frage）的逻辑意义中所包含的普遍论倾向而已。他的意图其实正相

---

⑰　普罗克洛，参见《巴门尼德篇》。

*　希腊语中 homo 表示共同的、相同的，tagos，tages 表示线、直线的意思，所以两个词合在一起表示在同一层次、同一水平上的意思。——译者

**　即理型对于本质规定的非本质规定。——译者

反:目的是防止与逻各斯(逻各斯回答的是"什么")的这种普遍论倾向相连的本体论上的无根基性(Bodenlosigkeit),并厘清一和多之间不可比较的特征,这一特征与对本质的诸述谓(Wesensaussage)十分相合。本质述谓的多不是由彼此可分离的事物规定性所构成的存在着(seiende)的多。一个存在者的什么之内容(Was-Gehalt)不是由种(Genos)和具体差异结合而成的,什么之内容只能从种和差异出发而被限定为一个单一的本质 ἁπλοῦν, ἀσύνϑετον＊,这个单一的本质 εὐϑύς(立即)构成了存在者的存在,也就是说无须进一步的中介、分有、混合⑱或诸如此类的东西。

也就是说,事情的关键不在于亚里士多德在背离柏拉图时所做神秘的"对存在之金字塔的倒转"(斯坦策尔⑲),而是在于柏拉图所提问题的后果,这个问题便是,当我们印上"存在"的封印时,我们到底想指什么。对于这个问题柏拉图尽管没有在任何地方给出明确的答案,但答案在理型论中已经勾勒出来了,尤其是在理型论的各种疑难(这些疑难显示的不是对理型论的放弃,而是对理型论的坚持不懈的展开)之中一直反复被思考:"这就是一和多,就是它们在此构成了问题……若归类错误,它们就会成为一切疑难(Aporie)的缘由;反之,则会成为一切欣快(Euporie)的原因。"(《斐莱布篇》,15c)疑难中不仅包含持续的迷茫,理型论经常陷入其中,而且也同样包含着向着所有揭示事实的言语开辟道路。

＊　ἁπλοῦν 意为展开、摊开；ἀσύνϑετον 意为非组合的。——译者

⑱　《形而上学》,第 8 卷,第 6 章,1045b 以下。

⑲　J. 斯坦策尔(J. Stenzel):《柏拉图和亚里士多德那里的数和形》(*Zahl und Gestalt bei Platon und Aristoteles*),柏林,1924 年。

我们必须以这个原则为出发点:当我们深入这些疑难之中时,这绝不是背离柏拉图。显然,理型论的形形色色的问题域在柏拉图主义者手中已经导向了试图寻找解答的最五花八门的尝试。把他们中某些人标画为真正的柏拉图主义者,在欧多克索斯(Eud-oxos)、斯彪西波(Speusipp)、色诺克拉底(Xenokrates)以及理型论的某些其他变体——关于它们我们几乎只是零星听到一些代表人物的名字(比如赫斯提埃俄〔Hestiaios〕)——中选出真正的柏拉图主义者,实在太过武断。独一无二的亚里士多德已在理型(他说理型只是 κατὰ τὸν λόγον〔根据逻各斯〕而来的理型)的理论中放弃了理型的模型(范例)意义,并因此而与其他柏拉图主义者针锋相对,不是通过他对如此这般的理型论的质疑,而是通过把理型的本体论意义重新奠定为"这一个"的"是其所是"的意义。

我们可以从这个预设出发,即这恰恰是亚里士多德最个人的概念语汇,这些概念语汇本该为他的立场赢得新的基础。不是这个 τί 以及它与非本质之物 ποιόν,συμβεβηκός 的区分,更不是在它实现过程(Vollzug)的相位图中本质的自我存续(Sich-Durchhalten)的维度,而是首先是作为 Energeia 或 Entelecheia* 的这种存在之实现过程(Seinsvollzug)自身的规定,以及 Energeia 和 Entelecheia 二者通过与潜能(Dynamis)的关系而得到的类比性的意义规定性,首先是这些才完成了这个奠基。无疑,所有这些都是概念。这些概念就像范畴一样,都是参照 κίνησις,即自然存在物的运动而创

---

* 二者在希腊语中都指实现的意思。前者常译成与潜能相对的实现,后者常音译为隐德莱希。——译者

造的。但只有用上这些概念,才能在逻各斯实体的真正统一性中

89 领会逻各斯实体。即使潜能-实现(Dynamis-Energeia)这对概念
带着刻板的规律性出现在诸范畴旁边并且附加到范畴中——这是
事实,保罗·戈尔克(Paul Gohlke)[20]和马克斯·冯特(Max
Wundt)[21]已经在这个事实上堆砌了太多太多东西了——那么,根
据这个情况,只有在这对概念中,实体(Substanz)范畴的新意义,
即在存在者的存在中言说存在者本身。因为只有 δυνάμει(潜能)
和ἐνεργείᾳ(实现)间的类比关系才使如此被概念把握之物的本质
统一性变得可被人理解:就像在制造过程中,作为潜能的材料不是
用一种"形式"而被装配在一起的,而是在塑造过程中变成了它尚
未成为的样子;同样,对事物的单一本质进行规定也不是自为存在
着的事物规定(Sachbestimmung)的拼凑,而是让这些事物规定的
本质统一性、让 ἄτομον εἶδος(不可分的理型),在其"什么之内容"
中显露出来。[22]

就此而言,亚里士多德形而上学的登峰造极之处在于,他承认
本质的内在存在(Innesein),νοῦς使真理和无蔽的某个意义得以实
现,这个意义预先包含在所有"综合的"命题以及它们可能的真实
性和虚假性中。本质的这种开显(Offenbarsein)发生在 νοεῖν(知
觉,意识)中。由于思考就是所思之物的内在,思考也就是其自身

---

⑳ 保罗·戈尔克:《亚里士多德的原理学说的形成》(*Die Entstehung der aristo-
telischen Prinzipienlehre*),蒂宾根,1954 年,第 37 页以下。

㉑ 马克斯·冯特:《亚里士多德的形而上学研究》(*Untersuchungen zur Meta-
physik des Aristoteles*),斯图加特,1953 年,第 79 页以下。

㉒ 瓦尔特·布勒克(Walter Bröcker)在《亚里士多德》(*Aristoteles*)(法兰克福,
1935 年)中清晰罗列了这些问题。

的内在。本质的开显向外指向(hinausweisen)它自身的内在存在者(Inneseiende)的某个最高之物,这个最高之物同样使本质的开显成为可能,正如光使事物的可见性成为可能一样;本质的一切开显,只有当本质自身的内在存在之时,才是可能的;这是亚里士多德形而上学的最高命题,通过这一命题他以哲学的方式揭示了传统的神性概念。对亚里士多德跨越到哲学神学领域这个问题进行考察,实际上意味着跨越本研究的标题,这个标题简化为:吾爱柏拉图。

（缪羽龙、徐涵 译）

6. 柏拉图《第七封信》中的
辩证法和诡辩术

(1964 年)

何为柏拉图辩证法？不管是在辩证法开端处存在有使苏格拉底成为一个欧洲事件的"引导性谈话"，还是辩证法在逻辑上的贯通导向了那种在柏拉图看来构成了辩证艺术的、作为假设（Hypothesis）和二分法（Dihairesis）来实行的、极富艺术性的概念构造理论（Theorie der Begriffsbildung），都是在当今得到了普遍认可的。保罗·纳托普（Paul Natorp）和尤利乌斯·斯坦策尔（Julius Stenzel）在此做出了关键性贡献，同时我在《柏拉图的辩证法伦理学》（1931 年）一书中也通过现象学的手段证明，事实上从生动的哲学对话中可以赢获"辩证法艺术"——在《斐德罗篇》《智者篇》《政治家篇》和《斐莱布篇》中都有对这一艺术的展示——的基本规定（Grundbetimmungen）。

我们所谓的辩证法，当然只有从某个特定方面出发，通过这一关联才是可把握的。哲学辩证论者中最特殊的独白者黑格尔对苏格拉底与"可塑的青年人"[①]交往时所使用的对话引导艺术的依

---

① ［G. W. F. 黑格尔：《逻辑学》（拉松版），第 2 版序言，第 20 页。］

赖,大抵也是显而易见的。因为即便在笛卡尔的方法论理念意义
上,黑格尔系统地展开所有思想规定的方法也尤其需要我们在柏
拉图对话中认出那种同样的线性一贯性。黑格尔的这一方法一般
称作辩证法,但其实它的来源并非出自源自对话的辩证法,而是出
自矛盾的思考、争议两面(*in utmmquc partern disputare*)的思
考。这是埃利亚式的辩证法,是一种能力,"即便没有当下所示之
物,仅通过对立的假设就可以得出结论"[①],它首先出现在芝诺那
里和柏拉图的《巴门尼德篇》中,从亚里士多德开始称为辩证法。
柏拉图曾为了对立中的思维训练和概念划分(Begriffseinteilung)
进一步推进了苏格拉底的对话艺术,但是这两种实行方式之间究
竟有何种联系,这是柏拉图哲学给我们带来的最困难的问题之一。
从不乏游戏要素的文本阐述中我们认识到这两种方式。对于概念
划分的方法——亚里士多德曾以学究式的严厉态度批判其缺乏证
明力——柏拉图对话中则以幽默和讽刺的口吻进行了描述。而
《巴门尼德篇》读起来完全就像一部喜剧,也让我们对它的真实意
义感到相当茫然。尽管新柏拉图学派对这种"一"的辩证法做了某
些正确的阐释——无论如何,文中暗藏讽刺且故意让人无法
发现[②]。

　　在研究中,维尔纳·耶格尔(Werner Jaeger)在 1912 年所表
述的这种认识得到越来越多的认同:"如果我们关于柏拉图的理念
论或数字学说由于缺乏其他来源,而从他的对话来获取,这始终只

---

①　亚里士多德:《形而上学》,第 13 卷,第 4 章,1078b26。
②　参见:"柏拉图的《巴门尼德篇》及其影响",载《哲学档案》(*Archivio di Filoso-fia*),第 51 卷(1983 年),第 39—51 页(现收入我的著作集,第 7 卷)。

能是一种权宜之计"。③ 因此越来越多的研究兴趣指向了学园中的授课对话,但是我们已无法再直接获取其中片段。我们研究这些对话在亚里士多德及其同时代人中的反应,我们在德国愈是以这种方式认真对待柏拉图"哲学"④,那种在本世纪上半叶由我们所发展出来的对柏拉图对话的考察方式就愈显片面。这种考察方式使得要么如维拉莫维茨(Wilamowitz)、弗里德兰德(Friedländer)以及极度夸张的希尔德布兰特(Hildebrandt)那样突出"政治的柏拉图"(der politische Plato),要么突出依照 20 世纪 20 年代存在哲学构建的,使得理念论的教条形象完全淡出的生存论的柏拉图(der existentielle Plato)。

　　但这里不会是一个"或此即彼"的选择。一方面,如果柏拉图可以被亚里士多德归入毕达哥拉斯学派,那必定有其原因。亚里士多德的这一观点也许可以单方面地通过他对于数学的拒绝和有意识的重新接纳古代的"生理学家"来确定;但是有一点基本可以肯定,柏拉图哲学对于一和多的"原则"进行过合乎算术逻辑的思考。另一方面,仅通过传记或文本就把柏拉图哲学研究方式的标志解释成辩证法是不够的。柏拉图的辩证法必须以其哲学中最本己的内容为基础,更确切地说,这样一来,《斐德罗篇》《智者篇》和 92 《政治家篇》中的概念划分及《巴门尼德篇》所展示的对矛盾的思考才图解了柏拉图辩证法。柏拉图为了苏格拉底的谈话所创造的特

_____

　　③　维尔纳·耶格尔:《亚里士多德的形而上学发生史研究》,1912 年,第 140 页。

　　④　特别参见下面提到的 H. J. 克雷默和康泽德·盖泽的论文,这些论文全面地哲学地细致考虑了维尔纳·耶格尔所描述的方法上的情况。L. 罗宾、P. 纳托普、J. 斯坦策尔等人很早就在哲学阐释中向我们指出了这一方向。

殊文本形式不仅是对他"教学"的一种巧妙隐藏,也是——在写作艺术所赋予的可能性中——对其深思熟虑的表述。

《智者篇》253d 部分对辩证论者行为的描述有些莫名其妙,但是这里或许也给出了一个答案⑤。因为很清楚的是,它对概念划分的方法作了一个逻辑的描述。但是,正如双重反题的命题结构所证明的那样,这本身就包含了矛盾思考的一项要素(Moment)。相反,《巴门尼德篇》中运用一些对立的假设,通过例子来展现这种方法的运用证实,这一运用自身融入到这位辩证论者的公共形象中,他知道在对话、谈话和反诘中如何行事。特别是涉及理念假设时,证明其面对争辩者时的可认识性被反复描述为一个无限困难的任务。柏拉图面对对手时多次明确强调过自己的洞见和它的可执行性之间的区别。⑥ 对手的论证所产生的压力如此之大,以至于对理念的可认识性的论证要想获胜需要非常特殊的要求。有人也许会引用大家熟悉的轶事,即柏拉图是如何针对安提西尼⑦捍卫自己的理念学说的:谁没有看到理念的眼睛,"那么连林扣斯也无法让他看到了"(《第七封信》,343e)。

现在,这一点正是《第七封信》有许多争议的附论(Exkurs)有其地位的关键。对其而言理所当然的是,在对话中,一种知识的真理(Wahrheit)必须要战胜每个可能的反驳。

---

⑤　对照本人在《柏拉图的辩证法伦理学》第 74 页注释②的论述(现收入我的著作集,第 5 卷,第 68 页注释⑰)。

⑥　对于柏拉图来说必须区分一种表述的正确性和它的不可辩驳性,这一点经常出现。参见《巴门尼德篇》133b 及 135b,这里清楚区分了自己去认知与明确不可辩驳的教学。

⑦　参见辛普里丘,《范畴篇》,208,30 以下。

　　柏拉图的《第七封信》中用宝贵的四页以附论的形式来处理知识是通过何种方式形成的问题。这封信的真实性已经争议了很长时间。特别是这个所谓的附论近来经常遭到质疑，因为据称它跟我们从柏拉图的对话中所知的哲学学说不一致⑧。这里所陈述的思路始终保持着一种含糊婉转的语气，且有时因为论证的简单性而使人感到意外，这些说法也完全正确。但是我觉得一个可以对上述问题做出解释的非常简单的考察至今为止还没有得到适当的评价。这几页像是后来添加的，可以从上下文语境抽离出来，即使不从这个意义上看，它们也确实是一种附论。这样来试着理解这几页，或许会非常容易，但注定会失败。但这之所以为附论的意义很可能是这样，即书信作者将这几页视作一种自我引用（Selbstzitat），它们确实具有一种内在自成一体（eine innere Geschlossenheit），这种自成一体将临时性的上下文关联与出现在关联中的这几页清楚地区别开⑨。这里所展开的思想并不是被设想为一种现

₉₃

---

　　⑧　对于附论的解释仍参见尤利乌斯·斯坦策尔的文章"柏拉图《第七封信》中的认识结构"，载《苏格拉底》，第 9 卷（1921 年）（＝《克莱因短篇著作集》，第 85—106 页），以及威廉·安德烈（Wilhelm Andreae）的"柏拉图信件中的哲学问题"，载《语言学》（*Philologus*），第 78 卷（1923 年），第 34 页以下；此外还有恩斯特·霍瓦尔德（Ernst Howald）最可嘉的 1923 年版本里的序言。这种生硬的考证引起了新的讨论，格哈德·米勒（Gerhard Müller）在"伪柏拉图《第七封信》中的哲学"（《哲学档案》，第 3 卷〔1949年〕，第 251—276 页）对此说明了原因。哈拉尔德·帕策尔（Harald Patzer）的"柏拉图《第七封信》中的知识可传达性和哲学家统治"（《哲学档案》，第 5 卷〔1954 年〕，第 19—37页）对前者提出相反观点。瓦尔特·布勒克"柏拉图《第七封信》中的哲学附论"（《赫尔墨斯》，1963 年，第 416 页以下）对米勒的意图做了部分推进。我数十年来在讲座中所陈述的这种解释，是想从哲学内容出发来让人信服。只有在个别语文学问题上无法理解这些最新的解释者时，我才在注释中发表了对这些问题的看法。〔我撰写这篇论文可以追溯到 20 世纪 30 年代，当时无法接触到前段时间非常丰富的盎格鲁-撒克逊的文献。〕

　　⑨　342a2：ἔτι δὲ μακρότερα 强调了这种辨别，同样 a5：πολλάκις 以下也是如此。

在即可利用的目的，即拒绝狄奥尼修二世在其关于柏拉图哲学的文章中所表现出来的哲学上的非分要求[10]。毋宁说，这封信的文

---

[10]　这一思路没有被看成我们这个附论的目的，并不是说语言的形式背离了文字记录。相反，不是文体上的原因使得附论与文章其他部分分离。表述含糊不清、拐弯抹角以及堆砌重复有理由让读者想起"法律"，而 G. 米勒的考证是以批判分析"法律"为出发点并非没有道理。文中的解释只是想说明，人们必须通俗化地来理解这一思路。只有这种不想表达最终和最深思想的思路，一般才可以有意义地插入到政治公开信中。H. J. 克雷默（"柏拉图和亚里士多德的德性——论柏拉图本体论的本质和历史"，海德堡科学院论文，1959 年）是唯一一位从根本上正确认识到这一点的，他写道，此附论只有方法论的但没有实质性的意义（第 459 页）。正是出于这个原因，我当然不会从 περὶ τοῦ ἀγαϑοῦ 学说的内容方面对附论做太多解释——极有可能的情况是，展示这一思路的动机是狄奥尼修公开的文章，从其内容上看与 περὶ τοῦ ἀγαϑοῦ 相一致。

另外，我也发现在文学中失去了对注释学原则的适当重视。对话不是教学文章，公开信不是对话，等等。格哈德·米勒和哈拉尔德·帕策尔之间关于哲学家统治的争论在我看来非常有代表性。326b 自传式的描述无疑是对自身形成和发展的补充解释，同时当然也是对《理想国》的一种影射。同样清楚的是，这一自传式的描述就是出于柏拉图试图对迪翁和狄奥尼修二世产生影响这一原因，信中也详细论及此事。那么人们必须强调二者择一中的第二个部分，大致以这种方式，即指的是：直到——因为貌似几乎没有真正的哲学家成功获得对城邦的统治——真正的统治者开始认真进行哲学思考。对我来说这应该是不言而喻的。那大家到底是如何看待柏拉图的城邦乌托邦的？希尔德布兰特（Hildebrandt）在这篇文章中看到了政治行动和夺取权力的方式，在我看来并不相关。似乎并不是整个《国家篇》都充满了蓄意的挑衅。但它也不是教学文章——尽管亚里士多德总以奇特的方式学究式地实事求是地批判柏拉图的对话，而是一个出色的文学乌托邦，间接地且充满讽刺地在一座城邦的公共机构画像中说明了学园的课程及如何引导至理念学说。参见我本人对解释这个整体的尝试，我觉得直到今天从注释学上看来仍然是正确的："柏拉图与诗人"，1934 年，以及"柏拉图的教育城邦"，1942 年［这两篇文章现收入我的著作集，第 5 卷，第 187 页以下、第 249 页以下；这里是第 196 页以下和第 251 页以下］。其中参照："柏拉图的乌托邦思想"，载《高级中学》，第 90 卷（1983 年），第 434—455 页（现收入我的著作集，第 7 卷）。（柏拉图通过这种间接的方式所描述的就是"哲学"，参见"柏拉图的教育城邦"结尾，关于辩证法是这样说的："在从多到一的所有秩序中，在城邦和灵魂、知识和世界构造中，它发现了一和多，数和存在的法则。"〔第 262 页〕另外黑格尔对柏拉图的描述在他的哲学史上已经基本上触及注释学的要点。）一封政治公开信，一封写给迪翁追随者的信——迪翁来自学园圈，后被谋杀——信中都尽可能写得不那么深奥，也没有明确谈到理念学说，这一点我认为无须进一步的解释。相反，我觉得不可以将附论中对理念学说的克制阐释为对它的抛弃。与此相关的尝试，即把后期的柏拉图变成他的理念学说的批评者——如果不想考虑有争议的《第二封信》的话，都与从学园流传给我们的讨论不一致。

94　本本身告诉我们,这应该是柏拉图以前所经常阐述的思路。我们在这里所读到的这些正如柏拉图自己毫不讽刺地说的那样,是他之前经常陈述过的内容。在我看来毫无疑问的是,这些内容已出现在柏拉图的口头授课中,且授课过程中的阐述具有开创性的功能,就像一种先行的呼吁,通过合适的思索来进行哲学教学与教学对话。同时也特别警告,不要被那种在智者的流行课堂上所传授的,并且明显是针对管理学园的哲学团体的、空洞的论证艺术所迷惑。

95　　　人们只有弄清楚这种仿佛是阐述入口处的功能,才能赢获通向它的正确解释学进路。然后就会明白,从中或许无法获得柏拉图哲学的特有内容,无法了解知识攀升至善的理念的逐级上升的进路,也无法认识柏拉图的理念辩证法,尽管我们在柏拉图的不少对话中看到了这种辩证法精巧的概念实行的展示。事实上,这种所谓的附论知识理论根本不是一种知识论,而是一种在哲学的教学对话和辩论中已经检验过的教与学的理论。⑪

　　　一个非常简单的例子——数学对象圆的知识——阐述的是一般性的思想,即知识和传达在其中得以实行的各种媒介、手段和要素,并不能促成理解。亚里士多德的三段论,抑或欧几里得几何的

---

⑪　参见342a7:这个 παραγίγνεσθαι 从一开始就把谈话的口头性作为前提。只有这样,说出对单词和概念的解释时,意义才是清楚的(342b7:ὃ νῦν ἐφϑέγμεϑα)。同样不言而喻的是343c的被反驳和343d以下的问题情况。所有的反驳都以谈话者和听众为前提。这个显眼的ἐν λόγοις ἢ γράμμασιν ἢ ἀποκρίσεσιν,343d4 以及 d7 由此得到解释,即狄奥尼修的一篇文章构成了对于这个整体的缘由。因此也很难去暗示一个关于柏拉图哲学书面陈述的文学论战。对于事物来说谈话和文章与口头回答都应置于同等地位,因为所有对理念(Eidos)没有正确识别力的阐述都会遭到反驳。

演绎系统所做的其实就是提出论据，通过逻辑论断来促成大家对真理的认可，而按照柏拉图的观点，这一点并不存在于理念哲学范围内⑫。对他来说，提前向任何想要参与共同探索和研究的人说清楚这一点似乎很重要。因此这里的问题其实是哲学的自我批评问题。为什么在哲学这里就不存在诸如数学可能会有的，去迫使理解的可能？我们在辩论性的讨论中使用的手段不都是为了让别人理解吗？每一个论证的天然理想不就是迫使对方理解，确保击败对方的反驳吗？柏拉图希望通过研究我们寻求沟通的方式来证明这是不可能的。对于一个事物（Sache）⑬的每个知识（Erkenntnis）他区分出三样东西，而这个知识必定通过这三样东西得到中介，通过它们而登场的知识本身是第四样东西。大家认识的事物以某种方式存在于第四样东西里，显然，这个作为知识对象的真实存在者本身（das wahre Seiende selbst）就跟其他所有的存在者区分开来。在这系列里面这是第五样东西。这四样对于事物的介绍是： 96

（1）名字或词语（Onoma）；

（2）解释或概念规定（Logos）；

---

⑫　341c：ῥητὸν γὰρ οὐδαμῶς ἐστιν ὡς ἄλλα μαθήμαια.

⑬　342a7：τῶν ὄντων ἑκάστω，第三格很重要。不是这样问：一个人如何传达他对事物的知识？而是：当知识和知识的转达实现时，一个事物如何传达，它是怎样的？从事物中始终可以看到逻各斯（Logos）或者知识（Episteme）。帕策尔："存在者本身的出现方式"（出处同前注，第 20 页），对照《欧绪德谟篇》，285e9：εἰσὶυ ἑκάστω τῶν ὄντων λóγοι，"事物"是智性的客体（das noetische Objekt），柏拉图式的说法：作为真实存在者的理念。因此词序强调了这个 ὄντων。这里谈到的不是"物"（Dingen），而当然是某种东西，按照柏拉图的意思，是只可能存在着关于它的学识（Wissen）的东西。这也在本质解释意义上确定了逻各斯（Logos）的意义。（因此帕策尔削弱逻各斯意义的尝试并不合适。）

（3）显像，直观的图像，例子，图形（Eidolon）；

（4）知识本身。

此时柏拉图断言：这四样东西都不能保证通过它们就能够获得对真实存在的事物本身（die Sache selbst）的知识。他是通过圆的例子来阐述这个观点的。

这当然是一个精心挑选的例子。很显然，在没有任何关于理念学说或者概念辩证法这些前期知识的情况下也可以理解，什么是圆，它与其他所有的我们称为圆的、弯曲的、圆形的、回溯形的、我们肉眼可见的东西不同。对我们来说不言而喻的是，我们为了使自己明白一种数学事实（mathematischer Sachverhalt）而描绘的一种图形不是这种数学事实本身，更不用说我们将自然界中出现的这些圆形与一个数学上的圆混淆了。人们不难理解，此处在何种意义上，柏拉图在谈论一个真正的圆。如果我们把这一说法看成从其他所有我们经验中出现的圆的或圆形的东西中抽离出来的，那它对我们来说也就直白易懂了。真正的圆显然与所有这些都不同⑭。

不过在全然柏拉图的概念的意义上，圆根本就不是一个理念（Idee）。毋宁说，它属于那些在感官（das Sinnliche）和理知（das

---

⑭　值得注意的是，正是命名（及相应的概念解释）在数学关系背景中特别频繁地出现。显然是因为涉及构成物（das Gebilde）的产生，但这些构成物平时并不显露，因而其名称符号的概念确定似乎走在前面。对照 J. 洛曼（Lohmann）的文章，载《音乐学档案》，第 14 卷，第 147—153 页；第 16 卷，第 148 页以下。欧德谟（Eudemos）在其数学史中，突出了柏拉图区分了名称（Name）和概念（Begriff）的功绩（辛普里丘对《物理学》的注解 98），这指向了同一方向。数学家是寻求远胜 κατ' ὄνομα διώκειν 的那些人中的先驱。参见 342b：名称（Onoma）、逻各斯（Logos）及法律（Leges）的区别在 964a，对照 895d。无论如何值得注意的是，亚里士多德类似的思路（《物理学》，第 1 卷，第 1 章，184b11）也使用了圆的例子，难道是柏拉图惯用语的回响？

Intelligilbe)之间构造起一种中间世界的数学构造物：存在着许多 97
真正的圆，并不仅仅只有唯一一个圆，我们从圆的几何学所能了解
的一切总是可以在任意一个以某种图形出现的圆那里得到认知。
几何学依赖于我们所作图形的运用。但是它所指的是圆本身。因
此这些数学存在物（die mathematischen Wesenheiten）非常适合
说明通向纯粹思维的步骤，按照柏拉图的说法这是通往真正知识
之路，他也将之规定为朝向理念的姿态转化。即便那些对处在纯
粹思维概念中的形而上学结论根本就无所概观，而是仅仅理解某
些关于数学的东西的人——并且众所周知，柏拉图期望他的听众
这样去做——知道在面对一个画出来的圆时仿佛可以看穿它并且
能在眼前浮现"圆"这个纯粹的观念（der reine Gedanke）。因此这
里所选的这个例子属于那些数学存在物，按照柏拉图的说法，它们
拥有入门哲学思维的功能。它们训练识别纯粹思想（das reine
Gedachte）的能力，让这种纯粹思想避开在感觉或者对话及观点的
交流中所出现的一切，从而似乎带领着灵魂（Seele）使其拥有了这
种识别能力。那些没有完成这种向纯粹思想转变、这种抽象活动
的人，也就完全无法获得我们称之为数学的知识。

　　显然这个例子代表着所有那些别无他法只能通过思维才能认
知到的知识。圆的例子表明，一个人在不知道给圆命名的情况下
无法传达关于圆的知识，而人们用来称呼圆的这个词语，可以通过
一个概念上的规定来解释，进而可以如其外观所呈现的那样被置
入眼前。词语显然是最初的，但是很明显，语言中有各种词语可以
描述圆形，如圆的，弯曲的，回溯形的，圆形的等等。柏拉图给出的
解释性的定义是："从最边缘到中心的距离无一不等同。"这确切

地说明了什么是真正的圆形线（圆周）。这个例子清楚地告诉我们，对于逻各斯，柏拉图在这里并不是理解为任意一个句子，而是理解为存在物的规定性（Wesensbestimmtheit），即定义性的句子[15]，但显然没有同时追求定义的逻辑结构（logische Struktur der Definition）、属-种-区分（Gattung-Art-Unterscheidung），而只是用他著名的二分法学说——他一再刻画之为辩证法艺术的本质[16]！——来强调突出这些。这也与整体的入门风格相符。

98   第三样东西是图形。实际上在数学的例子里，这是很重要的。但是，人们显然必须在完全普遍的意义上采用这个第三样东西，并留下一个问题，即每一次的知识传达在多大程度上与类似我们在数学中所描绘的图形的那些人造形象，或者与可见之物本身的直观显像（anschauliche Erscheinung），甚或与我们在说话中使用，称之为例子的直观化说明方式有关。所有这些显然都可以在像（Eidolon）概念下得到思考。柏拉图在此以人们可在沙子上画出或抹掉的圆，或者也以削出来的圆，也就是以可以被破坏的模型为出发点。圆本身不可能被破坏。从一目了然的显像人们可以获得某些知识（柏拉图会说：重新认识），正如用例子人们可以解释某些东

---

[15]　此处针对哈拉尔德·帕策尔尝试的对逻各斯意义的削弱，同前注，第 22 页。

[16]　此处针对克劳斯·厄勒（Klaus Oehler）（"柏拉图和亚里士多德智性〔noetisch〕和逻辑推理〔dianoetisch〕思维理论"，载 *Zetemata*，第 29 卷〔1962 年〕，第 80 页注释①以下）精明但不受文本支持的解释。我们注意到，这里所给出的圆的概念解释完全不包含类概念（Gattungsbegriff）（οχῆμα，ἐπίπεδον，欧几里得，第 1 卷）。从事物（Sache）来看，所有这些迷惑背后，作为它最后的、适合逻各斯本质的基础的是这种"形象化的差离"（eidetische Aberration）（厄勒，同前注，第 82 页），意指最终人类思考的有限性（Endlichkeit）和推论性（Diskursivität），对此参见第 112 页以下。

西,但对于两者同样适用的是:它们都与自身上变得可见的东西有着本质的区别。尽管如此,它们也有共同点,即圆本身仍以这些形式(如词语和概念)并以某种方式存在。

第四样东西柏拉图称之为知识、洞见和真正的观点。如果所有这一切都在灵魂而不是在声音或有形身体中占有一席之地,那么它与前三者不同。但是它也不是事物本身。因为圆本身不存在于灵魂中。或者说,圆是某种自在的东西(etwas an sich),它与其他所有在灵魂中出现的东西不同。灵魂中出现很多东西。从这个角度来说将知识跟其他三种中介方式并举很有意义。知识也不属于真实存在(das wahre Sein),而是属于"生成(Werden)"。知识跟其他三种中介方式并举很有意义。它们浮现,沉沦,变换观点。就连数学知识也是以某种方式如此。可以肯定的是,如毕达哥拉斯定理,相比不同人对于同一事物的那些观点,它在更大程度上是一种不可改变的同一事实自身。了解这个定理,也就是说在它的数学理知性(Intelligibilität)中,在它的推导和可证性中掌握这个定理,肯定不是仅仅记住些用来证明的词语和表述,也绝不是记住些证明过程中使用的特殊图形。如果我知道如何证明这个定理的话,那我就可以不受人们在证明中所使用的各种可能的图形或者名称变体的影响。然而这种对数学定理思维上的拥有并不独立于它是我们精神的一部分这一事实。即使我了解了这一定理,但是还不能确定我能否真正在我这里再产生它。定理作为思想参与了生成(Werden)、消逝(Vergehen)和异在(Anderssein)。灵魂中的"科学知识"(Wissenschaft）并不像事物自身（die Sache selber）那样是无时间的[17]。那种洞见的要素（Moment der Einsicht）明显最接近它，所有这些证明的过程、难以找到的辅助线以及它的证明功效等等构成了理知性事实的东西，全然出现在这一要素中。在这种明见性中人们想高呼"我明白了"，这种明见性也就瞬间照亮了如其所是的数学被构造物所具有的内在事物关联。柏拉图把这种明见性称为努斯（Nous），并且正确地将之相对于我所拥有的科学来刻画，当我掌握数学本身，并且首先相对于纯然的正确观点进行推论，那么如果它正确，在它之中事情本身也就始终"无蔽"（Unverborgen）地在此了[18]。

如此算在一起的四样东西尽管有所差异，但仍是一个共同的视角，它们也是在这个共同点中得到总体把握的。它们都属于此，如果人们想要真正认识到事物自身的话[19]。这四样东西都使事物

---

[17]　参见《会饮篇》，208a。

[18]　参见 342d1，G. 米勒这里灾难性的误解（同前注，第 255 页注释）使他产生了站不住脚的观点，恩斯特·霍夫曼（Ernst Hoffmann）之前也以其他方式表述过类似观点（参见斯坦策尔，同前注，第 64 页），似乎前面三个要素（drei Momente）有着一种客观秩序。在名称（Onoma）和逻各斯之间肯定存在一种这样的秩序，传播针对名称（Onoma）所使用的论据指向了逻各斯。但是这种异常低级原始的传播从根本上证明，区分名称和逻各斯的原柏拉图式的动机（das urplatonische Motiv）及后者的优先权得到极少关注。也完全适用于 342c4 这里的第三样东西（das Dritte），它肯定可以排在第一位（343a5）。与此相反，342d1 这里，在第四样东西内柏拉图突出了努斯（Nous）的优先权。然而这种优先权，正如这个词 μὲν 所表示的那样，绝不会让名称和事物本身（Sache selber）的区别消失。

[19]　参见 342d7：维拉莫维茨（Wilamowitz）（第 2 卷，第 293 页）想把这个 καί 删去，因为他觉得第四格的 περί 与相同形式但为第二格的 περί 无法解释。但是正是这个第四格才完全适合作为列举的最终概括环节，其指向整体（das Ganze）的方向（对照 οὔμπαντα）。

　　参见 342d8：维拉莫维茨错误地将 γάρ 与 342a7 联系起来。实际上想法是这样的：所有四样东西都是必要的，也就是说每一样对自己来说都不够充分——此外每一样都从自身产生一种过多（Zuviel），这也使得它们都成为必需的；343e1。四样东西中的每一样都不充分，这一点也在 342e1 通过限制性的 ἀμῶς γέ πως 表达出来，另外，这也跟最终可以获得的圆满认识——通过单词 τελέως 表达出来——相一致。

自身以某种方式在此。圆自身就存在于此:在词语中,在概念中,在形象的说明中,以及主要在来自所有这些中的、照亮我们的洞见之光亮中。那么在这四样都是圆的东西之后,圆自身就是第五样东西了。这种简单的列举将这些不同的东西排列在一起,是有其道理的。

现在着手进行一切都以此为目标的证明:这四样东西对于真正的知识不可或缺,但同时也负有责任,人们在它们的帮助下绝不能真正地以全然的确凿性把握事物。人们完全无法确定,通过这四种手段事物自身是否真正的以它完整和无蔽的理知性展现在我们面前。这就是每次哲学努力和每次哲学对话的基本经验:词语,此处只存在词语,然而这些只是词语的词语不应该是空洞的言谈,而应该用另外一种手段构建起所指的事物,这样这两者就相互接近了。为何这四种手段中的单独一个,甚至四种一起都不能真正地迫使人们形成理解[20]?它们有什么缺陷吗?它们有什么弱点?人们惊奇于,在对这四种手段的分析中,逻各斯的弱点得到了谈论,虽然不仅是词语和言谈,而且图形和心智的内在思维过程(innere Verfassung des Gemüts),都属于这四种手段。但是,谁能立刻明白这种获得理解和传达理解的过程完全是在相互对话的这种媒介中进行的呢?柏拉图从未怀疑过,如果不能简单地从语言和词语中读出理念的知识,那么它也就不可能通过它们获得(《克拉底鲁篇》,433a,438b)[21]。逻各斯(Logoi)的弱点,也是这四样东西

---

[20]　ἁμῶς γέ πως(432e1)表达了这一点。

[21]　《克拉底鲁篇》也在最终疑难(Schlußaporie)之后暗示了寻求理念之路,我在《真理与方法》第 384 页以下(现收入我的著作集,第 1 卷)也阐述过这一点。

的弱点,同时也是依赖于这四样东西的我们精神本身的弱点。这四样东西无法保证,事物本身以它真实的无蔽的状态存在[22]。

　　必须再次明确的是,柏拉图对这种弱点的描述即使没有哲学的预备性教育应该也是容易理解的。因此在两次的重复中[23]他一再提醒,这四样中的每一样都总是倾向于突现一种这样——那样——存在(So-und-so-sein),而非拥有应当在词或言语、直观形象或观点中呈现的事物的存在。它们似乎都有一种内在的颠倒倾向。伴随着当下的行为,它们不是消失在本己的这样——那样——存在中,而是试图产生效果[24]。它们不仅仅是在其中自行呈现的事物。它们都有一种自为存在,一种特性,使它们与它们所要说明的事物区别开来。圆这个词语不是圆本身。定义句表述了何为圆,但它不是圆本身,描绘出来的圆不是圆本身。我对圆的观点甚至对什么是圆的洞见也不是圆本身。柏拉图的论点是:它们使自己作为它们自为所是的东西(sie für sich)产生影响,并似乎把自己推向它们所展现出的东西之前。

　　最容易看清的是我们称之为图形的东西。柏拉图在这里

---

　　[22]　参见 343a4:τὰ γεγραμμένα τύποις,维拉莫维茨认为肯定不可以将 τύποις 与所写出来的内容联系起来。但是事实上它也不是多余的,而是完美强调了所写出来的东西无法改变的存在方式(Seinsweise)(针对 G. 米勒,同前注,第 256 页注释 15)。与《斐多篇》275a 的一致既不是模仿也不是影射,而是实际需要的。同样这里灵魂(Seele)中的那些东西的存在方式也被置于外部事物的对面。

　　[23]　另外我们也熟悉柏拉图把重复作为冥想教育的方式。我们还想起诡辩者和政治家总结的“定义”。

　　[24]　参见 343c2:τί 和 ποῖόν τι 的区别同样适用于知识的四个阶段,这个很好理解。安德烈(同前注,第 34 页以下)已经指向了《蒂迈欧篇》27d 和 49d 以下。对照 H. J. 克雷默,同前注,第 459 页,注释 155。

(343a4)调转顺序不是没有理由的,他开始通过这一做法明确指出,每个画出的圆中充满了它应是之物(was er sein soll)的对立面。随处可见的圆都包含有一点点直线,而圆自身根本没有它的这种极端的对立面即直线。不存在画得完美的圆;每一个图形都在某种程度上缺乏圆度(Rundsein)。为什么知识本身存在危险,我们今天的人在这个例子中不会马上就明白。对圆的这种展示,其中总有些直线,自然无法达到真正的圆,但也无伤大雅。人们依然可以在这个被描绘的图形上意指圆自身。这里对事物本身的混淆、错认和遮蔽该是源自哪里? 在被绘制的圆身上存在的直线是如何出现并产生效果的呢?

如果考虑到当时的数学状况,柏拉图对于感官存在和理知存在的存在区分(Seinsunterschied)的洞见在数学上还不是那么理所当然的,那么这个例子很好地说明了柏拉图的意思。这是个经典的化圆为方(Quadratur des Kreises)的问题,正是从每个绘制的圆的缺陷中获得了可解决的假象。我们很清楚,通过将有着越来越多角的多边形绘入到圆里面而使圆变换为同等面积的正方形是不可能的。但是如果你忘记了图像与事物本身的区别,并试图通过将总是新出现的、更小的弦绘入剩下的区域中来计算出有关这个图形的数学题,那么表面上你也会看到一个多边形与圆周本身不分彼此的叠合在一起。实际上,我们听说过这样的尝试,以数学的方式解决化圆为方的问题。完全可以说,这种表面上的证明是基于一点,即直线在弯曲处出现。另外,据说普罗泰戈拉(Protagoras)曾反对过数学,因为数学把不直的当成直的,把直线当作

102　弯曲的㉕！直到柏拉图才使得希腊数学能够解释为何这些证明不
是数学证明。这一点到亚里士多德那里已经变得非常清楚了，他
明确地称这些证明为非数学的㉖。

　　为何词语的弱点以及出现在语言的媒介即声音中的概念规定
的弱点是基于对它们之所是的突现以及对于它们本应呈现之物的
遮蔽这两点，要弄清楚这一问题也并不是那么容易㉗。柏拉图只
是说，它们没有任何稳固和可靠的东西，因为事物的所有名称都有
任意性，在其他约定中可能是用来称呼另外的事物。这种关于事
物的措辞除了它的意思（Bedeutung）并没有给出任何东西，这就

㉕　343a5：普罗泰戈拉关于数学的著作似乎不停地责备数学家把不直当作直的行
为。对此亚里士多德在《形而上学》998a3 和 1078a19 有过大量论述，并在《物理学》
194a4 和《形而上学》1089a21 得到确证。完全可以进行这样的辩论，它清楚地说明，那
时的数学家有条理地进行自我辩护是多么困难。这也可以在《泰阿泰德篇》的背景中
看到，即当泰奥多鲁斯（Theodoros）试图避开 φιλοὶ λόγοι（165a1）以及泰阿泰德被引向
疑难（Aporie）。当然也没人会断言，真正的数学家对图形和事物的区别一无所知而且
必会被图形所引诱而出错。这里的批判点与其说是自己知识的正确性，毋宁说是“逻
辑”论证的无可辩驳。相似地，亚里士多德谈及由于错误的辅助线或者作图而遮蔽了
几何学的公理时不是通过解析法（Analytik），而是“可能的逻辑”（Logik des Wahrs-
cheinlichen）：《论题篇》，第 1 卷，第 1 章，101a5 以下。我觉得还有一点值得注意，德谟
克利特（Demokrit）在将原子概念应用于数学问题时——是在抗击普罗泰戈拉的攻击？
（H. 福格特〔H. Vogt〕：Bibi. Math. Ⅲ 10，1910）——仍然对柏拉图区分智性（Noetisch）
和感性（Sinnlich）一无所知。H. 兰格伯克（Langerbeck）对于泰阿泰德文本的相关论断
的确定性至今在我看来没有动摇。

㉖　亚里士多德：《物理学》，185a，以及辛普里丘（Simplicius）的评注（特刊，F. 鲁迪
奥〔Rudio〕，莱比锡，1907年，第 103 页以下）。

㉗　参见 343a9：这里绍普（Sauppe）（对照维拉莫维茨，第 2 卷，第 409 页）建议用变
体 ὄνομα τε αὖ，因为复数给他带来了困难。已经在 343a4 强调过并在 b5 再次采用之
后，就不必再想到一个重复的 αὖ 了。相反，复数是完全合适的，只要 ὄνομα 除了例外情
况总是走向多（Vieles），这个多有着同样的名称，且实际上在 b1 是用复数称呼这个被
描述物的。

是柏拉图在《克拉底鲁篇》中为了最轻松愉快的消遣而实际所要表达的内容。人们也肯定可以这样认为，这些为此做准备的听众，跟他交谈的人，不会受对当时的诡辩表演起重要作用的语言理论游戏的影响⑳。我们自然又会有疑问：从所有词语都是流俗的并且无法"固定"在事物那里出发，自身并不会产生伪（Pseudos）。命名的随意性、约定的随意性可能表明，这一措辞里包含的事物内容是多么的少，但是一旦它不是被理解成摹本（Abbild），而是通过约定形成的固定的符号（Zeichen），人们就不能正确理解，这种本己存在（das eigene Sein）、这一措辞的这样——那样——存在是如何突显自己并遮蔽了事物。正是符号的理知性使自己从自身驱逐出去，并且不是作为一种本己存在而产生效果，毋宁说，只是行使其功能。在这期间，一个措辞可以突现并非呈现所指事物的东西，而这正是基于符号所独具的这种惯常特性（Konventionalität）特征。重新命名的可能性对于柏拉图在这里指出的所有名称和符号的创立来说都是可以有的，这也证明，措辞在利用它的意思称呼事物时，并不是单义地拥有这种意思。作为一种措辞，它具有潜在的歧义。柏拉图的意思很明确，词语的这种多义性而非所意指的事物，使得"此"（da）这个词中的他者得以存在。在逻辑的（logistische）人工语言时代，这一点无须进一步解释。这也正是上个世纪所发明的数学符号语言的出发点，流俗的语言不足以迫使理解，毋宁说，因为其不精确以及多义性而陷入伪问题。因此出现了通过改

103

---

　　⑳　参见布鲁诺·斯内尔（Bruno Snell）："赫拉克利特的语言"，载《赫尔墨斯》，第61卷（1926年），第368页以下、第372页以下；H. 蒂勒（H. Diller）《赫拉克利特主义的世界观和语言——古代的新图画Ⅰ》，第314页。

进入造的符号系统来消除这类错误的要求。在自然语言中,每个单独的符号都完全清晰地描述了某物,柏拉图对此予以的驳斥,或许也适用于这种完美的人工语言。那么对于数学人工语言我们可以自问,是否这种方式真的天性太弱,或者反不如说它的使用,即以词语的自然使用为基础的流俗不巧妙,也不够精确,无法确保在符号和词语中把握所指之物。

那么这会变得尤为棘手,如果按照柏拉图的说法,不仅仅词语不包含确定和固定的东西,而且定义句的功能也被看作具有同样的弱点,更确切地说,之所以如此,是因为句子本身就是由词语组成。从许多方面来看,这都听起来很奇怪。词语的多义性恰恰由于它在与言语关系中的重要地位而减弱。人们完全可以从这一洞见来批判对符号和被刻画之物进行单义规制的整个理想。假设存在着一件完美的描述工具,通过它可以清楚地描述人们所指和所思考之物,这可能会是一种语言的逻辑理想,这是一种唯名主义的偏见,在维特根斯坦的《哲学研究》[29]中,依我看已经令人信服地证明了这一偏见站不住脚。那么人们可能会认为,从单个词语(einzelnes Worte)到言语统一(Einheit der Rede)的这一过渡克服了这种习惯性刻画中的弱点,人们也愿意相信,当它对个别定义的失败尝试跟作为理念之普遍性的逻各斯对立起来时,正是柏拉图的辩证法可以做到这一点。事实上我觉得这个问题的答案就在这里,即为何连带有涉及单个词语的相同论点的定义句也受驳斥。虽然,正是逻各斯克服了这种词语的弱点。毕竟是定义性概念解

---

[29]　路德维希·维特根斯坦(Ludwig Wittgenstein),第 1 卷,第 289 页以下。

释的确定摆脱了语言使用中的单纯命名的任意性,并通过概念的
规定活动使得事物如其在自身中被规定的那样在此存在着。在这
里,人们似乎超越了所有的混淆,不论是词语的意义,还是图形和
事物,而其原因正是人们拥有了定义。语言表述的惯常特性本身
在这里还会带有什么样的遮蔽危险?

　　柏拉图的《巴门尼德篇》似乎很好地回答了这个问题。重要的
仍然是,不在这里预设一种直到柏拉图教学的终点才能实现的逻
辑洞见,而是从每个人都有的辩证法经验出发。柏拉图在此所给
出的圆的定义无法在属–种–逻辑(Gattung-Art-Logik)图式中清
楚地表达,不是没有理由的。如果想描述思想的辩证法经验,不能
简单地以概念构造分类的教学系统(Schulsystem der klassifika-
torischen Begriffsbildung)为前提,相反,只要事物归入"属"(Gat-
tung)的观点缺乏明确性,那必须看到概念规定活动本身的做法中
就保留了任意性和不确定性[30]。《智者篇》[31]中各种概念规定的变
体——柏拉图的辩证法也是以同样的名义以它们开启的——以及
《政治家篇》[32]中相应的反思使这一点完全清楚了。将这些定义可
能性的任意性映射到柏拉图理念数学说(Idealzahlenlehre)背后的
"所有理念体系"(System aller Ideen)之中,从而消除这种任意性,
这也许是一种逻辑理想。但是我高度怀疑,这个系统所依据的一
和多的这些原则(die Prinzipien des Einen und Vielen),根据柏拉

---

　　[30]　从亚里士多德证明的理念(Ideal der Apodeixis)来看,柏拉图的二分法因此可
能就不够用了。

　　[31]　《智者篇》,221c—231c。

　　[32]　《政治家篇》,258b—267c。

105　图的观点是不是真的可以为我们提供分类结构的明确性。面对这
一点，不仅柏拉图秘传学说充满矛盾的传承，而且他对话录中的蛛
丝马迹也都开始暴露了。《智者篇》中最高属（die obersten Gat-
tungen）的交织以及年轻的苏格拉底从年老的巴门尼德那里得到
的辩证法训练仅与这种负面的洞见一致，一个孤立的理念不可能
纯粹自为地得到规定。相反，理念在辩证法上的交织不可能产生
对一种意义明确的概念金字塔的肯定性表象。这种秩序（Ord-
nung）的构建原则，即一个对另一个的依赖，尽管可以通过柏拉图
关于体系秩序的典型范式，即数、点、线、面、体之间的关系得到很
好的展示，但是这种跨越种种科学而导向对善的最终洞见的攀升，
以及从善出发的下降是否远非一种理想的计划③？是否正如入门
语用学（propädeutische Pragmatik）所说的那样，我们人类仅能在
最后的执行中认识到好和坏的秩序、整体存在的秩序？最后，二的
不确定性（Unbestimmtheit）也许同时说明，对于我们来说不存在

---

③　在我看来，柏拉图将毕达哥拉斯的四元体（Tetraktys）采纳到他的理想数字学
说中导致了同样的问题。——没有预料到，每个理念数（Ideenzahl）相比似乎原型地
（archetypisch）展现理念关系的造型（Figuration）应该能做到的更多。很明显它似乎不
能推导出一个明确的事物内容（Sachgehalt），而在其他专业范围这个同样按原型确定
的造型则是可能的。亚里士多德为理想数字（Idealzahlen）的具体应用给出的不确定的
例子（亚里士多德：《形而上学》，第13卷，第4章，1078b21—23），在我看来，似乎并没有
预示太多争议，只是证明真正放弃了仅为这一确定的事物而对理念数字所做的单义归
置。同样，在柏拉图的对话中，二分法的实施方法在我看来并不具有某种随意性，因为
通过最高属的划分，无论它是一（das Eine）还是存在（das Sein），来统一实施二分法都
还没有实现。这一想法与"诡辩者"的表现非常矛盾，诡辩者将最高属理解为逻各斯的
结构元素（"元音"〔Vokale〕）而不是内容上的存在领域（Seinsbereich）。参见我的著作
《柏拉图的辩证法伦理学》，§8（现收入我的著作集，第5卷，第73页以下）。

存在结构(Seinsaufbau)的单义性㉞。

　　无论如何,在这里谈及其实施的辩证法与《巴门尼德篇》中所展示的训练是同一种。这也源于语言解释的多样性。人们也许想起了《巴门尼德篇》的第一个假设。这不是应该排除的烦人的多义性,而是一个在自身中把种种表述着事物领域的意义观点聚集起来的整体。在谈论事物时的那些零碎的纷繁的意思以及关于事物的各种观点都包含了一种生产性的(produktive)多样性,正如大家所熟知的,多义性不仅是学园所要探究的,亚里士多德也曾将他的分析天赋贡献于此。辩证法的生产力(Produktivität)是以概念进行规定的处理方式固有的、不可消除的弱点的背面。柏拉图所谈到的㉟逻各斯(Logoi)那种常遇常新的遭遇,在此以自己最外在的外在性出现了,它与个别词义的惯常特性被设定为一个整体。但是柏拉图也很清楚,所有疑难(Aporie)的源头也是谈话中快感(Euporie)的源头㊱。不想要其中一个的话,就得放弃另一个。在我们所掌握的符号世界,和为了掌握它、将之归入前者之下的事物世界之间进行单义的归置活动的东西,并不是语言。语言(die Sprache)和话语(das Sprechen)的整个可能性是以多义性以及后来的语法和修辞学中所说的隐喻为基础的㊲。

──────────

㉞　对此我也得讲一下《蒂迈欧篇》中每个阐述和对 χώρα 的阐述的辩证证明方式。盖泽(K. Gaiser)的文章在我看来才适当地提出了这里暴露出来的问题,参见《柏拉图未成文的学说》,斯图加特,1963年,第一部分,第41页以下。

㉟　《斐莱布篇》,15d:τῶν λόγων αὐτῶν ἀθάνατόν τι καὶ ἀγήρων πάθος ἐν ἡμῖν.

㊱　《斐莱布篇》,15c。

㊲　也见亚里士多德:《智者篇》,El. Ⅰ,1,165a7—17。

　　柏拉图将知识的最终可能性描述成在这四者旁的、不断地从一样过渡到另一样的停留（Verweilen），他这样做意味着什么，我们只有通过密切关注这种辩证法经验的直接性（Unmittelbarkeit）才能理解。灵魂跨越整个知识系统攀升到善的理念的过程需要相应的手段，所有试图在这里读出这些手段的层级（Stufung）以及一种有序的攀升（geordneter Aufstieg）都是完全错误的[⑧]。然而这里有个难点：前三个要素中的弱点已有详细的展示，但第四个要素，即对灵魂的是在进行认识还是知道的状态，这一点着眼于与逻各斯弱点的关联根本就没有得到谈论，至少没有用清晰的文字谈到。构成所有这四者弱点的东西却也对第四样东西同样有效。灵魂的状态必须是在对真进行着认识，也必须突现它的本己存在（Eigensein），而事物自身因而也就被遮蔽了。实际上在我看来对这一点的证明之所以没有明确给出，只是因为这种证明在整个阐述中以特殊的标准处在当下（gegenwärtig）。因为在接下去谈到糟糕的"饮食"时，在描述面对对手的辩证法艺术所表现出的个人灵魂的无助时，以及当需要善意的反驳和大度的提问与回答时，其中就存在着对这一点的间接暗示。在此也出现了颠倒（Verke-hrung）。在议论性的对话中，这种知识本身拥有并且能够突现出来的颠倒是一种自专（Rechthaberei）。因为它不同于这种一个人曾经主张或者主张、使作为一个属己的观点而自我实现进而产生影响，致使人们不再能够洞入他人对事情的反面说法了。这实际是一种观点或者知识的本己存在（这样——那样——存在，自囿

107

---

　　⑧　参见前注②。

〔Meinigkeit〕），对自身的迷恋，是对他人意见的普遍偏见，它试图妨碍客观真实。灵魂必须是怎样的状态才不会发生这种情况，接下来会详细讨论。

因此，从事物方面可以这样总结，所有这四者的弱点是相同的。这里不用明说，人们也可以用柏拉图的手段来很好的解释，为什么这一弱点无法消除。这四者都卷入了图像辩证法（Dialektik des Bildes）中。一旦要通过它们来描述事物，那他们都落入了自为存在的必然性中（für sich zu sein）。意欲描述某物的东西不会是它所要描述的东西本身。这种知识手段的本质（Wesen）是，它们为了能成为这种手段，必须拥有自己的非本质（Unwesen）。而成为被描述物的非本质似乎是它们的本质。我们总是一再地被引诱着仍然将这种非本质的东西用于本质，柏拉图称，这导致了混乱。这类似一种对本真意图，即通过这四种媒介走向事物此在（Dasein）的这一思路的背离。柏拉图明确表示，它会侵扰每一个人，并给他带来迷误和不确定性。

在这个数学例子中，非本质突出了自己，这一点很容易证实。但它不仅限于此。人们只需要坚称，这种所谓的认识论从头至尾都是指相互言谈的共性。它问，对于我和你来说，一种知识如何才能得到把握以及如何才能处在当下，也就是说，被道出的事物如何如其现实在此地那样在此存在，或者说事物不被遮蔽以及通过辩驳使之不纷乱。但是在诡辩术盛行时代的希腊教育中，曾有一种可怕的经验，在言谈中打乱一切，甚至通过诡辩的迷惑让数学丢尽颜面。柏拉图的对话中充满了对这种汹涌而来的空话的挖苦讽刺，而年轻人陶醉于对这种以全新的辩论和谈话之艺术为背景的

空话洪流。柏拉图在这里说，大多数情况下，我们满足于通过展示
方式而显示出来的表象，因为我们"出于糟糕教育的原因"㊴不太
习惯去探寻真正的事物本身，他以此所指的是整个日常经验领
域，人们信赖所有人所说，信赖所有人共有的观点并依此行动。
他继续往下讲到，在这些情况下，即使当他人的辩论艺术将一个
人卷入矛盾中时，这个人绝对不会变得可笑，此时我们就会不仅
想起对此进行了有趣展示的阿里斯托芬喜剧场景——我们也想
起柏拉图以他独有的方式在对话中对这些空洞的艺术进行了
蔑视。

　　但事物并不存在于我们缺乏实用的可靠性来免疫空话的地
方，也就是说，在所有情况下对我们来说重要的是真理本身，我们
彼此之间因此也迫使对方认识正确的东西并阐明理由。请注意，

　　㊴　参见 343c6：ὑπὸ πονηρᾶς τροφῆς(由于残缺的训练)，这一处的难点在于这个插
入语。如果不是这个插入语，这里给出的阐述就跟《理想国》523a 以下所说的完全一
致。之后就是矛盾超越感知(Wahrnehmung)并"迫使"(zwingen)或"呼吁"(aufrufen)
思考。这种非自相矛盾的自身的一致感知"足够"了，肯定不是"糟糕教育"的标志。这
一添加有何意义？我认为，它在我们此处看到并明确提出的两个根本的主题，即在数
学和德性(Arete)那里找到了它的正当证明(Rechtfertigung)。数学家不满足于所展示
的摹本(Abbild)，而是寻求真正的自身(Selbst)，上面已经说明清楚了。他不能让自己
被伪证据所引诱，这些伪证据是为了认识事物而使用的图形。那么对于数学家来说，
如果他不坚持以智性的严谨来抓住第五样东西，即事物本身，那么这就是"糟糕的教
育"。这同样适用于人类道德生活领域。在那里，谁不满足于展示出来的、在道德口号
和社会习俗中有效传递的、德性的写照，用柏拉图的话说，谁不满足于信念(Doxa)，而
坚持真正的正义和非正义的人，实际上正是通过他的教育与多数人区别开。这就是上
面几行谈论的那个ἕξις τῆς ψυχῆς εἴς τε τὸ μαθεῖν εἴς τε τὰ λεγόμενα ἤθη(灵魂的那种
习性进入到学习活动以及进入到我们所说的伦理教化)，它解释了 ὑπὸ πονηρᾶς τροφῆς
(由于残缺的训练)。

这里不是"被迫使",而是主动态形式"迫使"[40]。这表达了把我们相互联系在一起的这种团结一致,比如,作为数学家,我们所有人都会拒绝对于化圆为方问题进行非数学论证。但首先这是一个关于正确生活和生活中正确决定的庞大主题[41],面对这一主题,我们所有人,作为人类,我们相互团结一致,从而对我们来说重要的是"它自身",或者说真正的善。在此,一个人总可能通过训练过的新艺术打破给定的答案,取得胜利并给人一种假象,好像他人"在演讲或者文章或者在直接的对话中"所断言的,根本不是来自对事物的理解。有时这就是在每个在场者眼中的样子。也就是说他们不明白,他所说和所写的"灵魂"并没有因此得到超越性的引导,毋宁说,是我们这四种描述事物的媒介暴露了内在的本质的弱点[42]。柏拉图在他的对话中反复明确表示,在他眼中,不是那些不知道去

---

[40]　343d3:ἀναγκάζειν,类似的使用参见《巴门尼德篇》,133c1;《克拉底鲁篇》,432c8;《理想国》,523d 以下。后一段完全符合这里所运用的区分。《智者篇》的结论也放到这里:陷入 λόγοι(κυλίνδησις)(言说技巧)要求人必须通过辩论(Rechtbehalten)证实自己,并因此"迫使"他人自相矛盾。

[41]　对此最重要的部分是:《政治家篇》,286a 以下。

[42]　参见 343e1 以下;这篇文章中经常使用ἑκάστου 这个词,这表明,它在这里跟说话者或写作者的灵魂无关,也不是阳性名词。但是从事物这方面来看,这里对人的分离完全没有兴趣,他们更多的是在他们共同的团结(allgemeine Solidarität)中才能被描述出特征(我们一人称形式,343d 以下;πάντ' ἄνδρα,343c6 等)——而对于"事物此在"(Dasein der Sache)的四种方式来说,更是如此:它们中的每一个都想展示事物本身,但是它们所有天性都不合适,只有以最大的努力它们所有之间的反复才能完成"知识的诞生"(Geburt der Erkenntnis)。[米勒,同前注,第 263 页正确地强调,344a4 的 οὐκ ἐγγίγνεται 作为主语不是去补充"事物",但是他以及诺沃特尼(Novotny)(布尔诺,1930年)想要——和 a3 的 ποιήσειεν——将一个 ἰδεῖν 补充考虑进去。然而这里在我看来更可能的是,从 e2 来说必须补充 ἐπιστήμη,这一行为可以通过 εὐμάθεια 和 μνήμη 充分唤起。不是看(das Sehen),而是看到的(das Gesehene),是知识"ἐγγίγνεται"。]

驳斥这些艺术的人可笑,而是为这些空洞的艺术而自豪的年轻人自己可笑。

我们举个例子。例子本身就是描述真正知识的必要媒介之一。它们属于像(Eidolon)领域,从某种意义上来说它们在道德考量和辩解中显然与数学中的图形所起作用相符。它们不是所指之物本身,但所指之物在它们身上变得可见。它们是人们为了在其上指明本真的所指之物而被展现的,换句话说,它们是"Paradeigmata"(例子)。那么我们的例子是:无论谁说人必须信守诺言,所指的都是人类共同生活的一种道德要求,那些试图说明这句话正当性的人,将会提出很多显而易见的东西:关于人类社会的秩序、人们的彼此依靠、长期规划以及能够相互信赖的必要性,等等。在此过程中也有可能成功深入到人类义务本身根植其中的深处,与此相比,所有实用的考虑都被证明是次要的,例如康德在他的道德哲学中做了如此伟大的事,在柏拉图《理想国》中的乌托邦中也毫不逊色。但是,对于不想往里看的人也不存在一种手段来迫使他获得洞见。一个人不仅可以总是引用别人所说或所做,来躲避烦人的义务,也将知道如何从理论上为这一做法辩护,即以特拉西马库斯(Thrasymachos)或卡利克勒斯(Kallikles)的风格去质疑这种道德义务。谁对礼俗和义务没有概念,当有人引用这些概念时,谁就没有回应,那他将不仅永远不会完全理解这一切,甚至会认为,他对此有着更好的理解,他会看穿这些道德顾虑的幼稚(Einfältigkeit)。[43]

从这个意义上说,第五样东西即"事物本身",它与我们之间彼此需要,关于它的知识不断受到来自于逻各斯(Logoi)弱点的威胁,柏拉图最伟大的洞见之一就是认识到这个弱点。它也被诡辩时代的新教育所利用。起先那些伟大的艺术家打算将这个弱点为谈话和辩论的艺术,以及认识和正义训练的艺术所用——当柏拉图从那些人门徒圈子的观点出发,使一种众所周知的后果得以可能被提出,即对这些人来说,正义也不过是一个欺骗愚蠢者的词语时,柏拉图就得出了一个有说服力的结论。[44]

我们所使用的这个道德例子非常清楚地说明,文本中所指的必须与事物有"亲缘性"(verwandt)(并不仅仅是带有理解力和记忆力的灵魂天赋)是什么意思,谁应该可以在自己这里或他处形成这种对事物自身的识别力。不可直接谈论诸如正义、美、善这样的东西存在,这就是苏格拉底对话艺术的伟大目标。柏拉图坚持了这一目标,但同时也超越了这一目标。通过不知疲惫地重复正确谈话所提供的和实现的东西,是更多的。柏拉图说,谁想要了解真正的好和真正的坏,必须同时理解"完整存在的幻象和真理"(Trug und Wahrheit des ganzen Seins)。人们不能怀疑这里"完整存在"(das ganze Sein)的意思,它不是要表达每个所指之物的完好整体(das heile Ganze),而是通过对意指的个别化进行完整

---

[43] ἠλίθιος:《高尔吉亚篇》,491e2。

[44] ἀλλότριον ἀγαθόν:《理想国》,343c2 以下。对此的详细分析参见我的著作集,第 5 卷,第 254 页以下。

的表达,把完好整体直接从"一"中驱逐出去⑮。对整体的构造证
111　明了这一点。思想的活动是从个别例子——真正的圆——出发
的,但早已将其抛在身后。它以并未明言的自明性,实现了从在一
切关于圆本身的言谈中所指的数学德性,向真正的德性与恶本身
的过渡,同时作为其知识基础揭示了整体不可分割的统一,因而在
任何的部分中都不能获得真正的知识。有人想到,整个柏拉图式
对话群的构建法则是让任何一个德性的问题都在德性的一和整体
的问题中隐没,直到这幅关于这个整体的扩大了的图像在精神天
空中呈现为城邦乌托邦,穿过知识的整体直到善的理念之路作为
真正的教育为了这个真正的城邦而设计。这一神秘的图像描绘的
就是整体中的洞见(Einsicht im Ganzen)以及观入整体的洞见
(Einsicht in das Ganze),柏拉图在这里谈的就是这一点。

　　如果关注这些联系,那就可以进一步确定,柏拉图所叙述的与
狄奥尼修二世唯一一次较长的对话中所阐明的内容以及这位野心
勃勃的年轻国王擅自在自己的文章中所作的不充分描述。344d4
这段提到了一个类似狄奥尼修式技艺(Techne)的标题:περὶ φύσεως

----

⑮　344b2 的 τῆς ὅλης οὐσίας 这个短语让人想起《斐德罗篇》270c2 的 ἄνευ τῆς τοῦ
ὅλου φύσεως。当然,有争议的是,这里是从宇宙还是从整个有机体意义上来说的整体的
本性(die Natur des Ganzen)。参见伯利克里(Perikles)(270a),他坚定支持"宇宙"。但
是对这段的解释跟这个问题无关,因为不管怎样,苏格拉底在《斐多篇》中给了这个短
语一个相当广泛的应用。那里看起来好像是对灵魂本性的正确知识,这一知识导致用
真实已知的雄辩术把真实的逻各斯带到灵魂本性身边。好像不是将正确逻各斯的知
识,即辩证法,作为整体的前提! 对此也可参见 Archty. 74B1,P. 432,2(Diels)περὶ γὰρ
τᾶς τῶν ὅλων φύσιος καλῶς διαγνόντες。在《第七封信》中也暗示了技艺(Techne)和 Tribe
的重要区别;它不仅知道真,而且也知道假(τὸ ψεῦδος ἅμα καὶ ἀληϑές),这属于技艺的
本质。详见《希庇亚篇》(《小希庇亚篇》,367c),也见《斐多篇》,97d3。

ἄκρα και πρῶτα(论自然的最高和最原初的原则)。同样在341e这里所使用的"physis"这个词,是真正相关的事物,即"pragma"(341 c3)。按照这封信的说法,对于数学知识可行的方式,却无法用来表达对事物的认识。毋宁说,这是一种细微的提示,如果拥有适当的前提,那么利用这个提示就可以清楚表达事物。柏拉图在他的谈话中(以及在他的对话诗中)经常给出一些提示,这里的提示也是如此,显然它唤醒了洞见,而洞见使人完整和满足。它将不会再被遗忘,因为人们将会发现它一直可靠和有效。显然这里不是一个既长又离题很远的阐述。从这一事实可以推断,柏拉图唯一的演讲使得狄奥尼修有能力从他那方面书写这个整体。344e1明确称之为 πάντων... ἐν βραχυτάτοις κεῖται(因为所有这些原则就存在于这些最为凝练的表述中)。

或许不容置疑的是,这是关于一和不确定的二的学说,柏拉图将其视为他真正的事物,并声称不可能对其作书面的阐述。正是这个学说,亚里士多德首先将它作为真正的柏拉图哲学进行阐述和批判。并且亚里士多德向我们证明,关于"本原"(archai)的学说与理念学说不可分离。它不是提升自己超出前者的一步,而是表达理念学说真正基础的退回后面的一步。我认为,从柏拉图的《巴门尼德篇》可明确得出:理念的假设(Annahme)被柏拉图视作一种存在于言谈和相互理解的本质中的不可避免的结果。但是这个假设并不能作为一种真正的柏拉图哲学。它在柏拉图的《斐多篇》中,或者说,它在这里可能是第一次出现于文本,而它直接被描述成一种陈词滥调（Abgedroschenes）㊻并非巧合。这一理念的假设本身并不是柏拉图哲学，毋宁说，它向后者提出了哲学的任务。正如《巴门尼德篇》所示，一个单一的"自为"（für sich）的理念根本无法得到认识。这里面就有年轻的苏格拉底所犯的错误。理念的完整结构或组织在每个知识中发挥作用，柏拉图也追问理念结构的形成和组织基础。正如数学科学的伟大系统从点、线、面到体的数字出发，描绘了一种从数字学说延伸到立体几何的整体一样，在言谈、"逻各斯"（Logoi）、上升与下降、一与多、联合不同到惊人的统一以及众多明显影响广泛的后果中，哲学洞见真正的行动法则（Schrittgesetz）也是如此。这看起来像一种枯燥的公式主义，在数字一和二的产生原则中来发现所有洞见的产生原则以及所有阐明事物的言谈的构建法则，并且可能就是这一假象使得书面记录对于柏拉图来说并无用处㊼。但是我认为这个学说真正描述的是洞见进展中令人喜悦的经验，就是《斐莱布篇》（15c）所说的快感（Europie），这与解答一和多辩证法的正确方法——通过言谈阐明事物的方法，背道而驰。正是一和多的辩证法决定了所有人类谈话和洞见的有限性，是单义性和多义性之间一个多产的"之间"。在言谈和认知中所编织的理念组织展示了存在自身的状态。这不

113

㊻　《斐多篇》，76d8：ἃ θρυλοῦμεν ἀεί，100b5：πολυθρύλητα；《克拉底鲁篇》，439c7：ὃ ἔγωγε πολλάκις ὀνειρώττω，使《蒂迈欧篇》51c4 所支持的毕达哥拉斯假设失去依据。人不会梦到别人多次说过的话。但是，正如我上面所阐述的那样，他的论点在某种意义上得到证实。

㊼　参见 344c6，G. 米勒（第 264 页注释 31）误解了 ἐν χώρᾳ τῇ καλλίοτῃ，就好像是写出来的东西（das Geschriebene）而不是真相在那里占有一席之地。因而他对假花园（Scheinblütengarten）做了不合理的注释。

是二者择一：将苏格拉底无知之知（das Wissen des Nichtswissens）提升到"辩证法"的反思形式（Reflexionsform），或者从最高原则出发构建存在结构。至于"新柏拉图主义的"这种建构思想也可以如此远地追溯到学园和柏拉图学生们的思考——对于柏拉图必定具有宗教意义的善的超越（die Transzendenz des Guten），无论如何使得与民间宗教（Volksreligion）的治接成为可能，并通过两"原则"即一和二的学说进行了哲学的解释，这就给我们带来了值得思考的东西。这里不是讲述先行者怀疑一和二"原则"的这些谱系故事⑰，毋宁说，是一致多样地展现在逻各斯（Logos）中、可以追溯到一和二的存在的意义；是"逻各斯"（Logoi）的整体，在其中存在的秩序统一起来并由此展开；是真正的整体，当然，人类有限的认知只有基于它的基本状态（Grundverfassung）且仅在实际关联的具体实行中才能经验它。这其实就是从总是在言谈和认知中作为无限关系的整体里"举起"某种特定的共有的方面并置于无蔽（Unverborgenheit）之光下。即便是这个可见的宇宙，它的秩序也会下降到我们地上人类世界的无序中，这个宇宙就处在纯粹的理知性和一种阻抗（Widerstand）的元素之间。《蒂迈欧篇》的结构表明，这个居间者（das Zwischen）如何构造了我们世界中的存在者的存在方式。命运（Ananke）反对理想秩序的新努力在这个宇宙谱系的理想方案中并没有造成任何裂隙，所以这种新的努力实际上是对一种自开端以来就被设定的限制（Einschränkung）的再次

---

⑰　参见《智者篇》，242d 以下。

采纳⑱。这一限制也很明显地出现在毕达哥拉斯学派的对立学说（Gegensatzlehre）里，柏拉图在此进行了深化。

当然，柏拉图的宇宙论不仅仅是毕达哥拉斯主义的一种变体：它以理念学说为前提，在神话故事中阐述了世界的诞生，据此，一个制造者，即造物主（Demiurg）将目光落向理念。可见，柏拉图是想证明理念是整个世界秩序的基础，因此它必须将这个技艺模型（das Techne-Modell）应用于整个自然。另一个模型，即无限制者（das Grenzenlose），则作为图形在其中塑型之物的本质阻抗而出现。这一对立跟同样出现在《蒂迈欧篇》中的 ταντότης 和 ἑτερότης 的二重性有关，这一点很清楚。这里的典型特征正是逻各斯（Logos）的结构概念，对立正是在其中得到描述的。它的起源不在宇宙论而在辩证法。一种阻抗属于世界秩序或世界形式，同样也属于阐明事物的言谈，自从《斐多篇》中所描绘的逃避至"逻各斯"（Logoi）以来，这是认识柏拉图式哲学思考的唯一途径。在其中存在者的真理最终得以闪现的辩证法努力，据其本质而言是无限的。这呈现了被设置在人类理智领域中的阻抗，也与《蒂迈欧篇》中一切被造物的载体（das alles Werden Aufnehmende）相符。作为毕达哥拉斯的信徒，像那些所谓的信徒一样，柏拉图所指的并不是世界，而是人类。多，二的无限制承载——并制约——世界的秩序以及人类认知的可能性。

在《第七封信》中没有提到这一切，但这些是以柏拉图在信中的描述为依据的。他描述了如何在我们人类所有的有限性和局限

---

⑱　《蒂迈欧篇》，48e，28a 以下。

性中依然可以获得洞见。探求的共有性使得一个人在另一个人那里变得敏锐，词语、概念以及直观形象考验自己的每一个观点并在问和答的游戏中把所有的自负教条抛在身后，人不应该仅仅是洞见这个或那个，而是只要有可能，还应该洞见所有的德性和邪恶以及存在的整体[49]。柏拉图在此所描述的表现事物的四种媒介不知疲倦的重复，不断地从一个过渡到另一个，同时保持朝着所指之物的方向接近，但这并不能通过有说服力的推论实现，这就是辩证法的艺术。同样地，年老的巴门尼德反复迫使苏格拉底从单个的概念转到概念的含义，从总是很明显的直观形象中迁离，并使得一消失在多中，个别物消失在整体中（对比《巴门尼德篇》，133d）。苏格拉底对话中向我们描述了“引导性谈话”的对话形式，后期对话展示了二分法辩证法的施行方式，但即便是这种辩证法的力量，也不能去认识“所是”，它只懂得展开尝试性的正题和反题，正如亚里士多德所说（《形而上学》，第13卷，第4章，1078b25—27）和柏拉图《巴门尼德篇》所做的示范——所有这些都有着相同的目标。它们有助于人们成为辩证论者，也就是说有助于训练对事物本身，当然不是单个的，比如圆的认识能力，而是对 ἄκρα καὶ πρῶτα 的整体认识能力。为此需要这四种描述媒介，其中也同样面临产生诡 115
辩的危险。因此，柏拉图《第七封信》中纲领性的声明与他一生的关心以及这种关心的文学执行相一致。哲学家与诡辩者相像得很

㊾ 344c1，参见《法律篇》，968de。那里强调了，只有成就（Erfolg）才能证明一个人是否在正确的时间学到了东西，正是因为学识“在灵魂内部”（im Inneren der Seele）产生：οὐδὲ γὰρ αὐτοῖς τοῖς μανθάνουσι δῆλα γίγνοιτ᾽ ἂν ὅτι πρὸς καιρὸν μανθάνεται πρὶν ἐντὸς τῆς ψυχῆς ἑκάστῳ που μαθήματος ἐπιστήμην γεγονέναι。

容易混淆。区分这两者,与诡辩者自身内部的非本质区别开,是自柏拉图时代以来哲学思考的所努力面对的持续紧张形势。这也成为《智者篇》的主题。

这曾是苏格拉底提出的一个新问题,即某物是什么。这一问题基于怀疑和经验,说某物的人并不总是知道他说的是什么,而且恰恰是这种言谈艺术,即普遍性的表达观点的技巧,招来了这种危险。必须有一种新的艺术可以预示拯救这种危险。这就是引导对话的艺术,它可以消除只有哲学思考出现在媒介中的知识的混乱以及言谈总是要面对的遭遇(《斐莱布篇》,15d)。它必须将自己置于同样的境地,那里面临着诡辩假象的危险,因而诡辩者及其阴影一直伴随着它。诡辩术作为辩证法,在苏格拉底式的对话中从未停止过被驳斥回到它的原型中。那些仅仅是谈话的东西,除了谈话什么也不是,但仍能够——虽然可能不可靠——促成人们之间的理解,这就叫作:使人类成为人类。

(石海翔 译,王丁 校)

7. 反思的原型

（1966 年）

与希腊思想的相遇对当代哲学意识深具启发。因为就算希腊哲学的思索完全没有内在的灵魂声音,完全没有主体性的自由激情,完全没有自我意识的优先奠基而出现,但它绝非使我们简单感到是陌生物或他者,有如东方的僧侣文化思想或与仪式制度相联系的宗教世界思想。不仅它的诸神是人性的——从苏格拉底的时代以来,在希腊人的所有哲学思想中,也就是在希腊人的求知欲中,即已混合了某种自我知识,并且与所有知识要求相联系的东西自行显示那种给予理由(Rechenschaftsgabe)的要求,即 λόγον διδόναι(给出解释)的要求。

所以,这并不是说希腊人尚未认识自我意识的意义及其独特的反思结构。正如它的出众的世界好奇(Weltneugier)经常置其思想于自身之外一样,那些世界建筑的视角和自然事物的规律运转所放弃的伟大谜题中也已有回归"自我"(Selbst)——苏格拉底称之为"灵魂"(Psyche)——的倾向。但苏格拉底-柏拉图向灵魂的转向完全不是那种从早期思想的宇宙论方向的完全偏离,有如斯多葛学派依据柏拉图的《申辩篇》中的苏格拉底形象后来所传说的那样。若我们研究雅典哲学的经典文本,所呈现的毋宁说是一种特别的"主体性的衰退"（Abdämpfung der Subjektivität, 斯坦策尔语），而这一点之所以一直被忽视，乃是因为先验论哲学所印记的、朴素的历史图像将这一传统置于真正的新康德学派的提问之下。

最近，部分由于胡塞尔的"现象学哲学的观念"（Idee zu einer phänomenologischen Philosophie），部分由于对其批判所产生的关于康德的主体性概念及先验自我的问题，人们开始问，是否这种117"主体性的衰退"并不蕴含这样一个可以避免从主体概念开始的现代思想所面临的某种难题的合法核心。我是指我们依黑格尔称之为客观精神的显现方式的范围。当柏拉图依据较大的城邦形象来研究灵魂的本质，并且他还像亚里士多德那样把灵魂的统一想成是与自身的友情时，此处可能正是意指希腊思想的优先性。这些观点对当代社会哲学、现代心理学与政治科学当然是有益的。因此，柏拉图的灵魂（Psyche）观及其中蕴含的反思性赢得一种新的客观兴趣。显然，反思现象出现在非常不同的层面——就算它自己本身的基础就在主体意识的反思性上，我们也可以从思辨的观念论中学习到。因此我认为研究希腊思想所发展出的反思的原型（Vorgestalten der Reflexion）*是有益的。

我认为由此课题发展出的面向有三个：一是灵魂的统一；二是作为自我运动的灵魂；三是精神的运动。

---

　　* Vorgestalten der Reflexion，直译应为"反思的诸前型"。"原型"的德文应为 Urgestalt。但是，若是直译为"反思的诸前型"，这种中文十分拗口。几经思量，"反思的原型"应该是较为流畅的中文。而且对于西方哲学而言，应该也没有比希腊更"前"的"诸前型"了。——译者

　　我们从第一个面向开始。我感到此处有一个旧偏见始终未被真的克服。这一偏见是立基于柏拉图的描述,尤其是《国家篇》与《斐德罗篇》中的描述。柏拉图在那里讲到了灵魂的三个部分,并非常谨慎小心地解释(证明)此一三分法。但对此种描述,人们会轻易忘记其真实的含义。正是灵魂的二分现象才导致灵魂的此三部分有一个相互衬托的关系。很显然,这里有一种自身与自身的关系,这种关系对其内在的分裂有自觉。人们会想到柏拉图所举出的一个漂亮的例子,一个来到刑场的人,心中必然混合着乐趣与残忍,违反其意愿而去寻找恐怖场景。人们必须探问,柏拉图是否通过他的灵魂划分论并不是解释灵魂能力的心理学,而更是想要证明灵魂的自身关联?但这也意味着,灵魂的划分论只能在某一种非常特定的意义下才能成立。基本上它是在城邦的三个阶层分化的模式中就已被确立,它的目的其实是在于其整体制度的统一。一个城邦,只有当它不是被内战所分裂,而是一个有秩序的整体,它才是一个真正的城邦。柏拉图由此提出特定的诸德行(智慧与勇气)全归入领导阶层,他自己的学说以规定正义这一基本德行作为构成整个城邦的东西。一切人的一致和共同一致都立基于正义之上,而只有这种一致和共同一致才有可能讲到政治整体的统一。同理,灵魂只有在于自身一致、而非分裂,才是其自身。我们在《第七封信》中可观察到,柏拉图认为友情只有在一种状况下才可能有,也就是当人们与其自身为友,此一真理对我们的联盟能力的政治观念同样有效。与自身分裂者也无能力长久与它者连结,这一事实对我们也深具启发。这一柏拉图哲学的实际动机在亚里士多德那里发现了它的术语的印记及发展,也就是 φιλαυτία,即 Selbstlie-

118

be(自爱)这一概念。此一词对希腊人和我们都有同样可信的意义被亚里士多德在所有三部伦理学著作中有意地以柏拉图的意义改写,显然,"与自身为友"的这种可能性是与灵魂分类的问题连结在一起的。因为由之建构整体统一的灵魂各部分的合作与协调,并非出于许多自身独立的琴弦之协奏。其实,正是那种在柏拉图那里作为灵魂的最高的能力,作为精神在永恒与真实中寻找并发现其食物的能力,才是灵魂健康之所以可能的基础,亦即与自身为友的基础。灵魂三分论(drei Seelenteile)被消解于整体的统一领导此一思想之中,因而只是柏拉图对于内在性(Innerlichkeit)的面向所发展出的诸种可能阐释中的一个。

　　另一个著名的理论则是灵魂的净化及其与身体的分离的学说,这主要是在《斐多篇》里阐述的。柏拉图用这一毕达哥拉斯方法想说的,无非只是他的灵魂分类说所意指的东西。不为身体负担拖累的灵魂是灵魂在其纯净的状态,也就是它向永恒存在的纯粹转进。经由它这一向真实本体(das wahrhaft Seiende)的开放,灵魂才是它自己。在《斐德罗篇》中所描述的遨游天际的灵魂马车及那两匹秉性相异的马,其中所展示的灵魂分类论,也是由同样的想象思维所规定。如果诸神们的特征是他们能在轮回运转的整体中将其不受阻碍的目光投向永恒的领域,并在其中拥有他们的永生,那么面临阻碍的威胁的有死灵魂也是由此而分化,即那些能成功战胜阻碍并且以同样永恒为养分来充实自己,因此"永不受害"者,和灵魂依其观看受阻碍的程度而依次成为哲学家,然后是统治者、政治家、医生、诗人、工匠,以及那些唯一沉沦至动物存在的层次,在其中所有关于真实存在的记忆都被消解。

《蒂迈欧篇》中的世界图像也符合此一自身统一并与自身友善的灵魂论。灵魂三分论在此明确被作为一种不精确的说法处理①。真正的贡献与真正的努力在于给予灵魂的每一个部分以其自身的养分与运动，并以天堂的和谐为模范将灵魂整合为一体。毕达哥拉斯的智慧于此显现其作为背景。人的灵魂，或更好地说，人的存在（Sein）正是由此而与神的不同，如阿尔克曼（Alkmaion）深奥的语言所说，人类未学会把终点又与起点连结②。作为伟大的模范的天体朝自身回归的轨道以及在生成与毁灭的轮回中不断创新的自然循环为人的脆弱存在提供了这种可能，即在精神对于真（Wahren）的掌握中赢得永恒。因此，灵魂的存在，如果它是在其内在的统一中被掌握，那么最终是回归到那将生存者的本质创造为自动者（sich selbst Bewegung）的自我关联（Selbstbezüglichkeit）中。当亚里士多德在《论灵魂》一书的第 3 卷第 9 章中以灵魂的统一论反对灵魂分离论时，他看到的也是那促使灵魂为统一和整体的运动动力。

当然，对我们探讨的整个问题具决定性的是：灵魂（Psyche）并非主要是指灵魂的内在性，而是指生存性的原则（das Prinzip der Lebendigkeit），也就是那区别生者与死者的自发的自我运动（Selbstbewegung）。不论是毕达哥拉斯的灵魂论所影响的哲学思想有多晦涩，自我运动现象作为出发点是可确定的。自我运动的能力因而与区别的其他能力紧密相连。亚里士多德以区别（Un-

---

① 《蒂迈欧篇》，89e。

② （亚里士多德的）《论题篇》，17,3,916a33。

terscheiden)与自动(Sichbewegen)两种能力标识生存者(《论灵魂》,第1卷,第3章,411a4),而阿那克萨戈拉已觉察到两者有一谜一样的关联。他将区分的能力,也就是那于在者中(im Seienden)产生所有区别的能力归属于那推动一切的努斯(Nous)(《前苏格拉底残篇》,46B13)。那个能区别一切者,其自身也为一切所区别,而如此为一切所区别者,它不为任何事物所阻碍,因此也是一切的主宰——即使是万物的不规则也一样。阿那克萨戈拉尚未完全反思到此诸种关联。努斯作为改变的力量以及它认识一切自身混合者与自身分离者,这只是努斯的次要的能力(reine Nebenordnung)。众所周知,柏拉图已藉由苏格拉底之口说出了他对阿那克萨戈拉那孕育希望的开端之失望(《斐多篇》,98b)。阿那克萨戈拉所忽略的决定性一点是:自我关联性(Selbstbezüglichkeit)同样处于运动与区别中。

　　显然这里介入了柏拉图思想。柏拉图一再地描述,思想如何由那与关系现象相连结的矛盾假象开始③。同一事物可同时大和小,此一明显的矛盾,是自我关联(Selbstbezug)展现其自身的第一种方式,即使此一自我关联是作为单纯的假象,也就是以一种私有的方式出现。此诸种关系,如作为他者的大和小,事实上是没有自我的。这就是说,由它们与另一事物的关联中,无法导引出那由此一关系所导致者。这一"能够"(Können)不再是真的更多——它也可以是更少。大也同样是小者之大,就像小者是大者之小。

---

③　《国家篇》,第7卷,523a—524c;《斐多篇》,102b—d;《泰阿泰德篇》,154c以下;《斐莱布篇》,14c以下。

此一与他者之关联并非固定于其自身。但正是在提出这些"无我"（selbstlosen）的关系中,《卡尔米德篇》(*Charmides*)在一个饶富深意的段落中(166c)才解释了一种可能,即一种能力(Dynamis)并非仅只及于其能力所可施展之处,它也及于其自身。当那些在苏格拉底的对话中被当作不可能者,即一种能力(δύναμις)不仅只及于他者(τινός),也及于其自身(εαυτης),这对柏拉图和亚里士多德很明显并非空洞的主张,而是完全符合事实的,就看与听而言,它们并非仅与被看者和被听者有关,也与其自身有关——如我们所说:我们有一种看与听的意识(Bewusstsein)。

　　在自我关联性的诸多显现形式中,尽管作为知识的知识(ἐπιστήμη ἐπιστήμης)之谨慎(Sophrosyne)最终也能找到其应有的地位,但我们可以同意其为具有自我意识的意义之反思,却决非仅止于此。更重要的是,那自身可动的运动(κίνησις αὐτὴ ἑαυτὴν κινεῖν,168e9)也在其中,甚至是我自燃烧的热力,此二者为一与自身相关联的能力(Dynamis)。此称之为何? 能力(Dynamis)在此处很明显是对于那种在与它物的关联中有其存在的事物的一种一般的描述④,也就是那些亚里士多德将其归类于πρός τι,亦即关系(Relation)的范畴之事物。那在168b3已被当作知识使用的"能力"这一表述,在168d2中也被应用在多或少、重与轻等,也就是说自我关联性并非仅被应用在某一明显的意义上——如听与看。就单纯的关系而言,它们很明确的被排除与自身的关联之可能(168e)。

──────────

　　④　δυνάμεις 在《国家篇》477c 被描述为一诸在者之类(γένος τι τῶν ὄντων),而这个类被归属于人类诸多能力中的一个特例。

对上述其他所谓现象却很明显的并非完全如此。这透露了什么？

　　若我们最先关注知识的现象，则可察觉其具有一特性，也就是同一个关联（Bezug）同时也与其相对者有关。当大者之"能够"（Können）总只是因相对于小者而产生，观看之"能够"（Können）也同样与所有的注视和非注视有关（167c10）。其中的关键在于：此一能够是"开放"的，并非完全固定于其关联，而是在某一明确而特定的应用范围中从其诸关联中"解放"（frei）而回归其自身⑤。

　　对人的诸能力而言，这看来是不证自明的。这是一个著名的柏拉图的动机⑥：一个知道或能知道某物者，也有能力知道与其相反者。一个知道者也知道陈述错误者并且"很技巧的"（kunstgerecht）说谎，行家也有能力故意输掉等。真的有说服力的东西则是在柏拉图称之为"Episteme"的真正的、科学的知识之中。因为经由诸原因而知道者，他也知道要去认识使人犯错的诸原因。并非很令人信服的则是，在那有注视能力的观者之观中，亦包含了不去注视。这看起来像依据人为的模拟，但也许不止于此：非盲者，而且只有非盲者，才知道去看和不看些什么。此事最终也在这两个其他例子中的第一个有其明确的说服力：有能力自动者，也能

---

　　⑤　亚里士多德在分析 πρὸς τι（关系）（原书漏打此字，据维尔纳·耶格尔所编之牛津版《形而上学》补上——译者）（我们说那些可想到的就指有一个思想想到那事物，但这思想与那个因彼而成其为所思想的原物则不必相关。参见《形而上学》，第 5 卷，第 15 章，1021a 以下）时提出：这虽然不是指思想也有能够另作他想的自由，而是被想的"自由"（Freiheit）就算没被想到，也是存在着的。而正是此一"自由"暗示了（对希腊，而非对现代思想而言）那种自由。

　　⑥　《小希庇亚篇》，366b—368a（366c2：δυνατός！）。

静止。这是一种"关联"(Verhalten)的方式,也就是与其自身的关联。自身能运动者,必须"决定"(entschließen),它是否愿意或不愿意运动其自身——这一定律虽然只是对人而言,但经由模拟,对动物的行止一样有效。

相反的,此处所提及的最后一个例子,虽然也是以一种积极的意义引述,但看起来却很晦涩。那是热的例子,热既燃烧他者,同时也燃烧其自身。这是何意? 我们或许该回想一下我们自己的语言用法:我们可以说,火焰是通过自燃而产生。这看起来本质上像是属于加热一个东西,例如木头。它不断储存热能于其自身,因而更热,直到火焰从其中燃起。但是,那自身不断加热的热力,并通过此一自身关联"能够"(kann)引燃火焰,但却不这么做,此中之意义,却很难被发现。当亚里士多德正确地区分具有理性的生物之能力(Dynamis)以及那些在其自身中不可能有其对立面的无理性生物的能力之差异时,很自然地将那可加热者归类于后者[7]。

扩张其影响对这一切是必须的。"能够"(Können)的自由 * 在此并无意义。用亚里士多德的概念来解释:当影响者与受影响者相互接近时,最初并非取决于影响是否发生此一决定。对于有理性的自在者(das Ansichhalten)这该如何发生呢,因为人们放弃某种他们"能够"(kann)做的事。

至少在热这个例子中,看来似乎有一明确的类推。当火焰燃

---

⑦　《形而上学》,第 9 卷,第 2 章,1046b6。

＊　无能力。——译者

起时,其中总有某种惊奇、突然和无过渡的东西。木头同样尽量坚持其自身,直到火焰从中燃起。如果我们以可信的类推描述我们之所见时,我们就可能表达。人们因此自问:自我性(Selbstheit)是所有能力(Dynamis)的结构环节吗?只要某物对一存在者而言只是可能性而已,很明显其中就有一双重差异。只要某物是此或彼,它"自己"(selbst)或其相反者,此可能(能力)即包含了差异。这是何种自己?反之,存在(das Sein)将各种不同的可能与那种东西相关联,使这些可能是为这个东西并为这个东西的可能性而存在。但这就是说:与自己(das Selbst)相关联。能力因此也就成为一种因为有不同可能性而能区分其自身的自我能力[8]。

若我们要为柏拉图在此藉由能力(Dynamis)想要表述的意思找一个尽可能最普遍而且无偏颇的定义,我们会找到如下的定义:某物有某种能力,只要另一物被它所"能用"(vermocht)的话。此处令人想起阿那克萨戈拉(Anaxagoras)对努斯(Nous)所作的定义:努斯"有能力"(κρατει 或 ioχύει)以及并藉由此"能力"(vermögen)既可导致分离(和混合),也能区分被分离者,即认识被分离者。能力者没有进入其能力可及者,在此是被描述为,它没有与其混合。它的为其自身存在(Fürsichsein),不分离的

---

⑧   参见萨波(A. Szabo)的论文:"数学概念 δύναμις",载《古典文学评论》(Maia),年刊,第 15 卷(1963 年)。此一数学术语是由金融术语翻译过来的,其意为:"有益"(gut sein für),等值,衡量,特别是在把长方形换算成正方形时。但同样 ίσον 一词是一定要补充的。但这意味着,δύναμις 一词的根本意义,仍是"能够"(Können):既能同样,也能多样。能够意味着有不同的可能性——此处,在金融领域中是指:能适用不同领域(如其在价值的观念中所表现的)。

存在(Unteilhaftsein)⑨表述了它将其自身隐藏于这能力中的特点。努斯的这一能力以运动的起源的两种形式出现,也就是分离与认识,即区分,正如亚里士多德由阿那克萨戈拉的原文中正确的解读出来的(《论灵魂》,第1卷,第2章)。

当柏拉图谈论一种能力(Dynamis)的自我关联性时,此一谈论方式在某种程度上当然是误导的,因为此处某物有某种能力一事,既未被凸显,也未被作为陈述的主体。我们将不会说这是一种能力的自我关联性,而会说这是灵魂的,也就是活着的、以具有意识为其特征的事物的自我关联性。灵魂的内涵(规定)看起来具有这种内在的自我关联的结构,但并非具有能力的结构。从另一方面来说,能力等同于灵魂自身,就某种程度而言,也是对的。其实并非能够本身(das Können selbst)能够,而是我自己使其能够。正因我是那能够者,我也能让我自己自觉地从执行此一能够中退出,也正因如此,在此一操之在我(an-mich-halten)中,这两种可能性才是存在的。一切都是由整个灵魂所操控的。当柏拉图在《泰阿泰德篇》(184cd)中确定此事时,他因而赢得了自我的观念,并克服了那种将看与听当作存在者之间的简单交流的思想。作为我们的出发点的《卡尔米德篇》以及亚里士多德的某些章节预示了近代

---

⑨　流传下来的概念是 ἄπειρον(无限)。但它是否并不必被称为 ἄμοιρον(无分有)?至少关于 ἄπειρον 这一问题的学术史兴趣中,可以看得更清楚。ἄπειρον 在亚里士多德《物理学》第1卷第3章和辛普里丘的注释中,都被表述为混合(μίγμα)与原初物质(ὁμοιομερῆ)。辛普里丘在对于164,25以及176,32的注释中,根本未解释或使用 ἄπειρον 一词。麦里梭(Arist. 976a15)在《前苏格拉底残篇》中在此处(46A50)被错误的引用,因为 ἄπειρον 很明显是应用在全体(τὸ πᾶν)以及此处的原初物质(ὁμοιομερῆ),而非理性(νοῦς)。

的主体思想由此一柏拉图的知识演绎而来的概念结果。当辛普里
丘以新柏拉图主义的概念方法解读亚里士多德的感觉论时,他就
已讲到了感觉的逻各斯特征(Logos-Character),此一特征的形
式,就在于感觉的"模仿回溯"(die Umwendung nachahme)[μιμε-
ιται τὴν τοῦ λόγου πρὸς ἑαυτὸν ἐπιστροφήν(模仿逻辑的回溯而回
归其自身),辛普里丘:《论灵魂》注释,290,6]。

　　《卡尔米德篇》作为我们的出发点因此带来了方法上的成果,
使我们直接从外部观察自我关联性。这是有必要的,因为热与燃
烧的例子也适用于灵魂的行动。此处当然并非指灵魂——在热、
火、光、生命与精神之间有一巨大的共同性(Nachbarschaft),这一
共同性将光在斯多葛学派的思想中直接提升为反思的原型,因为
光只有在照亮事物时其自身也是光亮的(《早期斯多葛学派著作残
篇》,II 24,36 和 II 36,9)。反之,我们主张,如果其他表述能力的
自我关联性的例子是属于灵魂的话,那么在其中所关注的,无非就
是人们在木头的燃烧时所能观察到的东西。运动进入生存者中,
就像火焰进入木头中。有灵魂的东西,也就是有生命者,其运动本
质有着独特的方式,与那些经由他者而运动者不同。柏拉图将灵
魂明确地描述为一不为身体所有感官所感觉,而只能为思想所发
现的东西(《斐多篇》,79b 以下;《法律篇》890d),这也符合此外在
的描述。

　　灵魂的本质就是如此被定义为自我运动(Selbstbewegung)。
αὐτοκινοῦν(自动)这一概念是柏拉图的印记[⑩]。亚里士多德也有充

------

　　⑩　埃提乌斯(Aetius)在描述泰勒斯和阿尔克曼(Alkmaion)时,使用的是一个(亚里士多德的)αὐτοκινητός(自我运动)!(Aetius Dox.386)

分的理由,将一切的开端,第一动因,设想成一自身不动者。这一学说在《法律篇》的第 10 卷就已知名,并作为可能性在 899a2 之后出现[⑪]。因此亚里士多德并未误解有生命者的自我运动的现象学材料(das phänomenologische Datum der Selbstbewegung des Lebendigen)。无论我们是否可依据亚里士多德将这一自我运动仅与空间的运动相关联,这一问题对于我们来说都是根本的:这一关于自我运动的称谓如何与关于有生命者的其他称谓相关联,而它在现象学上很明显的是有感觉(Aisthesis)的,也就是能区分,如我们所见,在有生命者那里自我关联性暗示什么?我们已从阿那克萨戈拉流传资料中得知此二者的连结。看起来似乎有同一个被理解为分离与区分的过程。这种想法能在柏拉图的思想中被具体呈现吗?

当我们在柏拉图的思想中关注自我运动的理论时,我们也应避免去寻找柏拉图在他的晚年才认识到的东西。此理论更是一个问题关联的一个面向,如上述所暗示,此问题关联在《斐多篇》中的灵魂论里是完全感觉不到的。它的真正来源其实是《斐德罗篇》。125那里关于运动与真实存在的看见之间的关系的谈论,是够不清楚的了,而且根本就像神话一般。如人们早已注意到了的[⑫],正是在那导致灵魂的自我运动——灵魂不灭也由此"被证明"——的指示中,有一被强调的、逻辑的证明特点。值得注意的是,这一描述经由一种风格上的方法与该问题的另一面,也就是经由灵魂得到的

---

⑪　耶格尔(W. Jaeger)在《亚里士多德》一书(1923 年)的第 144 页中已正确指出这一点。

⑫　苏尔姆逊(F. Solmsen):《柏拉图的神学》(*Plato's Theology*),1942 年,第 93 页。

关于永生的知识，连接起来。在 245b5 出现了灵魂整体（ψυχὴ
πᾶσα）——在 246b6 同一个灵魂整体（ψυχὴ πᾶσα）又出现了一次，
这是为了从灵魂对于无灵魂者的影响（ἐπιμελεῖσθαι τῶν ἀψύχων）
中导引出天体的"运动"。《斐德罗篇》就以这种神话般的语气将运
动（Bewegen）与认识（Erkennen）紧密结合（比较《斐德罗篇》246e5
中与宙斯有关的段落）。

　　但最重要的文本则是《法律篇》第 10 卷中的叙述。为了证明
灵魂的运动方式，并确定其存在的等级，在那里区分了 10 种运动
方式。在这些运动方式中的第 10 种是那种引起了其他所有运动
的自动（Selbstbewegung）。在很明显的影射阿那克萨戈拉的
895a 以下的段落中所陈述的是，只有这一运动方式才能阐明所有
运动的开端。其显现方式直接被描述为灵魂的现象：意愿、思考、
关心、回忆等。它应当以此诸种形式控制整个宇宙。根据此一导
致宇宙运动之和谐秩序，有一种理论应被接受，亦即，此处所讨论
的是一个由努斯所领导的完美的灵魂之影响。因此，这一努斯的
运动方式也就成为追问的真正对象。

　　它被当作一种范例而提出，也就是那在 10 种运动方式系列中
占第一位运动方式。那是一种圆形——或更准确地说，陀螺形运
动，在其中静与动很吊诡的统一在一起。这一运动被描述成将其
自身以一种惊人的方式同等的分散在全体之中。这意指，在内圈
的自我旋转的轴、轮、陀螺等转得较慢，而位于外圈的则转得较快。
陀螺形运动的这一惊人的同构型现在直接与努斯的运动（Bewe-
gung des Nous）相关联。就这一运动而言，它是根据同样的原则，
以同样的方式，在同一事物中，为了同一事物，并且是在与这同一

事物的关联中实现其自身(898b)。在柏拉图的著作中我们已偶尔可发现不少此诸种规定,而且,是当这与矛盾律著名的雏形有关时(《国家篇》,第4卷,436b8,436e9;《智者篇》,230b7—8;《蒂迈欧篇》,34a,36c;《政治家》,269d)。[13] 陀螺的图形在柏拉图《国家篇》中的436d已出现,因为在陀螺的运动中,它似乎同时"处于"(steht)相同的静与动之中。这一矛盾经由不同的视角似乎被解决。反之,这一矛盾的现象在此并未被消除。更为重要的则是,以同样方式导致陀螺的运动和精神的运动之事物的自身性(Selbigkeit)之诸规定的序列,在此被提出。这一精神能力,当它固守其自身性时,很明显应该与陀螺的持续运动作比较。

我们现在从柏拉图的《蒂迈欧篇》中的叙述认识了运动与知识的相似的共同秩序。宇宙在那里是被描述为一个巨大的生物,也就是那种有灵魂且自身能循环运动的东西。在那里它再一次既有同一(Selbigkeit)的规定又有与其相对的差异(Verschiedenheit)的内涵,这是我们从《智者篇》中了解的所有知识与言谈的结构环节,这种结构环节决定了宇宙的运动及其中所有生命的存在方式。在《蒂迈欧篇》40a的叙述中看起来仿佛是这样,恒星的运动,虽然参与了天空的旋转,其自身却是会发光的。[14] 对有死的生物而言,这可能被立为一种卓越的范例。运动与知识永远相互转移,也就是在自身中旋转的运动和永恒同一的思想永远相互转移。

---

⑬　黑格尔在《哲学科学百科全书》§351中也有类似说法:在自身中的自由颤动(Erzittern)。

⑭　参见我的论文:"柏拉图与前苏格拉底学派",载《Epimeleia——赫尔穆特·库恩纪念文集》,慕尼黑,1964年,第127页以下(本书上文第58页以下)。

从认识与运动之间的这一内在关联出发,使我看到对于《智者篇》一个著名段落(260a)的新解,其中被讨论的是诸至高种(die obersten Gattungen〔通种〕)对于逻各斯(Logos〔言说〕)之分有(Anteil)如何可能。这些种的不等量,一方面是同一(Selbigkeit)与相异(Verschiedenheit),另一方面是静止(Ruhe)与运动(Bewegung),我已在另一种关联中将其评论为从把握世界的思想中赢得"纯粹"(reine)的反思规定(Reflexionsbestimmungen)的困难之表述(同上书,第68页以下)。文本始终显示其意识到这一问题,即使其解答令人惊讶。那些拒绝一切生成与运动的"存在"(Sein)的"理型论支持者"(Ideenfreunde)所面对的问题是,他们究竟该如何设想知识,也就是灵魂对于存在(Sein)的分有。反之,他们明确地拒绝,按照诸物体汇聚的模式,也就是一种施(ποιειν)与受(πάσχειν)的关系,去规定这种分有(Teilhabe)与同在(Gemein-schaft)。因为那被认识者,只要它是被认识的,它就是在运动之中——这对于静止的存在是不能发生的。

毫无疑问,对于柏拉图在此所使用的运动概念,我们应另作他解。因为它并非像隐秘的黑格尔式的新康德主义所主张的那样,是与理型的运动有关,而是与理型在逻各斯(Logos〔言说〕)中的多,即它的合与分有关。据此,则此处关于"运动"究竟想说的是什么,就很明白了。当某一特定的理型关系在逻各斯中被提及,诸理型的可能同在(Zusammensein)就会被实现。此种关系好像是"被提出"(gehoben),也就是从无限多个其他可能的关系中被提出(herausgehoben)并作为被指定和被谈论者而被突出(hervorge-hoben)。在此有一个关于关系的本质的老问题:关系就只是那进入此一关系中的东西吗？新康德主义对此给出一个明确的答案：思想即关系(Denken ist Beziehung)。这一回答应该被反对，关系的自在存在(Ansichsein)必须被保卫，不论思想是否能运用于此关系上(如每一个其他的"自在存在者")。但关系真的就像所有其他的存在者吗？很明显的，"被提出者"(Gehobensein)属于关系的本质之自身，而因为关系是经由思想，或在思想中被公开提出，思想也就属于关系的本质。被认识似乎可被想成是在理型自身的本质(Sein)中的一个过程(κίνησις)。若我们容许，此处经由认识而进入本质的过程的意义，不与我们一般称为运动的东西为同一的话，则从对此一问题的洞见，我们可以很好地跟随来自埃利亚的陌生人的思路。

此处令人惊讶的是，为了证明运动在本质(Sein)之中，对话在此有完全不同的发展。陌生人令人信服地强调说，人们不能把本质(Sein, τὸ παντελῶς ὄν，完美的本质，亦即"本质"〔das Sein〕：有如万物之所是的存在，亦如人们对于存在所总是设想的那样)设想为无运动的和死的，以及无理性的东西，而是必须承认它有运动、生命、灵魂和思想——基于这个理由，理型论支持者的片面论述是不成立的。[15]

人们在此又一次地认识了之前我们将之解释成生存者的自我关联的柏拉图的自我运动学说了。但它如何能成立？此处所暗示

---

[15]　斯坦策尔在《古代的形而上学》(*Metaphysik des Altertums*)一书第 142 页的讨论中，对此点并未说清楚。也见 E. M. 马纳塞(E. M. Manasse)：《柏拉图的〈智者篇〉与〈政治家篇〉——真理的问题》(*Platons Sophistes und Politikos. Das Problem der Wahrheit*)，1937 年，第 30 页以下。

128　者仅只是"本质"(Sein)的优先证据吗⑯？或者一个与理型链接的
关系结构的关联应该被暗示吗？或者是这个意思？即由于总是有
其他的理型之关系在其他的逻各斯(λόγοι〔言说〕)中被陈述出来，
所以"本质"(Sein, τὸ ηαντελῶς ὄν)展现其自身。人们也可称其为
自我关联——并非因为此为思想的自主决定，去思考此而非彼⑰，
而是因为此为一个本质(Sein)于这个或那个观点中显示其自身
(在其自身不是理型之位置〔τόπος εἰδῶν〕的一个灵魂或某一理性
中)。无论如何，对于反思内涵的分析常毫无滞碍地转到对于生存
者的自我关联。

　　当亚里士多德在其《论灵魂》一书的第 1 卷第 3 章中提到了
《蒂迈欧篇》时，他确实讨论了此处所说的本质区分。他强调了在
空间中的运动，如天体，以及无空间性的思想的运动之间的差异。
他反驳道，概括于思想之统一中的诸多思想，并非从一个空间点
到另一个空间点的不断过渡的结构，好像这种结构促成运动那般。
诸多思想其实是在相互跟随的连结的意义中被统一的。此处看来
运动与思想的本质差异已完全清楚地被认识了。但这并不会改
变，在亚里士多德的神学中作为可随意运动的第一推动者，那标识
其为第一推动者的内在本质的纯粹自我关联性，似乎是，不，正就
是：被当作一个活着的神圣本质看待(《形而上学》，第 12 卷，第 7
章，1072b30—32)。对我们而言，他只有在思想着的自我意识充

---

　　⑯　当人们读到此处的称谓顺序(Prädikationsreihe)时，必然会想到如亚里士多德
所形容的神圣的"本质"(das Sein)。这就是优先证据。

　　⑰　恩斯特·霍夫曼(Ernst Hoffmann)在《柏拉图》一书的第 145 页就是如此
解释。

分实现时,才是真的——只要我还在思考(quamdiu cogito)[18]。

在此谁不会想到黑格尔的自我反思(Reflexion in sich)概念呢?他早已用此概念描述有生命者,并且将这一概念提升为绝对精神的纯粹自我观照。众所周知,黑格尔将关于哲学科学体系的百科全书式的描述与一处来自亚里士多德神学的无批注的引文连结起来。当反思可将自我意识的面向及其反思性置于不顾,并作为一种绝对的反思而标致此一绝对(das Absolute)时,这使黑格尔觉得,希腊的本体-神学(Onto-Theologie)对于神圣本质的神圣性的陈述是可行的。但我们或许必须在这一融合中确立一个根本的差异。当黑格尔谈论自我反思、生命的转轴运动、生存者的颤动时,这些陈述与那些希腊的单纯隐喻是不同的。

(刘康 译,洪汉鼎 校)

---

[18] 笛卡尔:《第一哲学沉思集》,3。

8. 柏拉图未成文的辩证法

（1968 年）

一

　　来自沙德瓦尔特的蒂宾根学派（die Tübinger Schule）的并有意识地重新强调了柏拉图哲学的间接传承物对其思想解释重要意义的一些作品，所牵涉的乃是一个即使在语文学内部也无一致定论的争议问题。最显著呈现于我们所有人眼前的如克尔尼斯（Cherniss）的极端例子，即使对于亚里士多德的报导，他也不愿承认其正确性。从哲学方面来看，重建那些由间接传承物而发现的柏拉图学说观点的尝试，也发现了矛盾，而且是来自多种原因。一方面，因为从蒂宾根学派的重建意图而来的成果，听起来太像 18 世纪的学院哲学。另一方面也因为，在那里所进行的重建之路上，关于柏拉图学说所能做出的东西，也是相当粗略且贫乏的。

　　在此领域中所发生的这种争论已经有久远的历史了。这一历史的主要根源是：我们在最近五十年内，由于那种由古典语文学（die klassische Philologie）用愈来愈精密方法对柏拉图诸对话所做出的形式分析，已经走得太过头了。但形式分析也意指一种更重视直接传承物而非间接传承物的自然倾向。最终的目的是要返回到施莱尔马赫,施莱尔马赫即使在与赫尔曼(Hermann)的争论中,由于受到浪漫主义对话原则的思想的启发,对于柏拉图哲学阐释的重心也仍放在其对话之上。

此外,对于现存的争议还有另一个也很重要的动机。那就是起源于浪漫时代晚期,特别是由克尔凯郭尔(Kierkegaard)所代表的对体系思想的原则批判。这种批判在新康德主义(Neokantianismus)于第一次世界大战之后的崩溃后,又再度扮演了一个重要的角色,并且也在德国的柏拉图研究中有影响,特别是作为语文学的研究将所谓的政治柏拉图推向台前。这主要是源自于维拉莫维茨关于柏拉图的有学识的著作。这部著作是从其真实性再度被承认的《第七封信》的政治内容出发,并且有许多人(库尔特·辛格尔〔Kurt Singer〕、保罗·弗里德兰德〔Paul Friedländer〕,库尔特·希尔德布兰特〔Kurt Hildebrandt〕及其他人)追随它。从哲学层面来看,它符合了一种对于像保罗·纳托普(Paul Natorp)和尼古拉·哈特曼(Nicolai Hartmann)所致力耕耘的柏拉图式思想的系统性解读的背离。尤利乌斯·斯坦策尔(Julius Stenzel)关于柏拉图的辩证法的研究虽然意味着对此两个极端的某种调和,但就算是他也特别强调要注意到柏拉图对话中的文献形式,并最终仍在哲学的解释中停留在新康德主义的地基上。这就导致了,注重对话形式及其永不结束的开放性,在哲学层面上不断地走向反对执守于某一种柏拉图的"学说"(Lehre)。最终,这种倾向最终走向了某种极端。在此我必须也把我自己的著作算进来。那是在 20 世纪 20 年代末期藉由现象学的方法从苏格拉底对话中导引出柏拉图的辩证法——在其背景中并非没有一个柏拉图的"学说"作为指导思想①。

我们现在必须对这一强烈震撼我们的争论作进一步澄清。

在此，为了能事先取得某种安全并合理的正确方向，我们想将诸如"秘传学说"（esoterische Lehre）或"秘密学说"（Geheimlehre）诸概念完全从讨论中排除。这些表述错误地强调了我们问题中的争论点。对于表述，我们应该可以达成如下一致意见，即一般而言，柏拉图只让他的口头学说被传授给那些其生活圈属于他的"学派"（Schule）中的人，并且只和这些人交换其思想。毫无疑问，柏拉图大多数的文献性对话是与此有区别的，因为它们是试图获得更广泛的圈子。正如柏拉图自己所已经意识到的：被写出的作品，由于人们无法得到像在口语（Mündlichkeit）对话中对正确理解所能带来的那样的帮助，必然无助地遭到误解及滥用。对于自己由此种观点发展出来的对话形式，作为著作家的柏拉图不仅驾驭得极佳，并且维护书写（Schriftlichkeit）特有的法则。但对口述学说则有另外的法则。口述学说首先要在其自身中有更广泛的连贯性，即使涉及的并不是一些相互关联的学说内容。实际上就演讲（Vorlesung）这个词在此一关联中被使用而言，我们对于演讲形式只给予非常有限的有效性。如果文献性的苏格拉底对话的充满艺术气息的创造者和 μακρὸς λόγος（长篇演说）的批评者没有对教学对话更喜爱的话，那确实是非常值得注意的。如果曾经有过相互关联的教学演说，如论善（περὶ τἀγαθοῦ）的例子所示，那么我认为，

---

①　《柏拉图的辩证法伦理学》（1931 年，1968 年新版。现收入我的著作集，第 5 卷，第 38 页以下）。《柏拉图的辩证法伦理学》是伽达默尔 1928 年向马堡大学哲学院提交的教授升等论文。——译者）

柏拉图学说中的真正东西也是在持续多年的共同生活中所形成的诸教学对话中实现的。

但无论如何,对以下看法应该是一致的:即在柏拉图教学的诸内容和我们在文献性对话形式中所拥有的东西之间,我们应当看到有一个巨大的、类型方面的差异。现在,与此有关的问题是:我们要从哪里出发? 如果我们真的想通过解释来阐述柏拉图哲学的话,那么我们如何才能有最大的进展? 这是一个我们所有人从亚里士多德那里知道答案的、由方法上提出的预先提问(这一答案也凑巧直接与柏拉图有关):ἴσως οὖν ἡμῖν γε ἀρκτέον ἀπὸ τῶν ἡμῖν γνωρίμων(我们必须从我们已知道的东西开始〔《尼各马可伦理学》,第 1 卷,第 2 章,1095b3〕)。我们必须从我们已知道的东西开始,这应该无可争论。同样地,诸对话也具有一个并非由我们所负责,而是因流传状况所导致的方法上的优先地位。它们的确是存在在那里,而并非是一种重构的结果。

这当然不是说,诸对话的直接传承物是我们唯一应注意的传承物。理所当然,我们必须援引每一个传承物,哪怕其中只有某一部分是可信的。尤其是鉴于 20 世纪 20 年代和 30 年代德国柏拉图研究的片面性,我们的确该感谢蒂宾根的古典语文学家们的著作。他们着重强调,在诸对话中所有要传达的东西,是有意识地被抑制的。这其实应该是柏拉图对话录的教材教给每一个人的。问题只是,这一有意识的压抑意味着什么。难道它仅仅意味着,对那些准备给很小圈子学生口授的"学说"(Lehre)的保留和压抑吗? 或者,此一压抑自身也存在于像论善(Das Gute)的诸演讲中,甚至在口授的教学对话中也有影响吗? 蒂宾根学派的学者们已经很根本且令人信服地阐明了,依据文献的种类而分,柏拉图的诸对话是属于劝勉类(Genos protreptikon)[②]。长久以来,这对我个人而言,已是个不证自明的确定。正因为这一观点如此重要,从方法上来看,它也让这一问题开放,也就是说,人们在关于诸对话的深入的、反思的解释中,对于其中通过文字表达出来的陈述内容(verbis expressis Gesagte)能够超乎其外多远去思考,以及必须超乎其外多远去思考——而且,《第七封信》的禁令是否对整个柏拉图的思想就没有有效性呢?

　　由此我来到那个关于不可动摇优先性的诠释学真正问题,此一优先性是那些文献形式的对话相对于由间接传承物所建构的学说所拥有的:它们是话语的真正整体。这一传承物的优势有着如一个简短的诠释学思考所能教导的深刻的方法上的意义:哲学认知就如所有认知一样是识别(Identifizieren)而且包含再认知(Wiedererkennen)。但哲学的对象并非像经验科学(Erfahrungswissenschaft)的对象那样是被给予的,而是当人们尝试用思考去把握它时,它总是最先且总是重新被建立的。但这意味着,每一个间接传承物原则上总是低一等的,因为这种建构对象的行为,如思想者进行这种行为那样,在间接传承物中是不能找到并且也不能从中构造出来的。在我看来,对柏拉图学者们而言,有一个论点几乎是无须证明的,那就是,只有被攀谈的人(Angeredete)才真正理解。谁说过这样的话?是苏格拉底,不论他开始时说些什么,到最后他总是逼迫眼前的对话者说出其理由。文献形式的对话对于柏

<hr/>

② 参见康拉德·盖泽:《柏拉图对话中的说服和劝勉》,1955 年。

拉图的哲学解释所拥有的方法上的优势,也正基于同样的原因。在这些对话中,由于柏拉图对话诗的那种时至今日仍有影响力的艺术,我们发现自己就是那种被攀谈的人和被要求说话的人(der Zur-Rede-Gestellte)。我们之所以理解,是因为我们给予自己以某物去理解。

这当然不是说,间接传承物与我们无关。但是它们只有从我们所认识的东西出发在被解释的意义上去理解。如果哲学只是因为人们在思考中构造它自己的对象而让自己理解,那么我们必须从苏格拉底的对话术中以我们所知的东西出发去探究理想的目标,即对间接传承物——如果我可以用这样一种形象来说的话——用活生生的血肉去包覆,也就是所谓填满这具咯吱作响的骸髅。如果我可以暂时保留这一形象的话,那么对每一个人来说其实都很清楚:骸髅对于活生生的事物,其实只能传达很有限的观点。所以对柏拉图的哲学学说应该也是如此,可重建的骸髅并非其学说中活生生的东西。

对于去了解柏拉图的哲学思想这一哲学任务而言,在我看来似乎有一个具有重大意义的问题,这个问题是经由蒂宾根学派对柏拉图的间接学说的重新建构而再次被推到聚光灯下,也就是所谓的柏拉图的发展问题。此处有一个我们之中有些人也同意的传统观点,按照这一传统观点,存在有一个早期柏拉图,他以某种形式教导理型说,后来他发现他所传授的理型说是有问题的,并且在《巴门尼德篇》中由老巴门尼德向少年苏格拉底对其提出批评。按照这种观点,这个理型说有个危险,它是与其经由数学的和道德的诸理型而向普遍(Universelle〔共相〕)的扩张相关,而且晚期柏

图的二分法的辩证法（Dialektik der Dihairesis）也是从它发展出来
的，甚而这种理型说或许蔓延到了理数论（Idealzahlenlehre）。

　　贯彻这一观点是尤利乌斯·斯坦策尔的功劳。从那时起，这
一观点就统治了德国的研究③。与这个发展架构相应的还有另外
一个论题，那也是我自己 30 多年来所主张的，而且我——当然只
是作为一个假设——想要使其有效，亦即从一开始在柏拉图的诸
对话中就有关于那——用一个词来说——逻各斯的数字结构（die
Arithmos- Struktur des Logos）的指示。这个论题主要是由克莱
因（J. Klein）在他的论文"希腊的逻辑学与代数学的诞生"（Die
griechische Logistik und die Entstehung der Algebra）④发展出来
的，并且早在我与克莱因共事的马堡岁月中已对我自己的研究指
出新方向。在我看来，那至少是克雷默（Krämer）和盖泽（Gaiser）
的著作的功劳，那些著作从他们对于间接传承物的解释中赋予此
一反题以新的现实意义。当然我相信，我们在对此关联的哲学理
解中能发展得更多，而且从柏拉图的诸对话录中能以全新的光芒
照亮间接传承物。

　　间接传承物需要诸对话录，这应该无须争论。无论如何，波菲

---

③　尤利乌斯·斯坦策尔（Julius Stenzel）：《柏拉图辩证法发展之研究：从苏格拉
底到亚里士多德》（*Studien zur Entwicklung der platonischen Dialektik von Sokrates
zu Aristoteles*），1917 年。这本书有个富有特征的副题"德行与二分法"（Arete und Di-
airesis）。这描述了其中提出的发展假设。

④　"数学史的源流与研究"（Quellen und Studien zur Geschichte der Mathema-
tik），载《天文学与物理学》（*Astronomie und Physik*），Abt. B，1934 年，第 3 卷第 1 册，
第 18—105 页，以及第 2 册，第 122—235 页。

利(Porphyrius)已知道这点了⑤。他曾经把柏拉图关于"善"的讲演——我们全部间接传承物的依据——的抄本说成是谜样难解的,并且承认,若非借助《斐莱布篇》的话,他一句话也不懂。现在,若是没有《大希庇亚篇》《斐多篇》或者《政治家篇》第 6 卷的帮助的话,我们对间接传承物可能也是一句话也不懂。就算对我们只能由间接流传得知的如理数论(Idealzahlen)那样的学说而言,我们也可断言,从上述诸方法的理由来看,经由诸对话录的路,才是了解柏拉图的王道。

　　在此关于我将怎样连接直接传承物与间接传承物之间断裂的问题——这也是我们的任务——我想先说明两个观点。第一个是 亚里士多德相对于所有其他间接传承物在方法上的优势,因为亚里士多德的报导是作为唯一的间接传承物与那种明确表现出其自己问题的哲学思考的整体相遇。他那关于两个原则的报导所描述的并非是完全远离柏拉图的架构,这在我看来也可以从柏拉图自己来证明。就 ἀρχή(始基)这一词最初所指涉的而言,它在柏拉图那里当然还不是一个已知的亚里士多德的概念。若我们将目光投向《智者篇》《斐莱布篇》与《第七封信》的话,我们可以做出如下推测,即柏拉图惯用的表达方式可能是 τὰ πρῶτα καὶ ἄκρα(最初与最高)(344d)。我不能相信,τὰ μέγιστα περὶ ὧν σπουδάζω(我所追求的至高者)(341bc)这个表述具有克雷默所认为的技术上的狭义⑥。

右边栏数字：134

---

⑤ 参见辛普里丘对亚里士多德《物理学》,453 以下的注释。

⑥ H. J. 克雷默(Krämer):《柏拉图与亚里士多德的德性——柏拉图本体论的本质与历史研究》,海德堡,1959 年。

而且,在例如《政治家篇》285d 以下的段落所教导的更是,这个表述的目的是指向 ἀσώματα（无形体）所包围的领域,也就是理型领域。反之,τὰ πρῶτα（最初）已足够证明,而且的确客观地符合亚里士多德关于双重“始基”（Archai）,即 ἕν（一）与 ἀόριστος δυάς（不定之二）的报导中所意指的东西。

ἕν（一）概念在柏拉图的诸对话录中很早就被证实与 ἀγαθόν（Agathon〔善〕）概念紧密相连。它主要是出现在 Arete（德性）的问题中,如德性从《普罗泰戈拉篇》以来被解释以及在《政治家篇》第 4 卷中得到积极的阐明。对此我已在我的论文“反思的原型”（Vorgestalten der Reflexion）[⑦]谈了一些。我在此只重复一下就行了,即四大道德（vier Kardinaltugende）问题在迄今为止的研究中大多只是本末倒置。一个有名的例子是维拉莫维茨曾将一行埃斯库罗斯（Aischylos）的诗句（Sept. 610）删除,因为他相信,在柏拉图以前不会有关于此四大德行的讲话。后来多亏维尔纳·耶格尔的工作,这种见解才被放弃。真正的事实是,如我所尝试要指出的,刚好相反:柏拉图已经消解了传统的四大道德,他以苏格拉底的意义对其重新解释,并使它们相互限制。柏拉图在《政治家篇》第 4 卷中指出,这些古典德行概念基本上都意指同一个东西,即“知识”（Wissen）,而这个知识是指关于一（das Eine）,也就是善（das Gute）的知识。据此,柏拉图从早期就已提出一（Einheit）与多（Vielheit）的问题。在《政治家篇》里提出的庞大的国家设计模

---

⑦　《主体性与形而上学——W. 克拉默纪念文集》（*Subjektivität und Metaphysik*, *Festschrift für W. Cramer*）,1966 年,第 128—143 页。参见本书上文第 117 页以下。

型中，这个问题也是真正的课题：在那里不是把三个阶层互相区别开的差异，而是它们之间的和谐统一，才构成一个有秩序的国家的本质。与此相应，灵魂的真正本质，是在所有的多中仍保持为一。和谐（Harmonia）、一致（Homologia）以及所有为此而被使用的表述都一样，都可能是指向这一方向。

在我眼中这是很坚实的出发点，从这一点出发，我们就能够思维性地理解，ἕν（一）的概念是如何与作为 μέγιστον μάθημα（至高学问）的"善"（Gut）的概念连接起来的[8]。这当然不是说，当一的概念在柏拉图早期对话录中被提出时，如在《普罗泰戈拉篇》（329c以下），这个"一"的概念在意义上可以与亚里士多德对于柏拉图的原则（Prinzipien）的报导等量齐观。其中应该注意的是，所有"一"成为问题之处，"多"也是问题。对此《普罗泰戈拉篇》就是第一个证据。现在我想提出来讨论的课题是，"多"的问题从一开始就是"二"（Zweiheit）的问题。

在我看来，《大希庇亚篇》对此是个明确的证明。[9] 那里（301a以下）提出了在者分有理型的著名关系，据此关系，理型是个别者共同具有的东西，而个别者依不同的程度分有（teilhaben）这种作为共同东西的理型，由此，他们才是他们所是者。除此之外，《大希

---

[8]　此中并无新柏拉图主义的太一思想。多特（Dönt）的最新论文也指向类似的方向。他引用《法律篇》指出，"一"的概念如何用《法律篇》的实质问题让自己解码，参见欧根·多特（Eugen Dönt）："柏拉图后期哲学与学园"（Platons Spätphilosophie und die Akademie），载《奥地利科学学院年鉴》（*Jahresbericht der Österreichischen Akademie der Wissenschaften*），第 251 卷（1967 年），第 3 部分。

[9]　我不讨论真实问题。若这篇对话录不是柏拉图所作也必定是他的一个学生所作，而他也同样想指出我不只是从这篇文本中所得出的东西。

庇亚篇》还发展了另一种由不同的小一（Einsen）所构成的"共同的"（gemeinsamen）数。

与一个种类的共性比较起来，总数（Anzahl）对共性（Gemeinsamkeit）与统一（Einheit）表现出了另一种完全不同的意义。那里有一些最特别的性质，这些性质属于这个总数，而不属于总数由之而生成的诸小一。它们构成了这些数的种类，如偶数与奇数，以及有理数与无理数。这显然是数的性质，它属于总数的统一——与那些总数由之而生的诸小一不同。人们可能会自问：话语的统一相对于其个别的话语部分——字母、音节、字——难道不是有它自己的规定吗？而这难道不是关键所在吗？在《泰阿泰德篇》的结尾所发展出来的关于逻各斯的诸难题——这个逻各斯应该指出一个东西的诸组成部分，并因此而成为知识——发展成另一种可能，按此可能，音节或者是来自其诸字母的整体所构成，或者它本身就是一个无部分的单位（203e 以下）。那种建构了逻各斯的一与多的真实关系，对照于音节的无意义及它所提供给我们的可能，如同对照一反面教材那般清楚。

虽然，这是明显的，即那构成种类的共性也可以述说该种类的所有成员，并因此一就是多。柏拉图一再强调，如果人们正确理解的话，那使得多分有（teilhaben）一个理型的一性（Einheit）与多性（Vielheit）不会导致对于虚假矛盾的无益纠缠。但是认识的统一，即在逻各斯（言说）中被说者与被意指者的统一，是否可由此得到确认？人们会认为，这其实更可以与共性的其他形式，与总数的结构作比较，这一结构并不因其为共性就可述说给其所有的内在成分。被计算的总数根本不是某种能述说给每一个计算部分的东西,正如一个话语的意义不能述说给其音节或字母一样。

以上的论述在《大希庇亚篇》中尚未提及。但在该篇中对种类的共性与总数的共性所作的区别,是完全偶然的吗? 对话中的问题是与美(das Schöne)有关。如果对于美(对于善也一样!)仅仅只是将它看作是在 κοινòν γένος(共类)的意义下的一普遍者(共相),岂不是太令人不满意了吗? 而对于 ὄν(存在)以及所有的"最高的种"(obersten Gattungen)难道不也是如此吗? 它们并非是内容范围的总括,而是像元音那样,使所有的言说成为可能。我们称这个为反思概念(Reflexiousbegriffe)或逻辑的形式概念(logische Formbegriffe)或形式逻辑的概念(formallogische Begriffe)。很明显地,他们真的有作为"物质的"(materialen)理型之在场(Parusie)的另一种方式。在我看来,有许多点表明柏拉图已察觉到这点[10],尤其是在关涉到美作为主题的地方。无论如何,狄奥提玛(Diotima)所指示的 αὐτὸ καθ᾿ αὐτὸ μεθ᾿ αὐτοῦ μονοειδὲς ἀεὶ ὄν(因其自身也与其自身而成为永恒单一的在者)这一真爱之路,与那在每一个概念建构中所发生的东西,也就是 συνορᾶν εἰς ἓν εἶδος(看成一个理型)是不一致的。因为对美而言,总是一种对某种只有一次且独一无二的美的东西的体验,这只有在所有超越肉体、灵魂、制度、知识的东西里才被经验到,我们不能撇开它们而"掉首它顾"

---

⑩　如果在《智者篇》225e 关于 ἕτερον(差异)所说得是,它"贯穿一切"(durch alles)而且每一个事物并非因其本质而"是"(sei)相异,而是因为分有了 ἕτερον(差异)这个理型的话,那么,每一个虽然是差异的事物,并不是因为这个差异之本质(ἕτερον-sein)是作为一个理型而现身,而是相反,相异(das Verschiedene)在其每次的反思的视野中,并未看到此一差异之本质。

(ἀπιδεῖν)。它其实与苏格拉底在《巴门尼德篇》中作为比较而引用的白日的存在(Anwesenheit des Tages)是一样的(《巴门尼德篇》,131b)。而善与美的相互交融,如《斐莱布篇》(65a)所示,不正是在 κάλλος(美)、ουμμετρία(均衡或对称)与 ἀλήθεια(真理)这三者上与它相符吗?对美与善而言,此处看起来有数字与量度的特点——而这却暗示,此处没有一个种类的共性。

137　　　最先与美之理型可能有关的,或许就是这个:本质无部分的小一(Einssein)并不是那最终者——而数正是为此而作为范型(Vorbild)。因为数的真正神秘处是:一和一相加等于二,其中并没有一个是一的东西是二,也没有一个二是一。阿里斯托芬的同时代人塞奥波普(Theopomp),已在一行喜剧诗中就此嘲讽过柏拉图:

> "因为一根本不是一
>
> 那二呢? 二也很难是一,如柏拉图所说。"
>
> (第欧根尼·拉尔修:《名哲言行录》,第 3
> 卷,第 26 章)[11]

这个谜,如果我的理解是对的话,最初是在《大希庇亚篇》中出现的,但却未从那里发展出任何积极的结论。它只是作为对一个

---

[11]　此外,这个论据对于时序(柏拉图的思想顺序)的问题说明了什么? 这难道不是说,数的谜题作为一个柏拉图爱好的课题,当时就已众所周知了,以至于人们可以在雅典的戏院中能了解这段喜剧诗的暗示吗? 而人们就真的应该这么认为:是,例如在此处的《希庇亚篇》或《斐多篇》(96e)中的著名段落的诸文学暗示,使得这个变得有名吗? 或者难道不是相反地,由柏拉图在这里对他的读者群众暗示一个广为人知的东西?

定义尝试的批评。难道我们不是该由此得出结论,柏拉图藉由数的特殊结构在暗示某种在其他的关联中是有意义的东西,而这难道不或许就是当时他已想到的逻各斯的数之结构(die Arithmos-Struktur des Logos)吗? 很明显地,只是对理型的分有,仍不是知识。我是说,如果把理型说看作是与原子论的埃利亚学派(ein atomistischer Eleatismus)相类似的观点,那它始终只是个不成熟的理型说理论。柏拉图似乎很早就认识到这点。⑫ 只有当人们了解,为何一加一等于二以及为何"二"(die Zwei)是一(Eins)＊的时候,人们才会了解,何谓认知(Erkennen)。

二的性质(Zweiheit)及其与一的关系,这个问题现在时常出现在柏拉图那里,而且一再出现在那早就规定了柏拉图思想的动机关联中。我想到了那个二如何生成的谜题,即是否藉由相加,或是藉由切割一(durch Teilung der Eins)来产生二,这在《斐多篇》中迫使苏格拉底改变了自己的想法,并引发了那个著名的向逻各斯的逃避(《斐多篇》,96e 以下)。那里针对二是什么的问题,发展出了一个理型的假设。那个对柏拉图而言有核心意义的感觉的相对性的问题,让人预感到与二的问题有关。它出现在《斐多篇》(96de)的这个关联中,而在《政治家篇》的第 7 卷中这个问题被明确地 ¹³⁸ 被提出,对那个介于中指和小指之间的指头同时(gleichzeitig)都适用的"大"和小"是二个还是一个,而答案是:在思考中我们必须

---

　⑫　参见我对 G. 普劳斯(G. Prauss)的《柏拉图与逻辑的埃利亚学派》(柏林,1966年)的书评,载《哲学评论》,第 20 卷(1974 年),第 292—294 页(现收入我的著作集,第 5卷,第 346 页以下)。

　＊　指"二"这个数是一个数。——译者

将其区别对待。因为很明显,每一个对其自己而言为一,合起来则是二(《理想国》,524bc)。多琐碎啊!或者,它是对于后来作为大-小或者多-少($\mu\acute{\epsilon}\gamma\alpha\ \kappa\alpha\grave{\iota}\ \mu\iota\kappa\rho\acute{o}\nu,\mu\tilde{\alpha}\lambda\lambda o\nu\ \kappa\alpha\grave{\iota}\ \eta\tau\tau o\nu$)而出现的二——结构(die Struktur des Zwei-Einen)的第一个指示吗?因为——在此处指向一与二的关系,并由此指向 $\check{\epsilon}\nu$(一)与 $\delta\upsilon\acute{\alpha}\varsigma$(二)的起源(Archai)的相对性(Relativität)的问题,是那个有名的开始了整个走向理型说历程的"唤起思考"(Weckruf zun Denken)。由此,对于在感觉陈述中呈现的矛盾,我们只能通过在同一个东西中区分大的本质(Gorß-Sein)和小的本质(Klein-Sein)在思想中来克服。此处不只是说,不同层面(Hinsichten)同处于同一对象中并不是真的矛盾,而且其中更深一层的意思是,那些只能在思考中被区分的层面,如诸理型,其实都是互不可分且是连结在一起的,有如在《巴门尼德篇》中,它事实上明确成为主题那样。在我看来,在研究中有一个仍未被充分承认的事实,即感觉的相对性(die Relativität der Sinneswahrnehmungen),而这意指:柏拉图诸对话录中最古老的主题之一,早已暗示了那些后来被解释成理型之相互分有,并导向我们称之为理数论(Idealzahlen-Lehre)的数字模式(Arithmos-Modell)的全部内容。

但是,多数事物分有一个理型的问题也会导致理型的多数及其相互隶属性。在《巴门尼德篇》中发展出来的从一到多及从多到一的内在过渡中讲的就是这个问题。多的存在基本上意指什么?但请先注意这点,理型的纯粹存在,如他的分离和为其自身那般,它在多之中只是很模糊的存在。而这暗示:原型(Urbild)在多之中的显现,并不纯粹,因为还有他者(anderes)在此原型上。但这

个多之中的他者，其自身并非无（Nichts），而是有（Sein）：τἀλλα
τοῦ ἑνός（一的他者）⑬。并非只有一个理型在那里，而一切其他的
都不在，情况是，凡是单一理型应该在的地方，他者必须也在。他
者不只是多，也是那所有融入单一现象的诸规定。但存在（Sein）
应称为：作为理型的存在（Idee sein）。因此，在《斐莱布篇》中关于
如何安置一个理型所暗示的问题就是，一如何能够同时又是多时，
并未就诸事物的未定的多性（Vielheit）继续讨论，而是指出，辩证
法家必须学会看出诸差异（Unterschiede），也就是说，分辨出那些
让其自身在一中被区分出来的不同的单元层次（Einheitshinsicht-
en）。而这意味着，多（das Viele）是指理型的多性（Vielheit）。字
母系统与和谐间奏（harmonische Intervalle）系统的经典范例显
示，数的功能是如何有效地阐明了分有的问题。经由数而确定了
的不定（Unbestimmten），对 μεταξὺ τοῦ ἀπείρου τε καὶ τοῦ ἑνός（无
限与一的分有的确定）（16e1），被标识为辩证法的真正意义：
ἐάσαντε αὐτό τε καὶ τὸ μέτριον ἐν τῇ τοῦ μᾶλλον καὶ ἧττον καὶ σφ-
όδρα καὶ ἠρέμα ἕδρᾳ ἐγγενέσθαι（让它与标准在多与少、动与静之
中有一席之地）（24d）。

当然，这点是对的，即分有问题（Methexisproblematik）直到
《巴门尼德篇》和《斐莱布篇》才发生了根本性的转变，即从诸多事
物对一个理型的分有转变成诸理型的相互分有。但早在《斐多篇》

---

⑬　《巴门尼德篇》157b 这个改变暗示了这个与一相反（Gegen-Einen）的理型之特
点。这在 158c 就非常明确了，当他在那里称作：τὴν ἑτέραν φύσιν τοῦ εἴδους（理型的另
一本质），对于一个理型的自身，就属于其本质而言，这个自身无限的他者（Andere）在
其自身中是相互区分的（ὃ δὴ πέρας παρέσχε πρὸς ἄλληλα）。

中对理型的假设所提出的论证,就已暗示了这个解决。那里有提
到,灵魂总是与生命,而非与死亡同在,二总是与"偶数",而非与
"奇数"同在,热总是与火,而绝不与雪同在。某物总是这样被认识。
在《巴门尼德篇》和《斐莱布篇》中总是最先开展那分有(Methexis)的
"老"问题,也就是多对单一理型的分有,会导致无解的辩证法,这是
为了之后让理型的相互新分有作为解答而出现。因为只有这个解
答才使什么是知识以及什么是逻各斯的问题成为可理解的。

　　为了迈向正途,人们应该从那种根植于黑格尔与费希特系统
思想的并自纳托普以来统治着对柏拉图晚期对话的新康德学派解
释的前见中解放出来,即个体化(Individuation)的问题应由理型
的相互分有来解决。在此意义下,尼古拉·哈特曼提出了一种下
降式的分有理论[⑭],结果那种 ἄτομον εἶδος(不可分理型)问题被认
为是一种独断论的束缚,直到普罗提诺(Plotin)才认识并克服它。
但是人们在此忘记了,科学在古代主要并非是经验科学,而是数学,
也就是纯粹的本质知识(reine Wesenserkenntnis)。"分有的问题并
未解决,而是变成另外一个问题,并且也是作为那另一问题而被解
决的",我于 1931 年在《柏拉图的辩证伦理学》一书第 78 页(现收
入我的著作集,第 5 卷,第 71 页)中如此写道。今天我还会补充
说,这个解答暗示了数的结构(Arithmos-Struktur),这种数的结
构要素不仅在亚里士多德的报导中作为两个原则出现,而且也是
《斐莱布篇》中的四个种的基础。

————————————

　　⑭　《柏拉图的存在逻辑》(*Platon Logik des Seins*,1909 年),如同纳托普在《柏拉
图的理型论》(*Platos Ideenlehre*,1921 年)一书的第 2 版所明确指出地那般。

《斐莱布篇》中四个种（vier Gattungen）或理型很明显的并非 140
从理型的整个范围随意选取的，而是根本上制约（决定）了理型的
内涵规定。如果当年⑮我能够证明，《斐莱布篇》中关于作为界限
的种与作为被界限物的种的区分是如何复杂困难的话，那么，今日
我会想要补充的是，在这个区分中可认识到柏拉图最重要的思想
贡献之一。⑯毕达哥拉斯的有限（Grenze）与无限（Unbegrenztem）
的范畴，对柏拉图以前的思想而言，是对在者的规定以及数学的规
定，而没有在两者之中做出区分。界限（Grenze）的本质完全不同
于它所界限的被界限之物（Begrenzte），这是一种只有当人们认识
到，像数（Zahl）与标准（Maß）这样的构成物与其所规定的东西有
着不同的存在形式（von anderer Seinsart）时，才能赢得的洞见，而
这正是如我们从《政治家篇》和《泰阿泰德篇》中所认识到的，乃是
柏拉图思想的重大贡献。作为毕达哥拉斯数论（Arithmologie）基
础的朴素的存在同一（naive Seinsidentifikation）⑰，在此分别以
数、标准和现象世界的理想顺序出现，而这些东西乃是为此一存在
同一所把握和规定的。现在，这个来自有限与不被界限之物的混
合终于可在有限者的理想世界之外显示是存在（Sein）的一种真正
的形式。在我看来，《斐莱布篇》的目的乃是想通过对原因的思考
（Aitia-Spekulation）给予如此相互分离的存在秩序以本体论的论

---

⑮　《柏拉图的辩证法伦理学》（1931 年第 1 版），§5，第 103—113 页（现收入我的
著作集，第 5 卷，第 95—102 页）。

⑯　参见"柏拉图与亚里士多德之间的善之理念"，海德堡，1978 年，第 69 页（现收
入我的著作集，第 7 卷）。

⑰　这种表述出于克莱因（J. Klein），上引书，第 68 页、第 70 页以及其他各处。

证,而这一点随后在《蒂迈欧篇》则有更详细的说明。那"对我们而言"(bei uns)在技术的最终的成就(Tun des Techites)中所证明的,也就是"精神的"(geistigen)秩序的生成,则是开启了相反的结论,也就是对那超越所有世间秩序的宇宙秩序而言,必然也有一个"精神的"(geistig)起源。当《斐莱布篇》区分了例如"在我们中"(bei uns)的火的混合了的本质与火的纯粹存在(reinen Sein)时,他也同时结合了经验世界的实在与理想的宇宙秩序。柏拉图在此发展出的诸多观念,很明显地,应该摧毁了那种作为一个不可跨越的鸿沟而横亘于理念世界(Ideellem)与可感世界(Sinnlichem)中的错误表象。如此的观念却并非意指从理型说的退却,而是一种我们从其中也能够认识其他解决方案的理论解释之尝试。这种尝试与亚历山大(Alexander)留给我们的报导中所记载的欧多克索斯(Eudoxos)的理型说,有着值得注意的相似性。对此,我已超越诸对话录中的陈述而直接去掌握间接传承物了。我认为,这种掌握,就算有与之相联的许多风险,但在方法上也是必要的。对柏拉图思想的客观理解,是不能放弃考虑那在他的诸对话录中只是暗示,却未明言的东西。不过,这种必要性决不可与对话录的内容要尽可能精确的理解这一要求相违背,实际上,这一要求只有通过这种方式才能得到实现。

141

二

我认为,我们在方法上应该要做的,就是用柏拉图思想在学园(Akademie)中的随后发展来解释那些从柏拉图诸对话录中所推测的东西。在重建柏拉图的口述学说时,尽可能地把人们可以归于柏拉图自己的东西和由他的学生们，尤其是斯彪西波、色诺克拉底以及亚里士多德从中所发展出来的东西加以区分，这确实是一项重要的语文学任务。但在最后，从柏拉图学说的内涵来阐明这样的一种发展，乃是另一种不可避免，甚至有某种优先性的任务。如果我们通过对康拉德·盖泽关于亚里士多德的《论灵魂》中的证据(404b16—27)[18]的仔细斟酌而被导引到下面这一结论，即此处作为世界灵魂(Weltseele)的数论解释的证据而被引用的是柏拉图自己，而非色诺克拉底，而且，如果由这个原因我们可以冒险地得出了柏拉图的口述学说的话，那么这仍留有一更重要的问题，即色诺克拉底自动的数(sich selbst bewegenden Zahl)的理论(残篇60〔海因茨〕)如何在那贯穿整个《蒂迈欧篇》的学说光照下被理解。因为，自动的数的理论可回溯至《蒂迈欧篇》的世界灵魂，是不会被错认的。那直到在《蒂迈欧篇》中闪耀着神话色彩的学说中才能彰显其自身的实际动机，其实有着更古老的源流。这指的是那个例如被阿那克萨戈拉所传承的努斯(Nous)学说。在那里，努斯同样是运动的根源，且因此也是一切形形色色的事物的区分的根源，它们从原始的混沌(Urbrei)中被分出来的根源，有如那种察觉到、认识到并掌握到诸被分离者区别的"精神"(Geist)一样。根据亚里士多德，区分(κρίνειν)与推动(κινεῖν)这两者(《论灵魂》，第1卷，第3章，411a4)构成了灵魂的本质。这两个功能的链接，是早在阿那克萨戈拉的努斯学说中就已暗示过了的，而对其内在关联的理解　142

---

[18]　康拉德·盖泽：《未成文的柏拉图学说——柏拉图学派之科学的体系和历史基础研究》，斯图加特，1963年，第546—547页。也见斯多葛学派的回答，盖泽(附录)：残篇67，Ⅷ。

则是对柏拉图灵魂学说的解释之钥匙。[19]

　　色诺克拉底用世界灵魂，或更正确地说，用自动的"数"（Arithmos）所意指的东西，我们必须放在这个背景中来考察。只要在数中，一个多性（Vielheit）是被组合成一个独一无二的一体（Einheit），"数"就是一个谜样的构成物，而这正是总数（Anzahl）的著名定义的基础，如我们在柏拉图和欧几里得那里所发现：πληθος μοναδων（诸多单子所构成之多）（欧几里得：《几何学》，第 7 卷，定义 2；柏拉图：《巴门尼德篇》，144a，以及《理想国》，525a）。诸多小一的群体，同时也就是杂多的统一体。因此，在总数概念中所蕴藏的含义就是，诸数是一个相互开展的杂多，虽然此一杂多是向无止境延伸，但在每一个特定的总数中，是被组合成一个统一体。如果人们将贯穿于计算中的不连续序列想成这样，并且将之从计算的过程中抽离出来的话，那么，人们就是将总数想成是诸被计算的小一向计算者的综合（Vorüberziehen）。由此，我们就有了一个精确的、在柏拉图看来是构成星空的运动–结构（Kinesis-Struktur）。天体的秩序把诸神的最大礼物即数的知识赋予了人类[20]。这是《斐莱布篇》（16c）所讲的真正的普罗米修斯之火（Prometheusfeuer）。它也对我们阐明了色诺克拉底对于灵魂的定义的意义。"灵魂"（Seele）是天体的运动，或更准确地说：灵魂是那在天体运动中展开其自身并总是一再与其自身相连的数之序列（Zahlenfolge），而这种数的序列同时也就是时间。

---

　　[19]　参见我在克拉默（Cramer）纪念文集中的论文"反思的原型"，特别是第 138 页以下（参见本书上文第 124 页以下）。

　　[20]　《蒂迈欧篇》，39b；《厄庇诺米斯篇》，976e 以下。

　　由此我们可以回溯到柏拉图《蒂迈欧篇》中的世界灵魂的意义。我们的出发点是：灵魂，正如其在更古老的希腊传统中最初被认为的乃是说出生命的本质。但这意味着什么？首先是，灵魂与可见的身体的差异在于，它是不可见者。这在《斐多篇》的理论中是被当作不证自明的前提的。这不可见者就是灵魂，是有生命者可藉此被统合成一个可见的存在统一体（die sichtbare Einheit des Wesens）。正如灵魂是那肉体的分散的多样性之统一者（das Einende）一样，灵魂的消失也正是肉体消散的开始。其次就是，灵魂扩散及肉体的一切部分——至少在这个意义上，也就是包覆肉体所有部分的最敏感的皮肤，是直接属于灵魂的。因为皮肤正是用它的五种感官将其所感受到的东西传达给灵魂。因此在《泰阿泰德篇》（182d）中灵魂藉由感官去认知的观念，就被当作反对以前的一些学说而提出，按照这些学说，认知（Erkennen）被认为是与在者（Seiend）的相遇、相同者与相同者或不相同者的相遇。所以，灵魂的本质是向所有的面去延伸，这点是很有启发性的。即使就我们的人类学观点来看，动物的本质，至少就动物能完全回应感官所受的刺激这点上，是与植物的本质根本不同。就此而言，《蒂迈欧篇》把世界灵魂作为弥漫在一切事物之中的东西的描述，就不足为奇了。

　　关于灵魂是自我运动者（das Sichbewegende）这点，当然也无须多作解释。因为，很明显地由此区分了活着的肉体与留在死亡里无生命的身体。正是这个古老又令人信服的观察区分了有生者与无生者或死亡者，因为它把"灵魂"当作 ἀρχή der κίνησις（运动的根源）。由此就很清楚，为何柏拉图（《法律篇》，892c）把灵魂称作

"自然"(Physis)的真正本质。因为自然从其深具启发的秩序中所构成的本质,就是它自身贯穿于它的所有变化中,并且能保持其自身,这对每一个有灵魂的在者而言,显而易见,就是有机体(Organismus)。灵魂(Psyche)的这一规定在其更高层次的开展中,用存在之循环(Kreislauf des Seins)指涉了所有在者(alles Seienden)的内在连结性。

从这个观点看,《蒂迈欧篇》中世界灵魂的意义就更容易确定了。因为,就算人们只能坚持一般的主张,即灵魂"先于"(früher)肉体,那么,对《蒂迈欧篇》的解读而言,其方向也已被指出了。在一切可感所与之后,有一个看不见的统治秩序,如同天体的数学和音乐,将整体分类,而且万物的运动进程也是建基于此秩序的。这在《蒂迈欧篇》中有直观的表述,也就是灵魂扩及一切,包裹一切,并穿越一切。

因此,对《蒂迈欧篇》的整体图像而言有着建构意义的是,柏拉图以混合(μῖξις)概念来解释世界灵魂的本质。这是一个灵魂应从其所出的混合(Gemisch)。这对认识《斐莱布篇》或《政治家篇》的人毫不意外。混合是柏拉图用以思考存在(Sein)的基本模式。甚至那由尺度所衡量的或由数所固定规定的东西,在《斐莱布篇》中也称作"有限与无限的混合"(aus Grenze und Unbegrenztem gemischt)。混合在《蒂迈欧篇》中也有相同的基本模式,在那里论述了世界灵魂的三个组成部分,这三个成分被称为"存在"(Sein)、"相同"(Selbigkeit)与"相异"(Verschiedenheit)㉑。这乍听起来非

㉑ 《蒂迈欧篇》,37ab。

常特别。因为这些是逻辑概念，也就是说，它们是说出逻各斯的本质的概念。逻辑概念具有这样一种性质，无论它意指任何事物，所意指的东西都与自身同一，同时又与其他事物相异。在一切存在者与被认识者中，相同与相异总在其中。

144

只有在相同与相异的结合中，个别的陈述（Aussage）一般才是可能的。在此结合中，那自身与其自身相同者，与他者结合，无须因这个与他者的相异（Verschiedenheit）而失去其自己的相同（Selbigkeit）。这样，存在（Sein）与这些逻辑组成部分的混合就让其自身很好地被理解为一种逻各斯的结构，当然是以一种隐喻的方式。

但是真正的问题在于，我们的宇宙的运动秩序，如同它在人们眼中所展现的那样，也是由这种混合所描述的。那由相同与相异域混合交织而成的著名的"气"（shi），应该是某种完全真实的东西。它的起源与存在并不在我们的思想或说话中，而是反映了宇宙自身的运动秩序。它反映了黄道，也就是地球绕日运动的倾斜位置。这个倾斜位置的意义，很明显地早已为希腊人所认知。在我们的地球上所产生的潮汐与形状的多样性，都是以之为基础，如亚里士多德所说（《形而上学》，第5卷，第5章，1071a16）："就它是季节节奏的原因而言，它是生成与毁灭的原因。"

当《蒂迈欧篇》说，作为自我运动的万有的真正本质的灵魂，是在相同与相异的结合中所产生时，这个背景令人联想起我们从《法律篇》中所认识的那个普遍的运动学说。在那里，陀螺围绕着其轴心旋转而处于的静止的运动被形容成这样一种运动方式，即它看起来像是完全被相同所决定,以至于在这站立的陀螺上完全看不出任何区别,甚至连运动中该有的区别都没有㉒。相反地,如《蒂迈欧篇》所形容的宇宙的运动,则由于其结合了倾斜而不是如此,而是在其中可看到运动和最宽广的区别。

存在者的恒定(Konstanz)与变化(Wechsel)的不可见基础——柏拉图称之为灵魂——应该同样也是具有认知能力的灵魂。这在《蒂迈欧篇》中的灵魂论里同样明确地要求我们:存在(Sein)、相同(Selbigkeit)与相异(Verschiedenheit)的混合,若其趋向是在自身上(am Selben)发生,则会导向洞见与科学的知识形式;若其趋向在相异上(am Verschieden)发生,则会导向观点与信念(δόξαι καὶ πίστεις)以及知觉的知识形式(《蒂迈欧篇》,37b)。这意味着,相同与相异对"存在"(Sein)与"认识"(Erkennen)而言,都同样具有根本的意义。现在的问题就是,存在(Sein)之中的差异,以及那完成灵魂的差异(das Unterscheiden),这两者将要如何相结合。

《蒂迈欧篇》中的阐述解释了我们宇宙中的天体运动的恒常秩序为什么同样也带来了那推动我们世界的诸现象与诸过程的多样性。因为诸星座们在不断的变化中,仍然重复着有规则的回归,则很容易地把控制星球运动的复杂的数学模式认作是世界的真正本质。很明显地,人们将那个以此方式而到处都在的现状(Gegenwärtige)——它贯穿一切,如同生命的全在(Allgegenwart)贯穿生命的有机的构造那般——以同样的词称为"灵魂"(Psyche)。因为,有生命物的存在,它的自我运动的统一,以及其

㉒ 《智者篇》256b也暗示这一"站立的"(stehende)运动。

有机的功能整体的恒定,很明显地都依据于这个赋予其生命的不可见者。有生命物的循环与天体的循环有着相同的运动形式并指向相同的原因 。

如何从这里过渡到那不仅是作为运动者,而且也是认知者的灵魂的另一规定? 这要从柏拉图关于逻各斯的学说的背景去掌握。如果我们仍然是由阿那克萨戈拉预期所引导,我们必须要分析"区别"(Unterschied)的本质。区别依据于某物与某物的自我不同(Sichunterscheiden)。但这种自我不同却总是意味着从区别中而出,这种区别在这种不区别中并不存在。这可以被想作是一种存在的过程(Seinsvorgang),例如,在液体的分解中,其诸组成部分的分离,有如赫拉克利特关于啤酒(Gerstentrank)所说的[23]。但我们也可以从另一角度来描述此一过程,从中得出区别,同时也总是从中被挑出区别。从区别中而出,也就是指,区别如此这般地相互被提出(abgehoben),也就是,它们作为它们所是者从中而出。所以自我分离(Sichscheiden)同时也总是自我不同(Sichunterscheiden),并且暗示一个它们为之而区别的某物。所以,当我们作区别时,我们也可以说:被区分(Unterschiedensein)就是被认识(Erkanntsein)。

在我看来,这一证据正是柏拉图在关于一与多、相同与差异的结构关联的分析中所跟随的,并且是他整个思想的基础。区别也就是可能的关系。如此提出这种区别如它们所是那样——就像一个其关节被拆解的诸部分那样,就构成了认识的本质,也就是柏拉

146

㉓　《前苏格拉底残篇》,12B125。

图辩证法的本质。而如此被提出者(Herausgehobene)则是"真"的。而且还有,知识本身也无非只是如此被提出者的此在(Dasein)。从这里人们就了解,在什么意义上认识的运动乃是一个包罗万象的(mitinbegriffen)。只要总是不断地有以此方式被提出的别的区别,也就是在它们的无蔽(ἀλήθεια)中被聚集,那么,那种感受它们的认识(Erkennen)就总是另一不同的东西。因此,《蒂迈欧篇》中关注相同领域与关注相异领域的理论,就赢得了一明确的意义。认识乃是作为被认识东西的自我呈现(Sichdarbieten)而发生的。这种自我呈现是一个充满运动的过程。它转变存在物的各个方面,也就是说,它改变了它提供的种种观点,同时也改变了人类灵魂自身所形成的诸观点,因为人类灵魂是从不同的观点来谈论存在物。

如果我们现在问自己,柏拉图用何种概念工具去掌握能够以这种方式进行认识的灵魂的特征,那么看来最理性的回答就是,他对此承认总数(Anzahl)才具有真正的模范功能。我们只需回想,亚里士多德在他的时间分析中是如何将时间定义为运动的被计算的总数,以及如何在一个相关的指示中补充说,那作为时间的运动的被计算的多样性,是依据于灵魂的(《物理学》,第 4 卷,第 14 章,223a21 以下)。从根本上说,柏拉图早在《斐多篇》中就已基本在同样的基础上提出了理型与灵魂的关系。在我们看来,理型与数的关联在柏拉图思想中很早以前就已存在了。因为我们如在《大希庇亚篇》中的例子中就已经看到,柏拉图对数的神秘性深有所感。这当然不是说,早在这篇早期对话录的背后(当然以其真实性为前提——在柏拉图的著作集中,它是属于最后的篇目)已经蕴涵

了数是从一和不定的二的原则中产生这一按间接传承物说是柏拉
图教导的观点。但是，这里确实可以发现一些初步的痕迹，表明柏
拉图已经看到他关于认识和逻各斯的分析中所遇到的连续性的谜
题与本体论上的迷惘。作为太一（Ein）的理型说——此太一相对
于分有它的在生成与毁灭中的杂多现象而言，是作为真正的在者
（das eigentlich Seiende）——并不足以阐明，知识究竟是什么。这
种对理型的注视只不过是所有知识的先决条件与前提。在其中诸
现象被吸收到那共同的理型之下，或许说得更好些：诸现象与它们
的理型普遍性的同一。这就是假定理型的意义。但很明显的是，
对柏拉图而言，重要的不是人们在哪些概念中，例如分有（Teil-
habe）、共有（Koinonia）、同在（Synousia）、伴随（Parousia）、混合
（Mixis）、结合（Symploke）或其他诸概念，去思考诸现象与它们的
单一理型之间的关系。他真正的问题根本就不在那里，而在于我
们的思想中一如何能成为多，而多又如何能成为一。述说一个事
物的东西应当与那个事物不同，但却应当归属于它。那对于一个
事物应该是真实的东西，也应当归属其诸现象中的每一个现象，而
这些现象的总和则不同于事物本身。在柏拉图看来有迷惑之处，
他则是举数字为例来说明。数字出自一，每一个数字，就其自身而
言都是一，而其自身，尽管根据数字大小由诸多的一所共组而成，
却非多，而是某一个特定的多少（ein bestimmtes Wieviel），是一个
被组合的多数之统一体：ἀμφότερα δύο ἑκάτερον δὲ ἕν（合起来是
二，个别却是一）（《泰阿泰德篇》，185ab）。每个逻各斯都有这样的
形式结构，不论此一结构有多么神秘。

柏拉图关于书写的例子可说明这里的状况。我们有字母、音节、单词与句子。即使是单词意义与字母意义之间的简单的差别就已经充分地说明了这种现象。每一个字母,就其自身而言具有其意义,但当它与其他的字母组成一个语词时,它就不再有原来的意义了。因为这个语词的意义,不是来自那些它所从出的诸字母意义的总和,而是作为一个整体。正如柏拉图时常所做的那样,这一架构现在被应用到辩证法与言谈的本质上,并且正如《斐莱布篇》所一再强调的(16c),所有技术(Techne)的秘密,也就是就先行的熟知(Bescheidwissen)意义而言的一切真正知识的秘密,就在于对一与多的问题的正确解答。在每一个逻各斯(命题)中都有一个意见的统一,而这种统一是由那在逻各斯中被组合的语词及概念的多而产生的。

《智者篇》中给出了一个例子"泰阿泰德在飞"(263a),尽管关于它的讨论已是汗牛充栋,墨流成河,但最终仍只有当人们以总数的模式来思考该句的本质时才能被解释。这里语境所要求的是,此处必须处理诸理型的不兼容性。在"泰阿泰德"这个名字中隐含了人这个共同理型,而它排除了飞这个理型,因此,在这个命题中所主张的事实意见的统一性,也就是在语法上是由主词与动词的结合而构成的统一性,就必然是一个错误的主张。这两个理型不能相容。反之,一个主张的正确性是与这一条件相关联的,即相互被陈述的诸理型,彼此之间是兼容的,也就是能互相在对方之中——就算此一条件对于一个陈述的真理无须是充分的,例如,对

于感觉的判断[24]。这符合数的模式功能,即在这样的例句中,那作 148
为亚里士多德的逻辑与范畴论基础的判断之称谓结构,根本就不
在视野之内。此处被凸显的,并非那作为前提的假设,此一假设被
赋予了作为谓语(Prädikat)的附带内涵。对柏拉图而言,逻各斯
的本质更是被当作只是一个共同在此(Zusammen-Da-Sein),是一
个理型与另一个理型的共在(Mit-Sein)。两个分离的理型的二性
(Zweiheit),经由其组合而构成被陈述的事实之一性(Einheit)。
这对于知觉判断来说也是适合的,只有当那在事物中被连结的东
西也能在逻各斯中被一起思考时,此一判断才能是真的。但是,凡
涉及本质的陈述,亦即定义的命题的地方,属-种的规定(Gattung-
Art-Bestimmungen)之"结合"(Geflecht)对它才是决定性的,此点
却是很明白的。

　　在柏拉图那里,定义是通过二分法(Dihairesis)的过程得出
的。正如斯坦策尔在数十年前所认识到的,这里有着数的主导的

---

　　[24] 我认为,如此就解决了最近仍在洛伦茨(Lorenz)和米特尔施特拉斯(Mittel-
strass)的文章中[《哲学史档案》(*Archiv für Geschichte der Philosophie*),1966 年](文
章名是:Theaitetos fliegt: Zur Theorie wahrer und falscher Sätze bei Platon[Sophistes
251d—263d]——译者)和普劳斯(Prauss)的研究《柏拉图与埃利亚学派的逻辑》(*Pla-
ton und der Logische Eleatismus*,1967 年)所讨论的困难。人们在此不能将那由符合
主词与动词之间的文法上的诸区别而构成的判断理论作为前提。最近由帕齐希(Patz-
ig)所提出的关于令人困惑的例子"泰阿泰德在飞"的解释,并不能说服我(新版 8,1,第
54 页)。仿佛一个感觉判断的不正确性一定只能经由一个不可能的状况的架构才能被
辨识出来。反之,会飞的人作为不可能的状态的例子看起来却是很传统的;塞克都斯
在《反数学家》一书中提到的高尔吉亚(Gorgia)的看法(adv. Math. Ⅶ,79)。卡姆拉
(Kamlah)说得正确(*Platons Selbstkritik im Sophistes*,第 26 页),柏拉图仅用虚构的陈
述反驳智者们,他所解决的,其实和人们让乌龟在虚构的竞赛中赢过阿基里斯(Achill)
一样的少。

范型功能的间接证明。㉕因为每一个二分法就是一分为二(在《斐莱布篇》中也提到了三分法,显然是指专门的理性体系)。具有定义功能的逻各斯被柏拉图当作那些贯穿二分法中的诸规定之被一起计算的总和来建构,也就是作为一个多数的集合,这种集合正好构成某一特定事物统一的本质。如此看来,定义就很清楚了,因为它是在分化的过程中所产生,而这正是数所起的作用。所有属的规定之间的相互可容性(notwendige Miteinanderverträglichsein),或者更彻底地说,所有属的规定之间由于最终的共同规定而必要的相互共存,造就了一个事物统一的本质,也就是说,λόγος οὐσίας(存在之逻各斯,本质的命题)是一切穷尽了的本质规定集合而成的总数,而这样的逻各斯有着数的结构。

149　　关于理数论(Idealzahlenlehre)的间接传承物如何与那在柏拉图诸对话录中暗示的数之范型功能相一致,在我看来已大致地澄清了。在数与逻各斯之间存在有普遍的平行结构。在我看来,关于理数论专门内容的报导所缺乏的明晰性,也可以通过如下的思路来解释:我们的出发点是,逻各斯的真正的问题在于,它是一个由与它自身相异的诸要素或细目所组合成的意见之统一。众所周知,逻各斯也是数学中的一个术语,在那里它被称作"关系"(Verhältnis〔比例〕)。托培里茨(Toeplitz)㉖已经指出了在逻各斯概念中有关系(比例)的意义,他从《智者篇》251a 的段落中出发,

㉕　J.斯坦策尔:《柏拉图和亚里士多德的数和形式》,莱比锡,1924 年,第 15 页。

㉖　O.托培里茨:"柏拉图的数学与理型说的关系",载《数学、天文学和物理学史的文献与研究》,B1(1931 年),第 3—33 页。

那里明确指出,要寻求存在(Sein)与不存在(Nicht-Sein)的正确概念,只应该通过它们之间的相互关系被导引出来。事实上,逻各斯开拓存在的力量(die seinserschließende Kraft)就来自存在与非存在这两者在逻各斯中的内在结合,有如在相同与相异概念中的结合那样。这就是来自埃利亚(Elea)的陌生人所要传授的学问。但这个学说包含了数的结构。我指的是《泰阿泰德篇》,185ab。那里关于那在思想中仅只与其自身有关的灵魂的谈论(185e,187a),除了存在与不存在、相似和不相似、同一和差异之外,也提到了存在者的数结构(Zahlverfassung des Seienden)。ἔτι δὲ ἕν τε καὶ τὸν ἄλλον ἀριθμόν(而且也是一与其他数〔185d〕)。这暗示了数的谜一般的特性,也就是某物合起来是二,而二中每一个却只是一(185b2)。

但还不止于此。那是这样的一种关系,即,其数学价值与其中诸个别因素无关,只要它们每一次保持同样的关系。单一且同样的关系可以成立,即便构成此一关系的诸因素是不同的。这样的一种关系具有卓越无比的普遍性。当我们发现柏拉图理型数学说的内容规定是多么贫乏并充满矛盾时,我们对此记忆犹新。藉由点、线、面、体的维度组合(Dimensionsfolge)所构成的数学科学架构,如盖泽(Gaiser)的卓越研究成果所指出的那般,只能是对于理型及其形体之间更普遍的数字关系的一种个案描述。同样的理型数形体结构模式(Idealzahlenfiguration)很明显的也可以应用于其他的序列,如《论灵魂》一书的证据所示,知识种类——努斯(Nous)、知识（Episteme）、意见（Doxa）、感觉（Aisthesis）——的序列㉗。

150　　　如果亚里士多德和我们其他的间接来源无法明确指出，哪些数字是从属于哪些理型的话，我们就不能以这种不确定的传承物为证据。亚里士多德显然有很好的理由宣称一种精确的数字符合（Zahlenentsprechung）*是有效的（《形而上学》，1090b24）。在这一思路下，亚里士多德将其限制在数字 10（《形而上学》，1084b12）。这不仅只是毕达哥拉斯式的（Tetraktys〔四层结构〕）。十分清楚，按照十进位制系统，其他一切数字的构成都只不过是此第一序列的一种重复罢了。也正因为如此，所以这一总数便使自己成了存在秩序与理型秩序的原型，并且显然除了成为这一原型外，不再要求别的了。理型与数之间相互配列关系的不确定性是根植于这样的一种事实，即人类认知的构成是无法凭借单一的直觉（uno intuitio）就能掌握整个的存在秩序与理型秩序，而是只能在关于理型的讨论中发现有限的秩序序列，然后再让它们沉淀为看起来像一个整体那般。这正像数学运算一样。

　　在理型的认识与数字的产生之间的类推（Analogie）也可以用以下的方式阐明：无终止性（Unabschließbarkeit）显然不仅属于在认识时对理型的讨论（Discursus），而且也属于在计算时数字序列

㉗　在《论灵魂》第 1 卷第 2 章 404b13—30 中，以 ὁμοίως 区分的两段报导，可回溯至《蒂迈欧篇》。αὐτὸ τὸ ζῷον（生命自身）——或者竟然完全不是表述世界灵魂吗？——《蒂迈欧篇》中也与身体混合，此处只是三个面向都被算进去而已。灵魂的知识能力在那里也同样是被区分的，即相同圈与相异圈，只不过在那里提出了两个集合，而此处则是从一计算到四。对于这样的报道——根据《理想国》中的线喻——人们果真能怀疑其为非柏拉图的吗？

　　*　即数字与诸理型之符合。——译者

的产生。两者都是通过一和不定的二此一原则而产生的。辩证法的无终止性绝未被亚里士多德所报导的原则学说（Prinzipienlehre）所限制，或被任一教条所取代。或许真正的关键点在于，柏拉图的数字生成论其实是想凸显其无穷延伸的特性（unendliche Fortsetzbarkeit）。尽管每一个数都是确定的，而计算却能"无限地"进行，二（δυάς）与一（ἕν）以同样的方式分享了这一点。所有想要在另外一种更广泛意义下导出数之二分生成（dihairetische Erzeugung）的尝试，如斯坦策尔、贝克尔[28]和其他人所做的那般，在我看来都只是陷入了一种武断的建构罢了。我认为，这根本不涉及要在一个二分生成模式中建立统一系统的任务，而只是想要指出，一与二的原则能够产生所有的数列（正如它们使得一切言说成为可能那样）。《巴门尼德篇》143d 以下说，不论加还是分，在数字演算中都是允许的。所有数列，不管是偶数还是奇数，皆可如是显示——就算不是用严格的二分法。在著名的亚里士多德段落中，赋予一与二以原则特性的这一特殊地位，是用 ἔξω τῶν πρώτων（在第一之外）而被暗示的[29]。

　　如果我们在柏拉图的学说中无法找到固定的推导体系（Ableitungssystem），却只能相反地发现到他的不定的二的学说（seine

151

---

　　[28]　J. 斯坦策尔，同上书，第 30 页以下；O. 贝克尔："柏拉图理型数的二分生成"，载《数学、天文学和物理学史的文献与研究》，B1（1931 年），第 464—501 页。

　　[29]　在 πρώτων（第一）之后当然应该补充 ἀριθμῶν（数）这个字。但柏拉图关于原则即 πρῶτα 的语言用法，仍在亚里士多德的报道中发生影响。无论如何在我看来此处的意指者为原则，而非如亚历山大（Alexander）所认为的是奇数，或是今日人们通常认为的质数（Prime Zahlen）。现在科技对于质数在科技意义上所做的解读，其实是因为误解二分法的数字生成模式（《形而上学》，第 1 卷，第 6 章，987b34）。

Lehre von der unbestimmten Zweiheit）其实正是想要建立此一体系无终止性的话，那么，这表示柏拉图的理型思想（Ideendenken）正是一种普遍的关系理论（eine allgemeine Relationstheorie），而辩证法的无穷尽特性（die Unendlichkeit der Dialektik）正是其令人信服的结论。这种理论的基础是，逻各斯总是要求一个理型与另外一个（理型）同在。光是考察单一的理型这件事还不能意味着，那就是认识。只有当一个理型因为与另一个（理型）有关系而"被侦测到"（angepeilt wird）时，它才显示其自身作为某物。海德格尔（首先在他的《〈智者篇〉讲演》，马堡，1924 年）已指出了此一诠释性的"作为"（Als）的建构意义。亚里士多德在《形而上学》（第 9 卷，第 10 章）中已提出了与之完全相应的结论，单纯的本质性（ἁπλᾶ, ἀσύνθετα）不会容许错误（在其中），而只有在思想中是否能被碰撞（ϑιγεῖν）。这表明，每一个理型除了与那个它与之共同被陈述的理型之外，它也可以与其他理型共在。从亚里士多德关于谓项结构（Prädikationsstruktur）的分析来看，我们可以从不同的观点，即使是范畴上不同的观点也行，对于一个对象做出陈述（Aussage）。每次所陈述的东西，将在其之所以被陈述的基础上，经由所选取的视角而被提出，并同时藉由陈述而被带进意识之中。只有如此这般被提出来的关系才真正是那种将那些隐藏于认为（Meinen）和认识（Erkennen）之中的现存者公之于众的关系。柏拉图在他的诸对话录中之所以与虚假（Pseudo）问题没完没了的纠缠，在我看来，其实是此一普遍关系理论的必然结果。因为"虚假"并非只是在于人们把某物说成另一物，而是在于把某物说成它所不是的东西。在《智者篇》中所证明的，藏身于差异（Verschiedeheit)中的不在者(Nicht-Sein)的存在*,其所展示的只不过是一种形式上的前提。理型的存在,也正是结合了存在(Sein)与"不存在"(Nichtsein),就是其自身显示(Sichzeigen)并存在于逻各斯之中。在其中尚未有隐藏性(Vorgeblichkeit)以及随之而来的虚假的本体论的根据。㉚

　　真正的原因其实在于,理型的领域及其相互无限的结合,在其中就有着一个"非存在"(Nichtsein an sich)的真正环节:人类思考在本质上的不可完美性(die wesenhafte Unvollendbarkeit)。

　　对二分法(Dihairesis)亦然,同一事物之中的不同源流,使得其本质规定(Wesensbestimmung)成为可能。这当然不是说,由之产生的共同点(Gemeinsam),亦即类(Gattung),是可以随意选取的,而那个有争议的对象,也正是藉此而被引导出来的。但这也不是说,存在着一个可以预先规定定义的明确的分类体系。每一场富有成效的对话所必然具有的那种根本的一致意见,可以有一种非常不同的面貌。在对于秩序的视角的每一个选择之中,存在着先入为主,而柏拉图的对话引导通常是藉由发现已被接受的意见为误,而揭示了隐蔽的误解。柏拉图的诸对话,特别是《智者篇》和《政治家篇》,对此给予许多富有喜剧玩笑的证据。柏拉图《论善》的演讲难道不也受到了辩证过程在本质上的无法完美的特性

---

　　*　柏拉图在《智者篇》指出,不在者并非表示空无一物,而是指差异,也就是不在者并非真的不在,而是指差异。之所以在五项通种之中并没有不在者,是因为差异被取代了。——译者

　　㉚　参见我在《海德格尔之路》里关于柏拉图与海德格尔的论文,蒂宾根,J. C. B. Mohr,1983 年,第 70—80 页(现收入我的著作集,第 3 卷)。

之影响吗？当柏拉图尝试去定义（bestimmen）他从一与不定的二这两个原则所导引出来的事物时，很明显的，在其中就有不确定的环节（ein Moment der Unbestimmtheit）同时被想到。在我看来这就意味着，在这两个确定的环节中就有一个是不确定性。一个关系系统（Relationssystem）的确可以如此被建构，此处每一种自身状态能成立的关系虽然可以被用来表述被提出的存在（Gehobensein）和法则存在（Gesetz-Sein），但一种法则存在和现时存在（Präsentsein）要同时展现一切关系则基本上是不可能的。柏拉图很难以莱布尼茨的中央单子（Zentralmonade）的风格在理型领域中配置一个神性的精神，在其中一切存在的东西，亦即一切可能是真的东西，都是在场的（Präsent）。在我看来，这可以从他所谓的原则学说与诸对话中多所粉饰的陈述之中看出来。柏拉图想到了探究着的人相对于认识着的神所具有的距离有限性，并且他的论点除了具有宗教意义外还具有其辩证法的特点。但是，人们的认知和思考，以及一切尘世的存在物与生俱来的不可完美性，却无法抹杀那总是会被公开呈现的人类认识之路的光明伟大。

153　　　　有许多证据表明柏拉图的确这样想过。在《斐莱布篇》中无限（Apeiron）的起源对于人类生命的成就很显然是在这样一种意义下所确定的，即这一成就（Gelingen）绝非一种绝对的成就，而总是冒着失败（Mißlingen）的风险，并陷入无节制的状态，直至沉沦于像牡蛎般的无意识的麻木的生活。人类生命的使命看来就是不断地用尺度去限制无尺度。"必然性"（Notwendigkeit）在《蒂迈欧篇》的世界之精神建构中所扮演的角色，在我看来指向同一方向。这种必然性就是那种使得模仿理型而被建构的存在秩序通过如下这一点而能够成立的实在证据(das Unterpfand des Realseins)，即这一秩序必须经受一种与之对立的反抗。如果柏拉图想要超越毕达哥拉斯派关于无限(Apeiron)的观念，并在"二"中看到一种对于这一毕达哥拉斯派观念的新的范畴表述的话，那么，他所需要的就不仅是另一个新词，而是更好地理解逻各斯根本上究竟是什么。通过二(die Zwei)他将理型和数的可理解世界像感觉现象那样与人类认识结构恰当地结合成一个巨大的对应秩序(Entsprechungsordnung)。因为，尽管它所具有的不确定性，这个二仍然是一切差异(Unterscheidung)与一切区别性(Unterschiedenheit)的原则，而这意味着：它共同构成了存在的规定(sie macht die Bestimmtheit des Seins mit aus)。

所以，向我们报道柏拉图原则学说的间接传承物并不是关于一种隐藏于柏拉图文字著作背后的学说——据说此学说竟然可能颠覆我们关于柏拉图辩证法的观念——的证据，它其实是阐述并证实了一切人类认识的有限性，并且论证了此一事实的合法性：人类认识的最高可能性仍然只能被称为 $\varphi\iota\lambda\sigma\sigma\varphi\iota\alpha$(爱智慧)，而非 $\sigma\sigma\varphi\iota\alpha$(智慧)。

（刘康 译，洪汉鼎 校）

9. 论早期希腊思想中的神性东西

（1970 年）

对于希腊人关于事物整体（Ding im ganzen）之存在的最早期思想，我们有证据使得下面这一点几乎确切，即这个存在也已经被称之为"神性东西"（das Göttliche, τὸ θεῖον）。[1] 在荷马和赫西俄德那里向我们显现的神话式的宇宙观，构成了伊奥尼亚人得以大胆地进行思想尝试的背景。因此史诗的想象和概念在新知识的陈述中找到了它们的应用。在这个意义上，希腊思想从一开始就具有一种哲学化的神学的特征，正如这种神学特别被柏拉图和亚里士多德所发展的那样。

当然，哲学化的神学，如果希腊人会这样表述的话，乃是某种完全不同于后来被人们理解为哲学的神学或自然神学的东西。因为这一后来的概念是通过它与启示神学（Offenbarungstheologie）的对立而被规定的，并且意指（我们）理性没有启示的指导也能认识的上帝真理的周界。对于基督教思想来说，这里有个问题。人类自身就有能力认知宗教的真理，这一点对于宗教性启示级别可

---

[1]　维尔纳·耶格尔（W. Jaeger）:《早期希腊思想家的神学》，斯图加特，1953 年，第 43 页。

能并不合适。因此在面对启示神学的要求时,理性神学一直是一个饱受争议的论点,特别是涉及基督教教派的争论时。希腊思想并不知道与此相近的问题。希腊宗教既不是关于一本(经)书的宗教,也不是关于一种正确教义的宗教,而毋宁是一个祭仪传统(Kultüberlieferung),对其神学性规整与总结是诗人的任务,然而这也就是说:它是一个永远不受约束的发明。因此至少对于希罗多德以及对于我们来说,看上去是这样,即宗教在荷马与赫西俄德那里有其最早的文学传统。如果我们有理由甚至将其追溯到最初的伊奥尼亚思想家,他们将“原初之在”(Ur-sein)称为“神性东西”(das Göttliche),这种表述的不确定性可能反映出某种无约束性,这种无约束性面对当时的希腊宗教现实需要思想勇气。另一方面与此相对的是,早期思想(家)也是通过使用定冠词表现了对名词化形容词的偏爱。根据卡尔·赖因哈特的资料[2],布鲁诺·斯内尔[3]曾经赞赏希腊语在表达上的特殊适用性,即通过语言学上的搭配,使用名词化了的中性词来表达一种概念的抽象,由此展现希腊人似已走上概念之路。同时,被我们称之为“存在”(Sein)的东西在希腊语中被称为 τὰ ὄντα(整体者),或者说得更确切些,τὰ πάντα(整体事物)[4],并且经巴门尼德将这种表达具有的集合意味的总概念统摄进单数形式的 τὸ ὄν(存在)一词中,从而使其赢得概念的特征。如果在伊奥尼亚传统中早就已经出现了“神性东西”

[155]

②　卡尔·赖因哈特(Karl Reinhardt):《巴门尼德》,波恩,1916 年,第 251 页以下。

③　布鲁诺·斯内尔(Bruno Snell):《精神之发现》,汉堡,1946 年,第 205 页以下。

④　H. 伯德尔(H. Boeder)曾对此详加解说,参见其《作为早期希腊哲学问题指向的根据与在场》,海牙,1962 年。

(das Göttliche),那么这一名称就是统一(Einheit)与存在(Sein)这一最初概念的前奏。

因此,关于存在之神性的言论仿佛首先无非就是指,这种整体总概念(Inbegriff des Ganzen)——在此作为大胆的哲学追问之对象被提出——从根本上不同于我们称之为存在着的所有现象,有如众神的存在形式区别于常人(有死者)的存在形式。唯有星辰这样可见的永恒才可以和整体总概念分享这种神性称谓的装饰。当亚里士多德把他那个时代的新天文学以一种星辰-运行的灵魂或鬼神学说来呈现时,他还是依据于其与宗教传统的对应。⑤ 但这是一种要以其新洞见迎接宗教传统的新思考的傲慢。当然,如果没有对宗教传统的"纯净化",这并不能产生。正如所有的希腊诗歌都是史诗诸神想象的纯净化的历史一样,哲学通过让人性的东西摆脱诸神的想象并试图在思想中只确立可验证之物,从而对自身也要求这种纯净化。亚里士多德把"神话的"完全理解为所有那些想象方式,这些想象方式将奥林匹亚诸神视为像人类一样的生命物,并且尖锐地问道,神食(Nektar)和神酒(Ambrosia)对奥林匹亚诸神真正应意味着什么? 他们的自给自足和无拘无束是受限的,他们出现似乎只是作为加强型的人类,这些说法使得所有这些"神学家"的话语在哲学思考面前不能再唤起任何的兴趣⑥。

因此,这就像是一个能将希腊思想家组合起来的统一的启蒙队伍。他们所继承的宗教词汇,首先是"神性"东西这一称谓,将并

---

⑤　《形而上学》,第 12 卷,第 8 章,1074b1 以下。

⑥　《形而上学》,第 2 卷,第 4 章,1000a9 以下。

不提供一个关于上帝或众神的宣称，而是提供一个关于他们所追问的东西的存在等级的陈述：那就是整体，万有，存在（Sein）[⑦]。即使不可忽视希腊在这一时期被新的宗教运动——这一宗教运动与官方的宗教相区别，在宗教密仪和所谓俄尔甫斯教运动（orphischen Bewegung）中创造出了他们自己的宗教性存在（Dasein）——所把握，希腊哲学看上去也很少是由神秘精神的东西而产生的（如卡尔·约埃尔[⑧]以前所主张过的）。康福德（F. M. Cornford）[⑨]在阐释最古老的希腊思想家时所特地使用的宗教历史类比法，最终也隐藏了这种开端的独特性。这场开幕的大奥秘，例如给了巴门尼德的教谕诗以架构，几乎没有任何宗教性的品格。女神在那里宣称存在就是"思"等的启蒙学说的内容，与此种听上去像宗教的觉解完全相反。反之，几乎在所有早期思想家那里，都能听到对传承的神的观念的批判，例如色诺芬尼、巴门尼德以及赫拉克利特，而对于像阿那克萨戈拉那样站在智者派门槛上的人却完全避而不谈。

在柏拉图那里，同样也在亚里士多德那里，存在（das Sein），亦即在最完整意义上那个存在的东西（τὸ παντελῶς ὄν[⑩]），或者如此存在的东西，以致它通过自身的持续的在场而与所有其他存在者

---

⑦　在我看来，这是维尔纳·耶格尔《早期希腊思想家的神学》精彩分析中的主要错误，他颠倒了这种关系。同样的也有 O. 吉贡（Gigon），他的小心而谨慎的演讲"前苏格拉底的神学"就是在此基础上与哈尔特（Hardt）进行比较，重要的是他后面的讨论，我认为接近对传统的一个不太适合的置疑。这一伊奥尼亚和埃利亚的"神学"与其时代真实的"宗教性"有任何关系吗？

⑧　卡尔·约埃尔（Karl Joël）：《从神秘主义精神看自然哲学的起源》，耶拿，1906 年。

⑨　F. M. 康福德（F. M. Cornford）：《智慧的起源——希腊哲学思想的起源》，剑桥，1952 年。

⑩　柏拉图：《智者篇》，248e8. 。

相区别——亚里士多德主义者说过：乃是无神力的能量（ἐνέργεια ohne δύναμις）——不仅是被指称为神性的，并且还被他明确性地预言了生命，在这种情况下，这究竟意味着什么呢？我在另一个研究中曾经致力于探究自身运动（生命）和思考在早期希腊思想里的关系[⑪]，这项研究在阿那克萨戈拉关于在"一"中分离和区分的努斯（Nous）的传统中可以找到其强有力的支撑。但我在那里还开放这样一个问题，即在柏拉图和亚里士多德那里被归诸存在（Sein）的"生命性"（Lebendigkeit），是遵循哲学的根据或是来自一个先于本体论的自我理解（Selbstverständlichkeit）和天真的前设？今天我就想谈谈这个问题。

　　首先有两篇特别值得注意的文献，一篇来自柏拉图，一篇来自亚里士多德，都可以给这个问题提供参考。一是《智者篇》248/49，其中谈到了那种被称之为理念朋友并因此将真的存在的领域与所有生成物（Werden）完全区别开来的东西的地位。应向他们证明的是，存在的认识意指存在的被认识，并就此而言把运动带入存在。但是他们很谨慎地承认，认识（Erkennen）和被认识（Erkanntwerden）是一种行为和遭受，并且就这是认知关系的标志而言，他们这样做是正确的，即他们并不改变他们所把握的对象，而是这样按它"自在"存在的方式来把握它。行为与遭受这对范畴并未正确反映认识的实在。但认识必须在任何情况下都找到它自己的存在合法性。这就是问题。那里写道："是的，如何，以宙斯之名

----

　　⑪　"反思的原型"（Vorgestalten der Reflexion），载《主体性与形而上学——W. 克拉默纪念文集》，美因河畔法兰克福，1966 年，第 128—143 页（现收入本书第 116—128 页）。

吗？我们是否真的容易说服我们自己相信，运动、生命、灵魂、思想（φρόνησις）并非属于全然的存在者，它既非活着也非思考，而是孤零零地休眠于没有努斯的庄严的气氛之中？"借由此问题，理念朋友对存在概念的反驳获胜。没人能认真对待这个问题。存在必须具有努斯，亦即知识必须给它。并且以下这一点似乎也是理所当然的，即存在也有生命和灵魂，并且因此包含运动。

　　这段话已经有过很多的讨论了。[⑫] 在黑格尔化的新康德主义那里我们可以看到柏拉图对它的确认，即理念必须处在运动中。但思想过程的奇怪之处在于，这一过程看上去像是朝向人的争论（argumentum ad hominem）。真的东西只有运动、生命和精神，这果真就理所当然吗？柏拉图在此是否只是依据一种一般的前见 158（Vormeinung），如他所认为的处在精妙的数学中的《蒂迈欧篇》里的"宇宙"（Welt），在其中造物主（Demiurge）转向其被造物（Erbauung）而完全自然而然地成为一个伟大的活物（Lebenwesen），是这样的吗？这种早期神话式宇宙观的自明性（Selbstverständlichkeit），尽管与整个希腊思想的启蒙相违背，对于柏拉图及其读者而言是否就一直有效呢？

---

　　⑫　最后参见 H. J. 克雷默（Krämer）:《精神形而上学的起源》，阿姆斯特丹，1964 年，第 193 页以下。这一起源完全超出了对于对话录的内在阐释，并试图以新的理由确定一个完全不可回答的问题，即"完在"（παντελῶς ὄν）能否意味着理念世界（Ideenwelt）之超越或整全（Totalität）。这一问题对于"智者派"的谈话论题是无所谓的。像赫拉克利特这样的哲学家可能很少会追随那些采用一个或多个理念的人（249cd）——不管是巴门尼德或一位教条的柏拉图主义！因此，即便关于"柏拉图式理念世界的潜能特征"，只有一种新的教条主义被插入到对话中，这个对话首先就是尝试通过认识"逻各斯"（λόγος）、"在者"（ὄν）和"非在者"（μὴ ὄν）自身的结构来回答什么是所谓"潜能的"（dynamisch）的问题。

亚里士多德在《形而上学》第 12 卷第 7 章中提出了最高存在者的学说,这一发展同样值得关注。因为在那里从万有的存在秩序和运动秩序,可以推导出一个自身不动的最高致动者的必然性。存在者(Seiende)像一个被爱者那样运动并因此自身不运动地引起整体的运动,乃是这样一个陈述,这个陈述显然并不想暗示什么关于这个最高存在的存在的东西,而只是要表述它的运动的形式。⑬ 天上圆周运动的恒久性在这个最高存在者里有其根源。它自身的持久性必然排除了所有非存在,并因此必须具有一种永恒的在场性(Anwesenheit),在其中运动本身也被排除了。因为对于被运动之物,确实是在任何意义上都不是"已经在那"(schon da)的。因此一定存在一个不受动而施动的存在者(Seiendes)。当这一最高致动者突然以其存在样态与我们的存在样态相较,当它的能动性被描述为努斯的能动性,而努斯可以听到自己,故生命与纯粹直观的喜乐皆源自这里时,这样的思路就已然封闭,它并不像是一个富有争议的巩固论证,而毋宁是一个夸张的描述。因此下面这一点看上去就像一种不需任何证据的纯粹的理所当然(Selbstverständlichkeit),即这种方式的永久存在者乃具有生命性(Lebendigkeit)的特性。

类比二者是我们的工作。如何理解存在(Sein)的生命性和精神性可以被预设为自明的(selbstverständlich)? 在其中只能看到一种古老而天真的宇宙观的遗存——这种宇宙观在希腊思想伟大

---

⑬　参见《法律篇》,第 10 卷,第 898d 以下。维尔纳·耶格尔已发现这一确切的证据。

启蒙历史的终点(按照阿那克萨戈拉的看法,太阳只是一个灼热的石头)突然再次粉碎——这就会低估新的思想能量。至少有必要问一下,这种对于传统的观念世界的天真预设是如何适用于在柏拉图式和亚里士多德式的思想中被思考为存在意义的东西之整体上的(das Ganze)呢?

因此我们必须再向前一步。早期希腊思想以无与伦比的胆魄所试图追问的东西,乃是存在之整体(das Ganze des Seins)。我们有理由把如下问题看作是困扰那些哲人的最古老思想之谜之一,即当不再有阿特拉斯(Atlas)*擎天时,存在之整体将如何"持存"?以及第一个人们想放在擎天位置上的新"阿特拉斯",不管在泰勒斯是"水",在阿那克西美尼是"气"或者其他什么,真理的问题只是在转移。亚里士多德也卓有成效地思考了在地球上流动的水的保持(Sich-Halten)问题,认为该问题并不比地球本身的保持这一问题要小[14]。如果我们考察传承资料,我们就会获得早期思想家似乎并不需要这样一个辩护的印象。相反,我们的证据均指向这样一种观点,即这里基本观念是一种相互保持(Sich-Halten),亦即构成全体的组成部分之间的一种平衡形式。在阿那克西曼德那里,这似乎曾经被假定为几何学的形式[15]。这里首先产生的是希腊思想中被亚里士多德分析为 φύσις(自然)的新思想,自然,就是那个自身具有运动主宰者(ἀρχὴ τῆς κινήσεως)的存在。在任何意

———————————

* 阿特拉斯,此处德语为 Atlas,希腊语为 Ἄτλας,系古希腊神话里的擎天神。——译者

[14] 亚里士多德:《论天》(De caelo),第 2 卷,第 3 章,294a30 以下。

[15] 《前苏格拉底残篇》,2A2。

义上,人们都可以说:从泰勒斯一直到柏拉图的《斐多篇》,统治的观念就是:整体存在(das Sein des Ganzen)自我保持。

这样的思想动机提出一个任务,其解决方案让早期思想紧张不安。似乎可以确定,最早期的希腊思想家对于整体(das Ganze)除了"万有"($\tau\grave{\alpha}\ \pi\acute{\alpha}\nu\tau\alpha$)⑯外再没有其他的名称。这是一个集合性的总概念,它显然依旧缺乏任何形成统一的环节。如果"均衡"(Gleichgewicht)正是在这些早期思想家那里构建"万有"结构的东西,也就是一种在与相反力量的对抗中产生和维持其自身的均衡,那么它其实自身就暗含了一个统一的直观形式。这一点在埃利亚哲学面对这个开端所呈现的记录和答复中得到了最早的清晰表述。埃利亚学派所教导的对于多样性和运动的否定,可以说,是思想为首次钻研万有之统一所付出的代价。然而,这里依旧没有关于统一(Einheit)的真正概念,使得统一存在之唯一性得以被思考。即便是这样一个富有争议的并在古希腊哲人传记中学究气地与众不同的学说,如万有的有限性和无限性的学说——根据我们的传统,此学说甚至在埃利亚"学派"内也以不同的方式呈现(巴门尼德-麦里梭)——也呈现了一种对于整体的统一仍然缺少任何观念上的明晰的间接证据⑰。显然,麦里梭的陈述和巴门尼德的陈述都同样有意义并在教理上没有任何真正的分歧。特别重要的是亚里士多德仍能根据语言习惯得出:整体就是 $o\check{\upsilon}\ \mu\eta\delta\acute{\epsilon}\nu\ \acute{\epsilon}\sigma\tau\iota\ \check{\epsilon}\xi\omega$(此外全无)的观念(《物理学》,第 3 卷,第 6 章,207a8)——它允许

160

---

⑯　参见 H. 伯德尔(H. Boeder):《作为早期希腊哲学问题指向的根据与在场》。

⑰　参见《前苏格拉底残篇》,18B8,4 和 8,42—49 以及《前苏格拉底残篇》,20B2和 B4。

在其界限内涵盖万物,有如人在穿越它时永不能达其边界,所以它是"无止境的"。的确,唯有在巴门尼德之后,在芝诺的间接证明过程中,特别是在柏拉图对话的埃利亚学派批判中,"一"(ἕν)的概念才紧随"存在"(ὄν)的观念,甚至最终替代了它。我们将会指出,唯有柏拉图的哲学在概念上成功地证明了由巴门尼德所"假定"的万有的统一。

我们在柏拉图的《蒂迈欧篇》中读到了这一证明。但是它是多么的奇怪啊!《蒂迈欧篇》31a 的解释者总要在这一段上下苦功夫。原文写道:"我们果真正确地说过,只有一个唯一的宇宙,或者更正确地讲过,有许多甚至是无限多的宇宙吗? 如果其他的宇宙都是按照模型而造出来的,那么只有一个宇宙。因为包含了一切有理智生物的东西不可能仅仅是后于其他东西而甘居其二的。"这是一种什么样的论证呢! 因为按一个模型被造的东西,难道只可能是一个吗? 即便我们不理会模型因其仿品必然会终止其作为唯一存者的这一自相矛盾的命题——仿佛模型的统一并未使其仿品的多样性成为可能。所以亚里士多德——由这种立场合理地——通过消解所有物质证明万有的独一无二。当然,下面这一点是可信的,即如果没留下什么去成就更多的世界,那么它必须是一并且永远是一。但是首要的问题并不在这里[18],而是世界应根据上帝意志赋予完美生物的相似性。柏拉图视其论证为连贯的理

---

[18]　相反,这只是造物主意欲的结果,他没有留下他所收集的四种元素(32c,33a)——而这也被批评是过于外在的表述,因为相对于身体(σῶμα),灵魂才是第一性的。唯有对于亚里士多德来说——正是亚里士多德才消解了造物主的神话而只认识整全(σύνολον)——论证由物质(ὕλη)才得以全重立论。

由只能在于,以下两种预设彼此是结合在一起的:其一,造物主的
远见在制造中得以实现。所有模仿的意义在对被模仿者的"完美"
呈现中被实现。如果在第一次模仿的尝试中就已经完美成功,再
重复一次是没有意义的。这一论证并没有完全抓住柏拉图的"模
仿"($\mu\acute{\iota}\mu\eta\sigma\iota\varsigma$)概念。因为正如柏拉图所认为的模仿($\mu\acute{\iota}\mu\eta\sigma\iota\varsigma$)那样,
模仿在原则上后于模型(出于这个原因,也允许对一种理型〔Ei-
161　dos〕有"诸多"种模仿)。现在这里要被制造出的是包罗万象者。
对包罗万象者的模仿其自身亦必须是包罗万象的,因此排除了第
二次的模仿,这在逻辑上留下一个薄弱的论证——仿佛模仿从未
"努力"成为其所渴望者。但是,如果人们在此模仿中认识到一种
能够最大限度发挥作用的神圣技艺因而未曾为其他重复性的模仿
努力留下任何空间时,这一思想就会变得很有说服力。关于这点
在文本中虽然没有直接的材料,但是在紧挨着(《蒂迈欧篇》,31a)
的 30a6 以下,其内容[19]——在那里不多不少暗含着——在这里应
被"至善"(das Beste),即灵魂中的努斯和身体中的灵魂,作为"只
做好事"($\check{\alpha}\rho\iota\sigma\tau o\nu\ \check{\epsilon}\rho\gamma o\nu$)所制造的东西,必须是一个有理性的生物,
结果就是在造物主的目的与命定($\pi\rho\acute{o}\nu o\iota\alpha$)中包含一切的东西。
同样的东西重复地出现着,例如在时间的创造中——模型与摹本

---

　　[19]　今天,得益于默兰(P. Merlan)的研究《从柏拉图主义到新柏拉图主义》(海牙,
1953 年)和克雷默(H. J. Krämer),上引书,我们看到了《蒂迈欧篇》这方面从色诺克拉
底开始所发挥的重要作用,并最终将理念转化为神圣精神。当然,更清楚的是这一意
义,即除了亚里士多德以外,这个蒂迈欧-神话被解读为学院派以严密的神学风格进行
的严肃教导,这是一个我要在另一地方进行探讨的更加普遍的问题。(参见"作为概念
史的哲学",载《观念史档案》(*Archiv für Begriffsgeschichte*),第 14 卷(1970 年))〔现
收入我的著作集,第 2 卷〕。

之间不可弥补的差异性承担着整个的分析,最重要的是在谈论较低级的神时,其接着创造了总在消解的更低级者。反之,世界与众神幸免于被消解。在作为世界的理性生物之形式中,这一"世界"之存在的统一性得以思考——而神圣技艺的寓言模式为此服务:将这个统一性本身,亦即作为这一个包罗万有的整体,作为制造者(Künstler)的初步方案而加以明确。[20]。

　　自身持存的整体与预先筹划的整体之统一这两个系列的思想,只有在统一不再是依据于诸分散物的组合,而是一种一开始就相互隶属、彼此合一的事物的统一时,才能以适当的方式被思考:这就是《蒂迈欧篇》中的"世界灵魂"(Weltseele),它作为包罗万象与凝聚黏合者,承担有整体统一的功能,这怎样被自我同一性和多样性的"逻辑"范畴塑造,我们将要解释。虽然这里明显讲到了有生命物,特别是"世界怪兽"(Weltentiers)的观念,并且在这一联系中还遇到了其他的动物观念。我并不像人们能如此错误地解释《蒂迈欧篇》这种关系,认为它提出"理念宇宙的动态特性"[21]。我重复说:"动念的"(dynamisch)一词在这里所指为何,我们并不是从《蒂迈欧篇》的寓言得到,而是从《智者篇》的种类辩证法知道。

　　对于这种统一概念的发展,下面这一点确实会带来某种帮助,即其存在被追问的存在者整体(das Ganze des Seienden),占据了奥林匹亚宗教的神性东西的地位。如上文所强调的,早期希腊思

----

　　[20]　尽管对文章正文 31a(κατὰ τὸ παράδειγμα δεδημιουργημένος)的艺术阐释有支持,普罗克洛(Proklos)仍承认"神圣技艺"的逻辑功能,参见 E. 迪尔(E. Diehl)编:《柏拉图〈蒂迈欧篇〉的评论中的 Procli Diadochi》,莱比锡,1903 年,133d。

　　[21]　因此不仅是克雷默,同上注,而且还有其他很多人。

想总是被这样一种努力所引导,即要去克服从那里看来具有威胁的神人同形同性论(anthropomorphistisch)以及祛除神话之观念。但是,这反倒证明了这种神人同形同性论传送的魅力之处。因此,色诺芬尼的诗句"他看到了整体,他感受到了整体,他听到了整体"(B24〔第尔斯〕),正如一些类似的文本一样,显然都指向将人类的形式从存在的形象中移除,并且很明显,他关于神性的陈述并不能代表早期希腊对于一神论目的的预言,而毋宁说是意指存在者的整体,埃利亚人已然将此整体变为其思想诉求的对象。这诗句意指:这一神圣存在应是如此缺少人性,以致它缺乏所有特殊的感觉器官。这是多么地模棱两可啊!它应引起怎样的直观:一个能以其整个躯体进行感知的圆的世界活物?或者这无所不在的存在自身在任何地方都不更多或更少地存在?无论如何,即使在拒绝时,神人同形同性论神学的词汇仍会继续被使用。

与此相反,巴门尼德的教谕诗,看上去则与之不甚相关。无论如何,在这些教谕诗里可以看到——当然是完全严格的思想运动——存在与"思维"最紧密地联系在一起,亦即 νοεῖν(思)与 εἶναι(在)有一种内在隶属关系。尽管对这一巴门尼德式同一论点在个别地方可能晦涩难懂,把虚无作为某种无思之物加以排除,使得这种同一的意义在下面这种意义显而可见,即存在的东西从不会不存在,对于思考它的人来说也是在场的。所有要在此插入唯心论思想过程的尝试明显都是错误的。它并非从"思"而来,而是讲到存在,也就是讲到存在者怎样存在的方式,它是存在的一部分,即人们感觉它是在场的。这即是思(νοεῖν)的意思,作为此(Da)的直接氛围(unmittelbare Witterung),在色诺芬尼的诗句里,这种直接氛围如果由视觉和听觉设定，它就可以单独构成努斯的意义。

如果我们继续追踪这些思想动机，下面这一点就会变得完全清晰，即我们在柏拉图那里发现的那种对存在的生命性动机的更新，与其说是一种对原始传统的回归或保存，毋宁说是一种"埃利亚学派"的思想努力的延续。因为柏拉图对希腊启蒙所造成的结果是明确反对的，特别是在《法律篇》第 10 卷中，在"灵魂"（Psyche)的题目下所维护的并不局限于那种在自我运动（αὐτοκινοῦν 似乎是一个柏拉图主义的词汇形式）中找到其表达的生命性的自我指涉。在《法律篇》（第 10 卷，893b—894d）中对于十种运动模式的分析就突出了自我运动。它是那里区分的诸种运动模式中的第十种也是最后一种，并且很显然，思想的整个序列的最终目的在于此。它虽然是最后一种运动模式，但实际上也是第一种模式，亦即，是所有运动的真正根源。显然这是反对阿那克萨戈拉的，因为当阿那克萨戈拉将"运动之在"（Bewegend-Sein）归属于努斯时，他并没有谈到灵魂（Seele）。相反，如在《蒂迈欧篇》37c2 中，柏拉图颇为累赘强调说，努斯（Nous）仅仅能在心灵（Psyche）中找到它合适的位置。但是这并没有改变一个事实，即柏拉图总是在琢磨埃利亚派学说，并在思想、逻各斯（Logos）的逻辑结构性中认识存在之结构。

因此我们以之出发的这两段究竟是什么意思，就变得很清楚了：柏拉图称完美的存在者（《智者篇》，248e）为 τὸ παντελῶς ὄν（整体或整全）。这应是一种文字的结合，它自身提供了一个本体论上的指向。因为习俗所称的 παντελῶς（整体）在此与某种对于天真意识来说似乎可能没有增强的东西——即存在——相联系。柏拉图

懂得一种本体论上的比较。在任何意义上，其语境都不允许 τὸ
παντελῶς ὄν(整体)只是作为与 τὰ πάντα(宇宙万有)同一意义并作
为 τὰ πάντα(宇宙万有)加以理解，以致在存在中也有运动。不，正
是在以完美的方式存在着的东西里，生命和运动必须存在。这同
样与《蒂迈欧篇》中的语言用法相应，在那里谈到 παντελῶς ξῷον
(整体的动物,31b1)以及用 κατὰ πάντα τελέω(终究会结束)改写这
个 ξῷον(动物,30d2)——即又一次在内容上被 30b5 中所解释的
东西：ὅπως ὅτι κάλλιστον εἴη(这是对的)。因此，这虽然被宣称为
"存在者"，但它是这样的一个存在者，它的"存在"卓越于其他存在
者。这一无所不包者并不仅仅包括一切，而且也包括那包罗"万
有"的太一。这在《蒂迈欧篇》中是从自然的生命性观念出发被引
导的，并且指出，运动、生命与灵魂属于万有的谓词。但正如在《智
者篇》里一样，万有在这里其实也以努斯为目标。因为存在的认识
164　状况就是最终证明了，在理念中必然有运动存在。这里被给予存
在的运动也必须从逻各斯的运动，而不是从生命性或神性的前设
中推导。但这样一来就有一个真正的问题：这一种我们称之为
"思"的运动是什么呢？

　　根据《法律篇》第 10 卷所涉及的运动学说，我们无法以直接的
观察谈及它，而只能如在《斐多篇》的著名段落(99d)中的那样，我
们在此与在太阳光下观看相比较并且只看到它的摹本。如果《斐
多篇》中苏格拉底为了他的遁入逻各斯(um seine Flucht in die
Logoi)，需要用同样的图像去辩护他的辩证过程，那么那里足够清
晰的就是他所说的第二次最佳航行(zweitbeste Fahrt)的讽喻。
逻各斯不是一个可见实在的单纯摹本，相反，它是对真正的思的对

象的一个单纯摹本。另一方面，从一开始，圆圈运动的外在可见性实际上就只是努斯运动的单纯摹本。这一点确证了柏拉图是在继续苏格拉底经由逻各斯的航行。因此，一个关于努斯运动的陈述毫无讽刺地在这一图景中阐明了，正如柏拉图经常选择作为空间图形的表现形式。这是一个总在一个地方并围绕一个固定中心进行循环和螺旋式上升的运动，此即柏拉图所找到的与努斯的“运动”最为相近的东西。

很明显，逻辑的任务就是解决这一图像的问题。它服务于直观地表述我们在逻辑中称为矛盾的命题，并且以直观的模式揭露了那种在智者派新思维艺术习惯中被建立的假矛盾。柏拉图以这种方式展现了那种逻各斯的结构，这种逻各斯结构是在一种困惑中建立起来的，并可能认识到存在的事物。毫不奇怪，此种逻各斯结构为此需要一个图像。因为图像处理的诸概念并未都是为这种反思论题而创造，但它们都是为了说出“世界”中可找到的东西而被规定的。然而，柏拉图的任务是用古老的方法掌握辩证法道路，即通过逻各斯的航行中的新的东西。因此新的跟随旧的而来。在《智者篇》那里，在静止与运动的古老对立上继续着同一与差别的纯反思规定的新关系。

如果一些不同的事物被说得相同，那么这只是对于空洞的诡辩者而言才是矛盾的，而构成辩证法家的本质则在于，在同一的陈述中区分了陈述的方方面面。辩证学家懂得如何保持同一性以及如何在变动不居的联系中思考变化本身。因此，这里非常重要的是关系的结构。关系（πρός τι）存在于某个方面上。唯有认识这一点，我们才能驱除那种对思呈现关联现象的犹豫不快。因为诡辩 165

者的诡辩是基于他在那里看到了矛盾,而深入到开启事情的讲话
结构的洞见却认识到,同一性和多样性本质上是交织在一起的,而
陈述之间的相关性是由各方面的差异性得以解释的。思意味着,
同一性在变动不居的各方面保持同一性。因此同一作为同一自身
就具有关联的特质。同一性与差异性的交织被归结于相同者若在
其自身中没有差异就根本不能被思考的事实。在对智者派所传播
的新思考艺术的既神秘又困惑的现象的这种逻辑阐明中,我们所
追寻的希腊关于存在的思想线索事实上就完成了。

　　如果思的运动应与循环运动的轨道或陀螺的旋转域保持一
致,那么这一点显然就不仅仅是一个图像。在《法律篇》第 10 卷
中,它确实被作为一种形象被介绍,但是同样的一致也在《蒂迈欧
篇》(34a)中被阐释,虽然这种一致的形象性没有被强调。确切地
说,那里一般涉及的是一个神话(Mythos)。但是从这一思的运动
可以推导出环绕宇宙的球形。因此我们也必须重视《法律篇》第
10 卷中那种按其证明要求进行的卓越的思想过程。首先,在运动
的十种方式中,自我运动作为最初和最原始的方式被指出,并被归
结于心灵(Psyche)、生命。然而,最终,这种走向天体运动整体秩
序的自我运动所规定的东西被称为在其"静置"运动中的努斯
(Nous)。首先从某个以理性规范万物的灵魂的预设出发,然后推
导出星辰的神圣性。因此在柏拉图那里,最终,自我运动的灵魂在
νοεῖν(纯思)中,在理念的直观中(《斐德罗篇》)找到了它的真正存
在,并且这精确地作为一个差异者而保持同一。我们只要想到,在
《斐莱布篇》中,统一万有的努斯的高贵起源,如何看上去似乎也可
以分离和区别一切。自我运动最终就是自我-区分。

　　因此,首要的乃是那种唯一开启思想的对世界的理智直观把握(noetische Verfassung)。如果柏拉图将"灵魂"归结于世界,那么他的意思是整体的自我运动,亦即在《法律篇》898c 中确切地表达的,并非是可察觉的而只是能被思的。事实上,我们从不会看到这样一个可被观察的运动,我们只能在思想中想到某物是由自身而运动。但是在这一运动方式中有一个极好的运动,它通过其自身前进与回返的平衡而超越于所有有结束的运动,这种运动就是天体的圆周运动。为了圆周运动的这种特殊性(其中开端与终点是不可区分的)之故,对这里是运动物的灵魂予以特殊区别很有意义,它就是努斯。以灵魂概念来刻画的生命物的实现方式,根据柏拉图,归根结底是对无生命者的关照[《斐德罗篇》,246b6:ψυχὴ πᾶσα παντὸς ἐπιμελεῖται τοῦ ἀψύχου(灵魂要关照所有无生命者)]。因此,关照宇宙进程的灵魂,正如其秩序所展现的,是以理智直观的完美性来进行,也就是说,它是处于努斯的领导之下。

　　因此,对于为何杰出的造物主不安排万物在同心圆的轨道上此一问题,我们并没有找到一个确切答案。但是这确实意味着,过分估价了对柏拉图《物理学》的解释要求。黄道的与异常的行星运动是造物主童话(Märchen)所实施的给定物。这一童话仅仅想解释这些现象的可能性,而这之所以产生显然是基于最高反思规定的辩证法。正如在世界的运动中,万物持续地按季节的节奏移动,并且整体的秩序总是一再被重建,在存在中也总是同时具有差异性和同一性,以存在者的方式[《蒂迈欧篇》35a 中以存在(Sein)、同一性(Seligkeit)和差异性的混合描述了"此-在"(Da-Sein)]。这不仅仅"解释了"可见世界的建构。它也根本对思想开启了变化现象的无穷多样性。谁试图把整体存在（das Sein im ganzen）思为它所是的东西，即在它的自我同一性中思考，那么他就必须在其自身的多样性、在其差异性中对它思考。但差异性本身意味着：处于不同的关系之中。存在者整体在这些关系的解释中总是再三呈现为不同的东西，但同时又保持为同一个东西。所以，它作为与在自身同一的存在同时也是自身差异性的全在（Allheit）。正如旋转的陀螺以一者和站立者呈现自身，事实上也让其差异的多样性，即它的诸方面，都融入在其现象的统一性中。同样，对于存在者的每一个内在的方面也是与它所有方面的全在同在场的。这是"同一个"（einunddasselbe），正如德语所表达的，具有各种不同的关联。因此它是一个关于存在和思在的真正的统一，柏拉图以这种方式描述的这种真正的统一，是对巴门尼德的深刻阐释。正是依据于此，而非流俗的观点，柏拉图建立起他对于所有真实存在者的生命性的论述。

因此，在柏拉图辩证法的概念中，一个更高的关于统一的概念

167　意义出现了：一与多的关系，正如《斐莱布篇》所展示的，并非一与其部分的琐碎关系。统一的意义只有当我们一起思及其与多的内在关联时才能实现。因此，统一的概念成了整体概念的近邻。同样，整体与其部分是一个辩证的统一。只有在部分存在的地方，整体才能存在，而部分并非一个集合中可枚举的要素，而是属于某物的部分，没有部分某物也就缺失，以致它会变得残缺不全。[22]　在此

---

[22]　生命在何种程度上为整全（Ganzen）的概念着色，表现在亚里士多德《形而上学》第 5 卷第 27 章 1024a11 起的内容，在那里"全部"（ὅλον）是跟随着"缺减"（κολοβόν）的。

对生命的观看就导致了逻辑的概念形成。但是它是其目向的概念逻辑关系。柏拉图式的短语 $\mu\acute{\epsilon}\rho\eta$ $\kappa\alpha\grave{\iota}$ $\mu\acute{\epsilon}\lambda\eta$（部分与要素）虽然会在生命性的现象上逗留，但显然这一短语意在指明逻各斯的规定性。灵魂建构与世界建构是以自我同一性与多样性的相互交织为特质。

正如这里基于《智者篇》某个段落而进行的考察一样，现在另一个类似的考察也可以由亚里士多德的《形而上学》从别处带我们深入的段落来进行。当亚里士多德以宇宙论的敏锐洞察力，从整体的运动秩序中推导出最高推动者，然后突然地不仅是根据生命性，而且也根据直观的愉悦来描绘其特征时，那里思想的引导力几乎是更令人惊讶的。当然，最高推动者当他在存在者的存在秩序与运动秩序的整体中建立其永恒性时，它确实是无与伦比的。因此那推动和保持运动者其自身必须是不动的，而且不能与以其他被推动事物同样的方式运动，亦即，它是自动者，因为它不可以像被推动者那样总是在改变。因此古人对于神的断言基本符合于这一卓越的存在者。这在更替荷马世界观的更古老的希腊思想传统中，确实是一个彻底反对传统习惯的动机。但在亚里士多德这里，突出它为第一推动者，不仅只是关于上帝的传统观念的报导，而且，他为了要重新建立这一点而刻意引述这一传统。

亚里士多德对于反对意见有充分意识；在这一方面，他与毕达哥拉斯和柏拉图的学生斯彪西波所代表的观念进行斗争，即美和完美者不是存在的开端和根源，而是完成了的结局和目标，是建基于永恒数学之上的整体秩序的性质。这恰恰意味着完美者不是自身存在的永恒者。柏拉图《蒂迈欧篇》仅仅描述了世界创造的寓言,被造的世界灵魂的真实含义在广义上就是世界秩序的数学规则。

现在,具有生命性并非第一推动者唯一的独特属性。亚里士多德宇宙论的所有区域精灵(Sphärengeister)都与控制它们的像灵魂一样的天体相联系。但是对于最高统治者作为这些区域精灵的普遍特征的陈述,其意义是困难的。最高推动者和这些其他的区域精灵的关系在亚里士多德的学说中一直特别的晦暗。但是这里还有另一个困难。即使是泰奥弗拉斯托斯特别在其关于《形而上学》的困惑中,也坚持最高致动者不能通过自我运动而使自身区分出来,除非他作为动机而运动,作为爱与追求的对象运动着。因为它是作为所有追求这一至高者的事物的目的,即能追求(das Strebenkönnen),但是这预设了生命性和自我关联性的存在结构②。这是很有说服力的。反之,下面这一点倒不是显而易见,即这一追求的对象必须也有同样的生命性与自我关联性的特性。很明显,当毕达哥拉斯学派和斯彪西波把数学的和谐描述为万物模仿的对象时,他们所想的就完全不同。

亚里士多德所明确呈现的第三个困难是不能从一种传统的神学调适中解决的。如果亚里士多德曾说,最高存在者不可能是另外一个独立于它的东西,因为那样的话,最高存在者就会依赖这一对象,并且如果他由此断定说没有其他东西能内存在,而只有其自身能存在时,那么其实只有当人们想到由埃利亚学派传递来的思

　　② 泰奥弗拉斯托斯(Theophrast):《论气象》(Usener),5b(原文缩写著作为"Met-aph.",经查证此著作为泰奥弗拉斯托斯的 Meteorological Phenomena,Hermann Usener。——译者)。

想进程,即存在与内存在(Innesein〔观念〕)(εἶναι and νοεῖν)的同一时这才能被理解。因此亚里士多德正如柏拉图一样,对古老的神学宇宙论重复很少。他所指向的并不是以神的谓语来美化全体存在者的总概念,而毋宁是说在这种永续、不变与不动者上看到存在根本所是的本质。当他称这种存在者为生命时,他的意思是指其本体论的标志。

这一点在对被亚里士多德称为"真在"(das Wahrsein,ὄν ὡς ἀληθές)的分析中也得到确证。在《形而上学》第 9 卷第 10 章中关于存在(Sein)与内存在(Innesein〔观念〕)之间如何互属彼此的讨论中也变得极其清晰。

那里将指明,"什么"(Was)或本质(das Wesen),既然它是简 169 单的而非依据于关系脉络,如果它仅仅是意味着如此,那么它就与真理没什么区别。它以这种方式区别于所有陈述真理,陈述真理总能将一些东西与另一些东西相联系,总能将按本性互不相属的东西联系起来。亚里士多德使用接触(θιγγάνειν)这一形象性表达来指称本质的真在。这促使我用德语单词"内存在"(Innesein)来表示 νοεῖν(思)。因为当亚里士多德说,"什么"(Was)的意思总是"真的"(wahr),并且不论在何处当这样一个"什么"被想到时,思(Denken)与所思(Gedachtes,νοεῖν und νοητόν)都是一样的,所以对我们而言一个像"内存在"那样的词就比较接近。一般而言我们以此指一种感觉。但是我们的意思也是说,我们感觉到的东西也根本不能与感觉自身区分开。很明显,区分感觉的有意味的内容与感觉的状态是很荒谬的。"去接触"(θιγγάνειν)这一希腊语词的语义范围指向同样的方向。该词首先被用为"上手接触"(Mit-

Händen-Anrühren），含有一个人意识到这里有什么的直接性。

　　"内存在"这一德语单词当然也与希腊词汇 νοεῖν（思）有着很不同的弦外之音。这样一个单词是由主体性思想和那种将我们从希腊概念中带离出来的内在性的历史而被赋予特征。就此而言，这一德语词汇对于一个希腊语概念的词汇的代理功能只是非常有局限性的。但是"内存在"这一翻译建议允诺塑造的东西乃是，它在此意指的是对存在的体验，而非主体的行为。因此，"思"与"在"的相互隶属这一埃利亚派原初的直觉，在其对雅典阿提卡哲学思想的基础性意义上显现出来。正是这样一种存在的体验，引申出所有关于生命性和神圣性的断言，而我们在亚里士多德的文本中以一种逻辑的惊异要素与它们相遇，但情况并非是某种对于思来说不可证明的东西就能从宗教传统的天真延续中被引入存在之思中。关于思之过程的逻辑精髓在于被占有（Innegehabtsein）由其自身而属于存在，因为存在具有关于自我指涉的基本结构。这是证明了为何谓语，如生命与自我运动的谓语，能被归属于它，因为它们也具有自我指涉的结构。

　　在自我运动和自我指涉以及自我区分的内在关系中，在我的论文"反思的原型"（注释⑪）里，我在《卡尔米德篇》结尾处能确定170一些东西，特别是对于与阿那克萨戈拉一起开始的努斯–思考（Nous-Spekulation）予以某种新的启发。此外，本文的研究还相信，存在与生命（Sein und Leben）之间永续的联系已经在古希腊人的哲学思考中被展露出来了。

　　这个看上去像是单纯神学（Theologumenon）的问题被证明是哲学思考的结论。第一致动者的难题是与下面这一事实相关联，即它自身是通过生命来标志并享受直观的愉悦——这一关联并非依据于黑格尔用"绝对是精神和生命"来表述的那种新哲学的真理,而是依据于存在自身得以在其一和多中进行呈现的逻各斯的结构。

（王希佳 译,洪汉鼎 校）

10. 柏拉图《吕西斯篇》中的言说与行为

(1972 年)

在我们有根据地算作柏拉图早期作品的诸对话录中,《吕西斯篇》自古以来就占据着一个特别重要的位置,因为这些柏拉图早期对话把苏格拉底的形象及其引导谈话的方式与他的历史出现很接近地联系起来。虽然在这里苏格拉底仍是以一个我们所熟悉的通过混淆而行使教育的辩证法家的姿态出现,但那种在所有辩证法之后呈现的关于存在和理念之根据的说明以及与成熟时期篇幅较大的关于爱的对话录*的接近,都给予《吕西斯篇》一个特别的标记。分析这个对话录,虽然有其自身的特殊的困难,但因此却使得这样的分析特别具有启发价值。苏格拉底造成混淆的辩证法具有什么意思,以及论证的进程和教育的路径彼此如何交映,在这个对话中尤其令人印象深刻。

这不只是一个随意的玩笑,而是表达一个持续的要求,当苏格拉底谈论着 Logos 和 Ergon,即言说(Wort)与行为(Tat)的多立克式的和谐时——当然总是讽刺地谈论,没有任何人像柏拉图的苏格拉底那样知道去满足这个要求。当拉凯斯(Laches)不知道怎

---

 * 指中期柏拉图的《斐德罗篇》。——译者

么说明"勇敢是什么"(193e)的时候,苏格拉底立即告诉了勇敢的拉凯斯说,人们会在他们的对话中发觉丢失了这个和谐。* 鉴于苏格拉底要求人们给出一个不能再度被驳回的说明时,每个人都意识到一种无能,这难道不是一个典型的无能吗?因为人们必定不知道那个人们经常挂在嘴边、作为 Arete(德行)的主导概念究竟是什么,甚至不知道人们实际上怎么活着。

　　但这不是由于知识不足而产生的冲突,恰恰相反,这是实际存在的不足,这一冲突让一个雅典人对那个沉默寡言而努力行动的斯巴达人及他的多立克式的和谐提出召唤。在这里苏格拉底也以玩笑-讽刺的方式颠倒了拉凯斯在斯巴达的理想作为尺度的意义下完全引用过的说话方式。拉凯斯的"斯巴达"基本原则是具有积极性的。它在当时是一种新的说话和论证的技艺,这种技艺在公元前五世纪初,以它的魔力吸引着雅典伶俐且善于辞令的年轻人,并让人想起那个多立克式的和谐:全然更美好地、更新地去回答,　172
勇敢、正义、节制(Sophrosyne)和敬畏(Eusebeia)是什么,新论证技艺的学生们把自己看成接受苏格拉底对话的测试,假如他们对知识的要求失败了,这时对话就不仅使新智慧的说话引导者遭到论证的反驳,而且也质疑了他们自己真实的存在。假托的-臆造的知识在行为上是没有分量的。

　　所以,在柏拉图对话录充满才智的发掘里,有时候人们遇到苏

---

* 柏拉图的《拉凯斯篇》193e:"苏格拉底:那么按照你的说法,拉凯斯,你和我都没有把自己调和得像多立克式那么和谐,这种和谐就是言语和行为的一致,而我们的言语和行为不一致。任何人看到我们的行为都会说我们拥有勇敢这种品质,而我想,听了我们刚才有关勇敢的讨论,人们都不会说我们拥有勇敢这种品质。"——译者

格拉底会得到的一个好之又好的苏格拉底的回答,然后苏格拉底仍然又以最令人疑虑的智者学派辩证法的手段来打击自己的回答。例如人们会想到《卡尔米德篇》,在那里,克里底亚(Kritias)引出苏格拉底的自我认识作为回答。当时阿提卡的所有读者都知道克里底亚是三十僭主集团的成员之一,在战争*结束之后,这个集团建立政府,在柏拉图的眼里,他们的专横统治只是黄金理想国度的前期。克里底亚代表着节制和自我认识,这清楚表明,在当时柏拉图的眼里,存在着怎样一种言说与行为之间的冲突啊(《第七封信》,324d)!事实上这个冲突不只是对当时的雅典人如此,而且也伴随着所有哲学的认识。诡辩术的阴影伴随着哲学,这一事实并不局限在雅典的这个特殊时刻。哲学始终被诡辩术的阴影尾随。

　　对我而言,上述该点是柏拉图的对话不同于我们流传下来的所有其他哲学文本,它们具有一种不可超越的当代性的最深层的原因。我们可以回忆一下,柏拉图是如何陷入写下对话录这种技艺的道路。柏拉图自己在《第七封信》里(325c)告诉我们,对他而言,遇见苏格拉底是怎样宿命般的,这个被他如此崇敬、堪称典范的人曾被指控利用新形态的诡辩术技艺败坏年轻人并被判以极刑,这对他而言究竟意味着什么。柏拉图那些宏大的书写作品作为一个任务整体,是为了要指出,苏格拉底这位必定要饮下毒酒的人,绝不是一个诡辩家。柏拉图试着从概念上厘清,为什么苏格拉底藉由他独一无二的辩证法技艺——藉由有思想的对话引导人

---

　　*　指公元前431—前404年的伯罗奔尼撒战争。——译者

们——能够让受新形态思想推动的阿提卡法院认定他是那样的诡辩家。正是柏拉图自己和苏格拉底（交往）及其命运的经验，使柏拉图承担了自己毕生从事书写的任务。在与苏格拉底本人活生生的交往中，柏拉图感知到，苏格拉底是如何以不可动摇的绝对性以及内在的独立性，持续坚守着他视为正确的东西。在他的《克力同篇》（46b 以下）中，柏拉图为此创建了一个或许是最令人印象深刻的纪念碑。在那里，在执行死刑的前一晚，苏格拉底拒绝了准备好的逃走可能（或许这是阿提卡的公众轻易地就会赞同的一种逃走），不出于别的理由，只是因为在他长期承认过城邦的法律秩序并且享受过其法律保护之后，他必须要让一个法庭判决被执行，即使这个判决是非正义的。柏拉图必然已经提出这样的问题：在一个思想败坏有如当时的雅典那样的城邦中，一个苏格拉底如何可能存在？什么力量能使某人与人们通常的做法相反，坚守"正义的东西"，就像坚守某种毫无疑义、无可争辩的实在事物一样？

　　难道对于他来说，正义的东西不是像我们日常中那些可掌握的事实对于所有人而言一样，必然是显然可见的并且不可动摇真的曾经存在过吗？柏拉图对这个问题的回答就是他的理念学说。正义并非某种其约束性人们可以争议的约定而生效的东西，而是这样实际具有压倒一切的性质，以致它在实在方面远远地超出所有按照约定而建立起来的社会行为及其意见（δόξαι）。众所周知，说出这点的理念学说表述了所有真正知识的条件。

　　但即使是对于呈现柏拉图对话作品核心的大型对话录《国家篇》来说，人们也必须把它读成是对这同一问题的回答。在这里，

173

对"苏格拉底何以是可能的"这一问题,现在当然是换一个角度,即从如何规划国家的方面得出了答案,柏拉图让他的苏格拉底提出这个规划,并且哲学在其中拥有统治权。这个国家规划最终回答了如下的问题:这样的国家看起来必须是怎样的? 即在此国家内,苏格拉底不会是陷入悲惨命运的特例,而是一个有效的规则——到处都是实在的正义,即和普遍者全然等同,并且政治都取决于所有像是苏格拉底这样的人的国家。在这个国家中,"各行其是"必须是所有人的原则。在所有的处境和阶层中人们都认知那种统治一切地方的共同的善。假如在这个国家中,卫士阶层必须去守卫共同的事物,并且为其他阶层指出其任务,那么这就以寓言的风格铺陈出,在人类作为拥有国家的生物的本性中,他的共同依存是什么。

但在所有篇幅较短的苏格拉底的对话中,也都是以持续探究那种使人类的行动和行为具有苏格拉底自己生活中所表现出来的那种绝对无误确实性的知识为目的。柏拉图之所以让苏格拉底面对诡辩术的著名首脑人物也出于这一目的,即让他以另一种风格出现。毫无疑问,在那个时代"某某是诡辩家"乃是保守公民用来 174 咒骂人的话语,然而普罗泰戈拉勇敢并且自觉地去承认这样的标记(《普罗泰戈拉篇》,317b)。柏拉图那种绝顶聪明的哲学直觉也属于这个目标,即是为了去揭示和反驳那种知识技巧中的混杂要求。这里处理的绝非随手可得的差异,而是那种只为不仅仅看见言说同时也看见行为的人才能认识的差异。

假如苏格拉底自己也常使用诡辩的论证技艺,那么这无论如何都和当时的逻辑状态无关。亚里士多德确实已经正确地澄清了理论的本质的基础,正确的推论必须基于其上,而骗人的假象则须从这个基础加以解释。但是人们不能严肃地认为,正确思考的能力只有在逻辑理论这条曲折之路上才能获得。假如我们在柏拉图的对话以及在苏格拉底的论证中发现他们违反逻辑思考、错误推论、思路中断、词义歧异以及概念混淆等等,那么我们必须采取合理的诠释学的预设,即这里关涉的是某一对话。我们在对话中不再是几何式证明地(geometrico)行事,而是运行在一种富有生气的提出观点、撤除所说、接受和拒绝的游戏之中,而相互理解就藉由这种游戏而得以开通。虽然逻辑之手可能是一个很好的辅助手段,标出逻辑的缩写表,但对我来说,以逻辑之手来看待柏拉图,完全不是研究柏拉图的本质任务。唯一的任务只能是去激活那些对话在其中得以运行的意义关联,即使它与逻辑相悖。亚里士多德是第一位有效逻辑的创造者,甚至他自己也清楚地意识到这些东西,当他在《形而上学》一个著名的段落中说到,辩证法和诡辩术之间的差异仅仅在于 προαίρεσις τοῦ βίου(生活的目的或决定)(《形而上学》,第 4 卷,第 2 章,1004b24),也即只在于,辩证法家是实在而严肃地对待事物,而诡辩的使用则只是用自以为有理的和坚称自己有理的游戏方式来填充事物。

我们现在要追踪《吕西斯篇》中的对话事件,我们试着认识在它的论证路径中言说与行为的相符,并且放弃在逻辑层面以一种逻辑批判的方式去描绘论证的路径和论证的逻辑推论性。人们对《吕西斯篇》中苏格拉底引导对话的思想路程有一种普遍的看法,因为人们并没有把多立克式的和谐作为指导原则,在这个对话中会陷入最大的窘境。在其中人们认识到的只是一种混乱的反复诘问,而不能认识到一种合乎逻辑的对话导引。事件是相当清楚的：
有几位年轻人,他们从其天真的生活理解中大胆地回答了苏格拉
175　底的问题,他们回答中所具有的合理的表现并没有在苏格拉底那
里得到倾听,反倒是被苏格拉底无情的以诡辩的方式全部打碎。
如此一来,对话看似靠近了事物的核心,但实际上却建立起远离目
标的新的辩证法障碍。年轻人手足无措并相当困惑地节节败退,
最后他们不再知道友谊是什么。这好像就是全部情景。但是假如
人们以言说与行为两方面的相符来紧跟着对话事件,那么所有东
西都将并然有序而达到有意义的结论。人们将会看见,苏格拉底
引领两位年轻人关于友谊的这场对话必然以困窘的方式而告终,
因为孩子们还不知道友谊是什么,也不知道何种充满张力的实在
性构成朋友间的友谊及其持续性。而且人们进一步地看见,半个
大人似的孩子所陷入的混乱并不是负面的东西,而是指明了他们
自己的人类存在开始成熟。

　　对话的场景是一座体育场,这是雅典高贵社群的小伙子们习
惯一起运动和进行其他教学活动的聚会点之一。这里是两个小伙
子,一对朋友,吕西斯和墨涅克塞努(Menexenos),他们被苏格拉
底拉进对话之中。一段看似无害的对话却指向了即将到来的
东西。

　　苏格拉底立刻问了这两位,他们之中谁是年纪比较大的。他
们回答,他们对此有过争执。然后问,他们之中谁比较美,对此他
们两位笑得有点尴尬。再问,他们中谁比较富有,但是就在此时苏
格拉底自己中断了提问,并且说人们不能这样问,因为朋友是在所
有东西上都是共有的。藉此也就得到了后来整个对话的关键词：

对朋友而言什么是共有的？像苏格拉底所陈述的,他恰恰想要继续追问,两者之间谁是比较公正的？谁是比较慎思的？这两个字都很难翻译,"dikaios"这个字不纯粹是我们称之为公正的东西,它也包括正直、诚实、公平等等。"sophron"这个字,像在《卡尔米德篇》中（159b）所显示的,本源地意味着某种类似良好态度的东西,因此相应于我们称之为"彬彬有礼的"这样的意思。但是从这里开始,对话就进入到更高精神的教养领域。最后的这个问题不再得到回答。两个小伙子中一个被人叫走,对话就此中断。

　　我们应该问我们自己,柏拉图透过这个序幕想要暗示什么。人们可以确切地猜到,它将是一场关于友谊的对话。但是人们更多地能够猜到并预感到,要从这种所谓孩童式的友谊引领到洞察友谊真正是什么,其中将有多么长的道路要走。因为对这些小伙子而言,友谊是什么呢？ 显然苏格拉底在这里是以小伙子实际所身处的孩童式水平来和他们说话:对他们而言,友谊是那种孩童们彼此感到热烈的竞争和自夸的天真伙伴关系。然而在这种于比较竞争中运作的友谊中,存在有一种最初的毫无疑问的共有性,它已经指向真实的东西。假如人们够仔细地听,人们特别会注意到,苏格拉底的问题怎样随着追问正义之人和慎思之人的问题而被带入到某个领域,在那里人们完全不能以天真的比较方式有意义地去追问。在此某种真实共有的东西和某种共同联系（Verbindliches）的东西出现了,它或许使真实的友谊成为可能。它应该是即将到来的东西的序曲,然而在此因外部的中断剪断了这条线索。柏拉图以他的方式明确地指出此点。

　　人们将预期到,友谊最终是在"德行"（Tugenden）的领域中,这意味着其属于社会-政治的实在性,并且是不可缺乏的。是的,人们知道拥有友谊是所有政治活动的条件,这不只是在当时的希腊才如此。当然,这暂时只是和小伙子的对话,不过从他们的出身和教育来看,毫无疑问他们将来会参政,只是现在尚未成熟罢了。这一点是明确的。当整个对话以混乱为结束时,苏格拉底说,当这个聚会解散后,他想找年长者继续这个对话①。这又是那些要求我们继续思考的中断之一。事实上,友谊是什么这样的问题,只有在年长者之中才会真正地被追问。柏拉图《吕西斯篇》中的问题,我们在他的爱的学说和国家学说里也听见回响,但也出现在亚里士多德两大卷的《伦理学》里,这本书作为古代伦理学的核心著作精确地讨论了友谊是什么(参见《尼各马可伦理学》,第8、9卷;《欧德谟伦理学》,第6卷;《大伦理学》,第2卷,第11—17章)。当然,就它把个人、其行为及其存在总是在政治共同体的视域中来加以看待而言,古代的伦理学是政治的伦理学。②

在这个情况下,"友谊是什么"这一问题的最终目标,就是去掌握正确的共同性是什么。在这里我们距离这个目标还很远。人们只是想到对话的开始,苏格拉底教导年轻人当中的那位——即希波泰勒斯(Hippothales),此人按古代的习惯喜欢追求他的男孩——人们怎样才能成功地追求到男孩。以典型的苏格拉底的方

177

---

① 我们想到,亚里士多德为他的伦理学明确地要求成熟的听众(《尼各马可伦理学》,第1卷,第1章,1095a3)。

② 把亚里士多德伦理学的政治归属性削弱的尝试是不能令人信服的。参见由 R. A. 高蒂尔(R. A. Gauthier)评注并重新撰写导言的《尼各马可伦理学》第2版,鲁汶,1970年。

式,他指出只有那个能够胜任某事的人,而且就他能够做到的事的范围内,这个人才可能被预期成功。φρονεῖν,即"思考并且是理解事务的",是这里的希腊字。以这种方式,吕西斯这个虚荣的、被他的爱慕者溺爱的小伙子,也就是被苏格拉底以 μέγα φρονεῖν 一个短语而过高指望的小伙子,变得谦恭了。这个短语既意味着"高傲的",但也意味着"好高骛远"。这个短语的意义域闪烁多变,柏拉图的对话就是游戏在这种意义域之闪烁多变中。他还这么年轻,并且还只能够胜任很少的事情,这一点使得吕西斯的高傲变成谦恭了,但是同时无疑地也唤醒了他要学习的欲望,要去获得一个更真实的、更具有基础的自我感觉的欲望。古希腊的教育本质就像这样,事实上小伙子和年轻人之间爱的伙伴关系的缔结,同时将会导引伙伴们进入到一个更高的共有性,并且走向了何谓友谊之路。

此时,墨涅克塞努回来了,他和苏格拉底之间的对话又开始了。墨涅克塞努被开玩笑地描绘成一位特别喜欢争论的人。然而人们不应想到诡辩派的论证技艺,而是要理解到,对这位小伙子来说,反驳和论证是带来乐趣的。假如苏格拉底因为墨涅克塞努的论证特别尖锐而在他面前保持警惕,这无疑地是一个玩笑,但是藉此也指出了接下来的对话特色,即其自身具有某种令人混淆的争论特性。苏格拉底开始以他的特色方式,暗示这两位小伙子仿佛找到了他自己这把年纪一直徒劳无功去寻找的东西,也就是找到了真正的友谊。谁要是知道或者认得柏拉图的讽刺,这就意味着:你们还完全不知道真正的友谊是什么。事实上如我们所看见的,这两个小伙子是一致地在孩童天性般的天真阶段上互为朋友。

为了去衡量对话的进展及其意义,尤其要想到旧有的反驳,这反驳是针对苏格拉底要求说明的方法,即知道定义还不能说把握了某物真正的实在性。甚至亚里士多德也说过,关键并不取决于知道德行是什么(《尼各马可伦理学》,第1卷,第1章,1095a7),而是取决于德行何以得到实现。但是或许没有其他苏格拉底的论题像友谊的论题一样,适合直接看到为什么在这里取决于"知道"。当某人对另外一个人感到失望,并对他说他根本不知道什么是友谊时,我们肯定决不是指他欠缺逻辑或欠缺知识。不知道什么是友谊的人,明显地不只是不能驻足于自身,而且也不能驻足于他人。相反地,不混乱的以及可靠的驻足,不让自己受到危害和混乱的驻足,并不是没有知识的,也就是说,它是一种有意识对抗危害和混乱东西的坚持。苏格拉底在此藉由赞美小伙子的友谊——此种友谊以一种无问题的方式中呈现了最高的一致性——所召唤的比较,明显地指向了一种更高的、更有意识的以及带有责任感的一致性的可能性。那些小伙子是在一种太过简单的方式上保持"一条心和一个灵魂"。如同柏拉图指出的,藉由谦恭的吕西斯请求苏格拉底,对不在场的朋友展示所有的这一切(221a),这是一种友好。

所以,和墨涅克塞努的对话也反映出真实的东西:谁不认识具体东西的人,或者在这里,谁还不认识具体东西的人,谁就会遭到抽象东西的戏弄,对它的概念或者思维上的掌握将会失败。

这些是相当吹毛求疵的问题:谁才是他人真正的朋友?爱慕者是被爱者的朋友?还是被爱者是爱慕者的朋友?通过梅涅克塞努被卷入这个难题之中,我们一定会感受到,真正的友谊在于,人们完全不能分离爱慕者和被爱者,并且不能去说,在这里谁是爱慕者,谁是被爱者。友谊明显只存在于这问题不再出现的地方,就像爱情显然就不存在于一方问另一方是否还爱他的地方。显然,这样的企图,即仿佛从外部、从某个个人孤立的存在出发去达到友谊是什么,注定是要失败的。然而这是正确的,而且这里透过苏格拉底的对话及其成果,展示出追求自我理解是具有意义的,是的,展示出对于伦理和人类生命的实在性而言,自我理解恰恰就是必须被要求的。这就是那个具决定性的"知道"。但是知道意味着"不可混乱的"。柏拉图的辩证法的要求就在于此,即培养出那种对某人眼前视为真的东西不加迷惑进行坚持的能力。由于苏格拉底知道通过混乱去准备并通达不可混乱性,他给出了典范。在这里混乱明显地源自于'philos'这个字具有爱慕的或者被爱的双重意义。语言是够聪明的,用这个字,决不只关联到一方的实在性。苏格拉底藉由他的提问引出友谊中的自我扬弃,实际上充分发挥了真正的生活经验。他显然能够关联到所有人都熟悉的经验,这是在古希腊生活中追求人的爱慕者会对还是孩童的小伙子所作的经验。假如一个人爱慕某人,并且以为能够去要求友谊,即使他没有再被爱,他也将会做出这种经验,即他人的拒绝能够提升到恨意。这正是吕西斯和他的爱慕者希波泰勒斯眼下的处境,两个小伙子认识到了这一点。212c3,墨涅克塞努刻意地同意:σφόδρα γε, ἔφη, ἀληϑές ("你说得非常对")。在苏格拉底把两个深思的小伙子陷入混乱的逻辑选言背后,*还可以听到一些其他的东西。但关键点显然是,这种逻辑选言并没有切中关于友谊的真实知识。

---

　　*　指"爱慕者是被爱者的朋友,还是被爱者是爱慕者的朋友?"——译者

　　柏拉图以一个惊人的方式表明了这一点。当苏格拉底确认，我们或许错误地掌握了事情，这个不太流露感情的、有教养的小伙子吕西斯突然大喊："是的，天神知道，我敢肯定（爱慕者不是朋友，被爱者也不是朋友，既爱慕又被爱的人也不是朋友。）*"然后脸变得红起来了。柏拉图通过让这个小伙子不再拘谨，是要显示，这个小伙子已经怎样沉浸于其中。某种自身遭遇的东西，某种最初的具体化表现出来了。不仅吕西斯以自己基于同质性（Gleichheit）对友谊的孩童式的理解，反对这种诡辩的区分，而且不知怎的透过这个诡辩术，他也显得不安，以至于像是一种预感般的，他突然理解真实的友谊是某种完全不同的、充满张力的事物（213d）。

　　接下来就很适切，苏格拉底立刻转向他，并且从小伙子自己的生活理解给出了一个新的建议，同时以诗人的智慧来支持自己给出的建议。小伙子们也都是根据诗人的智慧认识到此点，即使不是出自于实际的经验，而像是学习得来的。苏格拉底由于"为什么"一个人会成为朋友这一问题而产生误导。通过他引证那些说出了普遍意识中鲜活的东西的诗人，他指明了友谊如同它实际在眼前那样，以及那种作为友谊的并是"天神"掌握在手中的生命力——同质者追求同质者。通过荷马的箴言和暗指恩培多克勒（Empedokles）来证实此点。苏格拉底处理智者见证的方式，现在被典型的柏拉图讽刺所限定，我们可在《智者篇》中谈论那些对存在者深思的第一哲学家的著名段落中找到相似的讽刺。友谊要求同质性，这一深刻而纯粹的真理由这些诗人的见证中被道出，确实

---

　　*　按文意添入原典段落。——译者

开显了某些直接的东西。苏格拉底说得明确：只有"善者"有能力
拥有友谊，并且只有和自身"同质者"也才能够和他者"同质"并且
是友善的。但是这个深刻并且是最终的柏拉图洞见却对"同质的"
和"友善的"预设了某种完全不同于小伙子们的理解。因此，对苏
格拉底而言，这美好的柏拉图真理：友谊只存在于善者，是会相当
轻易地被混淆的。吕西斯所理解的"同质的"，以及在其中他所理
解的"朋友"，尽管也具有某种"善的"概念，但它和柏拉图较深的洞
见是毫无关联的。为此，他不能坚持反对苏格拉底制造混乱的提
问：彼此如此同质的双方，明显地不能互相期待好处。一般来说，180
善者已经自足，而不再需要他的同质者。

　　因此相反的可能，即（友谊要求的）* 不同质性（Ungleichheit），
是更加可信的。这一次是赫西俄德（Hesiod）被引用，作为诗人的
见证。恰恰是在那些处于同质情况的人中，会找到忌妒、吃醋和恨
意。相反地，在那些处于完全不同质情况的人中，彼此倒常常是相
爱的，贫穷者爱富有者、弱者爱强者、病患爱医生、无知者爱博学
者。对立者互相吸引，这似乎是更大的真理，就像我们在看早期伊
奥尼亚的自然科学所证明的那样。这样的真理，尽管它确实富有
启发性，但却同样被关于友谊的蹩脚理解所制伏，就像同质性理论
那样。这个真理也以某种强调诡辩的方式（216ab，这被称为
πάσσοφοι ἄνδρες, οἱ ἀντιλογικοί：世上到底有无某个事物会友好地
对待敌对的事物？）被带到这一处境：能被想到的最伟大的对立是
朋友与敌人，因此他们必定要互相吸引，并彼此成为朋友。谁要是

---

* 按文意添入。——译者

接受这样的论证，即把朋友与敌人理解成像是冷和热这种自然对立一样，就明显并不真正地知道友谊是什么。在这里纯粹的吸引力被视为友谊。

如此一来，苏格拉底就建议第三种有待解决的逻辑可能性，并且藉此我们完全更贴近了柏拉图，或更好地说，贴近了人类的秘密。某人爱上了某物，必定有下列的理由，某人既非同质也非不同质的，既非爱慕也非怀恨，既非善也非恶。逻辑上来看，这是一个古老的、柏拉图的概念区分，它出自于斯彪西波（Speusipp）而使得我们熟知，它明显是在柏拉图学院已经被获知的早期逻辑知识。在一个对立中总还有第三种可能：既非……也非……。而友谊似乎真的如此。谁接受了某人的友谊，意味着在他者中有他自身所不是的东西。但是这种他不是的东西，像是未决的状态，因而是一个可能性，是在他自身之中，让其中一方在他者身上寻求典范。所有那些超出小伙子友谊水准的早年友谊都像是选择典范，而即使在具有新基础的相互性上，所有持续的友谊依然保持这一点。柏拉图如何在这里让他的苏格拉底更多地向两个还不是朋友的朋友说话，这是特别细致的。从 216a 开始，墨涅克塞努替代吕西斯进入到对话之中，从此之后经常出现共同去称呼两人（例如 218b）的情况。

现在苏格拉底从这个可能性去发展一个重要的结论：假如一个人既非善也非恶，这意味着，在他之中一定已经有某些东西存在，并且是以他欠缺它、需要它的方式存在。这个以某人欠缺它的方式存在的东西，也即这种"缺失"，苏格拉底这里表达为某种恶的在场（Parusie）。* 我们熟知"Parusie"这个表达是柏拉图本体论最重要的基本概念之一。但是在这里它明显是在一个完全素朴的、并且不棘手的意义下被使用。毕竟这个表达隐含了一个细致的区分，藉由这个区分，这个不棘手的字词开始让自己变得充满张力。当在友谊或者爱中的推动力应该被说明时，苏格拉底带入了一个真正怪异的例子。假如一个年轻人装扮自己，并且把他的头发染成棕色，那么他的发色虽然是棕色的，但是这个棕色并不像我"是棕发的"那样的存在于此。相反地，它是某种恶的在场，因此是一种缺乏的现象，但这种缺乏现象并不意味着某物因此"是"恶的。显然在我们的例子中，友谊基于其上的那种感觉上的缺失也应该关涉到这种在场。在某种意义上友谊实际上是一种"假"在场，也就是说，它指回到背后的、隐蔽的某种真实之物。就人性来说，这具有充分的说服力，假如我们以柏拉图的方式理解它：当一个既非善也非恶的人，他能够去爱善的事物，那么这不仅意味着，尽管有某种缺失的东西在场，有恶的东西在场，他自身并不是恶的，而且这也积极地意味着，他超出了他自身，而这正是一种追求。如此一来也就推出了某些原始柏拉图的结论，就像这个结论：智者（σοφός），就像天神一样，既非充满哲思智慧（philosophiert），也非全然无知，而只是某位知道自己无知的人。人们理解到，现在苏格拉底赢获的回答可以用真正的胜利被祝贺：友谊有其原因，就在于一个"既非……也非……"的人追求积极的、善的事物。

---

　　* Parusie 字面上由 παρά 在旁（dabei）和 ουσία 存在（Dasein）组成，因而有当前（Gegenwart）或者在场（Anwesenheit）的意思。——译者

这个段落(218c)是令人吃惊的。只有当人们不只是在某种逻辑论证的逼迫下看见了这个类似幸运的结果是失败的,而且还因为不满足于至目前为止的友谊概念而更深地把握到何谓友谊之洞见萌芽,人们才理解了对话中真正发生的事情。假如人们坚持到目前为止对事物的理解都运行于其中的那种"同质的"及"喜爱的"的意义,那么这个立刻产生出来的假象就好像朋友不外是一个工具,他的存在只是为了让我摆脱我的不足。不可否认,这里有一个深刻的人类真理。人生之所以有无穷尽的事务纠缠,其根源就在于他不再能独立坚持自身,从而总投入他人的怀抱。可是我们却拒绝承认真正友谊的本质在于:某人对他者而言,乃是消除他者缺失的工具。我们甚至知道,谁要是这样理解友谊,想要贬低自己对他者的意义只是为他者而存在,那么他藉此也就破坏了共有性的基础。

但是,假如我们不能同意,"某人只是为了他人的工具"就是友谊的本质和友谊的构成,那么我们也就能够表明,真正所"喜爱的"东西最终就不再是任何目的。一般而言,情况可能就是如此,即某物之所以被某人所喜爱,是因为某人是在一个特定的需求中,比方葡萄酒这个饮品是当我感到精神不济时,被我所喜爱的。但是真正的友谊却不能够这样。因为他者不可能仅仅因为他是对某人有用的,而被说成(ῥήματι)是被某人所喜爱的,而必须是"实在地"(τῷ ὄντι)被某人所喜爱的。这是真实的"爱"。正是《吕西斯篇》的友谊之路引向了第一的爱,并且成了《会饮篇》中狄俄提玛(Dioti-ma)引导苏格拉底踏上著名爱情之路的序曲。假如解释者没有根据地或者逻辑上没有准备地,而是任意地找到这条思路,那么他们

182

就是错误的。相反的,这是完全合乎逻辑的。像真实的友谊这样的东西,只可以存在于那样的地方,被某人所喜爱的物或人,不再依赖于任何被我所喜爱的而且可以改变的条件。这是友谊和爱的基本规定:某物或某人是否被一个人所喜爱,这不依赖任何方便、有用或者某个"更高的"利益。相反地,友谊和爱存在的地方,那里就有像本源的一、无条件的爱这样的东西,这样的东西因为通过它自己的存在被喜爱,所以它超越了那整个只是因为作为手段而被喜爱的链接。

通过揭露真正"喜爱的"东西与总是有条件的并作为手段的"爱"针锋相对,苏格拉底以一种逻辑上看似令人不满意的方式来进行论证。看起来好像他混淆了两种东西,即手段和目的,前者是指某物作为手段而被人喜爱,后者是指某物作为目的而被人喜爱,乃是为了这个目的才被人所喜爱。苏格拉底给了一个明显无可反驳的例子:人们为了健康,由于生病会喜爱医生或者医术。健康是目的,药物(或者医生)是手段,人们需要它们的原因是某种恶的在场,也就是疾病的侵害。这里,"由于"具有原因(διὰ τί)的意义,而"为了"是目的,两者是清楚区别开的。但是苏格拉底能够把 διὰ τί 和 ἕνεκά του 彼此互用,顺带一提就像我们在德文中也把"wegen"(由于)和"umwillen"(为了)在语言上这么用。因此比方我们能够说:为了精神不振,葡萄酒是被某人所喜爱的。我们这样说当然是意味着:由于它可以强振我们的精神。真正的所为物(Worumwillen)是健康,而不是疾病。但是语言从来不是愚蠢的,并且它在这里也完全具有说服力,它之所以如此说,是因为手段呈现为目的,也就是说,手段在一个作为手段的脉络关联中,可以和目的照面。因此这里所涉及的并不是某种因果规定和目的规定之间的逻辑的混淆——假如人们把柏拉图的对话读成哲学论文,那么它看起来就会如此——而是关涉人类实在经验中这两种规定的内在交叠。

在"友谊"的议题中也是如此。在柏拉图那里作为最高目的显现的东西,作为第一的"爱",它严格说来不是一个在逐级上升更高阶层中的某个最上层的和最高的东西。相反地,这个"第一"只是柏拉图的表达,这一表达柏拉图后来通过理念学说整个作了更精确的梳理。我已经对那个"彼岸的"善的表象——它在后来的柏拉图主义那里主导柏拉图的理解——完全地表示过怀疑,并且现在在《吕西斯篇》的 $\varphi\acute{\iota}\lambda o\nu\ \tau\tilde{\omega}\ \ddot{o}\nu\tau\iota$(真正地爱)(220b)中看见了进一步的证实③。它的意思是一种不同的存在方式,而不是在同一种存在中的提升。友谊真正基础的东西是在"喜爱的"另一种意义,完全不同于那种因为有益于某物而是我所喜爱的意思。有益于某物是一种相对性。超越所有相对性而提升的东西,不是对有益的提升,而完全是"善的"另一种存在方式。在友谊和爱的经验中,这一点是相当具有说服力地被看见。在其自身被人所喜爱的东西,并不像那种由它物有条件被喜爱的东西,两者不是在同一个意义被人所喜爱。通过我们说明了两者是根本不同的,这也就指出了要超越所有有条件者直到真正存在者一般。像"善的""正义的""喜爱的"这些概念的意义,在人们只是把它们作为药物,作为他物

---

③　[参见"柏拉图与亚里士多德之间的善之理念",海德堡,1978年;现收入我的著作集,第7卷。]

的医治手段来看待的地方,是不会令人感到满意的。假如所有的追求都是由于欠缺某物才是真正可能的,假如我之所以能追求某物,只是因为我身上缺乏它,那么这个对所追求的东西的"爱"依赖于欠缺的存在。这将意味着,某人是我所喜爱的,仅因他可以帮助到我、消除我的缺失,或者以某种方式有用,这也就是说,实际上我对"喜爱的"所理解的东西也总只是有用之物。使爱成为爱的东西决不能是如此的东西。因为总是有不同的东西对我有用,所以我永远不能获得唯有爱或友谊所依据的东西。

　　人们必须看见,在这里不是某个论证要被反驳,而是某个关于友谊是什么的思维方式处在一种无知的状态。被苏格拉底引入思考的最终步骤只有这样才是正确的,即这个思考要达到真理的点上,它必须不混乱,而且要无可反驳地清晰可见,假如谈话伙伴真实地（ἔργῳ）知道友谊是什么的话。所有的追求都具有这样的性质,即它们都依赖于某种缺失,依赖于某人欠缺的东西吗?以至于当缺失不再具有主导位置,所追求的东西就不再是善的了吗?假如恶消失了,也没有"爱"了吗(221c)?在这个意义下所有的追求只是一种需求吗?它随着获得满足而消失,就像是当人们喝足,口渴就被解除了?人们只因为口渴才会看重饮品,这真的足够说明吗?相反的,人们在饮品中品尝了那在其自身是好的东西,比方好的葡萄酒,人们不应该像喝水一样咕噜噜地喝它,它的好不只是依赖于我口渴,而且没有其他东西可以喝的事实处境,这不是如此吗?这个不重要的例子可以轻易地并且令人信服地被运用到友谊的问题上:某人对另一人而言是后者欠缺的东西,并且仅因后者欠缺了它,这是去促成和保持友谊的正确张力吗?难道没有另一种张力吗？它不是被这种自行消除的法则所主导，而仿佛是在其自身增长和提升，就像我们说的，朋友彼此之间是一加一大于二的（它绝对不是说，他们彼此消融，或者甚至某个时期一定会彼此厌烦）。某人在他人之中找到自己的自我意识，并且不只是在他人身上想要忘记自己和自己的不足，这不就是人类之间的友谊吗？

事实上苏格拉底找到一个词来表达在追求和满足彼此之间存在的这个充满张力的关系。它就是"Oikeion"这个希腊字，也即属于家，属于"Oikos"的东西（221d）。这是一个通常表述亲戚和家属的词语，也即表述所有属于这个家的成员的词语。"Oikos"——家——从广义上说指一个经济单位，有如古代的家族经济。但是'Oikeion'同样是对有在家感觉的地方、有归属感的地方、有信赖感的地方的一个完全熟悉的表达词。我们在类似于希腊人对"Oikeion"这个字的使用上，也认识到了"家"这个概念领域的这两个要素。人们乐于把它翻译成"das Angehörige"（家属，并且还不只是"die Angehörigen"）。在"das Angehörige"中总会一同想到：das Zugehörige（从属者），即某人听从（hören）的东西，或者因为它属于某人，它也听从某人的东西。苏格拉底现在使用这个词及其意义领域，是为了说明，也有这样一种追求从属的追求。它是这样一种追求，当它被满足的时候，它并不停止，并且当追求在其中找到了充实的地方，它自身也不会停止被某人所喜爱。这就是从属于我的东西，我所属的地方，并且如此可靠和持续的东

185　西，就像是所有对某人是其家的东西。苏格拉底现在得出结论，假如某人真实地喜爱他者作为朋友，那么他的追求是以这样的方式指向那个他者，即他能使自己感到充实。因此他最终所追求的东

西,就是在他者身上的从属者,并且这种从属者对他的追求给出了合法性。

苏格拉底的谈话引导——它从这里一直引导我们到柏拉图关于理念真实存在的学说的边缘——在这里突然又赢得了生动的戏剧场景。人类的相互蕴含变得明朗了,因为到目前为止不幸的爱慕者*在他激情追求的这种合法性下热烈地表示同意,反之,年轻的吕西斯——他简直不能看见如此固执追求他的爱慕者(并且实际上也不能看见他,因为希波泰勒斯小心地躲在别人的背后)——则表示沉默并且只是勉强地同意小伙子也应从他那里爱真正的爱慕者。显然,吕西斯是不喜欢这一结果的(222b)。柏拉图通过描绘小伙子吕西斯害羞地避开,或许想要间接地指出,像是苏格拉底和求爱的希波泰勒斯一起讽刺性的共谋那样,对话来到了"事物"的近处。但是这些人都忽略了这一切。吕西斯正好在友谊能够是什么之前退缩了,就像他在逼近他的爱慕者之前畏缩一样。苏格拉底的角色依然保持制造混乱的一种节制。或者更好地说,他把所有的一切都放在去掩盖对话所要指向的真理。对读者来说应该要意识到,"从属者"这个回答包括了对话早先提到的"同质的东西"所具有的更深刻的意义。读者也不能忽略,在这种方式下所谓的"从属的"和"同质的"东西也能够称之为"善的"。但是苏格拉底透过一个虚假的幻象,好像在从属的、同质的和善的之间有固定的差异,从而使他的年轻朋友感到混乱,以致在最后有这样的难题——既非爱慕者也非被爱者,既非同质者也非不同质者,既非善

---

　　*　指希波泰勒斯作为爱慕者。——译者

者也非从属者,可以构成友谊是什么的意义。这是一个彻底人为的混淆。它要说的是:言说与行为的和谐尚未达成。小伙子的混淆指出了这一点。当人们确信并且想要确信,在友谊之中,同质性和不同质性,追求和满足,渐增的信赖他人和自己,都是同一个实在的时候,人们必定知道友谊是什么。

此外,对话的结尾完全指明了这里"反驳"意味着什么:苏格拉底必须再环顾一下年长者,因为他们更多地"知道"友谊。一个强制的中断显然让小伙子们违背他们自己的反抗,被人鬼鬼祟祟地(δαίμονές τινες)叫回家,但这种中断却指出了小伙子不只想要开拓关于友谊是什么的更好的识见,同时也要开辟友谊自身:苏格拉底把自己也算作这里的一分子,他们是朋友并且想要"知道"友谊是什么的人。

苏格拉底对小伙子所引导的这场对话,而且似乎乐于和年长者继续的这场对话,就这样指向了一个增长友谊和知道友谊是什么的对话。这为言语和行为的多立克式的和谐开辟了道路。柏拉图哲学的城邦乌托邦也是为此铺平道路——只是再次以言语的方式。《吕西斯篇》有其特别的含义,在此没有人能够完全忽略如下这点,即它不单单只是涉及正确的答案,而且也涉及真实的存在,不只是涉及逻辑的证明,而且也涉及唤醒。只有在这一任务的照亮下,人们才能理解苏格拉底的——当然也包含其他柏拉图对话录中的——论证技艺。否则的话,人们只会停留在逻辑上完善论证的观念之上。

(刘康 译,洪汉鼎 校)

11. 柏拉图《斐多篇》中的不死论证

（1973 年）

　　柏拉图对话《斐多篇》在许多层面上都是希腊哲学最卓越和最重要的著作之一；这也是因为，柏拉图于此让他的老师苏格拉底在其生命的最后时日里与其友人们的最后一次谈话中谈及了一个将死之人在面临死亡和彼岸的问题时可以拥有的诸种期望。毋庸置疑，《斐多篇》经由这一主题及其展开方式容易使人产生这种想象，仿佛此处关乎一种与基督教对死亡之超克相对应的东西，仿佛苏格拉底对不死论证提出的诸般议论可以被理解为基督教对死亡之超克的一个异教的预想。事实表明，这当然是个误解，即便它曾是一个尤其是在 18 世纪具有创造性的误解。[①] 苏格拉底与耶稣的这种比较是有失偏颇的。反之，我想要表明，这篇柏拉图对话提出了这样一个问题：在一个科学的启蒙与自然认识处于进步之中并驱逐了神话的世界图景以及逻辑开始唤醒对自身的自我意识的时代中，还有什么东西能为古老的宗教传统所保留。在这个崭新而有意识的辩解之情形下，这一问题被提出了：人们关于死亡能给出

---

　　① 比较本诺·博姆（Benno Böhm）：《苏格拉底在 18 世纪——现代人格意识发展过程研究》(*Sokrates im 18. Jh. Studien zum Werdegang des modernen Persönlichkeitsbewusstseins*)，新明斯特，1966 年第 2 版，第 135 页。

什么辩解？于此,柏拉图的诸对话的类似特征当然就必须得到关注。此处关涉到的乃是一种诗意的阐述,它一上来就不可以在逻辑合理性这一片面的标尺之下被提出,而是讲述了一段人类的对话,这段对话必须如其所是那样地被理解。

在这篇对话中被一个接一个罗列起来的对于灵魂不死的诸般论证,统统具有某些深层的不充分的东西。我以为这是有关对话的任何研究与分析的出发点。这些论证是不充分的,尽管苏格拉底的现身说法颇有说服力,他在其生命的最后一日中与友人们引领、主导了这番对话,甚至为绝对的客观冷静所驱使,于此日将尽时全然安宁和平静地端起毒酒杯与其朋友们作别,不给对死亡的恐惧留下哪怕最微小的一丝空间。这一将死的苏格拉底之形象,如尼采颇为精彩地评论的,乃是为希腊贵族青年竞相效法的新典范,它取代了往日的英雄模范阿基里斯。在此意义上,《斐多篇》诗性的说服力比起其论证的逻辑证明力要来得更加强大。这并非对柏拉图的指摘。我们只是藉此在原则上跟随柏拉图自己。他让他的苏格拉底与友人们沉思死亡之恐惧的不可思议并承认,尽管有一切如此令人信服的论证,我们之中的那个小孩还是未尝停止继续怀有恐惧。由此,我似乎就理应从这一面向来检视一下《斐多篇》的论证过程:柏拉图是否已经充分有意识地看到了这些论证中不充分的东西,并且,倘若是,那就要询问,这一论证过程的真正意图究竟为何。在这些论证中——即便它们统统是不充分的——仍然存有一种事实的秩序并显露出某种上升的证明能力,这一点就像最后所有这些论辩的论证要求都被限定在了假设性的东西之上一样清楚。

通过我们对柏拉图所选择的场景虚构、《斐多篇》的对话情境

如其所是地进行研究,我们为自己的设问赢得了第一个方向。真
正的对话始于苏格拉底与两个"毕达哥拉斯派的"友人之间。② 我
认为这一点意义非凡。因为这两位"毕达哥拉斯派"友人——西米
阿斯和克伯斯——根本不是一个宗教团体的代表,因为毕达哥拉
斯修会的宗教团体是由它的先人们创立的。他们乃是尤其被毕达
哥拉斯派学说引入轨道的数学研究、音乐理论、宇宙认识的代表,
并且如我们将要看到的那样,对于那个时代的自然科学、生物学与
医学很可能了如指掌。现在人们想起,苏格拉底在柏拉图的《申辩
篇》中无论如何都未被描摹为现代科学的专家,而是恰恰相反地坚
守他自己的无知并将自己局限于人类的道德任务与自我认识上。
当柏拉图将苏格拉底在他的死亡时刻与"毕达哥拉斯主义者",与
当时科学的代表置入对话之中时,他显然藉此象征着,他自己的任
务正在于将作为苏格拉底之天职的道德自我反思,与为毕达哥拉
斯主义者所代表的科学认识进行统一。或许将要得出这样的结
论,"毕达哥拉斯主义的"科学对于苏格拉底坚持追问的诸种宏大

189

---

② 自然,这些人在我们的传承物中并不完全被称作毕达哥拉斯主义者。然而就
是这样:"所谓的"毕达哥拉斯主义者恰好不仅仅是柏拉图的同时代人(诸如阿契塔,等
等)——这曾是 E. 弗兰克设想中的偏见,如《斐多篇》所教导的那样。对于弗兰克的著
作(《柏拉图与所谓的毕达哥拉斯主义者》〔*Plato und die sogenannten Pythagoreer*〕,哈
勒,1923 年)之苛责的研究现在显然卷土重来了。参见 W. 布尔克特(W. Burkert)、
德·福格尔(C. J. De Vogel)与范·德·瓦尔登(B. L. Van Der Waerden)〔W. 布尔克
特:《智慧与科学》(*Weisheit und Wissenschaft*),纽伦堡,1962 年;德·福格尔:《哲学Ⅰ:
希腊哲学研究》(*Philosophia I. Studies in Greek Philosophy*),阿森,1969 年,第 27 页
以下;范·德·瓦尔登:《觉醒中的科学:埃及、巴比伦与古希腊的数学》(*Erwachende
Wissenschaft*:*Ägyptische*,*Babylonische und Griechische Mathematik*),巴塞尔,1966
年第 2 版以及《毕达哥拉斯主义者——宗教兄弟会与科学学派》(*Die Pythagoreer.
Religiöse Bruderschaft und Schule der Wissenschaft*),慕尼黑,1979 年〕。

的人类问题而言并不是无关紧要的。

倘若我们带着这一假设着手分析对话,我们将首先注意到,真正的对话产生于一个特定的宗教问题之上。柏拉图擅长通过强调使重要的东西变得清楚明白。在一段更长的导入性对话之后,此处(61d)论及了关于自杀这个在毕达哥拉斯主义中明令禁止的自我消灭之形式的问题。这个问题的产生标示了这样的时刻:苏格拉底坐起身来,然后引导整个谈话。此外,现在引人注意的是,苏格拉底向毕达哥拉斯主义者们询问道,他们关于自己老师菲洛劳斯对于自杀的禁令都知道些什么,而他们承认,自己对此什么正确的东西都不知道,菲洛劳斯也几乎没怎么对此发表过言论。这是一个清楚的暗示,他们对毕达哥拉斯主义学说的宗教性内容完全不感兴趣,从而就此而言正是现代科学启蒙的真正代言人。那个提醒他们须得注意这一毕达哥拉斯主义学说之宗教背景的乃是苏格拉底。③ 这些毕达哥拉斯主义者们离宗教传统站得有多远,经由一个细节而变得格外分明。当苏格拉底提问道,倘若在一些情况下死去明显比以无法忍受的方式继续活下去来得更好,一项如此绝对的禁令如何能够被说出口的时候,克伯斯以一种引人注目的方式赞同了他:他又回到他的彼奥提亚方言(die böotische Dialekt)去了(62a)。显然,柏拉图意欲借此表明这个人内心的真正观点是什么,以及苏格拉底的这些毕达哥拉斯派友人们如何完全

———————

③　与《斐莱布篇》如此惊人地和谐的菲洛劳斯的其他学说在此没有扮演任何角色,因而繁难的真实性问题也就悬而未决。然而这么做无疑是有益的,不要将可能已属于毕达哥拉斯后第三代人的这位菲洛劳斯太过剥离于数学的宇宙论。这个在《斐多篇》中回向指向菲洛劳斯的自杀主题对于他也显然已经不再居于核心位置了。

被理智的合理性这一理想所主宰。克伯斯所提出的论辩立刻证明了这一点(62c)。当古老的毕达哥拉斯派的自杀禁令一度盘算着 190 捍卫人们的宗教关联以及灵魂转世学说的神圣意义时,克伯斯现在将论辩翻转为对苏格拉底的死亡准备之批判,尽管他也承认,自己生活于诸善神的治理之下。因而,宗教传统对克伯斯而言是模糊不可见的,灵魂的彼岸命运对他而言已经无足轻重。同样,西米阿斯在苏格拉底将死亡阐释为一切哲学之意义的时候干脆报以大笑。

　　这与那种在对话开始时将苏格拉底的行为再三强调为一件神的作品,强调为对阿波罗的效仿的方式正相反对——直到变成惯于插科打诨的苏格拉底的古怪发明。当然,当苏格拉底藉由灵魂纯净的古老主题为他的死亡准备辩白时,这一点就显而易见了:对苏格拉底而言,更古老的毕达哥拉斯派的纯净概念同样与纯净的一种新的意义失之交臂了:不再是宗教狂热的纯净的规定——修会成员们作为其"象征"而坚守它,在其中不存在任何的自我理解。与此相反,"纯净"对苏格拉底来说意味着一种新的对他自身的意识,意味着专注于沉思的哲人之生活。这一点通过下面这一说法清晰地彰显出来:对由 $\sigma\tilde{\omega}\mu\alpha$(肉身)而来的诸扰乱之描述在这里到达了顶点,即肉身 $\dot{\epsilon}\nu\ \tau\alpha\tilde{\iota}\varsigma\ \zeta\eta\tau\dot{\eta}\sigma\epsilon\sigma\iota\nu$(于其苦痛之中)(66d5)来临并阻碍了"纯净的认识"。另外这一点也是突出的,这一旧传统的根本改变(66d)获得了毕达哥拉斯主义者们决然的同意。纯净的思想实际上是对"科学",亦即数学的称颂,它在这一代毕达哥拉斯主义者那里居有中心位置,即便一种相应的对数学纯粹性的自我理解是经由柏拉图的理念论才达到的,而如谈话的继续推进所表明的那样,毕达哥拉斯主义者们其实并无能力追随这一理论。

　　因而完全与这些人的"此岸"态度相吻合的是,他们使自己成为了粗俗的唯物论的代言人,唯物论将死亡思考为人类灵魂的全然消解,而与通行的"荷马的"宗教相反对(70a)。这一对彼岸和不死的现代怀疑现在赋予了这段谈话真正的主题:将灵魂不死的证明放在这怀疑的对立面。没错,在苏格拉底对一种自由的伦理意识的处理中,即便是荷马对地狱中之蛰居的彼岸想象也不再能满足宗教性的需求。对话以清楚的方式分为两个主要部分,首先出现了三个彼此相邻的证明,接在第三个论证之后的是一段由苏格拉底所发的令人印象深刻的道德劝勉,其普遍的情感效果被极为生动地描摹了出来。随后,对话被赋予了一个新的、更为深刻的方

191　向,这经由新的异议而被标识出来。一开始的三个证明因而以一定的方式紧密地彼此共属。

　　第一个证明(70d—72e),由自然的普遍循环以及于其中统治着的平衡而提出,显然与古老的伊奥尼亚派的对立面学说一同起作用,这一学说在毕达哥拉斯主义者那里也作为一套自然哲学的样板而生效。这一证明惹人注目的地方在于,它明显与那实际要证明的东西不相协调。灵魂可能如最后一口呼吸那样,随着最后一口呼吸自身体中逃逸而出并从此烟消云散,这一沉思者的忧虑是广泛传播的自然怀疑,毕达哥拉斯主义者们唯有些许言语论及它。对这一怀疑而言,对自然的普遍循环之援引的不合宜性触手可及,几乎好像柏拉图明确地想让读者触碰到这种不合宜性一样。无论如何,作为这个证明的结果,所有笔迹(没有任何变体!)都记述着,人们不但能从中得出结论说死者的灵魂是存在的,还能知道这对好的灵魂更好,而坏的灵魂更坏;这一结论是如此不清不楚,

以至于根据斯塔尔鲍姆的提议在现代版本中被剔除了（72e1——在对相似但不同音的使用63c6的引证中，它在那里也没什么论辩性，而是一样随之发出无意义的声响，但它展现了在那里被论及的παλαιός λόγος〔古老之逻各斯〕的道德基础）。斯塔尔鲍姆逻辑上是有理的。现在事实上并未得出如此结论。然而，读者应当或许注意到这不合逻辑吗？这种由克伯斯所推动的不充分的动机最后会不会正是将与《美诺篇》（81b）中为人所知的论辩明显相呼应的、苏格拉底关于回忆的思想在此引入呢？

这个证明自身是直观分析的一件杰作，以不依赖于经验的对真正的本质，亦即诸理念熟识之先行性，并由此以前世为目标，它肯定也不能作为对怀疑的回击而令人满意。鉴于77a—b中这一证明只是被两位毕达哥拉斯主义者当作一条半截子的、搁置了灵魂之前存在的证明而处理的，这一点在论证结论处也变得显而易见。这是意味深长的，而苏格拉底将这两个证明总括为一的建议才使之真正明晰起来。就好像这两个证明真的能够互相补足一样！然而不能忽视的是，"灵魂"在此正如在别处一样意指的是某种真正不同的东西。毕达哥拉斯主义者们并未真正立足于苏格拉底的自我理解之"灵魂"这一基础之上。虽然他们经常听闻苏格拉底的回忆学说，自然也不会记得很牢（73a），他们基本上还停留在自己那里传下来的基础上，这个基础实际上并不是由对心灵的自我理解，而是由对自然和在自然中的生活之观照所规定的。

现在，苏格拉底模仿二人说道，他们大概分享了对灵魂在死亡之中消散的孩子般的恐惧（77d7），从而使这一点间接地清晰展现出来。他顺便提醒道，这两个毕达哥拉斯派追随他是有特别的合法性的。因为，当下面这种普遍的控诉变得越来越声势浩大，即在苏格拉底死后将没有人再有能力使那个担惊受怕的小孩通过我们的思想而平静下来，从而苏格拉底不仅指出在希腊还有别的一些人，并特别地号召他们自己："也许你们无法轻易找到比你们自己更好的人选来做这件事。"（78a）我认为这是一个暗示，数学家和了解数学科学的人带来了一个他们自己都还不甚了了的前提条件，亦即"纯洁"思想的前提条件，这种思想是由另一种存在的秩序而不是由感觉经验的秩序而生效。数学知识与真正存在的概念及灵魂的概念相符，苏格拉底在他的前世证明中足够清晰地突出了这一点，并从那里才拎出了"道德的"概念之结论（75c10：$\text{οὐ γὰρ περὶ τοῦ ἴσον νῦν}$ $\text{ὁ λόγος ἡμῖν μᾶλλόν τι ἢ περὶ αὐτοῦ τοῦ καλοῦ καὶ αὐτοῦ τοῦ δικαίου}$〔今天，关于平等的言辞并不比关于善和正义的言辞的一半更多〕），这一对于数学之物的重复暗示将西米阿斯对前世证明的强调性赞同带给了他（77a）。苏格拉底准备就绪的第三个证明非常明确地突出了这一本体论的差异性：有不可见的存在，也有可见的存在。

　　苏格拉底足够直率。在奠基于他关于回忆的学说与谈话之上的证明被描述为所谓的半截子之后，他就不再保护他的同伴了。他以一种显然停步于事实之后的方式给出了对第一个和第二个证明的总括作为论证过程的补充，拥有某种自我嘲讽的糟糕音调的不止于此。更加清楚的是，他接下来将他的两位对话者降低到了民间信仰的层面上，这种信仰在死亡的问题上惧怕生命气息的逃逸，并由此惧怕烟消云散。这至少意味着，两位与之交谈的友人并未真正领悟由回忆学说所构拟的心灵之概念的意义。由是，接续前两个证明后一段重要的插曲，第三个证明开始着手消解流行观点中的灵魂概念的本体论基础(78b—80c)。灵魂与肉体从属于不同的存在类型,这一点在反复讨论中变得可以理解了:灵魂从属于真正的存在。因为存在首先是消逝与合成之间的概念性相符。对于灵魂以及灵魂关于真实存在的认识却不能说这样的话。由这个可见者与不可见者之间的基本区分出发,可以得出结论,哲思者那力图脱落感官并以此方式使自己得以自由追寻对真实之物之认识的灵魂,经由死亡刚好达到了那与它相等同者,亦即达到了它的幸福之中。为了它被规定在整个对话中而实现的那种功能,这整个论证过程的重点就在于,灵魂的不死是通过不可见性与持续性的概念,亦即于对感官的所予性与相对的持续性——像木乃伊那种——的对比与超越而得到证明的。这虽然与"前苏格拉底"的思想相吻合,但并不能确保真的达到了苏格拉底所围绕的真正的心之概念及与此相伴的哲思的道德自我理解之基础。这就是第三个论证,它一望可知的不充分性促使接下来的对话进行真正的推进。至少从我们的观察来看,毕达哥拉斯主义者们有多么心甘情愿地赞同那意欲认识的灵魂之优先地位(78e),并没什么准备地接受对传统灵魂转世学说所做的有点滑向稀奇古怪的解释。这一解释之中的调侃与嘲讽意思当然不是明确的(81以下),对苦行的道德劝诫占了上风。然而人们应当觉察到,这是一场思考着的理性与流传下来的宗教性内容之间的游戏,其间存在着一种对推进到此为止的论证过程中的不充分之物的间接强调。

　　在这里可能还会被注意到的是,恰巧是这第三个论证在摩西·门德尔松于18世纪着手对《斐多篇》进行的修订中获得了扩充。门德尔松特意突出的不再是合成与分解的简单概念,而是变

易的概念,他想要以此证明突然中断的不可能性。对自然过程之
连续性的观照给予了这位熟悉新自然科学的人关于突然中断与消
灭之不可能性的保障。这是一个崭新的、基于连续性法则(*lex*
continui)的证明,表明门德尔松如何将这篇柏拉图对话的诗性框
架与诗性动机更多地再生产为论辩的逻辑内容证明。然而,从柏
拉图《斐多篇》的第三个证明与门德尔松的论证过程之中可以拎出
一个共通之处,也就是灵魂的不死须得由对自然的理解出发而得
到证明:在柏拉图那里经由不可合成性、不可见性与持续性的概
194　念,在门德尔松那里于此则是经由将"变易"与"时间的连续性"之
概念延展到灵魂的存在之上。

　　然而,与门德尔松论证过程的逻辑-演绎要求不同——其"独
断的"特质已经通过康德著名的批判而被揭露无余了(《纯粹理性
批判》,B413 以下)——人们在柏拉图这里的对话可不能忘记,在
此涉及的只是不死论证的一个纯粹的阶次,它更深层的意义不在
于不死,而在于灵魂处于其真实存在中——就是说,不在它可能的
死亡或不死的存在中,而在其清醒的自我理解与存在理解中出现。
由此,在整体的一段戏剧性的间歇——此间歇为所有人的沉默与
两位毕达哥拉斯主义者轻声的窃窃私语所填充——之后,经由两
位友人的异议,对话带着非常明确的限制性意见而被重新引入:在
这一领域、有关这一问题,人们除了一条最可能使人理解的道路之
外什么都钻研不了(85c)。苏格拉底由此也并未保证能给出一个
充分的证明。只有一个对异议的回击,这些异议正是缺乏了对于
灵魂对苏格拉底意味着什么的正确理解。在此意义上,这些异议
归属于所谓的内在一类:人们倘若将灵魂思为和谐,那么它虽然是

不可见的,但还仰赖于肉体的持存——人们若将它思为赋予了不断自我更新的肉体生机,并将之维系不坏的生命力,那么它虽然比肉体中那些时来时去的组成部分更加持久,但却无法确定它的力量不会耗竭、它自身也不会衰朽。这两个论辩皆有其严肃的科学的理由告诉我们不要隐藏自身。它们乃是真正的科学问题之隐喻。西米阿斯的论辩显然使用了毕达哥拉斯派由一种数学创造而出的主题,这种数学将自身理解为一种自然认识,而克伯斯的主题看起来像源于生物学的论证,它以当时的自然知识与医学之方法为灵魂的生命力、其组织的潜能提供着辅助。

　　由这些干涉给聚集在一起的友人们留下的印象出发,这一点变得完全明晰了,即支配了整个对话的乃是科学启蒙的背景,亦即通过启蒙而成功的对宗教传统无疑的适用性予以瓦解。柏拉图以特别的方式标识出了这一点(88b)。他使得那一直坚持到此处的讲述情形中断了。此处表达出的怀疑如此强烈地由已讲述的情况蔓延到再讲述中在场者的情况——这个对宗教-神话式灵魂信仰的怀疑就如此强烈地蔓延着,这信仰充斥于所有 195 这些毕达哥拉斯主义者间。连埃克克拉底,一个毕达哥拉斯主义者,如若我们了解正确,将灵魂的和谐特质视作一个确定的学说,对西米阿斯从这一灵魂学说中发展出的怀疑的使用都感到错愕。不证自明地,这一唯物论的灵魂理解并非毕达哥拉斯主义,而是一种由柏拉图的理念论建构出的"唯物论"结果。它肯定属于同一种事态情况:苏格拉底谈及怀疑的危险并警告人们提防知识嫌忌,这种嫌忌惯于在寻找清晰洞察的努力失败之时出现，柏拉图显然——历史地来看他是正确的④——在诡辩术混乱的技艺中瞥见了这一危险。我们将要认识到，这就是理念（形式）的假设性学说之真正意义。

如果我们看一看苏格拉底准备打击的那些驳论，那么这一点就首先是值得注意的：这两位毕达哥拉斯主义者多么强烈地赞同回忆的概念，显然不似毕达哥拉斯主义者拯救学说的一个元素那样，不像他们在《美诺篇》中出于为"科学"提供理由的那样强。不过，苏格拉底轻而易举地使人们意识到了这与毕达哥拉斯派和谐学说的不可调和性（92a 以下）。和谐的不可摧毁、不可改变之确切的数字规定性作为毕达哥拉斯派数学理论的基石，也承载了其灵魂信仰与转世信仰。与此相对，西米阿斯显然由一种基于医学的对立面平衡之概念来进行论辩。这两位友人在此代表的并非真正的毕达哥拉斯主义，这一点最终在克伯斯的反驳上变得清晰可见。宗教的灵魂转世学说在此被毅然决然地转而诠释为心理学意义上的事情。灵魂寓居于其中的诸多肉体在此并不意指各种各样的"生命"，而是指一个独一的生命，其生命力总是更换着它的"质料"：87d 说道，每一个灵魂都需要许多肉体，主要是因为它们要生活很多年（而不是"生活在很多肉体中"），其间肉体流逝并消灭了，"而人还活着"⑤。灵魂多次进入肉身的转世同样也只不过是这种力量的赶超，灵魂已经在此次生命中证明了这种力量。它是强大

---

④　参见普罗泰戈拉和高尔吉亚为怀疑的诞生所承担的共同责任，在柏拉图那里二人都尚处于与传统关联紧密的教育中。

⑤　人们假使正确地注意到这个对和谐之异议的类比，也就摆脱了整个无意适用于毕达哥拉斯主义灵魂信仰的和谐的可摧毁性问题。

的，$\iota o \chi \upsilon \rho \acute{o} \nu$ $\tau \iota$(88a7，也见 91d7)。

苏格拉底借以驳斥西米阿斯怀疑的论辩是以苏格拉底对灵魂的关切为中心而导出的，它关乎毕达哥拉斯主义元数学的本质。196 这里关乎和谐之存在(Harmoniesein)与拥有和谐(Harmoniehaben)的差异。这灵魂就是一种和谐，这个从数字知识出发被思考、应当分享了世界和谐之不可摧毁性的灵魂暴露于一种依据"物质"基础的"科学"反驳之下。这就是说：数字理论不能为这一灵魂概念的宗教意义辩护。毋宁说，灵魂必须像苏格拉底那样从我们的人类自我理解出发而得到理解。这就包括了以下内容：它能够拥有和谐，也能够失去和谐。因为人类灵魂的突出之处就在于追寻它自己的秩序。由此，人类的道德自我理解与毕达哥拉斯主义的和谐概念在此彼此接近了，并因而必然导致一种区分，它与可见的感性存在及其数字意义上和谐之根据——它作为物的真实存在于现象翻涌澎湃的假象后登场——的毕达哥拉斯主义区分属于完全不同的类型。虽然对数学认识而言，数学存在绝对得是非感性的，但在柏拉图之前显然缺少这个"存在之区分"的清晰的"本体论的"概念。众所周知，这一不充分的毕达哥拉斯主义自我认识之足迹一直延展到当代数学的实际工作方式之中(参考我关于《第七封信》的论文⑥)。是柏拉图对苏格拉底之灵魂关切的解释才襄助毕达哥拉斯主义者们的数学形成了适当的自我理解。世界并不由数

---

⑥　"柏拉图《第七封信》中的辩证法和诡辩术"，载《海德堡科学院会议论文》，海德堡，1962 年，现收入本卷，第 90—115 页，以及"柏拉图论数学与辩证法"，载《魏茨泽克纪念文集》(FS für C. F. von Weizsäcker)，慕尼黑，1982 年，第 229—244 页［现收入我的著作集，第 7 卷］。

字构成,即便这一点是真实不虚的:只在感性存在的接近中重复着的自然发生之节律服从于数字的规定性。灵魂将自身理解为于其存在中尽善尽美的,它的存在并非自然的数字存在或和谐存在。这停留于一种"自然主义的"误解。

现在,整个对话当之无愧的高潮是对克伯斯之反驳的破斥(95a—107a)。这一点一再被强有力地标识出来:苏格拉底沉默许久并完全反身内求——随后大步跨入了那著名的对他自己思想道路的描述。他描述了自然认识的不能尽如人意,描述了他对于阿那克萨戈拉的期待与失望,最终发展出了那第二最佳的道路,那经由逻各斯的道路;那种经由理念之假设步骤之道路;他由此从那"科学"于其间使他倾覆的迷失中出发,重又踏上了获得清晰自我理解之路。

197　　　这里并不是柏拉图辩证法在其整个范围内发展假设程序的地方。作为对柏拉图理念论的第一个介绍,这一新康德主义的在柏拉图主义唯心论与康德主义唯心论之间进行调停的学说(纳托普)充当了最重要的证人。然而,相比于通过"假设"这一现代的方法概念使人联想起的关联与"科学"接近,它的对话功能是一种完全不同的功能,这是对常见偏见的必要修正。苏格拉底说得其实足够清楚,这个理念假设的做法何以将他引领出了迷茫之外,而他那个时代的"科学"作为其"诡辩的"扩展与变形曾将他不那么强地引入其中。实际上,"假设"在此是作为一种内在-辩证法的辅助工具而被引入的。当它与事实陷入矛盾或者导入矛盾时,新的做法不在于,它被扬弃并被一个新的所代替了(这是自明的)——苏格拉底提出的新要求毋宁说是翻转过来的,并位于此前:不将任何与假设不相一致的东西预设为真实的(101a5＝101d5)；只有当它在被无矛盾地发展为其蕴涵的所有内容时，人们才能对之展开讨论。也就是说，人们随后才能将它，亦即它要求的交际认同在逻辑-辩证法的意义上视为"确保了的"并使之有效和得到检验，使之进展为更进一步的诸论题。它由此服务于对辩证法技艺的回击，新的教育以这些技艺武装了自己，柏拉图的苏格拉底鉴于此冒着风险尝试了第二最佳航行，它直入逻各斯自身，在这崭新的、令人迷惑的元素中搜寻并找到固定之物。我以为这一点非常突出：表现得如此熟悉他那个时代之科学，并最好地认识了数学的假设概念——《美诺篇》中论及的就是这种概念——的克伯斯在此带着特别的理解困难遇见了这一假设做法的第一个发展(100a8)。重要的，如我所以为的那样，与那些误判了科学的假设概念和苏格拉底所描述的辩证法使用之间的原则性区分之人相对，对于那些对 ψιλοὶ λόγοι(纯粹逻各斯)(《泰阿泰德篇》,165a)不持有任何观点的数学家也同样突出。"毕达哥拉斯主义者"与苏格拉底的要求之间肯定存在一个共同点，它在柏拉图对话中于最高的尺度上通过戏剧的方法被强化了。此乃对学术争鸣之新技术的盲目争辩技艺之拒斥。两位友人都断然赞同从理念的假设中得出的结论(102)，异口同声：ἄμα(同时)；并且为了增强这种毅然决然的态度，柏拉图在此使得对话遭到数次打断。埃克克拉底和斐多从他们的立场上 198 强烈赞同驱逐这种时髦的诡辩论废话。

然而，理念论实际的诸内涵对于"毕达哥拉斯主义者们"而言现在显然也是仍未真正清楚明白的。在同这一发展的关联之中，柏拉图以极为精妙的方式多次向一同思考的读者暗示了这一点。苏格拉底将他后续的证明建立在这一论断之上：对立的东西彼此排斥，由此死亡与灵魂、死亡与生命的不兼容就得以推导而出了。此时有个陌生人被听到了——为什么只有讲述者不再知道那是何人？是否，因为没有人（除了苏格拉底）无法提出反对意见？——他回忆起对话的开头（70e）："我们早先不是刚刚承认了相反的东西，对面之物总是从它的反面，更小的总是从更大的，更大的总是从更小的中生出，而一般而言，一切生成都是从对立之物中产生的吗？现在看起来好像可以并非如此。"重点被清晰地标识了出来：一个不知姓名的人——已经标识出了——随后是苏格拉底的回答，它明确地凭借在这段论辩中表达出的困惑而给克伯斯带来了负担（107c）。就算克伯斯不想承认——人们必将相信他对"理念"与"生成"、正面与反面之间决定性的差异看得还不够透彻。这实际上是毕达哥拉斯主义的数字与世界解释的边界，他们将数字及其关系视作存在本身，而未曾在其相较于感性现象的突出中思考努斯的秩序自身。对克伯斯之异议的反驳显然正取决于此，对生成与消逝之"原因"的探讨一般地导向了"理念"与"生成之物"，οὐσία（本质）与 γένεσις（生成）间的存在差异。是理念的世界才使得科学可能从它之中并通过它存在。然而，这个以它的方式卓尔不群的对理念与生命与灵魂之存在关联的证明除了理念、生活与灵魂的特质什么也不能证明，也肯定无力对那以对非存在的恐惧填满了个体之灵魂——它的知识围绕它自身——的东西进行调停,大概没有哪个柏拉图对话的阐释者能完全对此认识不清。⑦

　　我为之讲明理据的这个论题当然是,柏拉图也没有料到某个 199
人对之认识不清,并且绝没有过高地估计这个论证的力量。这基
本上已由这一结论得以表达的方式而出现(107a)。克伯斯宣称自
己被说服了,应当同样自我表达的西米阿斯却与之相反,表现得谨
慎得多。虽然他实际上没有更多理由——至少由于已说的东
西——再抱有怀疑,他却鉴于事情的重要性与人类的弱点而认为,
仍有必要对已说的东西继续保持怀疑(107b)。然后他在这一点
上得到了苏格拉底的强烈同意! 尽管这些考虑想要变得如此有证
明力,但这一点肯定是无误的:它们并不充分,而只要这对人类而
言还是可能的,人们就必须一直重新检查它们最开始的基础。然
而这意味着:人类对于这个问题显然不能期待完全的确定性。由
此,从这整个论证中还剩下的唯一的东西就是道德的应用。倘若

---

　　⑦　［103 以下 ἀθάνατον(不死)与 ἀνώλεθρον(不坏灭)之间的分际值得特别讨论。
参见 J. 维佩恩(J. Wippern):"柏拉图《斐多篇》中的灵魂和数"(Seele und Zahl in Pla-
tons Phaidon),载席尔瓦(Silvae)编:《E. 齐恩(E. Zinn)纪念文集》,蒂宾根,1970 年,第
271—288 页;K. 多尔特(Dorter):《柏拉图的〈斐多篇〉——一个解释》(Plato's Phae-
do—An Interpretation)' 多伦多,1982 年,第 151 页以下。

　　对 ἄλεθρος(不消亡)的拒斥究竟以何为根据?

　　显然是以对不死的称颂,在最高的尺度上存在(106d2)。

　　谁在那里经验 θάνατος(死亡),是一个所谓的卓越存在者,它擅于通过成为
ἀθανατίζειν(不死)进行克服。死亡因而从属于自我理解(而不像消亡那样从属于自然
发生)。这个对对方曲意逢迎的论证(argumentum ad hominem)与《智者篇》256 相差
千里!

　　可是不死与不坏灭的区分无论如何与普遍的与个体的不死相关联。但是以何种
方式呢? ὄλεθρος(不消亡)意指的始终是个别的东西。ἄρτιον(完满)不是不坏灭,但可
能是不死,因为存在不死者与 ζωή(生命)。］

灵魂是不死的,那么此时此刻以正确的方式关照灵魂就是正确而必要的,因为这对于它的整个存在将具有决定性的意义。同样的道德应用也再次根据另一个人多彩的描述而被提出,并在114d中明确地说出了同样的结论:人们必须一如既往地享受这些充满信心的观点。这接续于人们之中的小孩这个卓越的隐喻,无论什么好的理由都没办法彻底让他在对死亡的恐惧面前彻底安宁下来。

我以为,在这个隐喻及其重新接受中存在着对整个论证之意义的答案。永不安宁的对死亡的恐惧事实上是我们必要的那种超出于感性经验中包围着我们的世界以及自己有限的存在的、超越的另一面。柏拉图肯定不想说,他现在证明了作为宗教传统之基础的灵魂的不死。然而他想要说的乃是,因科学启蒙而广泛传播的怀疑根本没有触碰到人类生命理解的维度。深入生成与消逝之原因与自然发生之进程的、成长着的科学洞见无力取消掉关于存在之物(das Hiesige)的思考着的求索,也不是针对宗教信心的主管部门。我以为,驳斥怀疑才是那些论证过程的意义之所在,而非建立信仰。死亡现象于其人类理性与洞见的崇高品性中如何变得可以把握,它尽管如此却又如何从不停止挑战人类对于不可思议之物的回答!在此首先是图腾崇拜与墓葬艺术的缄默与发声的见证,在其中人类体验与图像从他们自身活力的内在确定性之中出发,越过死亡的分隔而延展,而将死者保留为一位成员。柏拉图似乎特意观照了这个宗教传统的答案,就在他将面对死亡而在我们自身之中坦然享乐描述为人们永远不能最终完成的任务之时。特别是典礼,柏拉图说在他死后也会有足够的人有能力完成这一拜

访,它指向人类存在及其死亡思想的整个宽度。"希腊是伟大的,
在那儿有许多杰出的人。然而,野蛮人的人民同样为数众多,人们
必须在他们所有人中间寻找这样的人,他们可以无畏开销与辛劳
去拜访,因为再没有什么事情值得人们去更好地使用他们的所有
之物了。"(78a)倘若对于正确拜访的搜寻应当超出自己人民的语
言共同体——这难道不是对此的一个暗示:此处被提出的问题处
于所有语言共同体及其可能的把握之外? 希腊人世界史的规定性
在于,正如我们今天所见的,使作为一种清晰性的自身力量之科学
与洞见成为人类文化的基石。尽管如此,科学也不能使这个问题
缄默无声,不能使寻找其答案的尝试止息;它经由我们的人类存在
而被交由我们,亦即经由我们超出感性的临近之物的思考而出。
柏拉图已经将之思为心与理念的归属了。

　　门德尔松自《斐多篇》的更新中发展出的理性论证已经在康德
面前显露了它的虚假不真。然而,康德自己的哲学洞见将他全然
带到了柏拉图对话的切近之处。他的"批判"如此少地"证明"了人
类的自由,亦如柏拉图对不死的证明,然而或许因果性的先天有效
性、所有自然认识的基础与人类的自由意识是不容反驳的。对康
德而言,自由是(唯一的)理性事实。柏拉图不过是赋予它另一个
名称:理念。

(高语含 译,洪汉鼎 校)

12. 物质[*]是否存在？
——哲学和科学中的概念构成研究

（1973 年）

现代科学一直对其古希腊渊源心知肚明，并且一直依赖古希腊思想的权威。大家只消想想哥白尼和开普勒的开创性工作或者想想牛顿或者 19 世纪或 20 世纪的大科学家们——这里只需提到他们的代表赫尔姆霍茨（Helmholtz）——就够了。当然，在现代科学的开拓者以及他们在哲学上的阐释者那里，在康德和新康德主义以及在恩斯特·马赫（Ernst Mach）或马克斯·普朗克（Max Planck）那里，首先是柏拉图，他的哲学想象——直至今日——被视为对永远最新的知识的期待。与之相对的是，自伽利略时代以来，亚里士多德就常常被怀疑为教条主义者，而我们在"思辨"物理学的捍卫者谢林和黑格尔那里所看到的他们与亚里士多德的再次结合，恰恰无法使他在现代获得认可——就是这样，尽管哲学和科学使用的大部分概念毫无疑问都源自亚里士多德。"亚里士多德是个药剂师"，赫尔曼·柯亨（Hermann Cohen）——他在亚里士

---

* 物质此处原文为 Materie，为了把它与 Hyle 和 Material 以及 Stoff 区分开来，特意将它们分别译为物质、质料、材料和原料。但其实，四个词语义相近。——译者

多德和柏拉图的区别中只看到亚里士多德作品的某种外在的分
类——的这句著名表述,今天依然被广大自然科学家们所分享,特
别是考虑到亚里士多德使数学从属于自然,还有他对柏拉图吹毛
求疵的、建立在误解之上的批判。

　　如今,在哲学研究中实现了某种转变,这个转变开始重新审查
对亚里士多德的理解中存在的一种独断论的公(图)式主义。部分
通过哲学分析,部分通过新的哲学阐释,这一点越来越大白于天
下:即亚里士多德在比人们曾经认为的广大得多的范围内是一个
柏拉图主义者,并且一直都是。首先,通过新托马斯主义者对现代
唯心主义的批判而被激发出来的实在论者亚里士多德和唯心论者
柏拉图之间的对立状况,已经完全被打破了。雅典哲学所拥有的
共同点——苏格拉底的"辩证法",在亚里士多德那里构成了一丝
不苟的深化的主线。

　　尽管如此,亚里士多德的形象还是一如既往地非常有争议。²⁰²
比如大家如果研究一下哈普(H. Happ)那部造诣深厚、精雕细琢
的著作《质料》(*Hyle*)①,就会看到,古老的对立依然存在,尽管是
以新的形式出现。质料是否只是一个被动的原理(Prinzip),有如
斯坦策尔(Stenzel)、维兰德(Wieland)、迪林(Düring)似乎都赞同
的那样,抑或这种"存在原理"(Seinsprinzip)也拥有某些主动的东
西?哈普似乎就这样提问过。我们应该允许与这个表述建立联
系。这个表述似乎挺适合通过所给的质料概念的例子来对科学和
哲学中的概念形成作某些阐明。

---

①　H. 哈普:《质料:亚里士多德的物质概念研究》,纽约/柏林,1971 年。

众所周知,在四因(根据)说的整个体系关联中,质料处理的是天然存在者的"Aitiai"(原因)或"Archai"(本源),同样清楚明白的是,在根据(Grundsein)的这些方式、这些"原因"(Ursache)那里,关键的不是"事物"(Sachen),根本不是存在者,而是一些奠基性的视向(Hinsicht),如此这般的存在者的"存在"就是在这些视向中得到言说。视向(Hinsicht)就是当人要对某事发表一种陈述(Aussage)时,人看过去的着眼点。这样,在亚里士多德那里,众所周知,关于存在者的陈述就区分出很多的范畴,这些范畴包括了"何所是"(Was-Sein)的整个主要视向。但是《物理学》的四个 Aitiai(原因),即"何所是""何所由"(Woraus-Sein)、"何所藉"(Wo-durch-Sein)和"何所向"(Wozu-sein),也都是视向。作为根据(Grund)的显现方式(Weisen),它们也作为标画"何所藉"($\delta\iota\grave{\alpha}\ \tau\acute{\iota}$)之问题的答案方案的方式得到把握(198b6,198a16 以下)——由此一个非常形式化的"何所藉"概念敞开于目光之中。质料的"何所由"可能也回归到"何所藉",正如亚里士多德所言。这样一个形式上如此全面的"根据"概念,通过如下问题让自身表述了某物:即当人们谈论如此这般的存在者的存在时,摆在所有人面前的是什么? 现在很明显的是,"摆在面前"(Vorliegen)这个事态的这些视向首先是在技艺(Techne)的领域映入眼帘的。如果要谈论某种第一位的(Erstem)、每个具体的存在者都能够"被追溯"(anagetai)到那里的东西,四个视向在那里就清楚地显露出来:材料(Material)、外观(Aussehen)(即形式)、推动力或动力因(Wirkursache)和动机或目的。亚里士多德认为,在对"归属于制作之物"的这个解释中,没有人会得出这样的观念,即在某种程度上把一种"渴望"(Drang)、一种"主动存在"（Aktiv-Sein）归给材料（Material）：当工匠为自己置办和挑选合适的材料（Material）时，关注目标和已设计好形式的他也将合用性（Eignung）纳入考量（Hinsichtnahme），并且他还必须考虑自己的工作能力和工作时间的分配（动因）。

显然，亚里士多德的概念建构的要点在于：这些在技艺中（Techne）明显相互区别的概念面向无论如何都不可避免地成为自然（Physis）的概念，尽管这些概念并不是没有经过扬弃的。特别是《物理学》第 1 卷，以及《形而上学》第 1 卷中的"历史的"举证，（对于这种概念把握十分有用。）在两书中亚里士多德试图向老一辈的希腊"哲学家们"论证，他自己对四因说的分析已经将他们的洞见和愿望完全提升到概念之中了。这种"哲学言论集式的"概览，其备受批评的图表（图式），如果大家注意它的理论目的，实际上具有最高的"历史的"差异性，尤其是"物质"（Materie）问题和亚里士多德对质料概念（Hylebegriff）的杜撰，最清晰地作为亚里士多德的问题面向（Fragehinsicht）从历史传统中凸显出来。这个概览被亚里士多德运用于历史传统之上。在那里，ἐν ὕλης εἴδει，即"以材料的方式"被思考的东西，显然不像亚里士多德的概念那样，是从技艺出发而被赢获的。它就是其现象变化多端的"世界"，它把这个叩问变化之中的不变者（das Bleibende），也就是ὑπομένον（基质，实体）的任务交给了这些思想家。这种不变者应作为不断变化的现时状态（pathei）的基础（Grundlage）（实体〔das Hypokeimemon〕），构成自然（Natur）的真实存在。当亚里士多德把这个基础作为质料（Hyle）标画出来，他就不仅把技艺（Techne）的领域召唤到意识之中，而且还批判性地瞄准了自然中本有的（eigentli-

203

ch)的不变者的基本遮蔽(gründlich Verdeckung),这种基本遮蔽就在这种发问方式中,即那个不变的基础是什么?被遮蔽的是在技艺领域中作为形式(Eidos)*——即有待制造物(das herzustellende Ding)的形态(Morphe)——而轻而易举地显示自身的东西。使自然真正成其为自然的东西,并不是如此,即一个不确定的载体采取了一些随意变化的规定性(Bestimmtheit),就像苏格拉底顺便长得漂亮或者顺便懂得音乐一样(983b14)。漂亮完全没有被给予他,而在音乐方面他不是一般的糟糕,比要他在牢房里把伊索寓言写成诗歌还更糟糕。自然确实不是这样的随意之物的生成过程(Werden)。就算前人把运动的环节(Bewegungsmoment)判给自然的主要元素或者诸对立——自然的平衡就运行于这些对立中——中的一个,情况也不会变得更好。形式(Eidos)和目的(Telos)的被遮蔽状态阻碍了把自然作为自然来思考。这就是《形而上学》第1卷第3章的主要批判观点。

从技艺出发所作的外推法起到了如此深远的作用,亚里士多德就是通过这种外推法学会了思考自然。但是它却给人们对亚里士多德的理解带来了灾难性的后果。古代的人,特别是经过中世纪和新柏拉图主义中介过的文艺复兴时期的亚里士多德主义,已经把亚里士多德的目的论的概念建构理解成独断论的自然目的论了。他们不再理解:尽管亚里士多德的概念建构是从技艺出发而创造的,并且与技艺的类比固定了发问的面向,但亚里士多德自己

---

　　* Eidos在希腊语中原意为"外观",但是被作为哲学概念时,意指"理念"。文中为了跟Idee区别开来,统一译为"外观"。——译者

无论如何不希望通过四因说而通向神秘的因果性。现在，我们关于"主动的"物质的问题，也属于这个对亚里士多德诸概念进行动力学的-目的论占用的独断论的巨大遗产。物质概念应该意指什么？亚里士多德的概念根本就没有表达。这必将意味着：就"物质"这一方面说，也就是说，物质作为最后的并且仅仅是接受者的面向，被看作好像是一种存在者，然后不得不再一次把一个动因归属于它。情况不仅仅是，人们能够以同样的理由颠倒地言说一种物质性的动因，一种物质性的或者运动着的形式或目的。二者都同样荒谬：亚里士多德关于自然之存在和存在者之存在的学说中的"原因"毫无疑问具有这个意义，即把"存在"立于其中的面向的多样性区分清楚。尽管它们共同归属于这种存在的构造（Konstitution），但它们自身——作为"存在之根据"（Seinsgrund）——并不是具有"这一个（Dieses）"这样特征的"存在者"！关于某种"被规定"（bestimmt）物质的所有言说，如它在亚里士多德的描述整体中确凿地出现的那样，都命名着存在者。存在者应有其规定性（Bestimmtheit〔Eidos〕），这是不言而喻的，并且物质（Materie）并不意指"纯粹的"质料（Hyle）本身，后者是通过无规定性（Unbestimmtheit）而得到定义的。人们不理解这个质疑，即认为这是一种极端唯名论的并因而是非历史的亚里士多德阐释。把这些适用于中世纪的概念运用到亚里士多德头上，就像将它们运用到柏拉图那里一样，反而是非历史的和时代错误的。亚里士多德的"原因"确确实实"存在"，就像柏拉图的理念论中的"本源"（Archai）一样，也就是说，它们不仅仅是事物（或者理念）由之出发而被认识的东西，而且还是事物由之出发而得以"存在"的东西，如果用亚里士

204

多德的区分来讲的话(认识和存在用的是亚里士多德的区分)。但它们自身不"是"存在者,也就是说,它们并不"自为地"存在。正如亚里士多德无比清楚地说过的质料(Hyle)和形式(Eidos),这两个 ἐνυπάρχοντα,即"在存在者中存在的东西",还有 Stoicheia 即"元素",都不是"整体"(σύνολον)的"真实组成部分",并且这个整体(Ganze)也不是一个由不同者联合而成的东西,对之人们能够询问其单一存在(Einssein)之何所来(Woher)(《形而上学》,第 8 卷,第 6 章)。

关键总是在于言说的部分(μέρη τοῦ λόγου),并且就此而言,亚里士多德(就像新的研究已经不无道理地证实的那样)就处于柏拉图的提问线上,这种提问方式在《斐多篇》中与所有之前的认识世界的方式都针锋相对。《蒂迈欧篇》——尽管其童(神)话连篇,但这点还是明确的——它谈论"原物质"(Chora),谈论占据空间的原理,该原理为了理想的存在秩序的存在必须从思考中被推断出来,因此还谈论了存在的纯粹的"何所处"(Worin)。那里讨论的是纯粹的外延性(Extensionality)还是"现实的"(wirkliche)物质,这个问题是没有意义的。辛普里丘(Simplicius)②解释得真是太好了,为什么这种以思考的方式推论出一个"何所处"(λογισμός νόθος)是不恰当的:它并没有让"某物"被看见——并且恰好亚里士多德也是在类比式的概念建构这个意义上谈论质料(Hyle)的。当然,他这么做时是有特别侧重的。因为对他而言,突破口不再像在《蒂迈欧篇》中那样是毕达哥拉斯的天体数学和柏

---

② 辛普里丘:《亚里士多德〈物理学〉评注》,柏林,1882 年,229,3。

拉图的理念和声学，后者正好把柏拉图导向"物质的"接纳者这个隐喻，通过这个接纳者，对数学-理念的世界结构的"纯粹之物"加以模糊和限制得以发生。存在之物毋宁在最初的、无争议的被给予（Gegebenheit）中就是"自然的"存在了，"自然的"存在总是两者，即形式（Eidos）和质料（Hyle），并且作为被运动者永远不是单纯抽象（Abstraktion）的"理念的"纯粹性（Reinheit）。亚里士多德就专注于此。在《形而上学》基本问题的展开之中，他一直非常严肃地执此观点，即除了处于运动之中、通过自我运动而显著地可见的事物（Wesen）之外，可能不存在任何其他真实的存在者（Seiende）。这些事物是形式和质料的总体——σύνολον（整体，总体）这个表述无论如何不意指把两种不同之物组合在一起，而是相反，指的是一种不可分割的统一体（Einheit）。这个用法作为言说方式明显地出现在完全日常的意思当中："总共"（insgesamt）（柏拉图似乎说过）。只有亚里士多德才第一次把"总共或总体"（das Insgesamte）作为名词并且作为一个术语来使用，在这个总体中形式和质料是如此不可分割，就像在其著名的短而扁（Stubigkeit）*例子中，在该例子中语言自身是不可分割的。因为"短而扁"只能用来谈论"短而扁的鼻子"。

亚里士多德不仅杜撰了"整体"（Synholon）这一表达，并且把概念特征赋予了"质料"（Hyle）一词，而且还明显地费了九牛二虎之力，避开物质的-物体性的（materielle-körperlich）表述。当他把

---

* 此处原文是 Stubs，德语中虽然有这个词，但却没有 Stubsnase 一词，只有 Stupsnase 一词，指短而扁的鼻子。疑是作者笔误。——译者

Hyle 这个运用于手工技艺的"自然"领域之外并将其作为哲学的概念引进时,他有意识地强调了这个概念的功能性特征。然后,通过把像结论的诸前提或者整体的诸部分这样正式的关系作为例子加以引用——再加上材料及其技术加工这样的"技艺性的例子"(《后分析篇》,第 2 卷,第 11 章;《物理学》,第 2 卷,第 3 章),他首先引进③了"何所由来(Woraus)"(έξ οὗ)概念。并且,当他郑重其事地反思质料(Hyle)和形式(Eidos)概念对于存在者之存在的功能性特征时——比如在《形而上学》第 8 卷中,他毫不怀疑,两个概念并不涉及不同东西的统一。但这对他毫无助益。尽管有个斯坦策尔圈子里的研究者——还有其他人紧随其后(维尔纳·耶格尔〔Werner Jaeger〕、迪林,我自己和维兰德)——已经认真对待过《形而上学》第 8 卷的文本,并且将类共相的无规定性视为质料的独特意义。但是古代解释家和语文学的概念洁白无辜(Begriffun- schuld)却并不反对统一的独断论。当物质(Materie)应该已不具有物质性(materiell)时,那它依然至少必须是一种"存在原理",这种原理"以最活跃的方式参与到变化过程之中"(哈普,第 763 页)。大家读到这里不禁讶异。显然,尽管在《形而上学》第 1 卷中有全面的预防措施,但在亚里士多德所描述的诸多原因之外,是否还有另一个"运动存在的原因",并且就在质料"之中"? 为此,有人首先引证了《物理学》第 1 卷第 9 章中的一段话(192a22 以下),那里说:物质"渴望"形式(Eidos)就像女人渴望男人那样。事实上,亚里士多德有许多原因要如此限制与技艺的类比,以便表明,构成自

---

③　亚里士多德:《物理学》,第 2 卷,第 3 章,194b24。

然存在的"基础"（Grundlage）、"根基"（Substrat）的东西，不是随意可塑（Formbarkeit）之可能，正如在对材料进行"技艺的"加工这种情况中一样。从橡实里只能长出橡树，人类只能生育出人类。亚里士多德恰好试图通过对 δυνάμει（潜能）和 ἐνεργείᾳ（实现）的"类比式的"概念建构来表达这个道理："无规定性的-可能之物"事实上是有规定性之物的"可能性"。谁要是在此处穿凿附会地加上一种目的论的人神同形同性论，那么对他而言亚里士多德在形而上学第 9 卷所做的入木三分的分析就白费劲了。在那个分析中，他把 δυνάμει（潜能）这个本体论概念从"庸俗的"且在关于运动的学说相当重要的 δύναμις κινητική（运动或被运动的力）这个表达中提升上来。人们照旧认为：谁否认物质原理的独立性和"主动性"，谁就沉迷于一种一元论的亚里士多德阐释。在这种阐释中，那些证明依然应该毫不含糊地证明物质和形式的二元论。

　　我无法理解，人们以什么理由把像一元论和二元论如此这般经院哲学的体系概念用在古代文本上。令我倍感困惑的是，在亚里士多德那里，物质应该具有怎样的"因果性"，除了总是作为最后的奠基之物（ἐσχάτη ὕλη）以外。当亚里士多德说道，物质是比如自然中的畸形的"原因"，或者是比如某种"种类"（Art）之样本的"个体性"（并不必然是畸形的！）的原因时，那么在我对概念的洁白无辜中，呈现在我面前的不是物质，而是这种情况，那里总是有特定的存在者，比如说一个人或他的精液（或"月经"），一种生物（Wesen），它通过它特定的形式而与狮子或者昆虫截然不同。我同样也很乐意想到受精卵，从中生长出胚胎并且最终生长出新生儿。但是我真的无法想到"物质"，说它能够变成新生儿。

现在有人会愤怒地反驳我，说物质依然是一种"独立的"存在原理。当然，我们可以回到意指着"存在"的第一者，而不是某个我们还可以追溯到它背后原因的东西。这就是原理的"存在"。但是，并不存在像天上的星星那样的原理，尼古拉·哈特曼喜欢用他的蔡司望远镜来观察那些星星，或者像独立的各种"力"那样的原理，它们构成一种合力。因此，在尼古拉·哈特曼其他方面都很杰出的著作《关于理念论》中，人们可以读到这个令人瞠目结舌的句子："理念很可能是'使它物运动的原理'（$\dot{\alpha}\varrho\chi\dot{\eta}$ $\kappa\iota\nu\acute{\eta}\sigma\varepsilon\omega\varsigma$），并且在它的这个动态的意思中，它至少接近一个原理（！）的独特意义。"④ 在这里，亚里士多德的概念纯粹是在完全非亚里士多德的意义上被使用的：Eidos（形式），$\dot{\alpha}\varrho\chi\dot{\eta}$ $\kappa\iota\nu\acute{\eta}\sigma\varepsilon\omega\varsigma$（使它物运动的原理），dynamisch（动力学的）——还有"原理"（$\dot{\alpha}\varrho\chi\dot{\eta}$）。现在人们会反驳：没有人这么特意使用啊。因为事情仅仅涉及：人们必须为形式和物质二元论辩护，反对普罗提诺式的"一元论的"体系建构。那样的话，人们可能就会同意，不能把亚里士多德理解为新柏拉图主义-灵知主义，即使我们以完全功能主义的方式来表达，而实际上还是归结到"二元论"。此外，人们也许可以援引许多段落，不仅仅是《物理学》中的那些段落，在那些段落中，亚里士多德自己把主动性赋予质料。事实上，当亚里士多德想要描述经验性的事态时，他可以这样表达，即"原因在于质料"，并且把"何所由来"（Woraus）的这个面向一直推进到诸元素，就好像推进到永远最后的基底（Substrat）。但是，只要这些元素自身的规定性还高度矛盾，那么

④　尼古拉·哈特曼：《短篇著作集》，第 2 卷，柏林，1957 年，第 129—164 页、第 141 页。

显然，这些元素恰恰不是最后的无规定者。当人们把元素称为"物质的显现方式"——并且接着把"这种"物质称为"第一物质"时——这是什么意思？一切出现于自然中的存在者，都是"物质的显现方式"，并且亚里士多德赋予"显现方式"一个非常好的希腊词，原封不动的柏拉图概念：Eidos！谈论亚里士多德那个至多只能令现代人的意识感到震惊的学说，情况似乎差不多，根据这种学说，有一个"最后的"不可分割的 Eidos，并且因此卡利亚斯（Kalias）与苏格拉底之间的区别根据"存在"就不再是一个区别了；因为如果不根据形式（Eidos），那么区别就在于质料了。那就是说，物质是亚里士多德的个体化原理。我不想提问，这跟苏格拉底的"灵魂"或至少跟他的精神如何共存，或者亚里士多德是不是在此再也无法接受宗教的图腾信仰并且至多只能接受阿威罗伊的万灵论。

　　亚里士多德到底有没有如此寻问过，人们能否谈论一种由亚里士多德提出的个体化原理？然而他以最敏锐的洞察力和最高的清晰性所一直坚持的恰恰是，个体和它的"本质是其所是"(τὶ ἦν εἶναι)，亦即"这里-这个"的"第一实体（Substanz）"和"什么（Was）"的"第二实体"，并不是两种不同的东西，而是同一种东西的不同方面（Aspekte）。哪个同一体？怎样的方面？

　　所以，当他们思考柏拉图-亚里士多德式哲思的方法论基础时，仅仅通过各种保险措施是不行的，只有更进一步，人们才能够克服对原理进行物化的话语。只有到那时，人们才可能给予自然目的论的话语以一个清楚明白的意义，这种话语实际上支配着亚里士多德对存在的思考。这里的结论现在自然距庸俗的观点相差

十万八千里了,近代开端的科学必须通过它对"终极原因"的批判
而对这种观点加以反驳。关键是要紧盯着某种目的论的世界阐释
这样一个规划,在《斐多篇》中,柏拉图通过苏格拉底的嘴作了此规
划(98a 以下)。苏格拉底徒劳地向一个阿那克萨戈拉提出的问
题——为什么世界如其所是地被安排——在他自己的领会
(Verständnis)中,在他自身的生活中都有其最初的和最后的朝向
正确、朝向善的视域(Horizont)。那就是说,在领会(Verstehen)
方面,有某种确定的标尺,它指引着他并把他导向新的出口并使他
皈依语言(Logoi)*。语言(Logoi)是领会和言说的区域,在其中
我们的世界经验(Welterfahrung)通过语言得到陈述。因此柏拉
图纯粹把哲学命名为"辩证法"(Dialektik)**,而被同样的领会标尺
所引导的亚里士多德,则从对流行观点($\tau\grave{\alpha}$ $\check{\epsilon}\nu\delta o\xi\alpha$;$\tau\grave{\alpha}$ $\lambda\epsilon\gamma\acute{o}\mu\epsilon\nu\alpha$)
——他命名为"辩证法"的东西——的详细讨论中找到他的出发
点。因此,他的主导思想可以说并不是"语言",尽管他常常从日常
言说的语言使用中获得他的概念,亦即一般的世界领会(Welt
Verständnis)的解释工具⑤。然而,并不是如此这般的语言的这些
构造词,而是说话中得到传播的观点,还有我们询问着并回答着、
言说着并在言说中浸淫着地活动于其中的世界领会,才是构成亚
里士多德思想的出发点和对象的东西。大家应该这样来理解自然

---

　　* 　Logoi 是 Logos 的复数形式。——译者

　　** 也就是对话的意思。——译者

　　⑤ 　在他那本精美的书《亚里士多德的物理学》中,沃尔夫冈·维兰德已经对亚里
士多德的概念建构作了重要的考察研究,但是,对语言结构和由语言所表述的对事物
的意见区分得不够清楚明白。

为何物，就像苏格拉底要求大家去理解的那样。现在尽管已经表明，我们不仅在自然之下理解理念秩序，在自然背后是像《蒂迈欧篇》中所描绘的作为建造模型的柏拉图-毕达哥拉斯式的理念世界。然而，柏拉图的 Eidos 概念是无论如何都不可或缺的，如果人们想要理解是什么把自然创造成自然。当然，光有这个概念是远远不够的。自然——与技艺不同——意味着，构成各种各样稳定的秩序形态和构成所有自然过程的规则的东西，是一种独一无二的巨大的运动秩序，并出现在自身运动中，且同样的秩序持续不断地在自身运动中再次发生和保持。如果人们想要理解这个，光靠《蒂迈欧篇》中那些精巧的寓言是远远不够的，它们把世界描绘成神的一个作品。关键在于把世界的自然存在提升到概念高度。在这方面，虽然亚里士多德总是像柏拉图笔下的苏格拉底那样，追随手工工人的自我领会的模范。手工工人对自己的手艺（Kunst）总是心领神会。但是，亚里士多德却从那里获得了概念的整体，就是在这个概念整体中，把自然当作什么来思考的问题得到了把握。质料就属于这个概念整体，就像运动之推动力那样，哪里有自然，哪里就有推动力。自然所描述的恰恰不仅是榜样性和卓越性这两者的理念秩序面向，正如它思考数学理性那样：技艺的典范具有这样的用途，即从自身的自我领会的可能性出发去思考自然。

　　这并不意味着一种教条主义的人神同形同性论，而是意味着一种无所不包的提问。"从人类出发理解"当然至少还意味着，人们想要真正以自然的方式理解人类，把人类理解成一种自然生物（Naturwesen）和这样一种生物（Wesen），它在自然中过着如此这般的生活，与一切其他的生命形式不同，他依靠选择和预防而生活,并且以这种方式在世界整体和人类的相互关系中安置自己。
这无疑包括,世界如是存在,人们能够自我选择着、这样或那样地
行动着(verhalten)并在世界中安置自己。就像人类的社会实践一
样,技艺成为可能,不是因为在这个自然中所有东西都按照固定不
变的合目的性运行,而是因为自然使无规定性和随意性的空间敞
开着。就这点而言,人类的自我领会与世界提供给他的方面(As-
pekt)是紧密关联的。世界使人类能够在一定范围内但又带着广
阔的形式和形态可能性建构自身的目标视域。如果他拥有质
料——亦即人类塑形工作的原料(Stoff)——及其广阔的可能性,
那么肯定有"质料"概念。这是一个近乎同义反复的句子:如果塑
形应该有可能的话,那肯定有这个可能性。只有从潜能(Dyna-
mis)和实现(Energeia)的本体论出发,四大原因的描述性概念才
能够大体上得到恰当的思考。在最高意义上能够称为知识的东
西,必须归入到人类的自我领会和世界领会的这个整体之中。将
自然作为自然来思考,亦即作为存在区域来思考,这处于理论性生
活理念的如此这般的权利意义之中——尤其是归属于它。在这个
存在区域内,没有什么东西像在人类的实践中那样产生于选择之
决断,产生于合目的性手段的选择、合适材料的选择等等,而是一
切都"自行"走向其自身的有序进程。

　　自然的存在是确定无疑的,就如它向人类展示的那样。但这
恰恰也是柏拉图和亚里士多德所追问的东西。只有当人们理解了
他们的问题,才能理解他们给出的答案。虽然这么说是对的,即苏
格拉底发现,在自然研究者的没完没了的经验中,没有什么好"理
解"的,但如果这么说就不对了,即自然研究者的没完没了的经验

作为经验应该遭到驳斥。为了自己献身于其中的没完没了的经验，亚里士多德自己也提供了无数个领域中的例子(也见《形而上学》第 8 卷第 4 章中的天文学和生物学的例子)。古希腊科学，尤其是天文学、机械和医学等领域的伟大成就，还有总的来说古希腊时代诸专门科学的崭新释放，都是间接的证明。苏格拉底的著名反讽，即描写他与那个时代的自然研究所打的交道如何使他比以前更加无知，必须在它十足的模糊性中去理解。它并没有抵制某种疏忽——而是提醒某种疏忽。"目的因"可以在相同的意义上解释自然的各种过程，就像使它物运动的诸原因那样，这是对柏拉图-亚里士多德式的目的论的误解，其后果非常严重。因此，这已经很荒唐了，因为"目的因"，也就是目的(Telos)，正如技艺的例子已经教育我们的，无法在任何其他意义上起作用，除了恰恰作用于动力因(Wirkursache)：在彻头彻尾的技艺的情况中，一个精通技艺的人心里有目标才着手工作——在自然的情况中(只要自然中有形成〔Entstehen〕和消散〔Vergehen〕)，总有某种形式的生物(Wesen)显示这种目的因。最后，亚里士多德是一个医生的儿子，并且大家都知道，他知晓各种各样的胚胎学。很自然他也会想到，即将胚胎学类比作技艺性的存在领会，这种他从中创造出自己概念性(Begrifflichkeit)的类比方法恰恰也把目的因包括进去了，他也会想到胚胎中存在畸形。但是"畸形"这个词对我们而言也依然意味着，从某种标准(Norm)出发来思考这样一个(畸形的)东西。与恩培多克勒表述方式相反，亚里士多德把完善的四肢的相互混合看作是明确有效的，而如此这般的畸形是由起源、精子的败坏导

210

致的。⑥ 他知道"自然"是什么。因此,他自己的四因说完全服务
于这个目的,即把目的论的-形式的(eidetisch)面向与质料的面向
融为一体。也就是说,他能够把所有与规则期待背道而驰的自然
事件追溯到质料那里。但这是什么意思呢? 当然不是说,那里有
个原理(Prinzip)开始变得"活跃"。即便亚里士多德所认为的自
然发生(Generatio aequivoca)也包含着这个道理,即此处产生生命
的东西,是温度和湿度——而不是"物质"(Materie)——的一种特
定的共同作用。

　　亚里士多德是如此经常地从秩序和规则出发来看待自然,以
致那些特殊情况,亦即一切违背规则的东西,都作为附带之物
(κατὰ συμβεβηκός)被踢到了边缘。这恰恰就是为什么亚里士多德
要通过精确的外推法从技艺领域里材料的功能出发来赢获质料概
念和它的功能。就像制作手工艺品的工匠,只关心他的材料是否
合适——这可能又预设了如此这般的材料的生产,同时又意味着
一种手工艺过程——我们对自然井然有序的目的秩序的理解也是
211 如此,只关心里面总是包含质料,但只是作为肯定在自然中存在的
东西。自然(Physis)与技艺间的类比还有更多的教益。任何像古
人那样试图仅仅"以质料的方式来思考"(ἐν ὕλης εἴδει)自然之存
在的人,如果能够尚未把质料当作质料来思考,那他就尚未认识到
属于自然之存在的形式特性(Eidoscharakter)。这是在亚里士多
德对前人的批判中的明显教益。只有质料,因为自然不仅仅是单

---

⑥　亚里士多德:《论动物部分》(De part. Anim.),第 1 卷,第 1 章,640a19 以下和
641b29。

纯的涌现（Vorkommen）。

目的（Telos）在何种意思上改写了思考自然的概念视域，还有这个事实，即亚里士多德走了一条次好的旅程，逃避到言说之中，然后再用完全概念性的方式对自然是什么这个问题加以思考琢磨，如今还不是一目了然。因为大家可以观察到，亚里士多德是如何不仅仅把他自己的那些概念搬过来运用到前人的思想上，而且还从自身出发改造了这些前人的概念。这些前人的研究成果对他而言也是基础性的。尤其是"自行"（Von-selbst, ἀπὸ ταὐτομάτου）和"必然"（Notwendigen, ἐξ ἀνάγκης）这两个表达。两者都是完全常用的言说方式，但是，如果我没有弄错的话，它们都变成了阐释概念，适用于古代的宇宙起源说和物理学，特别是微粒理论家的宇宙起源说和物理学。没有特别原因，特别是没有技艺上充满目的性的原因的东西，都是自行发生的——抑或不需要特别理由的东西，都必然地发生。当人们一再强调那种言说方式，即古代的自然阐释者们，特别是来自阿布德拉（Abdera）的自然阐释者们通过它而公开表达他们对一切神话的批判的那种言说方式——在这个节骨眼上，即人们在这些言说方式的概念内容方面将它们提升到概念性的意识状态的节骨眼上，它们与它们的对立面的辩证关系就被证明是重要的意义环节。只有从有明确目的的人、从孜孜于斯的人的思想出发，"自行"还有"必然性"才拥有其确切意义。

这正是亚里士多德所表明的东西。偶然事物只有在目的的意义视域中才有意义。因此，亚里士多德非常有目的性地把偶然和自行放在一起。在堤喀（Tyche）*那里，清楚的是，没有哪个希腊

---

　　*　古希腊神话中的命运、霉运和偶然女神。——译者

人会额外听出"符合心愿"和"于目标有利"这样的隐含意思。亚里士多德以此方式很有说服力地表明:甚至"自行"这个词也包含同样的联系,尽管是以隐秘的方式。因此,他告诉我们,"自行"也意指一种偶然,并且意味着:只有从理解(Verstehen)的目的论概念视域出发才能接收到它的意义。两者都是附带的原因(αἴτια κατὰ συμβεβηκός)。在民主的"因果论"(Aitiologia)意义上,对原因的研究与偶然和有意的目的间的这种辩证法之间,到底有多么合拍,对秃子(一只老鹰把一只乌龟放在秃子头上,因为老鹰把秃头当成了一块岩石〔《物理学》,第 2 卷,第 6 章,197b30〕)这个寓言的暗示教育我们:一件倒霉的事情无疑——就是一次偶然事件? 当然,但是偶然事件也不会无缘无故发生。于是,对亚里士多德而言完全确定的是,偶然与非决定论毫无关系。"因为许多事物事实上是出于偶然并且是自行发生和存在的,关于它们我们很可能知道,大家对它们中的每一个都可以追溯到某种起因。"(《物理学》,196a13)

在如此这般的目的论关系视域中必然性是否也占有一席之地,这点目前还没那么清楚。但必然性概念对于亚里士多德的概念建构来说恰恰具有决定性意义。他是从这点出发的,即人们常在某些普遍的东西中寻找某些必然性的东西,也就是说,"必然"总是"有前提条件的必然"。从一个预设的目的出发并因此证明某物是"相对"必然的,正是假设性的必然性(hypothetische Notwendigkeit)的题中之义。在这个意义上,质料在技艺过程中也是一个如此这般的相对必然性。因为在那里材料是必需的(notwendig),没有它不行(οὖ οὐκ ἄνευ)。它是一个必要的共同原因(συναίτιον)。这一切在《斐多篇》(99 a—c)对阿那克萨戈拉的批判中就已经是基本的了。但是，难道不也还存在绝对的必然之物（τὸ ἁπλῶς ἀναγκαῖον）吗？在亚里士多德那里，关于此事总是一笔带过。在他的生物学讲稿（《论动物部分》，第 1 卷，第 1 章）的引论中尤其如此。绝对必然之物与某个特定的目的无关。那么这样的东西存在吗？那个不知不觉流露笔端的表达"与某个特定的目的无关"已经包含了答案。当无须解释为什么这个而不是那个事情发生了，因为同样的事情总是发生，每当此时，就"总是已经必然的"了，也就是说，不需要任何进一步规定的附加物——星体的运行似乎也是如此，在它们那里是没有其他存在可能的。在青年时代，亚里士多德似乎也还认为星星会"选择"（Prohairesis）它们的轨道。当他后来不再这么认为的时候，这也不是完全不确定，因为他给了必然性一个更大的空间。情况恰恰相反。因为遵循精确的轨道使天体对希腊人而言如此令人惊叹和具有典范作用，他后来更喜欢从一种完全由自己控制的技艺出发来描述这种状况，而不是从人类的实践出发，后者需要思来想去和理性的选择。对于整体中的自然他也是这么做的（《物理学》，第 2 卷，第 8 章）。相反，在生成（Werden）和消失（Vergehen）的领域，一切总是相对必然的，也就是说，对于在那里形成或消失的东西而言是必然的。这个"什么"（Was）就是第一者。为了自然得以在其事物形态（Wasgestalten）的合规律的恒常状态（Constanz）中实现自身，使自然成为可能的东西必须必然地存在。因此这种必然性属于质料的领域。必然之物就是"被称为质料的东西"（τὸ ὡς ὕλη λεγόμενον）。

　　那么到底什么叫质料呢？我们总是一再被抛回到这同样的问 213题。当大家注意到，亚里士多德是在多么宽泛的意义上谈及"何所由来"（Woraus）并且在多么多种多样的领域中使用质料这个表达,那么他们就会完全被迫把如此这般的质料的概念功能从它的所有"表象形式"（Erscheinungsforme）中剥离出来。亚里士多德自己也偶然会区分感官的质料和精神的质料；而且大家还应该谈谈某种局部的质料,就像尤其是关于柏拉图学园（Akademie）的现代研究已经具体化了的那样（哈普）。显而易见的材料,还不是已完成作品的材料,尚不是生命的如此这般的肉和骨头,未曾通过特别差异化而形成某物之何所是（Wassein）的一般种属,尚不是（由线条构成的）几何图形的空间性外延,这一切在亚里士多德那里都是质料。质料总是以类比的方式与形式相关,就像可能性与现实性相关,就像可能的规定性与规定性自身相关。毫无疑问,存在不同的照面方式,这种无规定性的领域就在不同的照面方式中映入眼帘。工匠在材料中看到了可能的作品。想要在它的存在中思考一个自然生物的人,他可能在尚未成熟者身上看到其未来的发育成熟；在尚未差异化,可能还在萌芽阶段的生物中,他看到后来的开花结果（Artikulation）。但是,另一方面,他也把尚未差异化者的无规定性视为一种逻辑之物（logische）,也就是说,他在尚无规定性的一般之物中看到了完全的本质规定（Wesenstimmung）的尚未（Noch-Nicht）。在对质料的数学外延的运用这个情况中,两个方面不可分割地并行。那么,此处什么是构造（Konstruction）,什么是定义呢？三角形的本质是每一个三角形的内角和都等于两个直角。

　　我们在此总是命名为"尚未"或者"可能的"的东西,亚里士多德赋予它共同的概念表达,即 *dynamei*（潜能）,后者总是与某种

energeia（实现）相关。作为 *dynamei* 的东西，总是具有无规定性的——一般之物的特征，后者与规定性相关，但还不具有规定性。因此，我们必须严肃地提出这个问题：逻辑意义上的无规定者和质料意义上的可能之物是否并不是最紧密地互属，因为总的来说两者都只有在特定的"什么"（Was）中才有其存在。在定义的统一性这个关键词下，亚里士多德在可能之物和无规定性之物与《形而上学》第 8 卷中的有规定物之"什么"（Was）之间进行了原理性的等同（Identität），并因此得以拟定出关于质料的一个共同的概念意义。但这似乎是说，我们在此拥有的不是质料的"诸形态"（Arten）（种属〔Genos〕的逻辑实例〔Fall〕也属于这些形态），而是相反，在所有情况下，质料的逻辑的、一般的意义都是无规定性（Unbestimmtheit）之意义，也就是说，都是种属的普遍性。

亚里士多德确实并没有单单在与关于定义的学说（Definitionslehre）的关系中来确定他对质料的言说，并且，由于质料常常有某种用处，这种用处暗示了错误的意义，因此质料是独立实存的某种东西（selbständig Existierendes）。"原木"、建筑用木材的内涵，在质料这个概念中显露出的内涵，明确地给质料的概念意义许诺了四个原因的系统性联系，我们在《形而上学》第 8 卷看到的进一步阐释，显示了这个概念的纯类比性的结构。这不是一种现代功能主义，不是人们能够从质料概念的不同的、未经反思的应用这个背景出发而对之进行批判的功能主义，而是相反，是亚里士多德的概念分析的突出之点。质料不是最后的、最抽象的、最远的物质，不是一种一切从之而出的基质（Grundstoff）。在亚里士多德如是谈及的地方，他描述的是先前的、未经反思的思想（1044a15

以下）。质料的意义毋宁是在这方面成为现实，即在向来存在的存在者的存在上遇到某个东西，这个东西是从限定性的词语、从知识、从存在者之真实存在和何所是（Wassein）的完全在场中抽取出来的。质料总是"仅仅是质料"，是无规定性（Unbestimmtheit）和任意性（Beliebigkeit）的一种剩余，这种剩余就像存在的缺乏。不拥有任何质料的存在者就是原原本本地存在着（纯粹的实现〔*energeia*〕）。甚至永恒的星星还有无规定性的剩余，并因此有质料，亦即其循环运动的无法抵消的"尚未"。它们的"位置"从逻辑上说与它们的存在是可以分割的，就像从逻辑上说，材料与某物之"什么"（Was）是可以分割的，因为这个某物完全可以被做成其他材料的。

　　现在，亚里士多德的提问当然就已经首先指向天然存在者的存在了。事实上在那里，至少在生成和消失的领域里，质料与生物自身是不可分割的，而且总是与它融合在一起（συνειλημμένον）（《形而上学》，第 6 卷，第 1 章，1025b32 以下；第 7 卷，第 10 章，1035a25 以下）。一个人总是由肉和血构成，一个雕塑则并不总是由青铜制成。尽管如此，此处在思想（τῇ διανοίᾳ）中也有某种分割。并不是所有由血和肉构成的东西都是人。当人们自问，在如此这般的存在者身上，是什么构成了它的存在？那么我们只是把血和肉自身视为种属的一般之物。这个一般之物与具体的人和他的人类存在分割开来。人们还可能会把它叫作尸体：它就不再是"他"了。因为，它是"他"正意味着它是这个确定的人。因此，物质无论如何都不是"个体化的原理"。更确切地说，它倒可以意指非个体化的原理。因为它"只是质料"，从某种程度上说它对于一切何所是（Was-sein）和可知性（Wißbar-Sein）来说就是原型，从原型来看是任意的，当然它也构成了自己的必然的基础（ὑποκείμενον）。不管它是感性的也好，或者是精神性的也罢，或者仅仅是"数学的"，对于具有规定性的话语来说，它永远是相对的无规定者。在关于何所是（定义）的知识中，种属的无规定性通过差异化着 215 的形式（Eidos）得到规定。在关于技艺的知识中，形式镶嵌进了预先给定的材料之中，并且当"自然/物理研究者"不仅对形式感兴趣，并且先对形式感兴趣，而且也对质料感兴趣时，这个"何所由来"（Woraus），这个自然存在者由之而形成的"何所由来"，仍然还只存在于存在者自身中：存在于形式中（ἐν τῷ εἴδει ἐστίν）（1050a16），就像星星所占据的位置，就像生成和消失领域中的元素，就像精子中的土。它是无规定的一般，它"还不是"（noch nicht）事物自身，它"在逻各斯中"作为质料存在。质料永远是逻各斯的质料。

　　因此，这在我看来非常有意思，在阿弗罗狄西亚的亚历山大（Alexander von Aphrodisias）的论文中有一篇短文，明确地探讨了这个问题，即质料是否就是种属[7]？被引用的相反观点——在这些观点中明显鲜有间接提及亚里士多德——充斥着实体化（Verdinglichung）的词汇，这些词汇具有新柏拉图主义的实体概念（Hypostasenbegriff）的风格：质料是某种现实之物（πρᾶγμα），种属/类（Genos）只是单纯的词语（ὄνομα）。当"在苏格拉底中"存在的种属消亡之时，质料属于独立的存在（ἐν ὑποστάσει τινί），这个

---

　　[7]　《亚历山大的次要文本》，增补本，"亚里士多德"，Ⅱ，第 2 页、第 77 页以下。

独立的存在形成于"大全"的降落。这并不太令人感兴趣。令人感兴趣的是:那么,无论谁如此理解亚里士多德,在这里都应该遭到反驳吗? 也许某人对他的理解是正确的呢?

最后,当斯坦策尔反对把手工材料意义上的原料(Stoff)的意义放进亚里士多德的质料中(《数字和形态》,第131页),他似乎有理由这么坚持。我们必须学会捍卫先验的(transzendentale)思维方式,反对我们思维中天生的教条主义。众所周知,康德把"一切与其说是研讨对象,不如说是一般地研讨我们关于对象的认识方式——就这种认识方式应当是先天地可能的而言——的知识"称为先验的(《纯粹理性批判》,导言)。在这点上,康德接近柏拉图和亚里士多德,后者没有受制于教条主义,而是着手在物(Pragmata)中、在逻各斯中认识对象的真实存在,也就是说,他们试图用概念去把捉,人类一直用存在一词所意指、所谈论的东西。诚然,从历史的角度来说,当斯坦策尔在19世纪才看到物质概念沦落为意指手工原料时,他并不是斩钉截铁地说的。尼古拉·哈特曼正确地质疑道,人们必须承认,至少自斯多葛(Stoa)以来,就有此发展[8]。但是,就他而言,他并没有意识到他自己对历史视角的矫正的基本意义。他反对斯坦策尔所导致的后果——即把质料思为种属——而提出的质疑,表明他自己并没有重视亚里士多德的质料、形式、整体(Synholon)等概念的功能性意义并且臣服于实体化(Verdinglichung),尽管他正确地找到了它们的历史开端所在。对柏拉图来说在过去150年中已经发生的事情,而对亚里士多德

---

⑧   尼古拉·哈特曼,同前注,第140页。

来说却是有待去完成的事情。在柏拉图的情形中，关键在于，把原始的柏拉图从新柏拉图主义对他的全新解释中解放出来。在亚里士多德的情形中，关键之处同样如此，特别是从那以后，人们的研究在一种倒退运动的方式中把新柏拉图主义的开端越来越移近柏拉图和亚里士多德。把柏拉图追溯为教条主义不再可能，但是亚里士多德还远没有摆脱教条主义⑨。

当黑格尔谈到亚里士多德时说道，"从没有哪个哲学家会由于整个无思想的传统而遭受过如此多的不公（Unrecht），尽管这些传统一直在他的哲学之上维持自身并且依然置于日程安排中"（《黑格尔全集》，第 14 卷，第 299 页），他至今依然是对的。摆脱无思想的观点，特别是"原理"和"概念"究竟是什么，无论是在哲学领域还是科学领域都是一个本己的（eigene）、必要的并且永远不可能达到尽头的努力。我们已经在现代物理学那里体验过这种巨大的解放行动，并且，为了合法化这种对概念的新的去教条主义化，人们已经经常地回溯到康德那里，并从那里回溯到伽利略和柏拉图。大家本不该绕过亚里士多德。他常常从其把握功能（Funktion des Begreifens）出发去印刻他的概念，并且把所有的概念词语一再回转（zurückverwandeln）到它们的功能普遍性之中，就像在《物理学》开篇的那句独一无二的句子中一样，在那句话中，他恰恰在与别处完全相反的意义上使用 καθόλον（普遍）和 καθ'

---

⑨　菲利普·默兰（Philipp Merlan），这位恰恰应该在这方面想得很多的人（《从柏拉图主义到新柏拉图主义》，1960 年第 2 版），在 *Rh. Mus. NF.* 第 3 卷（1968 年）第 14 页中，却依然把 πρώτη ὕλη（原材料）完全视作亚里士多德的实体化（Hypostasierung），并且用强有力的论点对此进行反驳。

ἕκαστον(具体)(《物理学》,184a23)。

"有知识者中的大师"已经把希腊人的知识热情和研究兴趣联合到一种世界定向和自我领会的整体中,这个整体已经统治了欧洲精神上千年。如果现代世界的科学和研究兴趣只能通过摆脱希腊的精神统治才能发展,那么,自从我们开始再次发现那位站在自己的教条主义传统形态背后的思辨的亚里士多德,他的思想就为我们赢得了一种崭新的典范性。他曾是一个深知概念为何物的人——概念不是已知事物的一个任意的标记,而是思想的一个指示牌,思想在其藉以思考的东西那里思考某物,也在"物质"那里思考某物⑩。

(缪羽龙 译,洪汉鼎 校)

217

------

⑩　[目前还有克雷默(H. J. Krämer)无比睿智的著作《亚里士多德与阿卡德米的外观学说》(*Aristoteles und die akademisch Eidoslehre*)(《哲学史档案》,第 55 卷〔1973年〕,第 119—190 页)。克雷默似乎想要阐明,上述作品已经过时,后者实际上并没有在《范畴篇》第 5 章和《形而上学》的外观学说间看出任何区别。就我而言,我认为,他低估了亚里士多德在语言使用上的灵活性——就像所有的哲学话语的灵活性,并把他那些不乏真知灼见的构造建立在了一个太经不起推敲的基础之上。

正如哈普那样,他也是如此实体化(hypostasierend)地谈论种类−外观(Art-Eidos),认为它就是运动的原因,亦即"目的论的−动力学的原理",这个事实诱导他得出这样的观点,即种类−外观尽管有其普遍性,但并不是一个范畴(καθόλον)——一个完全无法理解的句子。

在我看来,他事实上——正如在第 129 页中对我的批判所显示的那样——低估了《物理学》对范畴问题的"本体论运用的奠基"的重要性。〕

13. 希腊思想中的父亲形象

(1976 年)

·

　　如果有谁对我们这个世纪及其所呈现出来的父子冲突的尖锐
关系感到不安的话,那他会将注意力特别地转向所有早期希腊文
化和历史时期。因为在那里我们不仅能找到一长串宗教的-诗歌
的传承物,这些传承物以令人印象深刻的形象和场景展现了希腊
的父亲形象,而且我们也能在古希腊智者派时代找到一个与我们
的批判时代可比较的父亲形象危机——以及阿提卡哲学对此危机
的一种回应,而这个危机属于那些塑造了我们的历史的影响深远
的思想形态。

　　我们很清楚,在父子关系中潜藏着冲突的可能性。从父亲那
里解放出来不仅仅是年龄成熟的法定程序——在这里父权(patria
potestas)并不是无限制的,而更多的是在成长者生命过程中的一
个自我发现和自我确证的决定性行为。这可能是一个相当紧张的
过程,其间交织着领导和从属之间的互换,直到在那慢慢引退的高
龄者和那掌握领导权的年轻人之间建立崭新的关系,就像我们今
天在经济生活,尤其是手工业家庭之中,还能看到的那样。这些年
轻人对领导权的催逼完全不意味着对父亲尊敬的摧毁,或者对父
亲所掌握的权威的根本摒弃,更谈不上儿子那代对父亲罪责的控

诉,有如我们在青年革命大时代所经历到的,这种革命在今天已经流布于全世界。

相反,一种父亲权威的深层的震荡早在公元前 5 世纪的雅典就首先为人所熟知。回忆希腊父亲形象的历史,以及它如何走向危机和来到其新的哲学基础,这是很有教益的。

父亲是毫无争议的家庭之首,以及一般来说通过父亲家长制的统治秩序而形成的人类社会,是追随原始父亲家长制关系而来,这一点在今天几乎不容置疑。巴霍芬(Bachofen)根据一些少见的口述传说揭示了一个母系氏族和社会婚姻制度的前史,他认为这应该是我们文明的父权制度的史前背景,但这种看法整体来看并没有得到证明。因而留给我们的任务就是去追问父权统治秩序的前史。这里让我们对希腊神话及对其百年来的诗化解释作一深入的考察。希腊人和希腊神的形象,也就是由天才诗人荷马所勾勒的形象,以及后来的人的宗族(不仅是希腊的,而且是所有所谓“人类的”)所认为是最高的人的形象,提出一种理想。在富有影响的诗的表现中我们遇到它的各种表现形式。但是自尼采以来,我们逐渐地知道希腊文化的这种阿波罗解释的片面性,希腊文学作品从而给了我们一个完全不同的回答,在这回答中,父亲的形象,他的权力与尊贵,都非常不同的展现出来了。在荷马史诗给我们讲述的等级秩序井然的众神-万神殿(Götter-Pantheon)后面——在那里宙斯无可争辩地是他们的首脑,他是人和神之父——存在一个史前史,这一史前史在荷马那里却只是完全罕见地出现过一次。这一史前史是赫西俄德的伟大史诗《神谱》所叙述的对象。

宙斯的奥林匹亚统治的前史在这里由一位富有思想的诗人所

讲述,这位诗人除了用最丰富的想象把从本土祭仪分离出来的希腊宗教和一个巨大的家谱系统整合了起来外,同时似乎还以这种最丰富的想象看到了宙斯的奥林匹亚统治的深刻的神学奠基。的确,相比这位诗人早期给出的报道,这部著作是诗人思想的晚期作品,他把原始的、或许是希腊的或许是前希腊的神话史作为奥林匹亚法权制度和统治秩序的史前史之基础,同时他也把乌拉诺斯(Uranos),克若诺斯(Kronos)和宙斯这三代的可怕历史显现在神话之境中,那隐藏在奥林匹亚宙斯稳定的父权统治后面的是何等的冲突与紧张。首先是乌拉诺斯被儿子克若诺斯恐怖地阉割,一种昏暗的家族斗争的原始主题,儿子通过斗争反抗了拥有一切的父亲。在这家族斗争中母亲形象——盖亚(Gaia)——也交织在里面,她对其强硬的夫君的憎恨使她在她儿子及其罪行中间扮演了一个挑唆者的角色。由此自然地引出了一场权力斗争。她就像在某种强调性的重复一样于克若诺斯的形象中映现自己,克若诺斯吞掉了作为自己统治的潜在对手的儿子们,唯有通过诡计宙斯才避免了同样的命运,他被偷偷藏到了克里特岛亿达山的洞穴,并在那里被抚养长大。整个历史的神学理念似乎就是这样:当宙斯最后取得统治地位并建立奥林匹亚的秩序,他就因此不再是简单的另一个罪恶篡权者,他的统治就不会短暂。他是重建者和解放者,这就是权力所在。宙斯是诸神和人类的父亲,同时也是权利的守卫者。因此他总能胜过他的对手,包括造反的吉刚和泰坦巨人。

　另一部稍晚的诗作则给这个宙斯宗教前史的图像添加了一个新的意义环节:宙斯自己必须学会做权利守卫者的角色。这似乎就是埃斯库罗斯创作普罗米修斯的意义。《被缚的普罗米修斯》是

220

一部纯粹关于神的戏剧。毫无疑问,它是三部曲中的第一部,在结尾处普罗米修斯和宙斯达成了和解,而普罗米修斯则重新位列奥林匹亚山神班。可是,现存遗留给我们的那部分却仅仅讲述了宙斯给人类的朋友普罗米修斯施加报复。普罗米修斯违背宙斯的意志,把奥林匹亚山火种带给人类,由此开启了人类的技艺和文明之路。

我们现有的剧本以普罗米修被铁链缚于高加索山开始,在那里山鹰每天啄食他的肝脏。在此,宙斯的统治是一位严厉和极度易怒的独裁暴君的统治。戏剧是如此展开它的张力,普罗米修斯拥有一个宙斯想从他那里得到的秘密:只有普罗米修斯知道,宙斯不能和哪个女人结合,否则他们生出的儿子就会把宙斯推下王位。而普罗米修斯却不愿出售这个秘密,以致宙斯的雷声把和他一样不死的普罗米修斯下放到塔塔若斯地府中去了。这个冲突后来怎样解决,我们并不清楚。

在我们现在的语境中这整个不过是一个王位斗争的示例。在王朝更迭中经常遇到这种权力斗争的形式,以及对其无数种变形的担心。王位继承人总是有着双重角色。一方面,他是合法继承人,他自己的利益就是完整地继承父亲的辉煌和荣誉;另一方面,作为未来的权力拥有者,无论如何总是不知不觉地陷入统治的困境,因为未来的权力如何在当下兑现,这本身就是一个斗争对象。

在俄狄浦斯传说中,俄狄浦斯被遗弃揭示了这样一个残暴的背景,这最好的印证了在王位争夺中动机的有效性。在这部描述拉奥斯(Laios)遗弃(其实也就是要杀死)孩子的恐怖罪责的悲剧中,却没有一个词来描述罪责。这对他来说似乎也是很正常的,即在不知情的情况下被自己儿子杀死。这样就显得根本就没有罪责,拉奥斯只是试图避免德尔菲神谕中所揭示的他会被儿子杀死的事件。这就是人类,这就是人的软弱无能和厄运的强大——并不是过错与罪恶——这就是这部悲剧所做的。相应的,在这恐怖的斗争活动中受困的俄狄浦斯王并没有就此停住,也没有作为一个被驱逐者来坚持自己的权利,或者对其不忠诚的儿子进行父亲式的惩罚。从所有这些示例中我们可以看到,在恐怖的诸神历史和伟大的英雄种族的命运中所发生的东西揭示了人类冲突的题材,这些题材潜藏在与宙斯统治相联系的权力制度和家庭秩序的背后——甚至潜藏在所有的人类文明的背后。

可是,冲突情况在这里也经常有例外,而这种例外证实了这样一个规则。在希腊悲剧中那些最新被说明的英雄传说就像荷马史诗一般出色地给予了父亲毫无争议的领导地位。那些英雄,他们作为诸神的儿子,不仅意识到了他们和其先祖所源自的诸神的典范,而且他们也清楚地意识到了他们自己双亲及其家族的荣誉,以致这个在他们身上得以继承的家族,以及它的荣誉、名声、优越性都适合作为一个儿子和父亲组合成的真正统一体。父亲和儿子是一体的,就像赫拉克利特应该早已经教导的那样。

"父亲,当他成为父亲,就是他自己的儿子"——我是如此重构这句由希波吕托斯(Hippolytos)保存下来的片段中出现的教导的[1]:儿子的"成为"(das "Werden" eines Sohnes)和成为父亲(das Vater-Werden)是同一个过程。这自然是一种赫拉克利特式的提升,

---

[1]　参见"在赫拉克利特那里的开始",载《存在和历史性——福尔克曼-施卢赫纪念文集》,1974年(下文第232页以下)。

这种提升和其他思辨的同一命题(夏天和冬天,白天和黑夜,饿与饱,生与死)联系起来并且在这种关系中被传承。但这里也需要把握另一个并非矛盾的背景:家谱统一性的自明性。最终规定父亲-儿子关系的,首要的不是个体,而是家庭和家族。

就此而言,一个像赫拉克利特式的反思已经表现了一种视角变迁,这个变迁把英雄神话中有统治权威的那种父亲骄傲和儿子骄傲的天真自明性提升到了明确的意识层面。当这种统一性在智者派启蒙时代的解体和在苏格拉底辩证法里的新的重建中展现了希腊文化的哲学贡献的时候,同样也带来了这样一些父子关系可能体现的张力。通过所有解释和说明来发掘这些张力就是我们的任务。

希腊生活的历史一直被这种典范作用所统治着,这种典范作用对于希腊城邦中统治阶层的自我认识来说,表现了英雄时代的强有力形态。在这种家族传承的自明的同一性背后是义务性的认识,这种认识体现在为"荣誉"(Kleos)和名声而操心,尤其是号召儿子效仿之。在希腊城邦时代这种英雄典范继续产生着影响。对个体意识来说,荣誉,尤其是家庭荣誉也是重要因素,而这种因素是通过他的单纯的个体性展现出来的。荣誉不仅仅是一种极易失去的财富,而且还意味着没有过错和责任。并且荣誉也是这样一种善,个体对于这种善的存在从来没有完全的保障,正如亚里士多德正确地指出的那样(《尼可马可伦理学》,第 1 卷,第 3 章,1095b30)。所有这些尤其适用于家庭荣誉。正是在这里产生了典范驱动的规范性力量从英雄伦理中推演出来的对证明的呼吁。

关于这种典范的影响,我们还需对著名的奥德赛事件说些话。在这里特勒马赫(Telemach,奥德赛之子)与女神雅典娜相遇,后者是他的精神导师,特勒马赫回答她的提问,他的母亲是佩妮洛佩(Penelope),而他的父亲是谁却很难确定(《奥德赛》,第 1 卷,第214—216 行)。他所知道的就是他是奥德赛的儿子。然后他抱怨说,他并不是某个已经到达其英雄事业的辉煌之境或者已告老还乡的人的幸运儿子。他是所有人中最为不幸的,因为他的父亲不在身边,而父亲的英雄之死又没有留给他多大名声。所以奥德修斯被从他儿子那里夺走了,籍籍无名、模糊难辨、无法体验。他只给儿子留下了抱怨和痛苦。

　　这种父子关系的特殊性是由奥德赛迷航的独一无二的英雄命运所决定的,并通过史诗般的情节本身带出了其儿子。用这种方式他意识到了自己和他父亲对于他所起的作用。这就是第二次歌颂的情景的意义。在这情景中精神导师对特勒马赫豪言:"当你父亲的卓越力量被灌输给你之后,你不会是无能和愚笨的。"(或许我们这里应该把沙德瓦尔特的翻译更加强化:"当你父亲的卓越力量真的灌输给你的时候。")"这样就可以把事功如同话语所说的那样实现出来。之后你的道路不会再徒劳无功,也不会一事无成。如果你不是奥德赛和佩妮洛佩之子,我估计你是不会在你所奋斗的事情上成功的。很少有儿子和父亲一样优秀,他们大多数都比其父亲更差。"(《奥德赛》,第 2 卷,第 270—277 行)最后这句需要一些解释。这并不是关于普通的人生失落的悲观断言,而是对于伟大的典范性所作的真正反思,通过这种典范性,英雄从日常可朽之人中脱离出来。光荣父亲的光荣儿子确实属于英雄传说之伦理。有意识的典范接受则强调儿子所需的努力和所要接受的巨大考验,儿子必须证明他是其父亲的儿子。除了他的德性,没有什么可以使他作为一个父亲的儿子身份合法化。这里血缘和亲子关系以其特有的方式与通过他自己德性的合法化缠绕在一起。现在荷马场景的诗性吸引力在于,神的帮助的出现和年轻人成长到有自我意识是怎样描述同一个过程。在神话场景中雅典娜以精神导师的形象出现,其实就是儿子的自我发现。令人惊奇的是,他这次是聪明和节制的年轻人,他无论在野外遇见危机还是在公民大会上都能够言语得当。这个转变是如此出人意料,在真正考验中迈出的第一步,就是以嘲笑痛击了其他人。

悲剧在英雄传说的世界中有如此扎实的基础,以至于即便在冲突情况下还能保证城邦生活中典范伦理的进一步有效性。精神错乱的艾阿斯(Ajas*),当他意识到他自己所致的丑闻后,他问自己他如何还能走到他父亲的面前("他是已经满载荣誉而长眠地下了,还是仍然活着?——我相信当时他已经死了"〔第448—451行〕)。"现在人们可以说,我应当尝试战死沙场,以便以荣耀之死来抵偿我的羞耻。但是当我这样去死,这将对阿特里德(Atride**)有利。不,唯一的考验就是我将选择自己终结自己的生命。"(第452—457行)

由于艾阿斯在此——还有往后,作为一个很好的仇恨者——借鉴自己的父亲去找寻自己的自我发现和自我证明,所以他让自己重生。但同时他也因此在他有意识的告别中实现了与自己儿子的系谱统一性和包含性。"现在我祝福你,你比我更幸福"(第535

---

* Ajas,或称Ajax,希腊语aias。——译者

** 即Atreus后人,具体指阿伽门农和梅内罗斯。——译者

行），而这并不是他在告别时对儿子说的唯一的话。他其实是这样
开始对儿子说的："过来，你如果真的是我亲生的儿子，你就不会被
这整个血腥事件所吓倒。"（第 531—532 行）并接着说："不久你就
必须学习你父亲的鄙陋之风，以便你能与他的本性相当。"（第
533—534 行）。这就是在告别中所重新建立起来的古老的典范措
辞和家谱统一性。所以他能够这样自觉地结束他的告别辞："希望
你比你的父亲更幸福，但所有其他方面都与其一样，这样你就不会
很差。"（第 535—536 行）这里家谱动机和典范关系就完全彻底的
融合在了一起。当欧里庇得斯在《阿尔克斯提斯》中用其善辩的文
体表达阿德曼托斯和他的父亲之间纯粹基于血缘归属的争辩冲突
时，在这里人们会再次遇见这种情况。由于他的父亲不愿为他赴
死，而他的妻子——阿尔克斯提斯，她是一个陌生人，却愿意替他
去死，阿德曼托斯认为他不可能是自己的父亲："有别人把我放到
了我母亲胸前——我不可能真的是他的儿子。"（第 638—639 行）

　　悲剧中这些证明间接反映了英雄传统在一个变化的社会现实
中——这在公元前 6 世纪至 5 世纪表现得最清楚——的继续有效
性。家庭和种族荣誉总是突出在一切前面。这也在劝诫抒情诗中
有直接的表达。在那里，从传承高贵和卓越的血缘关系到生命中
的公民确证的过渡已经被意识到了："生育和抚养一个可朽生命比
培养高贵品质要容易很多。还没有人发明能够让一个有坏思想的
人变成有好思想的人或者由卑劣的人变成高贵的人的办法。如果
有个神让阿斯克来比亚德有能力治愈恶性和人的邪恶思想，那么
他就可以攫取大量酬劳了。如果给人们种下品性真的可行，那么
好的父亲就不会生出差的儿子了，因为他只是听从善意的言辞。

但是你从来不能通过教导而使坏人变成好人。"（第 429 行以下）这里呈现出了一个城邦公民社会的新方面,这个社会不再和种族的自明性结合在一起或者被其共同的荣耀（Kleos）所统治。我们不再是在英雄世界中,不再是在我们理解的贵族社会内。如果我们知道第欧根尼,那么我们就听到诗人曾抱怨财富统治一切。这是城邦贵族和"大众"（Polloi）之间的社会斗争。平民阶层塑造了劝诫的背景。在城邦贵族时代的英雄伦理虽然还紧握着那种反对恶人的"高贵"概念,但是人们已然感觉到新思想所要求的阶层,如果需要非常明确的背离意见的话,那么一个人只有通过教育和学习才能成为贵族。

225　　　这样,我们接近了一个真正新的转向,这种转向在智者派启蒙时期完全颠覆了传统的父亲形象。这个重大转变的呈现形式,如果我理解正确的话,是关系的商业化。这以后成了喜剧的重要主题,并首先通过罗马时代普劳图斯（Plautus）和特伦斯（Terenz）的反思变成了西方喜剧文学的固定模板。因为总是有相同的模式:一个失败的儿子和一个成功的父亲,一个失败的父亲和一个成功的儿子,一个失败的父亲和失败的儿子,挥霍遗产的继承人,挥霍遗产的父亲。在所有这些形式中,父子冲突都以对资产感兴趣的悲哀形式进行,这就是至今还为人熟知的并在人类社会留下来的致命特征,它拥有一种特别的、揭露性的锋锐。

　　伴随着商业化的总是理性化。智者派时代同时是经济和社会上升的时期。这事实上意味着什么,我们可以从柏拉图的著作以及他对苏格拉底形象的阐释中学到。这在柏拉图关于国家的对话开头已经得到了很好的阐明（《国家篇》,328b—331d）。苏格拉底和他的朋友来到皮拉乌斯港,进了老朋友克法洛斯(Kephalos)家。克法洛斯当时已经老迈,并恰好进行着某种文化活动。苏格拉底使其卷入了关于年龄的讨论,紧接着他用他惯用的方式提出了一个典型苏格拉底式关于 Zaun 的问题:究竟什么是正义。老人在狭义的商人正义上阐发了这一理想后,就把这个理想的一般意义及其更精确的规定留给了他的儿子,当时商号的真正老板。他儿子正准备从这方面出发去"定义"。人们在这里感觉到一种新的教育精神,这也体现在他儿子对一句诗的引用上。"正义就是对朋友做好事而对敌人做坏事"。这句西蒙尼德(Simonides)的诗句只有在这里才给我们流传下来。然而这个诗人当时受到喜爱这件事,在我看来正反映了我们观察到的事件:一个新世界中对旧观念的持守。这诗句体现了紧张的城邦政治斗争的精神,在这诗句的流传过程中,新的启蒙思想无法再被正当地填充进这个已成约束的意义中。所以这里我们无须详细解释,苏格拉底怎样对他的对话伙伴曲解这诗句,直到这诗句只有苏格拉底懂得而不再为他人所熟知。这位年轻人——珀莱马库斯,在那里毫无疑问的是被予以同情的。同时也很清楚,他也知道自己关于政治意义的讲法不再具有代表性。对朋友来说是一个好的朋友,对敌人而言则是一个好的敌人,这是一个稳固的社会结构所预设的一条准则。然而他 ²²⁶ 这个讲法在一个变化的商业社会是行不通的。因为这会使人们陷入无止境的疑惑。仅仅给出一个例子:把某个精神病人交由某人保管的武器真的交还给他,当他显然会用这武器犯下罪行的时候——这肯定不会被称为公正的。如果这能算正义的话,在某些情况下扣押或者偷窃也能被称为正义了。这大概是在影射克法洛斯的金库。无论如何基本点已经丧失了：如果"交还所欠之物"只是简单的直率，那么这个年轻人将必然被要求做他还没成熟到足以理解的解释。

人们同时看到，商业化也导致了深层的团结的瓦解。这点被非常戏剧化地展现出来，当这一次交谈进行到最后，一个新的修辞学教育代表，特拉西马库斯登场了，这样，整个关于正义的谈话都变成了愚蠢的废话（《理想国》，336b）。他认为事实上只存在强者的正义。谁有权力，谁就从自身确立什么为正义，因为他把它提升为一种法则。这位智者戏剧化的登场使得所继承下来的传统正义观和合法性的内在不稳定性变得非常清楚。他给这些事物以真实的名称。

这肯定不是在新的教育本身的意义上说的。重估所有价值，就像修昔底德描绘伯罗奔尼撒战争的影响那样，是一个意义转变的过程，这个过程似乎发生在意识背后。新教育中的那些伟大的老教育家也同样如此，比如普罗泰戈拉和高尔吉亚，他们根本不是革命性的新教育家，而是尝试让自己融入道德和政治传统的习俗中，以便以一种新的影响方式——通过新的演讲艺术——来协助他们政治上的成功。普罗泰戈拉把德性（Arete）解释成某种多样的东西（《普罗泰戈拉》，334b），这点非常有说明作用。在这些形式下面，有各样的德性，父亲有父亲的德性，儿子有儿子的德性。这一切听上去都非常的实际和传统。然而在这些非教条的意识后面进行着一个瓦解过程，父亲的形象在此发生了一个根本的转变。

这会间接地遇到一种对抗，这对抗是新的教育在保守的社会里所发现的。我们再来看柏拉图。在《美诺篇》中有一幅场景对此作了描述（90b—95）。阿奴托斯（Anytos），苏格拉底后来的控诉人之一,在关于德性新导师的讨论时突然说:"那你认为是谁呢?苏格拉底。"当苏格拉底回答说,他认为是智者时,他就继续说道:"看在上帝的面子上,请打住,苏格拉底,我的亲戚和朋友中没有人,这里也没有人,甚至没有任何陌生人会和这种疯子在一起,和他交往并让自己堕落。对于所有和他在一起的人来说,他们显然除了意味着堕落什么都不是。"新教学思想的抵抗者直接以一种警告的论断表述道:做坏事根本上比做好事要容易很多。这是保守的极端走向错误的渐进主义,这是第欧根尼的诗所拒绝的。

阿里斯托芬关于这个主题写了一个完整的喜剧《云》。这些云是些朦朦胧胧的形象,其中有新的老师和教育者在活动,并且由于他们,阿提卡城邦的健全思想被混淆和变得昏暗。阿里斯托芬在那里描绘了一个人,他陷入了债务危机,并在考虑如何能够成功地躲过下一次的还债日期。由于他听人说,有人能够把弱的东西变强,他就把他儿子送到这个新老师那里。他儿子非常听话,也愿意尝试并来到了这个学校。在这学校中苏格拉底作为校长在教授新的技艺,也就是把弱者变成强者。但当他父亲最后满怀期望地把毕业的儿子接回来并希望他儿子能够给他帮助的时候,他震惊了。(第1321行以下)他儿子的确学到了新东西:他开始打老人,还辩解说:"你难道从未打过我吗?……作为正直的父亲应当在儿子面前也是非常公平的,你打过我这么多次,如果要结清旧账的话,我其实可以打你更久。"在舞台上他父亲只是问这一切是如何来的。他,作为旧传统教育出来的人,期望他儿子阅读西蒙尼德。但他儿子只是说:"啊,这个老家伙!"而当他要儿子引用埃斯库罗斯的美丽诗句时,回答却是:"埃斯库罗斯,这个吹牛皮的家伙。——不,欧里庇得斯才是我的人（菜）。"他想迅速读些欧里庇得斯而登到舞台上面，而在这舞台上一个兄弟正和他的姐妹上床并做了坏事。"这就是新的年轻人！"

每一步都会导致冲突。那父亲只需说："哦，宙斯呐！"而儿子对他说："你在想啥呢？宙斯吗？他根本就不存在。"

人们在这个场景中根本不应该简单地站在父亲一边。这段合唱说得明白，那父亲也不值得更好地被对待。他只是把他的儿子送到新的教育那里，以致他无须为其成长而花钱。这里合唱变得非常严肃："你还是希望你儿子会保持缄默。"这里叙述着阿提卡社会对新教育的反对。

228　　　我们要在此放置第三个有重要意义的场景，以柏拉图的对话《游叙弗伦》开始（2a—5c）。那里走来了游叙弗伦，一个非常有自信的年轻人，于是，当苏格拉底问他，他煞有介事地回答说："他必须去法庭"。在回应进一步的问题时，他说他要去状告某个杀人犯。然后他进一步说道，这个杀人犯就是他父亲。他父亲杀了一个陌生人，这人是一个雇工，也是他的奴隶。他父亲捆绑了这个雇工并把他扔到沟渠中，然后就去找仲裁者了＊，而在此期间被捆绑的雇工死在了沟渠中。现在他儿子欲状告父亲杀人。

完全清楚，这应当被理解为新的启蒙的结果。按照苏格拉底描述，若根据以往的风俗和社会想象，一个儿子因为父亲干了这样一件事——我们可能称之为无意杀人——而去告他，这显然是不可能的。游叙弗伦大概自己也意识到所有人都反对他。只有他自

_____

＊　其实是去雅典找先知了。——译者

己明白神是多么为他严格的道德品质而感到骄傲,这种品质不是人的声望。这是苏格拉底要求说明的典型事件,即这个年轻的道德主体被暴露出了其坚持的道德责任时所具有的混乱,而这背后事实上是非道德的自私自利的计算。作为"先知",他所拥有的高傲知识最后看来只是与神的交易行为而已,也就是在与神的交往中获得好处。新的知识以一个非常错误的知识形象来揭示自身。②

由此就描绘了这样一种与苏格拉底的问题联系在一起的情况。苏格拉底寻求一种新知识,这种新知识在面对所有团结性和所有早先规范性观念的解体时似乎能够建立一种新的共同体。根据柏拉图的《申辩篇》,苏格拉底在有权力和荣誉的人或者任何其他人那里都没有找到这种新知识(22a)。只有在工匠那里有些例外,他们在自己专业内有着真知识。但他们也不知道什么是正确的生活和生活中的善是什么。所以他怀疑是否真的有老师可以教导"德性"(Arete)。

这尤其是柏拉图《普罗泰戈拉篇》的主题,这一主题使得苏格拉底对普罗泰戈拉所进行的反驳有效。柏拉图借普罗泰戈拉之口说了一个富有机智的神话故事(320c—322d),在故事中,智者回答说,他所传授的那些演讲和论证的新的技艺,实际上只是起到对城邦每一公民实际上已经在做的事情的进一步改进而已,这些事情就是通过教育、斥责和劝导使年轻人能够被纳入到社会规则的框架内。只有在此意义上他才能是一位"德性"(Arete)的"导师"。

② 参见我的论文"古希腊的哲学与宗教"(Philosophie und Religion im griechischen Altertum)(现收入我的著作集,第4卷)。

　　当苏格拉底在反对普罗泰戈拉的这篇对话最后证明,德性(Arete)必须是知识,但同时反对普罗泰戈拉而坚持他对德性的可教性的怀疑时(361a—d),这一戏剧化的角色转换表明了关于这样一个根本问题的矛盾,即什么是真正的"善"的知识。当苏格拉底看到,甚至连伯利克里都不能做儿子德性方面的老师,还给儿子找了这样一位老师时,苏格拉底对德性可教性的怀疑现在就和父亲问题最紧密地联系起来了。

　　这在《美诺篇》中体现得更加明显。一个来自帖撒里安的富人,他以养马为业,但同时却被(例如)高尔吉亚的新教育所触动,以致想从苏格拉底那里得知德性是否可教,还是天生就有(如他自己),或是要通过练习而得。苏格拉底用了一个几乎众所周知的事实再次表达了他的怀疑:伟大的人——即在德性上伟大的人——通常却没有德性伟大的儿子(93c—94e)。这里要提到提密斯图克勒斯,他的儿子似乎成了某个马戏团骑术表演者,并站在马上扔标枪,但既不善良也不聪慧。而同时又要说到亚里士提德的儿子,作为所有正直合法的典范。最后,作为雅典史上最后一位典范形象的伟大人物伯利克里,他也没有给他的儿子们设立任何好的德性。这些都是阿提卡历史上的例子,它们在一个多世纪之后仍然为阿提卡读者所熟识。第欧根尼的悲观似乎是有道理的。

　　或者柏拉图关于新知识的信息也能够为制止父子关系的瓦解提供一个好的答案?

　　他的答案是辩证的,并由两个方面进行:辩证的乌托邦和辩证的概念层面。理想国家的辩证乌托邦提供了非常极端的答案,只要父亲不认识儿子,儿子不认识父亲。在这个理想国家的兵营中所有扰乱和迷惑现实社会的问题都通过理想的教育和生活秩序得以解决。这个"乌托邦式的"回答并不是答案,而只是指出这个问题在现实生活中的紧迫性。但是与这乌托邦相联系的概念层面的回答却有着乌托邦式的进程。因为应该存在一种关于善的知识,这种知识并不像手工业知识那样,只是限制在其下属的某个领域中知道如何去做,而应该是真正的最高的知识,这种知识的拥有者知道什么"使所有的善成为善"。人们大概如此来理解:有一个所有相对性、习俗和偶然的生活秩序的彼岸世界——就是存在的彼岸世界——一个具有压倒性的确定性,在此确定性面前,所有关于更好知识和关于更好东西的知识的反思和任何要求和拒绝的游戏都变得空洞,都运动于范式化的生活计算中间。柏拉图在说他的"善本身"时是非常不清楚的。这并不是一个可以更切近地加以研究的地方。但它可以被看作是"最小化的假设",这就是说,"善的知识"必然蕴含着对这样一个问题的回答:苏格拉底所坚持的正义——在一个"不正当的"城邦——是如何可能的? 答案是:由于他知道他是无知的,所以他才是最有智慧的。因为结尾处他"知道"他不知道,也就是意味着他眼前所不知道的实在性对他来说就是那个"善"。所以对他来说(不知对读者如何),这一点也是毋庸多言而清楚的,即游叙弗伦如此对待他父亲是不好的,尽管他所宣称的是道德的严肃论。

　　问一下亚里士多德如何看这些事情,这是一如既往地有用的。对于亚里士多德来说,柏拉图——在击溃智者派推理后,已经回到了坚实的地基上——在此地基上,他想从整个希腊传统中抽象出一个持久的总体来。亚里士多德依然是一个柏拉图主义者,但只是就此而言才是,即他想平衡柏拉图的辩证立场和他自己的对立

立场。这种平衡的结果就是以下三者的奠基：对伦理学的奠基，将
其建立在品性（Ethos）和理性（Logos）的双重基础上；对个人塑造
和培养的奠基，使之融入团体（Ethos〔品性〕），这种塑造和培养是
建立在习俗和法则的基础上的；对自觉的担当和责任的奠基，即在
德性（Phronesis〔实践智慧〕）意义上对个体自身存在的承担和责
任。然而父亲形象的危机和失败了的父亲形象，自从阿里斯托芬
的关于新教育的批评之后一直是一个常见的喜剧主题，并从那以
后也重新出现在罗马喜剧中。但是更为苦涩的社会-政治的强调，
和阿里斯托芬在《云》中或柏拉图在《游叙弗伦》中描绘的儿子对父
亲的反抗一样，不能欺骗说社会在解体最后关头顶住了考验。只
要社会在这个奇怪的或荒诞的夸张上基本还享受着它自身的确定
和秩序，就意味着"父亲的权力"毫无争议地统治着。拾起希腊喜
剧题材的罗马喜剧也同样与权力和社会系统联系在一起，它赋予
了父亲权力一个特殊的具有规定作用的角色。

　　这在亚里士多德那里也可看到。在那里人们未曾感觉到冲突
的情形。父子关系（父女关系从未被提及，因为只涉及了城邦和政
治）表现为一种独有形式的关系：爱（Philia），这奠基在已被证明了
231 的善行的优势上面（《尼各马可伦理学》，第 9 卷，第 8 章，1158b，以
及第 9 卷，第 12 章，1160b24）。这是非独裁统治形式的典范。真
正的能被称为国王（Basileus）的统治者必须是在为其子民谋福利
的基础上建立他的统治——父亲为孩子谋福利的形象走得甚至更
远，尤其是他们的整个存在都归功于他，并由他培养和教育。亚里
士多德用这种方式建立了这种非对称关系的特殊性，并同时排除
了父亲会对儿子做不正当事情的可能性，因为这意味着一个人可

能对自己做不正当的事情。人们看到，父子关系谱系建立的同一性继续统治着习俗观念。瓦解和智者推理的时代已经过去。可正是亚里士多德，在所有旧传统的回归中，作为苏格拉底的孩子，必须对所有传统概念做出新的解释，并在最后我们会如此说，亚里士多德，这个富有节制理性的天才，会如此评价不成功的儿子给父亲所带来的羞耻的家庭名声的比重：还不足大到摧毁追求荣誉之人的内在独立性和他的"幸福"，但可能也不足以小到没有影响。

这完全是另一个世界，一个"新的创造物"（kaine ktisis），它以耶稣以及基督徒跟我们的天父上帝的父子关系开启自身。那里不再有规定了父亲和儿子地位的统一的家族秩序。对神的全心的亲密、靠近和爱这些特征，给予父神以一种与坐在奥林匹亚的那位父神完全不同的强调。他同时赋予了万物以新的平等。那种在亚里士多德理性考虑中建立权威的世俗父亲的"善行的优越"，乃是神对于父亲是一位绝对者，他确立了无限的感恩责任，但同时也产生了一种新的、人格化的信任和爱（《尼各马可伦理学》，第 9 卷，第 14 章，1162a5）。所有人对于父神的亲子关系只是间接的给予了世俗父亲权威（家庭的世俗生活奠基在这权威上面）一种新的合法性。尤其是在改革派基督教那里，这点变得尤为清楚。基督徒的家长就是一般教士的代表。这虽然对我们建立父亲权利和义务的内在性有如此好处，但在启蒙和无神论到来的时代，它又使我们熟知的家庭生活秩序迎来一个新的动荡。不过，这是必须被讲述的基督教家庭的漫长历史。无论如何，这里形成了与希腊父亲思想不同的形象。它会面对它自己的责难并通过它的方式来克服。

（田洁 译，洪汉鼎、高语含 校）

14. 论赫拉克利特那里的开端

（1974 年）

　　并不是只有黑格尔才深深着迷于赫拉克利特的深刻意蕴，他曾笃定地认为：赫拉克利特语句中的思想吸收到其逻辑学中去了。确实，赫拉克利特那些流传下来的预言般的悖论有一种独一无二的魅力。各种各样的同一性思想，在差异、张力、对立性、序列以及变换之中作为唯一的真的东西的同一性思想，都表现了赫拉克利特的逻各斯看起来就像黑格尔在欧洲形而上学传统的终端以"思辨之物"所称呼的东西的证词（评判）。哲学问题一旦发轫，就会立即感觉到赫拉克利特近在咫尺。谁要是曾经作为客人拜访托特瑙山的海德格尔小屋，他就还记得镌刻于一段树皮并被安置于门楣之上的那句箴言：τὰ δὲ πάντα οἰακίζει κεραυνός，"闪电掌管着一切"（残篇 64）。这句话简直就像一句神谕，却同时也像是一个悖论。因为，这个箴言所意指的肯定不是上天主宰具有朝着下界红尘雷鸣般做出裁决的属性，指的反而是那突然间由闪电带来的照彻一切的明亮，旋即黑暗立刻又吞噬了一切。因此，至少海德格尔可以让自己的追问以折返的方式同赫拉克利特的深刻意蕴捆绑在一起。因为，对他而言，他那晦暗的思想任务并不像黑格尔那样，是充塞于天地的自我认识着的精神——这个自我认识的精神在自身中把变化中的同一性以及对立面的思辨的统一集于一身,而是去蔽与遮蔽、光明与黑暗之间那种不可消解的统一性与二元性,人的思想则于其中恂恂听命。这思想在闪电之下发光,而闪电绝不意味着"永恒的活火",有如希波吕托斯所理解那样。

　　尽管吾辈要将自己思想尝试的本己活动归功于海德格尔的思想启迪,在同等意义上,我们同样也臣服于从赫拉克利特那里生发出来的同一魅力。对于所有后世而言,赫拉克利特的话语——就像苏格拉底对之表态的那样,需要一名提洛奇海的潜水员将之从晦暗的深处高举到光亮之中(第欧根尼·拉尔修,Ⅱ,22)——同他的话语要求处于一种罕见的紧张关系中。人们立刻就可以从柏拉图那里觉察到赫拉克利特思想的尖锐及其语句的敦实,就像在《智者篇》(242a)中柏拉图谈及赫拉克利特的伊奥尼亚的缪斯时比谈及恩培多克勒的西西里人有更多的期冀,并借此在赫拉克利特的话中重新认出了那给他自己的辩证法提出其任务的"一与多""分离与统一"的可支配性。尽管如此,从亚里士多德开始的名哲言行传统仍然返回到更老的自然学家的语境中去阐释赫拉克利特的学说,而且很多证词也是在这个意义上被引述的,即赫拉克利特也确认了那存在者的伟大的均衡秩序,亚里士多德在其物理学的阐释中把该秩序理解为希腊思想的开端。还有一些归于赫拉克利特名下而流传下来的其他语句,它们可能更贴近道德传统。但自亚里士多德开始重建的火的宇宙学与之格格不入。古代的人们因此就已经怀疑:赫拉克利特的行文究竟是以自然为题还是以政制(政治)为主题①。但是,他自己获得的荣誉似乎还在于:我们不论从什么样的兴趣出发,都可以在他那里得到证实。然而,对我们来说,对赫拉克利特予以阐释的独特困难也基于此。从诠释学的技术角度看,他在这件事上堪称真实的典范:(赫拉克利特的)这些文本提供了少得可怜的明确理解而且没有什么东西如此不可靠就像从其封闭的关联体中摘出的一段引文。因此,众所周知的赫拉克利特关于火的学说已经导致了一段漫长的效果历史,它经由斯多亚派的普纽玛学说*,直抵关于地狱之火和世界之火的基督教-末世论观念。近来,这一点在很大程度上由卡尔·赖因哈特做出了澄清。按照语言学家所树立的光辉典范(卡尔·赖因哈特就曾经是其中一员),很明显,首先要把我们遇到的那些字面上通顺的赫拉克利特引文放回引述它们的作者的文本关联中,从其旨趣出发得出他所意指的意义。这样,紧随"摒弃、断裂、罅隙以及分歧"之后的第二步才能达成,上述种种或许可以在赫拉克利特语录的内部出现,而且往往与做引述的作者们所意指的意义背道而驰。

如果我们无法占有数量可观的赫拉克利特语句(显然这些语句正是因为其表述风格不易混淆的独特性而从字面上得以保存),那么这项计划大概会落空。赫拉克利特的话语风格是极为有名的。他几乎不具有文字的榜样。在悲剧的合唱中立即可以碰到的

---

① 语法学家迪奥多特(Diodot)说的是:τὰ δὲ περὶ φύσεως ἐν παραδείγματος εἴδει κεῖσθαι(第尔斯,142,30)。

* die Pneumatologie 的词根是 Pneuma,斯多葛派的核心概念,指的是火与气的复合物。——译者

话语表达有可比性的张力与独特性,这些合唱曲把辩证法的对比
姿势当作合唱舞步的诗性类似物去爱护。但是,在赫拉克利特这 234
里很显然是一种格言式的散文,其最大秘密正好就是赫拉克利特
言语之精炼。我们或许可以从阿那克西曼德的片言只语中——我
们占有这些话语而且这些话语还使得某个泰奥弗拉斯托斯式的人
物显得尤为矜庄持重(第尔斯,A9)——一瞥赫拉克利特思想与言
说方式的某个初始样态。无论如何,我们必须从一种负面的标准
出发:凡在赫拉克利特予以筹划且说得明白而清楚的地方(对于他
来说这也偶尔确有其事),他最本己的东西将几乎不能被道说,或
至少不再辨认得出。因为下面这一点几乎是毋庸置疑的,即某些
从他那里引用来的话语之所以有些蛊惑人心的平庸性,只不过是
这种情况使然,即我们并不了解那种相互关联,那些词语可能就在
这种关联中获得其机锋。离米利都三十里之遥的赫拉克利特真的
持太阳只有一英尺宽(残篇 3)这一观点? 其他传承下来的语句
(残篇 45)是否与这些平庸之语拼接成了一个哗众取宠的噱头(正
如赫尔曼·弗伦克尔所试图证明的那样),此事暂且不表。不过,
还有其他事项应予以讨论。一些传承下来的语句本身就是某种隐
匿的和谐,这种隐匿的和谐比明显的和谐更为强烈。现在是对这
样的语句予以测度的时候了。所有这些考量应当去辩护下述行为
在方法论上被允许的缘由,即不按引述赫拉克利特的作者所赋予
的意义来解读赫拉克利特引文并还原到抵消该作者之编撰工作的
那种形式化的张力上去。这在一些情形中已经见到成效,但是像
卡尔·赖因哈特这样从事(文本)传承物研究的专家一再就此指

出：由于传递与引述的欠精确方式——这在近古代*是司空见惯的事儿——一些在基督教卫道士的滚滚浊言中显得冥然无解的赫拉克利特话语只能暗暗发力。

然而，更让人惊奇的是：迄今为止，一直没有人重视也没有人致力于把赫拉克利特的原话和思想从在其名下传承下来的语句中分离出来。因而，我这篇短文将去探究从希波吕托斯那里获得的一份迄今尚未收录于赫拉克利特集子中的新残篇。当然，并不是说这些东西还依然冥然无解。因为一长串赫拉克利特语录——希波吕托斯把它们编排在第 9 卷中而且他那卫道士的意图也做好了随时效命的准备——毫不含糊地把所有引用的语句标明为赫拉克利特式的句子。在这个语录集的前言里（在第尔斯那里，我们把这个语录集视为残篇 50），一系列矛盾对子被罗列出来，随后的引文显然应该适恰于这些矛盾对子。在这些矛盾对子中也出现了父亲-儿子这样的对子。第尔斯认为此处已有从基督教那里添加进来的内容。但是，确实有一句（所谓的）赫拉克利特的句子作为这一系列的最后一条引文出现，它表达出父亲与儿子的统一，也即肉身化教义的某种初始阶段。"Ὅτε μὲν οὖν μὴ γεγένητο ὁ πατήρ, δικαίως πατὴρ προσηγόρευτο, ὅτε δὲ ηὐδόκησεν γένεσιν ὑπομεῖναι, γεννηθεὶς ὁ υἱὸς ἐγένετο αὐτὸς ἑαυτοῦ, οὐχ ἑτέρου."（在父亲还没有形成的时候，他可以被恰当地称为父亲，当他乐意去承受形成的时候，儿子被生出来，并自己成为自己的儿子，而不是别人的儿子。）"只要父

---

　　* Spätantike, späteren Altertum 通常译为"古典时代晚期""古代晚期""晚古时期"和"近古代"，英文为 Late Antiquity，系历史学术语，指称古典时代到中世纪之间的那段时期，即公元 2 世纪至 8 世纪。——译者

亲没有发生变化(Werden)，他就有权利被称之为父亲。然而当他
屈尊地发生变化，那么可以得到证实的是：儿子就生了出来，他自
己从他自身之中而非从任何其他人那里(生了出来)。"因此从表面
上看，在赫拉克利特这里异教徒(Noetos)所教导的东西与多神论
者的理论并无二致。显而易见的是，这个句子的意义有"基督教特
征"，但是像"然而当他屈尊地发生变化"这样的转折句甚至于按照
文本从来都不可能出现在赫拉克利特那里。在这个文本中对"变
化"这个词的理解也充斥着某种基督教式的柏拉图主义。人们可
以从这里得以理解：赫拉克利特语录集里的这一段语录并没有得
到足够的重视。在这里头有什么东西应该归属于赫拉克利特？然
而，我们那个引述他人的作者看起来在一个事实上颇为笃定——
当他这样说的时候："不过，人们都知道，按照赫拉克利特的观点，
父亲与儿子是同一的。"人们究竟从哪里知道这些的？很显然，只
不过是从这个据称是赫拉克利特语录的句子中得出的。此乃纯属
虚构，抑或在这里就像在前面一系列引文里的情形那样，也是以真
实的赫拉克利特话语为根据？那些话语(肯定是以全然不同的意
义)谈到了统一性。我认为人们必须认真地斟酌一番。这难道不
可能么——洗刷掉这些句子上被基督教涂上的各种油污并恢复赫
拉克利特语句的原貌？

　　不管怎样，在这一类型的诠释学问题那里，人们必须遵循那些
自身显现的最初的本质明晰性。因此，我也在这句语录之上获得
了两个类似于灵光闪现的见解：关于父子关系的实质性问题以及

关于"儿子自身"的极为粗鄙（Brachylogie）*之见。当人们完全不考虑此处有没有基督教的东西这个问题，而去思索"父亲与儿子的同一性到底意味着什么"这个问题的时候，人们会被建议不要一上来就把赫拉克利特置于家庭与血缘的统一性之上。因为像那种给贵族的典范和教养奠基一样的父与子在家庭谱系上的统一性，或者统治着的王朝的政治上的统一性（其绝对主权不会受限于儿子的继任活动——Noetos 就是这样理解的）——肯定不是赫拉克利特所指称的伟大的"一"（der große Einzelne），这个"一"要求他在其学说里与其他所有人保持对立关系。有权回溯到"一"这个名称的东西，必定已经是某种出人意料的东西。现在，父子关系实际上面临着一种极为罕见的相互规定性。父亲这时候才是父亲——当他变成他儿子的父亲的时候。这可能就是隐藏在希波吕托斯的这个引文背后的东西？

236　传承下来的语句里，"变化"（Werden）一词的使用虽然明确地具有柏拉图特征，但是这个词的柏拉图式用法也有可能是由这样一个文本中发展而来，该文本处于一个全然不同的语境中，在此语境中，γίνεσθαι 和 γεννᾶσθαι，亦即变化和被生出（Gezeugtwerden）还是一体的和同一的。我们甚至也说，父亲生成了（wird）**：ἵνα γένηται πατήρ，希波吕托斯在其他地方也是这样说的。父亲生成了，这一点同时也是其自身行为的结果。这里的"生成"（wird）所

---

　*　Brachylogie，人类学术语，头型短小人种，也可暗指没脑子——陈春文先生提供的解释。——译者

　**　这里的 wird 是 werden（变化）的第三人称单数变位形式，请关注伽达默尔上下文的用词关联。——译者

指涉的东西显然不只是指施行生产之事的父亲生育了儿子（用荷马的话来说就是 ὁ γεννήσας πατήρ）。通过他生育了儿子，毋宁说他才把自身作为父亲生育出来。令人感到意外的是，当我们把他（父亲）简化为他的构成要素的时候，文本中出现了这样的句子：δικαίως πατὴρ προσηγόρευτο... γεννηθείς，亦即一位父亲有权利能够从生育方面被称呼——或者说假如他已经变成了父亲，那么这位父亲才有权利从称呼方面变得理所当然。如果这就是这个句子的核心意义之所在，那么人们就能很好地理解后面句子的思想，在这里，某人（einer）*从自己生育出自身（而像附加说明的那样，不是从其他人那里生育出自身）。在某种程度上可以说，父亲——他自己把自己变成了父亲——自身就是自己的儿子。这一点在文本中还以 ὁ υἱὸς ἐγένετο αὐτὸς ἑαυτοῦ 这样的句子出现，这个句子意味着：他自己的儿子。这个句子指的不仅仅是父亲存在（Vatersein）与儿子存在（Sohnsein）的不可分离性（好像"不可分离性"自然而然就是一个关系概念），而是变成父亲（Vaterwerden）与变成儿子（Sohnwerden）的同一性。此外，这也极为符合赫拉克利特那个著名的对立观念，在这个观念之下，发生（Geschehen）的统一性应该得到了思考。我觉得，这句话里也还有一种赫拉克利特话语方式的简洁明快。因此，我也愿意把这句话悬揣为赫拉克利特的原话：δικαίως πατὴρ προσηγόρευτο γεννηθεὶς υἱὸς ἑαυτοῦ（"一个父亲只如此才有权利称作父亲：他成为了父亲〔而不仅限于他是生育者〕，成为了他自己的儿子〔而非其他人的儿子〕"）。两个括号里的东西

---

* 应指"父亲"。——译者

都是到了我这里才添加进去的解释，这是为了强调其荒谬性，而不
是把他的 ὁ γεννήσας πατήρ（生育着的父亲）读解为 γεννηθείς（被生
育的），给传承下来的希波吕托斯文本添加进去的另一个解释也是
出于同样的目的。

　　我们可以为这一重构做出辩护，人们知道像 Noetos 或者希波
吕托斯这样的"基督教"柏拉图主义者自然不会只熟悉 γένεσις（产
生）这个柏拉图式的概念，而且对关系概念的辩证法也极为熟悉，
把赫拉克利特极端化的表述形式用作了对父与子之基督教式统一
性的先声。很显然，Noetos 的神格唯一论（Monarchianismus）（如
果我的重构证明是正确的话）通过希波吕托斯的工作而与 υἱὸς αὐτ-
ὸς ἑαυτοῦ 联系起来并因而与变成父亲和变成儿子这种统一性之
妙趣横生的悖论联系起来，赫拉克利特则在这个悖论之上展开他
的辩证法游戏。此外，希波吕托斯的这一论证方式也是在不与赫
拉克利特发生任何关系的条件下传承下来的并且也隶属于早期教
237 父哲学在三位一体问题上尚未成熟的思辨之下。在伟大的西蒙语
录（Simon-Zitat）之 Ⅵ, 18 里写道：φανεὶς δὲ αὐτῷ ἀπὸ ἑαυτοῦ,
ἐγένετο δεύτερος. Ἀλλ' οὐδὲ πατὴρ ἐκλήθη πρὶν αὐτὴν αὐτὸν ὀνομ-
άσαι πατέρα（"他在他那里则他自身产生出来，变成第二个。但是
在他称他为父亲之前，他还不被称为父亲"）。在这里，肯定没有人
会想到赫拉克利特。不过在我们的位置上不关涉任何猜想。文本
作为赫拉克利特的语句传承下来，方法上唯一合理的做法是去探
询文本中的赫拉克利特思想实质。无论如何，西蒙-对等物表明了
这种情况：把那些假定出自赫拉克利特的语句编纂起来并进行转

化这回事仿佛已在酝酿着 Noetos 的神格唯一论。《波莱谟残篇》的前言看起来也暗示着这一悖论。所有的生成物之父在希波吕托斯那里被称之为：γενητὸς ἀγένητος, κτίσις δημιουργός。第二个词组涉及创造，第一个词组涉及（不完备的）三位一体。不过，从接下来的赫拉克利特语录里还是根本无法获悉第一个词组的意蕴：一个证明是父亲，另一个证明是儿子，这应该是由战争造成的！人们看到：就希波吕托斯从其教条主义的偏执去反对 Noetos 这回事而言，父与子的同一性总是浮现于希波吕托斯的眼前，因此，人们将再次被间接引向那些被我们分析过的句子的赫拉克利特背景中。毫无疑问的是，在基督教涂油抹彩的背后，一种完全不同的原初色泽显露出来了：生育与被生育（Gezugtwerden）的统一性。此处完全是希波吕托斯对赫拉克利特学说作专题报告的风格。希波吕托斯针对就赫拉克利特（的语录）向我们表明：Noetos 把父子同一性冒充为具有基督教品性的东西是不正当的。因此，这段引文从动机方面看有论战的味道。不过，也正因此，它才几乎不可能成为纯粹臆造出来的东西。另一方面，人们遭遇了希波吕托斯最为彻底的任意性，在这里（经由我的重构）借助这种任意性，赫拉克利特被赋予了一种伪基督教和神格唯一论的异教徒风格——这丝毫不让人感到意外。

在同一个希波吕托斯文本中，一个近乎明显的基督教式的涂抹再次被碰到。残篇 63 把一句话——这句话又可以明确无误地追溯到赫拉克利特那里——与（基督教的）复活联系在一起。第尔斯-克兰茨的译文是（可是，考虑到传承物的出处问题，此译文还显得极为不可靠）："然而，在那个居于彼处的他面前，他们高举自身而且对于生者与死者而言,守护者似乎总是清醒的"(作为对"世界由火来审判"的先行指引,"闪电执掌一切"这个美妙句子紧随而来)。在我看来,从残篇63这里把基督教的涂抹洗濯干净亦非难事。为了这一点,卡尔·赖因哈特创设了一个极好的前提条件,也即通过他把关于火的学说视为斯多葛派的基督教学说并因此把残篇66里的类似句子弃置一旁:"那么,所有一切都是由火带来的,由火来调校并由火来把握。"但是,在前面残篇63里被引用的赫拉克利特语句面前,他却放弃了修改的打算。通过把我自己置于赫拉克利特的想象世界中这种方式,我想做出一种解释的尝试。既然我们已经有了足够的明证,这些明证(比如残篇24和残篇25,也可以参考残篇29)均以战争中的殒命、阵亡者荣誉的高扬(Erhöhung)以及为人们的纪念为主题。人们不会同意,赫拉克利特因此而屈服于某个政治性规范化交谈(Mahnrede)的目标。毋宁说,在这里,那"唯一的智者"也必然立于幕后,也就是立于那个促使他去对英雄之死以及英雄崇拜进行思考的东西的幕后。我认为,这位智者恰恰就致力于事物更迭过程中的猝不及防和出人意料:杀戮怎样导致了对阵亡者的高扬与神化,以及怎样使死亡显现为像是一种更高的生存状态。类似地,在论及战争时,它(战争)"证明"一些为神,"证明"另一些为人。在我看来,高扬(Erhöhung)这个词(就字面意思而言)在我们的文本中对应于希腊语词ἐπανίστασθαι,即"被提升"。也就是说,一个人变成了守护者,这位守护者守护着,并获得了以下的含义,即阵亡者像正义的捍卫者那样把所有的善与荣誉呈现在其他人眼前。或许,"幸存者与死者"这一基督教式的说法在此听起来甚至也有了某种原初的真实意蕴：为幸存者以及荣誉全无的死者之故，勇敢者所树立的典范直挺挺地站立着。基督教关于（耶稣）基督降在阴间以及对生者和死者的权柄之间的相似之处也可能根本就是事后增补上去的——如此的事后增补以及不合实情，恰如随后几行文字中把闪电与永恒的活火相提并论一般。

此前——第尔斯对待残篇 63 与残篇 26 的态度是一致的——如果人们想要再次去认识神秘祭礼的程序直至其细节，那么从根本上与之针锋相对的是赫拉克利特一反常态地去明确批判的所有这些奇奇怪怪的祭礼风尚（残篇 5！）。他的言论可能使人想起神秘祭礼，这无须争论。但是，他——这位想要在 ἓν σοφόν 这里成为唯一知情者的人——不会自发地把自己同某个祭礼社团的知情者等同起来，这是显而易见的。实际上，诸多明确的证明表明：在与宗教针锋相对时，他对其反常立场的极力强调丝毫不逊色于他与所谓的智者针锋相对的程度。

我们已经提到，赫拉克利特关于火的学说——类似于父与子的统一性以及（所谓的）复活——在基督教那里找到了共鸣，这一共鸣在本事例中通过斯多葛派这个中介被达成。我觉得在这里似乎也有一种去除基督教色调的可能性，在希波吕托斯的这个引文系列中，对某个从赫拉克利特思想援引来的语句予以彻底拒斥的时候，人们应该谨慎行事。赖因哈特令人信服地指出，赫拉克利特的火自身被称为 φρόνιμον，也即理性。火与光亮、干燥、精纯、轻灵等等并最终与理智（Einsicht）交织在一起，一般情况下，这也与赫拉克利特的其他的引文相契合。因此，人们必须去寻求某种存在于火与赫拉克利特论及灵魂的那些意蕴深刻的语句之间的联系。239

无论如何,人们将必须始终去斟酌这回事:在基督教的涂色抹彩之
下,原始的赫拉克利特思想让自身在多大程度上被猜中了。πάντα
γὰρ τὸ πῦρ ἐπελθὸν κρινεῖ καὶ καταλήψεται(火控制一切并审判一
切)这句话就是其中一例。它实际上可以是赫拉克利特的一种理
性的见解,如果不是用审判(richten)而是用分离(scheiden)翻译
κρίνειν 的话,那么火就有能力把握一切,烧尽可燃物,把其他东西
变得灼热发烫。② 这*绝不是对以下的宇宙学问题的糟糕的勾画,
即火应当是世界秩序的一个基本组成要素。这一团四处蔓延的火
(它摧毁一切并且没有什么东西能抵抗它)被认为是宇宙秩序的一
个组成部分,对于古代宇宙学来说这显然是一个异乎寻常的问题。
《蒂迈欧篇》里的毕达哥拉斯学派还很关注某个双倍比例的精致用
法,以便在划分基本元素时把水与火相互区分开,以至于世界 φιλ-
ίαν ἔσχεν(有友谊)(《蒂迈欧篇》,32b)。对赫拉克利特而言,于火不
吝褒扬之辞显然在于火的不可抗拒的力量,借助这种力量,火能够
掌控一切——不过,火还得"在一定的尺度上燃烧并在一定的尺度
上熄灭"。如果不给火设定界限,世界秩序就无从谈起——有如太

---

② 因此,关于塞克都斯的报道(Sextusbericht)把赫拉克利特那里 θεῖος λόγος 的
效果安排好了:ιδάπυροι γίνονται φωρισθέντες δὲ σβέννυνται(《前苏格拉底残篇》,A16,
130)。参见 Emp. B62,2:κρινόμενον πῦρ"这一自我分离的火"(第尔斯)无论如何在那里
也是某种火,这给了物(Ding)的 διακρίνεσθαι 以某种启发。对于赫拉克利特来说,
κρίνειν 和 καταλαμβάνεσθαι 都没有神学家附会上去的法律意义。(人们也可以和希帕索
斯作对照〔《前苏格拉底残篇》,8A11〕,在那里,πῦρ 和 ψυχή ὁ ἀριθμός 作为 κριτικὸν
κοσμουργοῦ θεοῦ ὄργανον 来出现。)与此相反,这句话并没有对 ἅπτεσθαι 做出更糟糕的
评述(残篇 26),赫拉克利特对作为奇迹以及隐喻这个词深深痴迷——就像我接着要指
出的那样。

* 指以上说的。——译者

阳的运行必得限定在(南北)回归线之间那样。

　　然而,究竟是什么东西让这个行毁灭之事的火提升到此种意蕴,也就是说,以一种咄咄逼人的果断态度,火被用来对抗米利都学派提出的宇宙学的均衡状态(残篇 31)? 他们讲授气、水和土彼此之间的转渡,也就是物质状态的更迭,但是肯定没有把火纳入到这一变化的均衡过程中(就像残篇 30 所做的那样)。相反地,人们看出了阿纳克西曼德在宇宙学所方面做出的劳绩,他使得这一把天火——尽管它有一种火所独有的毁灭一切的蔓延力量——与世界秩序连接在一起。他构想了那个起分离作用的带喷嘴的环形管,炽热的火通过它显现在温暖光耀的星辰之和煦的拱曲里(第尔斯,A12)。赫拉克利特则甘冒不韪地予以反驳——把它,即这团活火,这一始终生机盎然的东西,标明为在所有现象与过渡之背后的那个"一"。与他对宇宙学的批判相比,这自然显得更少具有"宇宙学"的意味。这里是以某个旨趣为前提的,即心灵和"思维"是与火放在一起来看待的。这可以从两个例子中被说明。一个例子涉及河流与位置的赫拉克利特式的统一性,该统一性很好地把行将熄灭的光(油灯)及其往上蹿的火苗纳入自身,恰如灵魂(die Seele)的同一性从濡湿之物里蒸腾而出(残篇 12),乃至(另一个例子)那个最高的状态:"人们全靠自身在夜里点燃火光"(残篇 26)。

　　此后,流变学说和灵魂学说就最为紧密地合为一体了。在这里我并不想通盘去讨论晦涩的残篇 26,而只是想指出:语句风格上的重构对我来说还显得颇为糟糕。像这个句子一样呶呶不休地说话,赫拉克利特还没有过。因此,我把两次出现的 ἀποσβεσθεὶς ὄψεις 视为后来添加上去的解释性附注,赫拉克利特是不是也没有

240

料到：当他谈及生命之际，人们一并理解了死亡？③ 不过，就这一相互关联而言还有另一个方面，它使得火的"宇宙学"称谓变得明白易懂。赫拉克利特（像柏拉图一样）肯定认为火与温热根本说来就是一个东西，或者说是同一的。火存在于我们之中并存在于所有温热的事物之中。火公开的突然爆发只是——在外行人看来——从完全不同的东西那里得出的一种假象。因此，赫拉克利特必然已经思考过这个问题。假如这种看法是正确的，那么对我来说似乎就呈现出一条路径：一方面是温热之火与火苗之火的两面性；另一方面是生命与意识的两面性都还显得知之甚少，而且再一次地，论及赫拉克利特的时候又要强行加入某种出人意料的情境。这是出现在柏拉图《卡尔米德篇》中的一个情境（168e 以下）。在那里知识的自我关联性问题听起来是这样的："听和看外加自我运动的运动的……虽然这一切显得难以置信，但是对于某些人却有可能并非如此——即使这需要一个伟大的人物去标画出来那自身就能动的东西。"这个句子的前后关联是针对某种知识的悖论而言的，它不是知道某种东西，而是知晓自身。除此之外的关联性总是关联一个其他的东西，比如较大的关联较小的（168c）。但是，看和听肯定也有某种本身就具有自反性质的东西，亚里士多德也就此谈道：有一种关于感知的感知（《论灵魂》，第 3 卷，第 2 卷）。因此，作为知识的知识之初级阶段，这两个例子是极为恰当的。自我运动也属于类似情况，自我运动是生命的奥秘，即精神。因此，在

---

③　由此，ἀποϑανών 本身应该只是一个解释性的附注（就像维拉莫维茨所设想的那样）。

《斐德罗篇》和《法律篇》第 10 卷里，柏拉图实际上已经指明：精神的这一自我关联性，亦即自我运动的运动；它也是看、听和知识之间某个极好的中间环节。然而，在感觉与自我运动以及最后与知识的知识这个序列中，引人注目地存在着一个我在文本中曾经忽略的东西：καὶ θερμότης κάειν ＝ "爆发起来的温热"。在这里，某种自我运动或者自我燃烧似乎归属于温热之下。就此而言，被描述为现象的东西可以清楚地表达为：火苗从被加热的木柴中突然蹿出来。在这里，存在着生命的自我运动与知识的自我关联性。在我看来这也不是毫无意义之处。这一现象的奇特之处乃是其直接转化性。在光亮被点燃这件事上，所有东西彻底变成其他东西是极其突然的，就像在闪电的显现中，就像自我激发的思想变得明亮清澈。这肯定不是那种赫拉克利特在点燃火这一现象上产生的研究自然的趣味——也同样不是对"火之转化"的兴趣（残篇 31）——它是那无中介的过渡的不可把握性，它让赫拉克利特去思想，让他思考"一"。从沉睡到清醒或者从生存到死亡这一过渡所造成的不可言喻最终预示着思想的谜一样的经验，这一思想突然苏醒并再次整个遁入晦暗。

（师庭雄 译，夏一杰、洪汉鼎 校）

15. 柏拉图《蒂迈欧篇》中的理念与实在

（1974 年）

假如人们想要以客观的旨趣去研究和阐释柏拉图那些谜一般令人费解的对话,那么就必须对我们有关柏拉图形象的诠释学前概念有着清醒的认识,并以这种方式清理出一条敞开之路。占统治地位的柏拉图哲学的传统形象以一种顽固到近乎荒谬的方式描绘了一种二元世界理论,这种理论认为,作为范型的理念世界与我们感官的世界体验所具有的汪洋恣睢的可变性是完全分离的。理念与实在看起来就像是彼此由一条鸿沟隔开的两种实在。如何调和二者是晦暗不明的,唯一一个创造了历史的在二者之间进行调和的理论乃是新柏拉图主义以大流溢过程的三位一体形式（Hypostasen）对两个世界的重新解释,在这些本体中,先于一切规定的太一（Eine）外在化自身并且把自身展现于一个有等级划分的宇宙之中。与之相反,在现代科学中占统治地位的关于柏拉图两个世界理论的表象（不管是积极的还是消极的）则是经由亚里士多德对这两个世界的分离进行的批判而得到规定的。虽然这里对亚里士多德用来批评柏拉图理念论的恶意辩证法的意义仍然是有争议的,[①]

---

① 参见我在"吾爱柏拉图,吾更爱真理"一文的解释尝试,本书第 71—89 页。

最终,相对于理所当然地从我们(关于亚里士多德对柏拉图哲学的)的批判和争论的概念出发去做,我们在这里就应以全然不同的方式开始。因为恰恰就是那些新近研究以及针对柏拉图和亚里士多德思想更加深入的哲学解释已经使得柏拉图主义内在思想的统一性在我们眼中极大地增强了,并使得亚里士多德是一个柏拉图主义者这一点更加清晰明了。在这样的情境中,亚里士多德对柏拉图理念论的批判意味着什么乃是一个悬而未决的问题。也许我们必须习惯于把古代的争论更多地限制在辩证法-论证式讨论的范围内,更少视之为某种对立的思想立场的表达。⑱

但是,需要搞清楚的是,我们容易理解的第三种关于柏拉图二元世界理论的表象方式也是值得怀疑的。它是一种认为柏拉图哲学具有一个逐渐形成的历史-生成论的解决方案,这种方案在新近的柏拉图研究中占据着统治地位。按照这种方案,柏拉图在其后来的思想发展中已认识到自己的理念独断论(Ideendogmatismus)是站不住脚的,并试图以辩证的道路来克服两个世界之间的裂痕。今天仍然占据统治地位的意见是:在柏拉图的《巴门尼德篇》中埃利亚学派的这位领袖* 对青年苏格拉底的批评,后者"过早地"采纳了关于理念的假设,这乃是一种自我批评。与此相应,有关个别事物对理念的分有的那些难题则映现出了理念学说的某种危机。(柏拉图)晚期对话里出现的新辩证法则被证明是对"独断论的"理念学说的改造。这里出现的内容——从哲学上来看——表明了费

243

---

⑱［在我的论文"柏拉图与亚里士多德之间的善之理念"中已经抛出了朝着这个方向而去的一个步骤(海德堡,1978 年;现收入我的著作集,第 7 卷)。]

*　指巴门尼德。——译者

希特式的,更确切些说,新康德主义式的体系化思想的那种取向。② 正是在最近,给生成论模式松绑的呼声更加高涨。因此,蒂宾根学派(盖泽、克雷默)已然使用了一个新的基础来支撑柏拉图对话背后那个很早以来就引起怀疑并一直存留下来的理想数论(Idealzahlenlehre)。在对话风格上发生的那种毋庸置疑的变化(在这种变化中,苏格拉底一开始是个头脑迷乱的雄辩家〔Dialektiker〕,后来则变成了一个有着积极意味的辩证法〔Dialektik〕的开创者和见证者)必定不能被理解为柏拉图哲学思想的变化。像《大希庇亚篇》这样的人们愿意视之为真实可靠的对话则明确地指涉着理想数论。因此,我们最好不要试图通过某种历史性的假说来消除这里的问题,从而低估该问题的重要性。

如今,《蒂迈欧篇》在柏拉图的所有著作中无论如何都处于一个独特的边缘位置。首先,这要追溯到对《蒂迈欧篇》的批判性定位上,这种定位从亚里士多德在物理学中的研究旨趣出发,并把那些针对创造世界的创造主(Demiurg)的叙述当作空洞的譬喻。由此开始,人们习惯于把柏拉图的"物理学"看作某种次要的东西和无关紧要的东西。这一点引发了深远的影响(Überresonanz),《蒂

---

②　我想到了尼古拉·哈特曼的"下行分有"(absteigenden Methexis)理论(该理论表现在他关于柏拉图的存在逻辑学和后来的学术论文中)以及尤利乌斯·斯坦策尔有决定性意义的著作。还有帕齐希(Patzig)——甚至卡姆拉(Kamlah)还竭力指出,古老的理念说在分有问题中彻底崩溃了,并且晚期柏拉图似乎也回避了这个问题。卡姆拉必须尽力从《蒂迈欧篇》中抹去这一学说的"痕迹"。对此我提出反诘,柏拉图相信他自己只是把分离(Chorismos)看作从整体上对 λόγοι 的全新维度予以界定的一个"契机",以至于在具有神话色彩的交谈中完全——《蒂迈欧篇》的风格与《斐多篇》类似——能够再继续谈论这个话题(参见本书下文第 16 篇文章"哲学与语文学"),这种看法是否合适?

迈欧篇》中所讲述的以神话的方式去创造世界的历史在随后的几
个世纪面对犹太教–基督教的创世信仰而获得共鸣。尽管这是一 244
个古已有之的讨论，即对创世（Welterschaffung）的这一描述是否
能理解为一种单纯的说教——即便《蒂迈欧篇》显然没有谈到决意
去从事创造的神[*]的意志；不过，人们对《蒂迈欧篇》感兴趣很大程
度上却是因为基督教的预先推定。

　　当然了，随着近代物理学开始对《蒂迈欧篇》产生兴趣，情况就
发生了变化。伽利略、开普勒以及原子论并不太关注《蒂迈欧篇》
的创世思想，而是更关注它的数学（思想），特别是原子论业已证明
了它在某种程度上的合理性。不过，这一点也并没有与那个事实
相悖，即《蒂迈欧篇》在柏拉图著作中一直处于边缘地位；而且尤其
要指出的是，人们并没有把该书那种具有神话色彩的叙述融入到
真正的辩证法中去。因此，我们当前的任务乃是这样的：弥补被忽
略掉的东西并通过神话的叙事方式凸显出这些东西同柏拉图辩证
法的关联。

　　然而，与此同时《蒂迈欧篇》还提出了一个特别的方法论问题，
该问题以特殊的方式嵌入到诠释柏拉图时所遭遇的更大的问题域
中。诠释柏拉图时存在的一个普遍问题——就像它今天对我们所
显示的那样——是由在对话录作品的创作和我们只有从间接的传
承物才能获悉的柏拉图学说之间那种模糊的关系而产生的。经过
对柏拉图文本一个半世纪紧锣密鼓的研究之后，柏拉图对话的文

_____

　　* der Gott 直译为"上帝"，不过在《蒂迈欧篇》中还不能作如此理解，本文按照王晓
朝先生的译法，统译为"神"。——译者

学特征——施莱尔马赫和施莱格尔一开始就极其正确地觉察到了
这一特征——实际上直到我们的这个世纪才得到普遍的承认。不
过,即便在今天也还要去反对那种压倒一切的取向,也就是把柏拉
图的诗性对话当作学术论述(Lehrschrift)来阅读和批评。在这一
点上,人们可以援引亚里士多德这位前辈为证。实际上(正如我在
上面所暗示的那样)在我看来,"科学批判"这一有着现代主义特征
的前理解依然没有能完全摆脱这个问题的困扰。很明显,方法上
的要求(任务)在于把对话发生的场景,言说者与谈论的内容之间
的关联以及栩栩如生的交谈中的思想活动都运用到哲学问题的理
解中去,柏拉图正是在这样的情境和关联中与我们相遇的。也正
是在这一看法中,《蒂迈欧篇》再次获得了一个特殊的地位。虽然
(《蒂迈欧篇》)也有着某种引人入胜的对话式前奏——在其中,牵
涉到作为前导的关于理想城邦的交谈,某种童话般的历史深度由
之开启,而且完全可以肯定的是:宇宙进化论历史固着于其中的这
一政治框架并不是偶然出现的。③ 但是,蒂迈欧抛向对话者的那
些本己叙述不再有任何场景方面的切换而且大部分内容读起来就
像是一篇完整的论文。*

毫无疑问,此处的这种叙述的口吻是很独特的,针对这种叙述
而提出的真理诉求(Wahrheitsanspruch)被明确地限制在可能事

---

③ 关于这一"政治"观点的详细论述,参见泽特·贝纳德特(Seth Benardete)的后
续研究:"柏拉图的《蒂迈欧篇》和《蒂迈欧篇》中的科学假想研究",载《解释》(Interpre-
tation),第 2 卷(1971 年),第 21—63 页。

*《蒂迈欧篇》开篇就谈到如何组建国家的问题,个中谈论与《理想国》的内容有交
集。——译者

物(Wahrscheinlichen)的领域——无论这里涉及的是叙述(Myth-os〔密托思〕*)还是理性论证(Logos〔逻各斯〕)。因此,这一方法论上的问题实际上表现在,如何由那种叙述方式——该叙述方式颇为独特地显示为松松散散、极不协调以及连篇譬喻,其状有如童话——读出叙述的实质内容(Sachgehalt),尤其读出其理性动机。极不协调这一点尤其体现在这样一种风格(Art)和方式上,即叙述得以进行的自然时间之流在这里被返指、自我更正、循环往复和突如其来的全新开端等等这些东西所打断。其中一处还不只是那种奇特的方式,比如关于宇宙秩序的描述突然被补缀进来的宇宙灵魂(Weltseele)的构造活动所打断,这种补缀活动先行于真实宇宙的构造活动,好像被明确地纠正过(34b 和 c)。另一处则是被叙述事件(Geschehen)与在事件中才得以发生的时间之形成间的那种难以解释的关系(37d 以下)。然而,这里首先是那种突然性,借助这种突然性,已经热切深化于人的感官知觉单一性的叙述者中断自己,而且让阿南刻(必然性)**的视角被安置在正当性和空间性之中(46c,48c)。这个不断重复的第二开端将被标记为这样的东西,它从自身方面抓住了"对创造主计划周详的行止予以完整叙述"和"对出自理性根据的世界秩序予以前后一贯的解释"之间的那个模糊的中点,以便最终从自身方面再次汇聚到叙述的某个具有决

---

　　* Mythos 一般译为"神话"。——译者

　　** 阿南刻(ανάγκη,字面意思是"必然性")是希腊神话中代表"定数、必然"的神祇,众神必须服从定数与必然性。——译者

定性意义的延续部分中去④。(69a)因此,让自身承担了某种方法论上的使命,即透过那种带有一切稀奇趣闻和嘲讽灵光的松松散散的叙述风格揭示出所述内容的价值,并且以这种方式把《蒂迈欧篇》整合到柏拉图的辩证法中,尽管它有着所有的风格问题。

蒂迈欧本人的谈话开始于某种关于方法的导言(Proömium)。似乎有一系列公理被确立起来,从这些公理中得出了某些结论,并借由这些公理规定了接下来的叙述在知识方面必须满足的诉求(27a5)。在这里,存在(Sein)与生成(Werden)的区分作为根本的区分最先被引入进来。然而,人们注意到,蒂迈欧以此开始其叙述的这一苏格拉底与柏拉图之间众所周知的区分,以及也是极具柏拉图色彩的通过归类到"思想",也就是归到借感觉中介的"意见"而被证明的区分,显然都是蒂迈欧以"按照我的意见"所引导的。实际上,这是一种存在方式(Seinsweisen)的区分,该区分其实只能约束这样一位毕达哥拉斯学派的信徒 *——他已然从苏格拉底和柏拉图那里学到了关于智性的存在(das noetische Sein)和感性的存在(das sinnliche Sein)间的区分,并已抛弃了毕达哥拉斯学派用来表明自身特征的数与实在之间那种质朴的存在同一性(Seinsidentifikation)。

---

④　卓越的英语阐释者泰勒(Taylor)、康福德(Cornford)以及克龙比(Crombie),我们从他们那里受教颇多,可是对我来说,尽管他们的诠释学前概念彼此如此不同,但他们似乎全都没有对叙述方式给予足够的重视,更为甚者,他们还把叙述中"原子理论"的引入错误地理解为是对神给定秩序这一行为的延续。从这里产生了无法解决的难题,目的论与必然性之间关系的这个让人心潮澎湃的问题——这个统驭着《蒂迈欧篇》的问题,变得晦涩难解。

*　意指蒂迈欧。——译者

此后,在 αὖ(此外)所标示的第二步中,说的乃是某种生成物(Gewordenen)或每一种生成物,也就是说不再继续讨论那种在持续变成他物意义上的"生成"(Werdesein〔延续生成〕)的不确定性(28a4)。如果人们谈论这一生成(Werdenden),那么他们就会着眼于所生成的东西。作为某种生成着的-某物(Etwas-Werdende)就会去询问自己的原因。但这也就是说,某个生成着的-某物变成了某个好像与某种预见(Vorblick)相关联的东西。因此,作为生成着的-某物的原因,创造主及其预见成了决定性的东西。如此生成的东西,它是否美或丑,它是否持存(bestandhaft)或短暂,均取决于某种预见。尽管如此,像这样的制造者(Herstellenden)的预见还是显得矛盾重重。该预见既可能指向作为其范型(Paradigma)的永久之物(Immerseiende)和持存之物,也可能指向无形态和无持存性的某物。假如生成的东西是"美的",预见也必定指向那个美。与此同时,美显然总是包含着持存性。

正是基于这一种生成结构,即与某种持存的精神性秩序相关联的生成结构,才使得对这个作为某种秩序整体的"世界"获得某种认识得以可能。因为作为整体且有着生成特征的宇宙,就其本身而言只有视觉的"感性"经验才能通达。然而,因为作为生成的宇宙必定来自某种是其原因(肇始)之物(Verursachendem),又因为考虑到世界秩序是美的,不容我们置疑宇宙的创立者对"总是存在着的东西和保持同一的东西"投去一瞥,因而最后我们可以得出结论说:我们所知觉到的东西不止是 γιγνόμενον(变动不居的生成物),亦即"总是不同之物",而是有了某种规定性的摹本(Abbild)。因此,关于这一生成着的世界(Werdewelt)要真正知道某种东西

的可能性也是依据于摹本结构(Abbildstruktur)。当然了,这一关
于生成物的认识只有在那些具有可信特征的或然性假设的意义上
才有效(29c8)。以感觉展示的世界秩序只能通过某个叙述性的故
事(Geschichte)来描绘(abbilden)。超出这一故事的认识是与我
们的人类本性不合宜的(29d1)。

　　这就是从开头的前奏曲得出的结论。然而与此同时,它还包
含给随后的叙述提供像是自明的前提条件这一类的东西,这些前
247 提条件在逻各斯的意义上是显而易见的。此外,尤其要注意的是,
对运动或生成的开端予以追问的问题(在此处)还没有被提及。[5]
"生成"的存在方式并不提出关于开端或肇始因之问题,反而是生
成-某物(Etwas-Werden)才使得这一问题变得必不可少。也就是
说,正是对被制作之事(das Was des Gemachtseins)的预见,即正
是对被确立秩序之物(Geordnetsein)的预见,才会提出关于原因
的问题(28b6—7:γίγνεται ἐξ ἀρχῆς τινος ἀρξάμενος〔它是永恒的、
没有开端的呢,还是有生成的、有开端的?〕)。那个没有秩序的可
变之物(κινούμενα)则只是"单纯地在那儿"(ist einfach da)。与此相
应的是,叙述以之为开始的存在方式(Seinsweisen)的区分根本没有
从模型关系(Paradigmaverhältnis)得到规定。唯有从制造(Her-
stellen)和引导着制造的预见的角度,范型概念(Paradigmabegriff)才

---

　　[5]　通过深入理解这一问题,康福德——我们要多多感谢他在方法论上超过学识
惊人的泰勒所取得的重大进步——给自己设置了重重困难。对柏拉图来说,作为持续
不断的混乱的运动根本没有"原因",更不用说那些绝不会产生一种野心十足的乱糟糟
运动的有生命之物、灵魂的运动:循环运动,韵律,秩序!人们不能把作为一切运动之
源的ψυχή(灵魂)——它在柏拉图和亚里士多德那里都是响当当的定理——与那种本
来就是生命运动的超卓的秩序特征割裂开来并归结为因果关系。

以从属的方式崭露头角——因此与此相关的是即从原则上看,制造以及使之形成(Entstehen-Lassen)这些活动既可以被某种好的模型和指向美的筹划所引导,又同样能被某种糟糕的模型,亦即某种糟糕的前筹划(Vorentwurf)所引导。

　　叙述的开头在文体上很奇怪。虽然文体中包含有赞美诗般庄重的元素,但是该文体同时也规避了直截了当的神话叙事。28c3那里曾经被称为"制造者(Hersteller)和父亲"的创造主(Demi-urg)在这里只是被称为完成者(Verfertiger),虽然这个词有欲求(Wollen)之意(29e3),但却不是在非凡的决断这个意义上来使用的,更不是在制造(Herstellung)世界的动机这个意义上来使用的。创造主去从事制造的真实动机根本就未被谈及,唯有创造的方式被——难得充分地——推导出来了:因为创造主是"善的",所以他对"嫉妒"(phthonos)一无所知,也就是说,他不会出于嫉妒而对只有他才有或所是的东西造成羁绊。毋宁说,他想要的是:所有东西都尽可能地像他自己。很显然,此后所有具有神学性质的沉思(假设)都虚耗在这一位世界的创造者身上了。我们还可以说得更确切些,人们正是鉴于这一描述才理解了新柏拉图主义的形而上学流溢说(Emanationsmetaphysik),毕竟该学说以类似方式阐明了纯粹的"存在论上的"理由。无论如何,《蒂迈欧篇》的创造主代表着的只不过是那种从无秩序运动的状态到秩序井然的状态的转变。[6]

---

　　[6]　按照我的看法,康福德在这一点上有理由去反对泰勒。人们必须让"创造主"作为证据的功用与这个问题全然分开,即柏拉图的哲学式"神学"在何种程度上既实现了对民间信仰的阐明又同时适应了思想要求。毕竟世界秩序的制造(或者说"创世")与民间信仰和神秘宗教(Mysterienreligion)都相距遥远。从根本上说,宇宙论与"创世说"或者创造主学说(Demiurgie)截然对立。

248 　　不过,可以从这个开头得出某种别的重要的东西,那就是:因为神制作善的和美的东西,所以神必定能产生某种具有努斯(Nous)的东西。在这里——就像在《智者篇》249a4 那里——它似乎把下面这一点作为毫无疑问的理所当然之事加以强调:努斯不能没有精气(Psyche,亦即"生命")而存在,并且因此神把灵魂(Seele,精气〔Psyche〕)放进了(人的)躯体里。这一个从神之预见而做出的推导被明确地称之为 εἰκὼς λόγος(或然性的逻各斯,可能的论证),也就是说,它不是以宗教的方式构造出来的,而是明显地做了这样的处理,即我们的这个宇宙乃是一个活生生的、理智的存在物。毫无疑问,比起那些在较低层次上组织起来的存在者,处于较高层级的生命体(Lebendige)是"善的"(gut)——这乃是一个存在论上的前概念(Vorgriff〔预先把握〕);并且人们完全可以进一步解释:因为它在较高层级上是自我统一的而且在最高的层级上对于自身的统一性有意识,所以它是"更善的",换言之,它具有理性。这个前概念(预先把握)统驭着蒂迈欧所报告的那个对世界整体的总体性筹划。这里似乎并未讲到那种靠自身就能维持下去的秩序——这种秩序听起来好像有"毕达哥拉斯"那种味道而且好像有某种单纯的数学式和谐的特征。这一前概念(预先把握)究竟是什么? 是逻各斯吗? 还是密托思吗?

　　在任何情况下,我们世界的构造(Verfassung)都是从理念的、自身统一的有生命的万有(Allwesen)这一模本(Vorbildlichkeit)中推导出来的。正如这一理念的万有包含着所有有生命的存在物的理念一样,具体的由创造主创造的世界(Weltwesen)也必须同样是包罗万象的。在这里可以明确得出的是:作为摹本的东西必须像模本那样包罗万象，并因此只能是唯一的。要对此论证一番则会让人头疼不已。因为就其本身而言，人们虽然能够在一再重复的过程中依循某个依然如此理念性的模本（das ideale Vorbild）把模仿物（Nachahmung）制造出来，但"理念的摹本"（ideales Abbild）这一用语本身则是自相矛盾的。实际上，这样的模本只能是唯一的东西这一点并非通过摹本结构，而是通过包罗万象（Allumfassenden）的理念而得到论证。要是有第二种包罗万象的东西，那么第三种（包罗万象的东西）——它把前二者纳入自身——必定就是我们世界得以产生出来的唯一模本（31a 以下）。这就是著名的"第三者"论证。只不过它在这里所起的作用并不是作为反对模仿的一个绝对难题，有如在《巴门尼德篇》那样，而是作为对模本之唯一性的论证。然而，为什么趋向同一的模仿应该与包罗万象的模本的唯一性分离开来——而不是尽可能地包罗万象并且总只是在接近的过程中才得以把握宇宙（Universum）的理念？也许只有这样才能说服人：假如人们把创造主看作大匠师（Meister），那么他即便是初试神技，也同样会做到最好。249

　　在论证中，古伊奥尼亚学派的思想以埃利亚学派的形式继续发挥着作用：存在是一（Das Sein ist eines）。因为这里关涉的是囊括（Umfassen）的统一性。假如摹本应该与包容一切的生命体（das Lebewesen）相似，那么生命就要被理解为自我运动，有规律地替换以及完全不依赖于他物的独立性。此乃主导性思想，对于大全（das All）也只能在有组织的生命物中实现。这些段落的结论是：最对立的元素通过数学的比例而彼此达到调解、这种万有（All-Wesen）的完善性以及它的圆球外观和自我圆周运动，不过，逐个地探讨这些结论就不必要了。

对于如下的描述——尤其是按照康福德更精确的注释——我们同样也不需要去重新探讨"世界灵魂"的建构,亦即大全(das All)的生命原理和运动原理的建构,是如何详细具体地实施的。严格说来,世界灵魂的建构先于这个大全(das All)之躯体从诸元素中的产生。关于"相同(Selbigkeit)、相异(Verschiedenheit)和存在的混合物在两个阶段中延伸"这一描述——"世界灵魂"(亦即星体的运动轨迹)正是从此一混合中被推导出来(35a,37a)——从古代开始,它就被看作整本著作中最神秘莫测和最艰涩难懂的部分。这可能与我们关于同时代的"毕达哥拉斯主义"缺少认识有关联。但是,人们在这里也不应该完全忘记这个原则:像《蒂迈欧篇》这样一个有着高度艺术性的文学作品理应要求某种程度的内在可理解性。当然了,如若有人像普罗克洛那样仅从标志着精神特性的认识而非从生命的自我运动来理解心灵(Psyche),那么这样一种可理解性就根本实现不了。各种相互关联表明:心灵这个在柏拉图那里处于第一位的标示在这里进入了我们的视野。这就是大全(All)之运动。其次,依据先前的描述(37a)——在那里,世界灵魂由三种构成要素混合为一体,这个灵魂被宣布为类似于认识和真见解这样的东西。

然而,现在却有一种针对性极其明确的可理解性,即相同(Selbigkeit)和相异(Verschiedenheit)均属于大全的自我运动,亦即属于Psyche(心灵)。这两种作用可以在天上星体运动以及其余六等分后的星体运动中,也就是在黄道(die Ekliptik)中的星体,找到大量的明确表述(36c),后一种星体在周期性变动着的自然变

化方面的意义对希腊人来说显得尤为重要。但除此之外,下面这 250
一点也是很好理解的:全部周期性运动都能够被理解为相同和相
异的结合。不过,仍然不清楚的是:为什么天体轨迹由之形成的世
界灵魂的结构,不是由相同和相异的简单混合(Mischungsgang)创
造出来的,而是从那个被详细描述过的双重混合中生成的。在这
里,对第一次混合过程的描述予以准确考察将是大有助益的。显而
易见的是,这一描述试图一开始就做出的 ὄν(存在)与 γιγνόμενον
(形成之物)的区分,并把心灵(Psyche)的份额判给上述二者。这
是由于运动和生命已经归于我们世界的模型而合乎逻辑推出来的
(参见 30c 以下)。困难仅仅在于,在那里,“生成”(Werden)被认
为是感官上可知的东西,而处于其同一性之中的存在(Sein)则被
认为只是在思想中才可以理解的东西;很自然地,“心灵”必不能被
当作看得见的东西。不过,人们或许刚好就在这一点上认识到了
心灵的居中状态(Zwischenstellung):心灵作为躯体活动的“生命
和运动”可以从自我方面间接地被看到,并在此范围内分有了二
者。普罗克洛极为正确地看到了这一点(参见康福德,第 64 页以
下)——而且原文 * 也把这一点说得很清楚:创造主把这个第三者
(亦即 ψυχή〔灵魂〕)准确地安放到理念世界与物体世界
(Körperwelt)的中间地带中去(κατὰ ταὐτὰ συνέθηκεν ἐν μέσῳ…〔他
把它相应地放在中间……〕,35a5)。

　　现在,那个“在物体/身体处”(περί)“生成着的”οὐσία(本体)、
心灵(Psyche)间接地拥有其部分的这个本体,却以令人吃惊的全

---

* 此处的“原文”应指《蒂迈欧篇》里的文字。——译者

新谓词(方式)描述为"可分"($\mu\epsilon\rho\iota\sigma\iota\eta$),而自身等同的 $o\dot{\upsilon}\sigma\dot{\iota}\alpha$(本体)则相应地被称之为 $\dot{\alpha}\mu\dot{\epsilon}\rho\iota\sigma\tau o\nu$(不可分)(35a)。这明确地指向那个所有运动以之为基础的外延(Extensionalität)(后来则更为明确地指向那个与 $\dot{\alpha}\mu\dot{\epsilon}\rho\iota\sigma\tau o\nu$〔不可分〕类似的对立表达 $\sigma\kappa\epsilon\delta\alpha\sigma\tau\dot{\eta}\nu$〔散乱〕,37a5)。人们是否在这个"第一次"混合之后想要借助某些古代的解释(色诺克拉底)去认识一(Eins)和不确定的二(Zweiheit)以及全体数字的起源(它们在时间结构中的意义,也就是周期性韵律以及天体运动的外观都变得清楚了〔37d 以下〕,后来,数字与时间的参与将对人类产生决定性意义〔39b6〕),不过,此事可以先搁置一旁。《蒂迈欧篇》的展开方式表明了:真正的数论(Zahlenlehre)也在此后退居次要位置。然而,无论如何人们必定在这一混合过程中——"心灵"在此混合过程中产生,此混合过程还预先安置好了天体以及终有一死者(der sterblichen Wesen)的所有创造活动——已然看出了某种暗示,该暗示预先指出:后来增补的两种存在方式(Seinsarten)有益于第三种(存在方式),即外缘扩张。这一居中的本质(Zwischenwesen)(亦即心灵),算无遗策地造就了,因而认识到了天体周期性运动轨迹的相同性(Selbigkeit)和差异性(Andersheit);也就是说,要想在上述这两种不同的方式中获得自己的论述根据,蒂迈欧就得借助新的混合来表明自己的

251　立场——尤其是,在这里差异性只是在周期性的规则形式中才有存在的必要性。

　　关于创造世界灵魂(及其影响天体的功能〔caelestisch〕)的两阶段混合的奇特历史有着一个同样奇特的后续发展,而大多数解释者却往往会轻易地忽略掉这段后史故事,我指的是,将努斯

(Nous)和知识归于同一性（自我）领域，将观点和牢固的信念归于
相异性（他者）领域。毋庸置疑，在这里确实有两个东西跃入了我
们的眼帘：一个是理念的辩证法，《智者篇》首先把这种辩证法建立
在同一性（自性）和差异性（他性）的基础上；另一个则是人类精神
那个相互关联且微光闪烁的知识方式（Erkenntnisweisen），它让
《理想国》凸显出来。很显然，对话在这里所讲的大全-生命（All-
Lebewesen）是包括了所有其他的生物（das alle anderen Lebewes-
en），是不需要感觉的（37c），就像不需要从外进食一样。对话所讲
的只是这种知识和观点，如果人们对此已经明了于心，那么它们就
只涉及到这一大全-生命"内部"的运动关系及其关于"整个灵魂"
的讯息（πᾶσαν τὴν ψυχήν，37b7）。从内在于世界之中的生物的世
界经验（Welterfahrung）到世界自身的自我经验（Selbsterfahr-
ung），这是多么稀奇的外推法啊！逻各斯（λόγος）又是多么令人讶
异啊，几乎可以说它是无声无息的，显然只需借助于其单纯的运动
（φερόμενος，37b5）就能知悉一切——而且逻各斯还以这样的方式
来证明：上述行为只能发生于"灵魂"之中，以至于大全（All）的活
力与生命都以事后或增补的方式得到证实。在这里，并非所有东
西都是那样的混乱不堪！毋庸置疑，任何想知觉的或想思想中的
东西必定是有生命的，并且同一性与差异性确实隶属于认识：假如
某物与自身等同，那么它就可以被规定为某物（也就是说，不同的
某物）——我们从《智者篇》中获悉这一点，而且解释者们自然也会
援引《智者篇》中的这一看法来立论。然而，他们往往忽略掉的是：
《智者篇》以一种更为稀奇的连基本区分都感觉不到的方式把静止
与运动放在同一性与差异性之后——这一奇特的现象是不是更好

地解释了《蒂迈欧篇》的地位?⑦ 这里的同一性——类似于"直立着的"陀螺之旋转,这里的区分——类似于天体总是偏离运行轨道,二者有可能实际上乃是同一性和差异性得以思考的前提条件,因此,对上述二者予以思想是可能的。我们也可以尝试着去说:天体的运行的秩序——在这种运行秩序中,产生了一成不变的关系有如星空之转换,以及衍变着,却毫无秩序-毫无规则可言的状况有如太阳、月亮及行星之运行——乃是同一性和差异性能够被思考的前提条件。世界"提供了"自身(Selben)之可靠的同一性以及衍变着、却并非毫无规则地衍变着的各种见解——而且它似乎首先为自身而提供的,即就自身拥有的存在秩序以及作为某种它自身内存在的运动秩序的合理性的意义而言——但它也把它提供给了某个思考着并遥望上天的观察者。这就是它们的 ἀληθὴς λόγος(正确〔真〕的逻各斯)。现在,幸亏我们并未听命于我们自己思辨的幻象。因此,在叙述的展开过程中更多地出现了这样的东西,即时间的"孕育"(它与天体秩序一起被明确地称作 ἅμα〔37d〕)、太阳照亮的世界(39b),以及星空的转换教会了人们计数(Zahlen);后来,在由原始(较低级)诸神创造的终有一死者的本质那里,有死者与(人的)视觉的结合得到了这样的结果解释(46e),即由于上述结合,人的时间意识以及把大全(All)之 φύσις* 当作知识来欲求这些事情才变得可能。就此而言,神话叙事所描述的就是运动与知识之

----

⑦　κίνησις/στάσις更广泛的意义及其与 ταὐτόν 和 θάτερον 关系参见盖泽:《柏拉图的未成文学说》,第 190 页。

*　φύσις还不能直译为"物理"或"自然",它是一种"涌现"的力量。——译者

间的关联,我们已在上文对此做出了阐明。

　　因此,完全有理由指出:在此处,借助 τò φιλοσοφίας γένος(爱智慧的种属),人的求知欲是从其自然本性的可能性中被推导出来的,某种新的、理论-科学的元素侵入到神话叙事中去。

　　在这一点上,我们触及到《蒂迈欧篇》的真正问题。这个问题并没有过多地局限于天文学领域之内,也就是局限于天体数学的领域之内——尽管给这一神话式的天文学构思奠定基础的毕达哥拉斯学派的数学智慧直到现代还作为典范发挥着效用(开普勒)。毋宁说,关键的问题是在对包含在这一万有(Allwesen)之中的终有一死的生命物的详尽的描述中所具有的那种令人吃惊的承认,即迄今为止我们才处理了全部问题的一半内容。这一不足已经预先出现在 46c 和 d 中了,而且是在描述于第二原因陷于困境这个意义上,而作为整体之合乎理性且易于理解的规定,第一原因则占据了优先地位。因此,一开始关于人的视觉更为详细的描述突然间就折返回去并与理性的目的联系在一起,也就是说察觉到(人的)能力、时间,从这里开始知识的所有训诲*变得可能。然而在 47e 中还附加上这样的再次的反思:在这个规定一切的理性之外还有那个迥乎不同的缔造者(Verursachende),它作为必然性(ἀνάγκη)早已预告了自身的来临。

　　现在,兴趣完全都集中在第二个原因之上,并且还引入了一种令人惊讶的新的提问方式,该提问方式改变了迄今为止的描述进程。人们必须确认:这一新向度——它被明确地视为并被要求为

253

---

　　*　Weisen,还有"指引"之意。——译者

对另一个原初开端的寻求——并不是立即而无阻碍地插入叙事的历史。从 48a 到 68e 为止的全部章节明显具有一种迥异的风貌。虽然对这一章而言单纯的或然性被再次使用而且人类自身洞察力的局限性也一再地得到强调,但是新的解释(方法)在更深层次上开始了,这一点得到了强有力的强调。

这就揭示了一个特有的任务:在随后的阐述中去探究神话的叙述方式和那种"为你们"而发展出来的理论性诠释之间的交互关系。这是文本的神话元素与理论元素之间的某种从表面上看比较马虎的转换,而且同样引人注目的是:在迄今为止的叙述中,这也是时间顺序上极为任意的淆乱。从方法论上看,这种不同谈话方式(Redeweise)的相互交错值得我们特别的注意。在此,我们想要把这一点当作一个假设来遵循,即柏拉图是有意这样编排的,而不是由于无能以一种笨拙的方式把不相干的刺激纳入到其运思(die Gedankenführung)中去,这些刺激似乎也是这样才在我们那明察秋毫的眼睛前变得明晰可辨。维拉莫维茨学派(哈默-延森〔I. Hammer-Jensen〕、艾娃·萨克斯〔Eva Sachs〕以及其他人)在史源学考证方面颇为严谨的研究实际上是以这样的看法为前提的,即柏拉图书写得如此糟糕,以至于人们一眼就看穿了他的作品结构而且可以把该作品结构从其糟糕的已完成部分中拆分出来。对我来说,这种看法似乎无法与柏拉图处处都表现出来的高明的艺术理解恰当地协调一致。

根据事实,在《斐多篇》中,苏格拉底在其对阿那克萨戈拉的批评中就已发展出这一观点:在以理性目标为鹄的原因之外,还存在某种次一级的原因(只把它称为并存原因〔Mit-Ursache〕会更好些），这一点同样出现在 46de 这里。这就是我们称之为必要的条件（conditio sine qua non）的东西。通过这个东西把我们带回到"经由理性"与"经由必然性"的区分样式中，而世界的生成（Werden）则被认为是二者的混合。这毫无新意可言。然而，标新立异的是——在这里，理性劝说必然性去把大多数生成着的东西导向最好的状态，并且必然性明确地让自身从属于理性的劝说。

这赋予了表现必然性的因果关系（die Verursachung）以一种全新的意蕴，而且实际上：在此处所发起的新开端的一开始，读者马上就体验到，问题的关键就在于某个开端，这个开端还在世界大全（Weltall）被构造之前就遭遇了诸元素之自然（die Natur der Elemente）以及先行于诸元素的状态。由此而来，我们的注意力就转到从基础三角形（Elementardreiecken）中产生的元素结构以及那些由基础三角形构造出来的正面体，这是以某种特殊的自我意识显示出来的："到现在为止，还没有人指明这些东西是怎样产生的。"（48b5）虽然这里立即就紧接着强调说，讲授者（Berichterstatter）* 只能通过设置限制条件来完成这一任务，此外不再要求别的，只要求一种或然性证明（Wahrscheinlichkeitsbegründung）。但是，这里的讲授以及进一步的表述过程中还预先指出了某个极端的推演（Ableitung），在这一推演中，人们完全有理由辨认出柏拉图的数论（Zahlenlehre）及其"原理"的影子。但新的开端就像那个给整个阐释奠基的关于两类存在的公理那样，在根据上似乎应该说同样是似是而非的；诚然，这个新的开端应该（如果我正确地校正了文本

254

---

* 应指讲授者"蒂迈欧"。——译者

的话)前所未有地从开端中推演出来(48d3)。这表明,人们不得不在此看法之下、在先于它们存在的东西的基础上去理解对(如我们所认识的)诸元素所进行的预告过的回溯。

　　然而,实际上,新的开端目前似乎还没有与这一预先通告出来的推演联系在一起。毋宁说,那两类存在(Sein)是从某个充当进一步区分的第三者那里得到补充的,亦即某个晦暗难解的艾多斯(Eidos〔形式、型〕),人们必须指出这种东西:它就像一位保姆那样呵护着所有生成着的事物(Werdende)。49a5 这一简明的表述在随后不同的进程(Gängen)中复现并得到更为确切的规定:49a6 以下、50d4 以下、51b6 以下。直到 52d2,这一表述才得到某种意义上的澄清。

　　第一个进程明确地作为某个预备性的讨论被引入,这个讨论与火以及其他元素相关。很显然,这里涉及到的是:诸元素(Elemente)绝非稳固之物和不变之物,不同于它们在宇宙论中所行使的职司。火和水都没有这样一种稳固性,对于它们,人们能说它们是这个或那个。现象主要是用来暗指那种变动不居的组合状态(Aggregatzustände)。真正能够被固定下来并借此以"这一个"来称道的东西,只能是那个东西——这些基本现象(Erscheinung)总是在它之中(Worin)生成并从它那里而来(Woraus)和再度消逝。

　　在第二个进程中,这一"在之中(Worin)"明晰地被规定为"从之而来(Woraus)",与黄金类似,人们能够用它来制作形形色色的物品。它可以呈现出任意一种样式,因为它自身并没有某种本己的样式,所以能够像某种材料(ἐκμαγεῖον,50c2)那样被赋予各种特征。就像每一个作为真实存在者的模仿的个别物都是"在它里

头"(in ihm)产生出来那样,那个经典的分有(Methexis)问题因此
作为经典问题被暂时置诸一旁。这个第三者自身没有质量——说
得更确切些,没有形状,这一点可以拿油膏(Salbengrundlage)之
于油这个例子作比较而得到说明。它就是某种不可见之物以及无
形之物,所有只能以某种繁难的方式加以"思考"(μεταλαμβάνον　255
ἀπορώτατα τοῦ νοητοῦ〔它以一种非常困难的方式分有可被思考之
物〕,51b1)的被人接受之物。这一某物按它具有的份额每次或者
以火、水、土或者以气来照面。

　　能够确定下来的是:为了阐明四种元素的现象特性以及元素
的变化,两个进程中的思想明确地描述了为所有现象奠定基础的
"在它之中"或者"从它那里而来"。直到插入到51b6中去的第三
个进程,整个考察才扩大到更为普遍的东西;假如自我同一的艾多
斯与在其基本意义中名称一致的感性现象之间的区分对于增补部
分*来说是适恰的,那么该区分就意指这第三个种**,作为给宇宙
提供场所的空间(Raum)。这个第三者(das Dritte)是明确建立在
存在的两种最初样式的存在的基本区分这一基础上的。

　　这里颇为有趣的是,再一次从火这个例子出发并且再度提出
这个问题:人们是否必须切实地在火那里假定某种像他自身的纯
粹的艾多斯那样的东西。我们还记得,火在希腊宇宙论中占据着
特殊的地位,在柏拉图那里依然如此,因为火不但是光和焰、柔和
与毁灭之火,而且还存在于一切有热气的地方。在所有有热气的

---

* 即"第三个进程"。——译者

** Genos 在柏拉图哲学中依据不同语境翻译为"种"或"相"。——译者

生命体中,火盈然在焉。当柏拉图在这里明确地借火来强化这种必然性,即人们必须把这一纯粹的、唯有思想才能进入的艾多斯从变动不居的、在其中某物才能进入某物的观点中区分开来,这时,他显然为自己选取了一个颇有争议的例子,这让人想起了《巴门尼德篇》(130c,在那里,火被称之为 πῦρ 和 ὕδωρ)。还能有什么东西比从变热了的东西那里生发出来的火焰更像是纯粹的火? 或者说,(还能有什么东西比)从宁静的火焰中散发出来的光(更像是纯粹的火)? 在这里,对艾多斯的假定难道不是某种空泛亦即空洞的强化吗? 就像亚里士多德时常(《尼各马可伦理学》第 1 卷第 4 章的表述让人想起《蒂迈欧篇》的 51c4)在批判性的意图中所谈到的那样。

无论如何,关于第三个种,亦即关于空间的论述——该论述来自于第三个进程——都应该被认为是逻辑上最为清晰(的论述)。关于这个“空间”(Chora),有人说,它似乎被某种虚假的思考所触及,但并没有说,这种虚假的思考就是一种感官的触及。这明显意味着:我们所理解的空间,就是一切任意的某物(Etwas)的“单纯地在那儿”(das reine Daß),因此,就好比我们在第一次接触中只是碰到了某物而没有把它认同为某物那样。柏拉图把这一对空间的觉察过程(Gewahrwerden)称之为梦幻,按照这种觉察方式,凡存在的一切东西都占有某个位置,并占据一定的空间,柏拉图还暗示了其他以同样方式“与之紧紧贴在一起”而照面的东西。根据《阿契塔 * 残篇》中的残篇 1,数字和大小似乎就是藉此而被意指

---

* 阿契塔(Archytas),公元前 400—前 350 年的古希腊数学家和科学家。——译者

的。梦幻与清醒在这里意味着什么？文本中指出，我们清醒的时候也不能做出正确的区分，因为梦幻仍然束缚着我们。我们不能 256 正确区分的东西，以及显然只有真正的清醒者，即哲学家才能做出区分的东西，乃是对作为存在着的（seiend）显现者的内在划分，据此内在划分，我们把这些存在着的显现者称之为摹本（Abbild）［参见《理想国》，476c。梦幻意味着：把 τὰ μετέχοντα（分有者）当作 αὐτό（自体）］。摹本不能卓然自立，而是处于指示的位置（im Verweisen）。它总是让某个其他东西变得可见。然而，正是因为摹本如此这般让某个不是它自身的其他东西显现出来，所以摹本自己也必须是某个不同于它让其显现之物的东西。一个影像（Bild）*之所以是某物的影像，只是因为它不是它所模仿的某物，而是自为的某物。然而，从另一方面看，一个影像只有当它让那个自为存在的东西不可见，而完全只让其他东西显现出来时，才是一个影像。从影像的这一辩证结构出发，蒂迈欧在这里把那个单纯的"在它之中"（说得更确切些，"从它那里而来"）的东西隔离出来，而每一个影像其实都是从那种东西获得自身的存在（Sein）。影像必须寓于某个他物之中，并且出自某个与它所模仿之物不同的某物。否则，影像就根本什么都不是。影像与真实的存在不同，真实的存在始终是其所是，要么是这个要么是某个不同的他物，而影像则与此不同，影像始终同时既是同一的事物，又是两个不同的事物（52d）。

人们注意到：这个艰涩且简洁的讨论要求我们这样来思考第

---

* Bild 和 Abbild 二者的关系就是"理念"与"摹本"的关系，中文无法从字面上表达出德文的字面及语义联系。——译者

三个种、空间、纯粹的"在它之中",即所有显示于空间中的东西、所有现象不是被理解为它们自身,而是被理解为某个原型(Urbild)的摹本。这并非某种更新颖的、超越了从模型论方面得以理解的理念论思想,而是关于摹本–原型之关系的更为深入的讨论,这就迫使我们去接受那个第三者。在这里给出的关于 εἰκών(影像)之结构的譬喻实际上理应被称为 λόγῳ μᾶλλον(更合理的)。康福德在(其著作)第 196 页颇为正确地指出:"在这一段中,柏拉图比《蒂迈欧篇》的任何地方都更接近影像(εἴδωλον)问题。"εἴδωλον(影像)存在的基本状态,即它是非意愿存在的东西,在这里找到了一种意味深长的表达,实际上就是某种 δι᾽ ἀκριβείας ἀληθὴς λόγος(精确的真理逻辑),由此暗示着:一同时也是二。这是我在《蒂迈欧篇》中能够找到的最清楚提及 δυάς(二)的学说的地方。康福德极为正确地引证了《高尔吉亚篇》里的 δύο γενήσεται τὸ ὄν, τόπος τε καὶ σῶμα(存在将变成二:地点与物体)和《巴门尼德篇》138a 的内容——二者均针对埃利亚派ἐν ᾧ(在其中)的疑难。不过在这里,那个对埃利亚派的存在(Sein)来说似乎是不可能的东西所描述的,恰好就是 εἰκών(影像)的ἑτερότης(异质)结构。当存在(Sein)的规定性结构被说成是"是其所是,非其所异",则"摹本",即单纯现象的存在方式则说成是"不是其所是"。它的存在(即它"所"是的东西)实际上是与它的空间位置不同的。因此在存在(Sein)与生成–存在(Werde-Sein)的近处,还有"空间"。这看起来像是某种颇有说服力的阐述——该阐释较为贴近《智者篇》中对埃利亚派所提出的批判。但是谁能料到:对第三种"存在方式",即对空间(Chora)的强调已经为所谓元素的存在结构准备好了更深刻的洞见？

　　人们根本不再关注那个一直被当作整个讨论之目的而预先表明了的东西，这就是说，对于如其向我们所显现的那样的诸元素，我们应该追溯到立于它们之后的那个东西上去。另外，人们也根本不再关注：如果人们按照这一讨论的结论得到关于第三个种的描述，那么按照众所周知的元素形态（Elementgestalt）之份额获得的这第三个种怎样去接纳本身还处于全然无规则之外观中的元素。被这些元素运动起来而且从自身方面去运动它们，亦即晃动那些（元素）而得出这样的结果：在所有的可能世界秩序形成之前得出诸元素的某种前秩序（Vorordnung），"即使神没有与某物同在，某物也能够出现"（53d3）。由此，人们必须等待（这是因为）：假如神动手帮忙，那么很显然，现实的世界秩序就会"按照形状和数字"、依循（31b 以下）那里通过使用双倍比例的方式经由神从这一前秩序中创造出来。

　　当我看到借助同样的做法也不会得到某种合理的解释之后，我在这里背离了通常的阐释思路。很显然，这些繁难段落的前后关联只有以这种方式并从相关性上去理解：神并没有参与到诸元素的几何学结构中去。他接受了预先得到整理的诸元素并以之创造了世界。这一点不会立即就搞得清楚明白，因为人们——无论是这里还是此后在"逻辑的"说明方式中所遭遇的情形如出一辙——根本不可能真正期待对神话叙述的重新回忆。不过，人们也不应该被这一点所迷惑：即"按照形状和数字"（εἴδεσιν καὶ ἀριθμοῖς），这一表达后来也被运用于诸元素的几何学结构。毋宁说，这恰好是以后的叙述最出人意料的地方。甚至于在必然性领域(在那里,所有东西就像是在单纯的被推动和被碰撞中运动,参见 46e1),形状和数字的、创造主所属意的诸秩序原理(Ordnung-sprinzipen)可以说热情高涨地("巧言善辩地")发挥着效用。迄今为止用来阐释这一繁难章节的文章——泰勒、康福德和新近学者克龙比(Crombie)是当之无愧的最重要作者——在我看来,都缺乏对原文的精确理解,因为所有这些文章都没有对(《蒂迈欧篇》的)阐述方式的前后不一致予以足够的重视,无论是像泰勒这样的人过多地按照创造者的形象来思考创造主与创造主本应整理的未奠基的混乱(vorgefundenen Chaos)的关系,还是那些通过 εἰκὼς λόγος(或然的逻各斯)来编造阐释的人在我们自己所在的地方让神来从事数学。实际上,并不仅仅是说:创造主并不从事创造,而是把无序的东西(Ungeordnetes)带进了秩序(Ordnung)。毋宁说,真正关键的东西在于:他(创造主)安排事先已经有序的事物(schon Vor-geordnetes)。这里映入眼帘的思路的出人意料之处在于,创造者必须与预先通过必然性而得到安排的这样的"一团事物"(Masse)打交道。四种元素起初之混杂——严格地讲——以双重方式被预先安排好了秩序:第一重通过摇摆运动的自动性,但另一重则是:四种元素已经存在,而且是以某个预先给定的、迄今尚未予以讨论的"空间"的合法性为基础的。四元素的必然性——全然没有制造者(Hersteller)的目的论意图掺杂其中——是显而易见的。空间性的优势——它展现着那些能够被框进一个范围的正多面体——在于:它使得诸元素的出现得以可能,并因此也使得显示着"秩序之最初征兆"的作为基础之世界状态的"源于自身"(Vonselbst)得以可能。人们必须对这一点予以足够的重视:即《蒂迈欧篇》没有在任何地方让神来为这一前元素的(vor-elementar)进程负责,而是神让自己为一个真实的世界制造(Weltfabrikation)提供按最粗糙的方式预先排好秩序的诸元素。神"说服了"必然性(阿南刻)——显然是为了：后者以前结构的状态给他提供了某种专供此用*的材料。⑧ 尽管神并没有参与到总体的机械性前秩序中去——但是神却知道必然性是可以为自己服务的。为了使这一点变得清楚明白并在后来所有关于必然性(阿南刻)的分析里都能紧扣要点,蒂迈欧在这里再次指出那个普遍的原理：即神把他创造的所有东西都做得尽可能地尽善尽美。

　　然而,在这一点上我还不能看出诸元素从三角形和正多面体(regulären Körpern)中随即派生出来的东西。⑨ 这个文本只不过提供了一个古老主题思想的单纯重复,即正是创造者的理性才造成了被制造物的美。然而,借助于这个对于现代读者来说显得出人意料的重复——该重复一再重申神话的主题——现在那个令人讶异的尝试结束了,即试图让诸元素的秩序(διάταξις)与产生(γένεσις)自身——迥异于所有神话叙述——以某种"不寻常的展示"展示给"诸位"(euch)听⑩(53b9,53a1)。这一点说得如此明白,但过渡部分还是令人吃惊地不显眼,而且在我看来,此后的研

―――――――――――

*　指世界制造。——译者

⑧　关于"说服"的进一步情形参见第 246 页以下。

⑨　在康福德并没有把对于晃动过程(Schüttelprozeβ)来说被预先整理好的诸元素与元素的数学构造等同起来之际,他自然是正确的。但是,在他相信诸元素后来——经由创造主——可以按照这一理性的方式去构思之际,他就大错特错了。于他而言,诸元素后来可以按照比例得以整理。

⑩　这个文本在我看来似乎不容许加入其他的解释：神安排秩序,我们则知道：(这个是一个)尽可能好(的秩序)。不过,从现在来看(νῦν δ'οὖν,53b6),诸元素应该从其生成(Genese)方面被观察,并以此开始"不寻常的阐述"。

259 究对之似乎也没有给予足够准确的解释。此外,后文的语调明显地发生了变化。蒂迈欧不再是一个讲述者,而是某个学说的阐释者。更引人注目的是:蒂迈欧尤为重视他的对话者在数学方面的预备教育(Vorbildung),而且人们立刻就明白了:在这里不仅关涉到几何学,而且也关涉到当时数学的最新成就——立体几何学。《理想国》的 528b 已经暗示了这一点,《厄庇诺米斯篇》的 990d8 则已然给出了被创立(学科)的名字。需要进一步特别强调的是(53d5):在这里涉及的是某种"带着必然性的似是而非的逻各斯",演说家的明晰表述不应归因于神的智慧,而是应归因于他自己在某种新的数学知识中所获得的洞见(Einsicht)。因此,随后的推论与平面的几何学结构以及三角形的特征紧密相关。人们也理解到了,在这里发生作用的是物体性领域中的某种奇特的特征:数学上得到证实的五个正多面体的存在以及它们彼此之间相互转化的可能性都能够(部分地)从相同的三角形中得出其可建构性。不过,(这)与前面内容的关系几乎没有得到说明。让人惊讶的是,这一点依然未引起重视:即这些数学性的正多面体理论究竟是如何与第三个种,即空间(Chora)相联系的。

与对这一过渡部分不重视相联系的,更确切地说,与对存在的第三个种这一学说和由三角形与正多面体(它在某个预先的谈论中已得到极为明晰的编排,48b)的数学结构出发的诸元素之构造之间关系的不明确相联系的是,人们总是一再把关于个体化(Individuation)的不相关的发问带入关于空间的讨论中。人们对这一点完全忽视了,即"空间"不能只被当作自为的(für sich)东西,而是只能在与时间的关联中被当作个体化原理,于是,人们因此就误解了思想的真实特性。空间作为以摹本思想为基础来理解世界的必要环节,就在完全不同的意图中得到指明——它应该在不同类型的原因的范围内,即在必然性的范围内,被展现为具有理性特征(且又并不是发生效用的理性)的东西——空间的结构合法性,它通过创造主来顺应并促成世界秩序。因此,现在不是个体(Einzelne)如何成为个体的问题,而是为了能够成为个体,如何让普遍的空间合法性起基础性作用的问题。还有就是,在无理性的领域,"理性"——也就是说令人瞩目的必然性——怎样进行统治,唯独这个才是激发对空间予以反思的东西?

当然,那个不起眼的过渡部分确实应当再三提醒:必然性——就像它在这里被揭示出来以及通过随后的理论被理解的那样——借助有理性的神而服务于世界秩序这一更高的目的。不过,假如人们没有看到这一点——即对于随后的内容而言,神不再担任创立者和秩序维护者的角色,那么人们的理解就会不得要领。这是对整个我们身处其中的前后关联的已经解释过的先决条件。在理性化的神这个原因之外还有那个不同的原因即必然性。这其实并非什么新鲜玩意儿。不过,让人感到意外并且与《斐多篇》形成对照(斐多本人对此也已了然于心)的新洞见乃是:这一必然性偏爱"美"(Schönheit),也就是说,它从理性立场出发来塑造杰出的形体(Figuren),即三角形和物体。这一点应该被指明。

由此开始,随后的理论被当作理论来看待,也就是说,被当作εἰκὼς λόγος(或然的逻各斯)来看待,而且在这种关联中第一次没有谈及神。只是在对正多面体的推导行将结束之际才突然地说(55b4):"此外还有第五种形体,但被神通过先行对大全加以图式化的方式用来界定大全。"在世界形成的时间顺序中,这就是说:后来,神从遗留下来的(数学)十二面体中创造出所需之物⑪。这是一种预先推定,因为迄今为止只是从正多面体的构造来理解这一前后关系,还根本没有从其"运用"或者"分配"方面来谈论。这个预先推定显然已经出现了,以便在此为十二面体结构中被遗漏掉的东西进行辩护——没有什么东西被滥用——一点也没有为神在元素结构领域内的活动做出证明。数学虽然是某种具有神性的东西,但人们并不因此就需要神。

与其说这是一种从理性真理到偶然的事实真理(vérités de fait)的过渡,不如说人们可能期待正多面体的实际运用应当是某种神性行为。不过,就连这也似乎不符合实情。蒂迈欧对真实的元素以何种方式从立体几何学的物体中实现出来这一点毫无兴趣。他在对可理解的结构关系(Konstitutionsverhältnisse)的猜测中进行简单分配,并且把一切发生之事始终置于我们-语气(Wir-Ton)之中。当56c1指出:只有当这一微乎其微的小小物体以聚集的方式出现的时候,我们才能觉察到作为元素出现的正多面体,这时,向可见自然的现实的"过渡"并没有如其所是地得到描述——只在一个地方做出过某种暗示。

───────────────

⑪　并非像人们在注释者那里所读到的那样,即第五个元素已经被神(在这方面)彻底用尽了。因此,十二面体在这里并没有被特意地构造出来,因为它对于四元素的结构来说是不必要的。διαζωγραφεῖν(伸展)这种表达几乎就是某种ἅπαξ λεγόμενον(偶尔出现)。说它在黄道带(Tierkreis)上有一种独特性(Peziehung)(普鲁塔克,1003d)是荒谬的。反之,说制造者确立了一个前筹划,即所谓宇宙之晶格,并因此使用了最接近那个圆的容积的正多面体,这种观点还是说得通的。就此而言,在δια(由于)这一词正如在διαγραφεῖν(伸展)的情形中一样,呈现的是构造轮廓的图式行为。参见柏拉图:《理想国》,501a;亚里士多德:《论题篇》,105b13。在这里,柏拉图使用διαγραφεῖν(伸展)这一个很生僻的词是为了让我们记住它是ζῳον(宇宙),即与宇宙的晶格息息相关。

在这一构造理论的结尾处当然又谈到了"神",他在必然性所允 261
许的范围内预先安排好了比例合适的联结——按照数字、运动以及
其他的 δυνάμεις(潜能)。我甚至怀疑人们是否允许在这里给神增加
一项预示着现代分子化学的身份,因为这一功劳必定不能委诸于蒂
迈欧。57d 显然给自然科学家提出了这样的职责——它好像并没有
提到人们就此去研究神的旨意。下面继续的脉络也专门谈到了基
于必然性的运动等内容。所以,我们还必须把这些谈论神的地方与
后来数学的-比例的排列联系在一起看,神根据诸元素的前结构
(Vorkonstitution)实现了这一排列。神的行为与人一般无二:正如
人只有(由于起构造作用的微小物体之聚集)才首先知觉到显露出
来的诸元素一样,神也一开始就安排了人类。[12] 这就是在 31b 及以
下所描述的——因此在关于必然性及其影响的描述结束之后,在
69b 的概述中它还得重复一番,顺便说一下,是在对此处使用的

---

[12]　καὶ δὴ καί(51c3)以及后来的动词不定式结构显然取决于同一个 δεῖ,它意味
着密集以及变得看见(Sichtbarwerden)。因此,就像在彼处那样,变得可见的东西才开
始密集起来,神也没有参与到诸元素的原初构造中去,而只是让它们"变得圆满",并借
此让它们符合比例地协调一致。c6 如何与传承下来的 ὑπ᾽ αὐτοῦ 产生关联,我还没搞
明白。作为某种 ὑπεῖκεν? 抑或是作为 ἀποτελεσϑεισῶν? 由此而处于他(神)的庇护之
下? 然而,假如人们鉴于尚不清楚的文本而更有可能在 διεσχηματίσατο 中去理解 53b3,
并认为神在诸元素的构造那里起到的是居间作用,那么,为了在 νοῦς 和 ἀνάγκη 那里做
出明确区分起见,人们就必须把辖制着整体的东西、参与性(Mitwirkung)当作起说服
作用的东西来看待。随后的整个表述(55—68)没有哪个地方提到神的参与。人们把
诸元素的数学性构造托付给神(就像诠释者们以毫无例外的方式去对待 54b5 那样),
因此,虽然人们能够在这里把蒂迈欧的陈述理解为某种统一性诠释的拓展,但是所谓
的诸元素之震动及其聚合成团(ὕλη μὲν ἔχοντα αὐτῶν ἄιτα,53b2)我却无法理解。已
经有了火,然后是已经以棱锥形的方式构造起来的东西及其在整体中的分配,并由此
得出因可见性而来的聚集——接着是变得可命名。当克龙比(Crombie)为了把创造主
纳入到其数学研究中去而把 53a 和 b 所描述的火的前状态(Vorzustand)假定为"尚未
加工过的"以"形象和数字"来美化创造主的棱锥体之际,(我们在)文本中找不到任何
只言片语来支持该论点;火粒子的数学性构造必须以如此"机械的方式"预备好,这似
乎是某种奇谈怪论。此外,在 56c 那里按照完满的元素结构谈到了不可见之物的密集
并在其联结性方面谈到了神的做工。73c 也证实了这一点。

ἀναλογία(类推)这个概念更为明确的重温(69b5,56c7)中得到重复的。

　　与此相反,正多面体的结构及其与四种(恩培多克勒的)传统
262　元素的符合应归属于必然性领域,当然就是那个屈从于理性的、合理的、可见的必然性领域。此外,整体只是(现代语义中的)"某种理论",也就是说某种 εἰκὼς λόγος(或然的逻各斯),某种缺乏最终必然性的理论。显然,讲述者*总是一再指出这一点。他不但在整个讨论必然性之"新的开端"的 48c 和 d 里强调了这一点,而且在目前通过借助于基础三角形给元素理论重新奠基时,他也提出这一问题:神或者被诸神眷顾的人类是否都还未能知晓这一根本的更具开端性的东西。在这里明确地暗示着(也可参见《理想国》第 6 卷的说法):数尤其是全体数的"诸开端",即奇数和偶数是高于几何学的。最后,在标记正多面体的特性时又再一次加了某种限制。对正多面体的数学标记以及与之相应的、对处于"可见"物体之下的四元素的标记(53e5)虽然未加限制,但是在从被特别标记的三角形出发而对正多面体的建构中,另一种建构可能性却被设置好了。人们立即就看出:前者证明了同时代的数学中只有这五个正多面体。⑬　与之相反,对建构正多面体所需的这些三角形的特性的标记显然并没有建立在被标记三角形的任何数学原理之上(λόγος πλείων〔更高的逻辑〕,54b1)。另外,这一数学的真理如

---

　　*　这里的讲述者(der Erzäler)指的就是蒂迈欧,下一句话中用 er(他)来指代。——译者

　　⑬　泰勒试图忠实于历史地去探询柏拉图的踪迹,他想要把大约公元 420 年"上演的"对话与公元 420 年的知识水平捆绑在一起,在今天将没有什么人还同意这么做。

何能够去规定"自然",也就是去规定诸元素以及从元素中分化而产生的不同的构成(Bildung),根本没有被谈及。

至多在某个个别的段落中,我们才能够找到与我们这个世界的偶然性特征的某种事实性的关联,这又得再次着手去追问世界的统一性或世界的多元性(55d)。对我来说,似乎可以确定的是:让五个世界得以可能这回事是与五种正多面体(首先并非如博学的人们通常所希望的那样是来自古老毕达哥拉斯的教益)有关系。最后,正多面体就是从三角几何中推导出来的独一无二的五个物体样式,后者被用来描述某个球体,由此对于大全的完美原型、球体而言,它们能够当作建筑工具(Baugerüst)来使用。"我们的"世界秩序对我来说自然是独一无二的,就像过去也是通过 εἰκὼς λόγος(或然的逻各斯)才得到明确地奠基那样,这个情况使这一点十分引人注目,即现在,另外的系统一般都被认为是可能的。这里可能就隐藏着对我们这个世界的偶然性的一种暗示。

我们试图把神的工作与必然性的工作明确区别开来,然而却无功而返。按照上述,尤其是按照31b那里的推演,世界的另一个结构只有当它出自同样的基本物体,并且在另外一些正多面体中的一种被用作球体示意图时才能被设想——这样做会有什么改变呢?难道人们应该想到正多面体在诸元素中还有另一种分配,以致似乎存在另一种元素?也许真有第五种元素,就像亚里士多德指出的那样?简直是毫无益处的冥想。那个特别的暗示在哲学上只不过意味着"诸可能性"与唯一现实的世界之间的区别。立体几何的,亦即空间理论的基础完全不依赖于某个创造主的任何"意图"——这一基础在其他任何世界都不可能以不同方式存在。这是一种傲气十足的知识,它第一次能够驳斥古代学说中无穷多世界的无穷偶然性。

在这里,人们自然会问:55d 里五个世界的可能性如何与 31a 里对世界之唯一性的"逻辑"论证协调一致? 后者还显得极有说服力:包容一切的东西必定连大全也包容在内。这在那个地方自然为模本(Vorbild)而得到证明。由此而得出的针对我们这个世界的结论,即因相似性之故只能是一个世界,这在逻辑上没有任何说服力,就像上面所表明的那样。在后面的段落中也只不过讲到了看到 εἰς ἄλλο(另一个)然后假定 ἕτερα(不同的)世界的可能性。这些 ἄλλα(其他的〔世界〕)乃是圆的、囊括一切的世界大全(Weltall)的另一种可能的建筑工具,也就是指其他四种正多面体,这在我看来是毋庸置疑的。与此同时,对我来说清楚明白的是:我们这一世界的偶然性(πεφυκότα)由此而得到了描绘,它证实了某种 εἰκὼς λόγος(或然的逻各斯)。因此,看起来结论似乎应该是这样的:有五种可能的世界晶格是可被设想的。它们中的每一个都能为圆的宇宙(Universum)这个原型提供结构。由此,那个从囊括一切之大全(All-Umfassende)的本质中推导出来的逻辑观点似乎并没有被触及到。准确的说法似乎应该是:虽然五个建造计划被用来构想宇宙(Universum),但无论如何不会是无限多的世界和无穷尽的建造计划。然而,对我们来说,十二面体是合理的。不过,无论如何——实存着的宇宙是一(eins),建造诸元素的工具恰恰被安放在宇宙中(καὶ τοῦτον μὲν μεθετέον)。

毋庸置疑的是,这一段落是旨在回答这一理论(德谟克利特?),按此理论,虚空(亦即空间的结构)能够接纳任意多个世界建构（Weltbildung）。蒂迈欧反对这个论点，即从空间来看，只可能有五种建筑样式。而他的与此相反的观点是否直指阿那克西曼德的ἔκκρισις（分离）或者德谟克利特，在我看来无关紧要，只要人们能够理解，为什么突然间——世界的某种生成方式（Weltwerdung）就不再被认为是纯粹的故事*（Mythos〔密托思〕），而是被设想为某种理性可理解的进程——世界的生成方式之可重复性已经进入了我们的视野。当然了，这里指的是"在另一个位置"（an anderer Stelle）上重复，而非指"在另一个时间"重复。因为这可能包含流逝和覆灭，似乎不能与关于自然（Physis〔某种均衡秩序〕）的基本思想完全符合。囊括一切之大全这一逻辑论点似乎就是针对这样一个论证。现在，这种论点也被断定为某种 εἰκὼς λόγος（或然的逻各斯），在这一点上没有什么东西需要去更正的。理念的世界是独一无二的。假如人们将把这个新的论点理解为建造计划、秩序图示的话，那么这个新的论点也许能够与必然性完全符合，只有这样一个计划才能获得实施。无论如何，为这一点作出辩护的是：31a2和 b3 讲的是 οὐρανός（天空）——只有 b2 讲的是 κόσμος（宇宙），在这种前后关联中，它是与 οὐρανός 意义相近的；而 55d 则直接与关于 πᾶν（万有）的 Diazogrammanmerkung（以十二面体为基础的实在结构）联系在一起，显然必须被理解为"世界的晶格"（Weltgerüst）。

于是，唯一宇宙的五个可能的建造计划与分配给实际地建造世界的十二面体是一致的。因此，后者被用作了世界的晶格，因为

---

* die Geschichte（历史）、das Schicksal（命运）、schicken（送、遣送）有着共同的词根，在德语版思想著作中，"历史"因而有了"命运的遣送"这一重意蕴。——译者

它最为接近球体容积（Kugelvolumen）。这与其他四个元素的分配方式一样是可以理解的。当然了，也就止乎想象的范围（plausibel）——它是某种 εἰκὼς λόγος（或然的逻各斯）。因此，人们能够说在整个陈述的背后潜藏着世界的偶然性问题。就像明确强调过的那样，正是神把十二面体用于世界的构造，这间接证明了：神与诸元素的单一结构并没有直接的关联。

如果大家记住我们分析中得出的结论，即神在整个前后关联中并不是积极主动的，而总只作为结果的接受者，那么这里归属于神的独一无二行为的意义就变得清楚明白了，即神已经说服了必然性。这就是神话（密托思）言说方式对数学式理性真理的认可，这种数学式理性真理已经由同时代的数学在空间结构中揭示出来。

或者还有另一种可能性去理解"劝说"这种言谈方式[14]？这种可能性也许就是：我们把神为了建造"完美的"世界秩序而让阿南刻（必然性）去担任－职司（In-Diense-Nahme）总体上理解为"劝说"。这样，这一"劝说"的成效应该在于：阿南刻（必然性）乐于介入到这一指向完美性的秩序中去——它"自愿地"去倾听，因为它被说服了。因此，56c5 这个地方尤其可以做这样的理解：ἡ τῆς ἀνάγκης ἑκοῦσα πεισθεῖσά τε φύσις ὑπεικεν（为必然性主宰的自然已经心甘情愿地听从劝说）。不过，实际上真是这样吗？创造主——他自己也只不过是某种人性化的存在——有必要去劝说好自然及其诸种必然性，以便它们允许他自己去制作出自认为好的

265

---

[14]　我感谢库尔特·冯·弗里茨给这一更准确的阐述所提供的建议。

东西？在我看来,在《斐多篇》和《法律篇》可以放在一起作比较的那个关联里,就连 νοῦς(努斯)也没有被指定担负这一外交的使命。但是,在《蒂迈欧篇》首次引入"第二"原因的 46d 和 e 里也没有谈到这样一个劝说的使命,此外,在 69a 结论性的一般解释中也同样没有谈及这一点。不过,就在引入第三个种*及其所有结果之前(48a2)却直接提到了它——并且在那里接着就是关于空间、三角形和正多面体的一整段漫长历史,显然就像是某个来自成功劝说的结论,a6 插入了 οὖν(所以)。并且只有在紧接着的这段历史和诸元素的分类中,才于 56c5 中再次出现有关发生过的劝说的某种东西。不过,这也表明了劝说并不是阿南刻(必然性)的普遍的臣服,而是某种特殊的妥协(适应)。假如我理解无误的话,这一妥协(适应)恰好说明阿南刻(必然性)——由于她作为事物的所有"显现"的必要前提而把空间囊括于自身之中,已经表明自身就是"美"——无须考察为世界秩序而有意为之的运用,即创造主对美的规则性所作的运用。阿南刻(必然性)自己并没有什么特殊意图。对此,柏拉图使用了单纯的"被劝说"(Überredet-Werden)这个比喻,并且我认为,这一比喻是非常有启发性的。谁要是被劝说,谁就听命于人,没有自己的判断。但是他并非只是消极地容让,而是借此表达了自己的期望:ἑκοῦσα...ὑπεικεν(心甘情愿地……听从)。当阿南刻(必然性)把从三角形中构造出来的正多面体纳入自身之际,它就像欲求"完美性"那样去"行动":προαιρετέον οὖν αὖ τῶν ἀπείρων τὸ κάλλιστον(所以从无穷数中挑选了最美丽的)

---

　　*　指空间。——译者

54a2。此外，假如人们在阿南刻（必然性）特别地被劝说中来认识这个意义，那么人们就会被吸引到如此这般的神话言说方式上去，而不会对努斯与阿南刻（必然性）之间的明确区分提出质疑。

这是一种新的伟大洞见，即不只是在某人想要有目的和有计划地制造某物的地方，才有美的优先性——也就是说，才有对永恒的秩序形式，即对 νοητὰ εἴδη 的前瞻。即使在正多面体的可经理性证明的空间结构中，也必然有这样一种"来自自身"的优越形态。这就是五类柏拉图式的物体，它们可以从三角形的两个经过选择的优越类型中被构造出来。正是这一可构造性才澄清了新立体几何学在数学方面的完全合理性：新立体几何学的各种几何体乃是由三角几何推导出来的。不仅仅是这一点——它们（柏拉图认为，并非六面体、立方体）之中至少有三种正多面体是从相同的一种三角形类型中构造出来的，并且与此同时，用同样的数学性的构造元素对美的事物、对卓越的正多面体进行某种构造是可能的（也就是从〔特有的〕三角形中）。

这必定就是柏拉图引入到"物理学的"应用中的东西。四种元素已经被恩培多克勒构思为所有现象的不可改变的"根（Wurzeln）"*。就诸聚集状态（der Aggregatzustäde**）的变化而言，这个观点并不能令人满意。当液态变成固态的时候，例如水变成冰，就无法用诸元素的混合发生了变化来解释。毕竟这是同一个东

266

---

　　*　古希腊哲学家恩培多克勒（约公元前495—前435）提出"四根说"：他认为火、土、气、水是组成万物的根，万物因四根的组合而生产，因四根的分离和消失。——译者
　　**　亦可译为"物态"。——译者

西，先是水，随后是冰又融化为水。他通过从某个特定的三角形而来的三个正多面体的构造为这一混合理论之无法解释的过程找到了某个貌似有理的模式，这一点恰好是柏拉图需要去考虑的：在这里，必然性"解释着"某种看得见的发生过程（Geschehen）。假如从同一个三角形而来的这一构造之可能性（Konstruktionsmöglichkeit）只对三个物体（后来分指火、气和土）有效，并且土的立方体独一无二地只能从某个直角三角形中构造出来，这也不会令人尴尬：因为土在气象学变化过程中的特殊地位只不过是某种自然现象而已——它也被用来作为反对亚里士多德的论证。

以前那众所周知的"更正"也因此使这里所作的说明增加了可信度（Plausibilität）——正因为此，该更正就处于（54b）这个地方。*

在进一步论述以这种数学方式预先构造起来的元素结构的过程中，《蒂迈欧篇》延续着以空间的晃动为开端的叙述并对该叙述作了更为准确的解释——这一点表现在那个对他而言具有消遣性质的沉思中（59cd）**。不过，经由神那一双施予秩序的手，诸元素才有了共同秩序，诸元素才获得自己的名称（69b7），这一点通过从 69b 开始的概述得到了证实。我认为此处也没有理由把这一总

---

　*　"现在我们认为最美的三角形乃是同样的两个三角形相合后可以构成一个等边三角形的三角形，而其他形状的三角形都不用谈了。"摘自《柏拉图全集》，第 3 卷，王晓朝译，人民出版社 2003 年版，第 306 页。——译者

　**　"有时候，一个人可以为了消遣而搁置对永恒事物的沉思，转而思考有关生成的真理，这种道理只具有可能性。"摘自《柏拉图全集》，第 3 卷，王晓朝译，人民出版社 2003 年版，第 312 页。——译者

体秩序(Zusammenordnung)与诸元素的数学性建构相联系。毋宁说,以阿南刻(必然性)描述为结束的反思一如人们所向往的那样明确:创造主为了建造宇宙(παρελάμβανεν,68e3)而接纳了阿南刻(必然性)的劳绩,并利用其劳绩,但是在一切发生(Geschehen)中,"善的东西"却归因于创造主(〔像 29 那样〕τὰ γιγνόμενα〔形成物〕现在再次被表达在 68e2 和 e5 中)。很显然,人们必须把前面关于持续运转着的气象学变化过程所做的整个描述都视为阿南刻(必然性)的劳绩(参见 58c 附近的文字)。

必然性原因与神性原因这两种原因之间的区分已经足够明确了:必然性乃是这样的,没有它则出现在我们面前的东西似乎是不可能的;而由神性所造成的东西则到处被选定用来服务于对幸福生活的获得。这说的是,为了达到其结果,在必然性那里没有任何选择的余地:必然性法则必须被尊重。即使必然性是"善的"和"有用的",它也并不是因此才是这样的。与之相反,对于任何在这个基础上被建造的东西,还得去杜撰多种多样的可能性;在这些可能性中,创造主总是选择他本己地想要的那种可能性——这就是:幸福生活——是最好的。这一点对于作为整体的世界大全也是这样,就像将世界大全的形象描述为一个完美的生物。在"神性的"天体那里也是一样,而在 θνητὰ ζῷα(有死的生物)那里则更是如此,创造主让它们听凭诸低级神祇的支配。毫无疑问,基于某种允许消亡的物质,诸低级神需要花费的心思也最大。进一步的叙述则表现为某种极难看透的杂糅物,杂糅了机智的创造和对被传承知识的充满才智的谙熟。[⑮] 整个结论维持着一种赞美诗的风格，并由此让人回转到庄严的开端那里去。

上述分析认为已经证明了事实陈述的连贯性，在这种连贯性中，四个元素之具有原子论特征的结构通过创造主被安放进世界秩序中去了。不过，如果我们现在探问《蒂迈欧篇》的这个如此被描述的、协调一致的理论如何与晚期柏拉图的辩证法相关联，那么我们立刻就会觉得颇为棘手。《巴门尼德篇》的辩难方式，以及《泰阿泰德篇》《智者篇》和《政治家篇》在理论性和文学性方面的熔为一炉，在《蒂迈欧篇》中似乎统统被弃诸一旁。就像上面所描述的那样，ἑτερότης(不同)亦即相异的意蕴立刻就显露出来了，然而只是在最高的普遍性中并且是在最初的宇宙学措辞中作为差异性的范围而显露出来。与之相对照，关于理念的分有或者理念的彼此分有具有辩证特征的疑难问题却根本没有论及。这些困难问题被明确地排除在外。因此，理念论极为自然地并且丝毫没有被怀疑地被预设了——对于自然物而言也是如此。这一点为创造主的神

---

⑮　无论如何，在那个地方有对这一点的介绍：即神只是采纳了把数学作为前－结构的("机械地"预先整理好的)元素并带着"目的意识(zweckbewußt)"去安排，绝对地掌控，(以此方式)间接地暗示了骨髓(μυελός, 73b)的制作过程。神与"把数学作为前－结构的物质性元素"有关。诚然，神在三角形之中选择了最平稳的东西，借此把后者从其 γένη(种类)那里分离出来。但是，据说在这个地方神以对称的方式混合了这个最平稳的东西(μειγνῦς...σύμμετρα)，并默认它就是由三角形塑造出来的诸元素。从诸元素那里，神选取了由最平稳的三角形做成的东西并把它们与骨髓混合在一起。(这里的)表达方式显得以偏概全(pars pro toto)，也得不到应有的辩护，即神即便不能被视为一位数学家，也至少应该被视为一位协作者，他参与了诸元素之立体几何学结构的构造过程。

268 话(密托思)形象及其所有活动提供了基础。⑯ 在《巴门尼德篇》中
对理念的假定所指出的证明秩序,《蒂迈欧篇》却根本不起作用。
数学和道德领域处于这个证明秩序的最高位置;而"人类"和"火"
却只是以犹豫不决的方式被置于第三等的位置。技术-模式(das
Techne-Modell)对世界秩序进行的神语(密托思)改编,显然是用
来回避这一疑难,斯坦策尔(J. Stenzel)以前已经指出过这一点。⑰

　　无论如何,人们将不得不去追问,对《蒂迈欧篇》的去神话化会
得出什么东西以及这种去神话化的思想进路与理念论的辩证法有
怎样的关联。对此,人们还必须避免在这部作品中卷入到那一出
古老的、从普罗克洛到康福德一直在上演着的徒劳无功的游戏中
去,这种游戏常常在柏拉图的其他对话中寻找一些直接的对应之
处。柏拉图的对话是交谈与思想的运动,人们必须对之做出整体
性领会而不应该从对话中的只言片语出发来给出解释。这一点甚
至对于柏拉图著作中与《蒂迈欧篇》最为类似的篇目,即《斐莱布
篇》也是适合的。这种类似性在于:两篇对话都使得理念论直接地
服务于对"我们的"世界(说得更确切些,对"我们的"生活)的认识。
《蒂迈欧篇》在此基础上发展出了物理学,《斐莱布篇》则发展出了
"实践学说"(Praktik)。《斐莱布篇》没有像《理想国》那样去追问

---

　　⑯ 卡姆拉在"柏拉图在《智者篇》中的自我批判"(*Zetemata* 33)一文中试图否定
自然物对于《蒂迈欧篇》有作为 μιμήματα(模仿物)这一特征,但这一试图有许多理由不
能证明。人们只是对《蒂迈欧篇》50c5 中明确的措辞作了一番对比而已:τῶν ὄντων
ἀεὶ μιμήματα τυπωθέντα ἀπ' αὐτῶν(也见 C. J. 德·福格尔:《哲学》,第 1 卷,第 247 页以
下)。

　　⑰ 《德性(Arete)和区分(Diairesis)——对柏拉图辩证法从苏格拉底到亚里士多
德之发展的研究》,1917 年第 1 版,1931 年第 2 版。

善的理念及其对于人类生活的示范性功能，而是反过来去追问人类的具体生活如何能够在其局限性、混杂性以及确定性（无论是对知识与洞见的确定还是对欲望和享受的确定）中都保持为"善的"，也就是说如何能够对善进行分有。同样，虽然在《蒂迈欧篇》中得到描述的世界秩序是从理念论的"公理"中推导出来的，但是却提出了这样的任务，即把目的论的因果关系与数学–机械的因果关系结合起来。因此，在这种特别的情况中，人们有权利去寻找彼此之间的相互启迪。实际上，《斐莱布篇》提供了《蒂迈欧篇》中所欠缺的东西，也就是在理念辩证法（Ideendialektik）问题与应对"现实"（以前被打上虚无〔Nichtsein〕的标签，在这里则指涉人类的生活）之间做出明确的连接。

　　当然了，《斐莱布篇》也没有给复杂的分有问题提供任何答案。毋宁说，这一点被当作是自明的，即在《巴门尼德篇》中被推到极致的分有难题（根据这个难题，对人类而言也许根本不可能存在关于理念的知识）绕过了事实（Sache）。对现实的有意识的强行占有（Wirklichkeitsbemächtigung）的所有形式更多地是发展出一个本质[*]之多元性的系统，以至于人们只能在对无规定者的这种规定行为（Bestimmung）中去谈论关于理念的知识；在这个规定行为中，每一个个别的理念才在一个如此这般的系统的统一性关联中达至它的圆满规定。这一点既适用于语言的声音系统，又适用于拼音文字的语音学系统，最后还适用于音乐中关于语调和音色的

269

---

[*]　考虑到伽达默尔的现象学背景，此处的 eidetisch 一词按国内现象学界的译法暂译为"本质的"。——译者

理论。这些例子代表着对某种现实之关联的每一种有意识的掌控，而且还可以在晚期毕达哥拉斯学派关于限度（Peras）和无限（Apeiron）的范畴中找到其概念上的解释。所有系统性的、用数字表示的规定性在无尺度和无界限（Maβ-und Grenzenlos）之中都设定了固定的界限和规定性。于是，到了最后，适恰生活的理念也要归因于适恰的以和谐/和音的方式表现出来的混合（Mischung）；在此混合中，所有无节制的东西接受了自身的规定性——但是，下面这一点可谓古今同揆：即如此这般的规定性要从无尺度和无规定的东西（Maβ-und Bestimmungslos）中去探究与发现；还有，凡在固定的规定性已然终结或者终止的地方，人们就必然"遁入到"无尺度之中去。

现在，人们可以说，创造主的创世行为（或者，这样说也一样，关于世界的认识经由人类）同样也是对无规定之物的某种规定，对无序之物的某种排序。确实，在物理学以及实践学说中同样有效的是，秩序的可能性建立在理性的基础上，或者说得更恰当些，理性知晓可能的秩序，因此能够去设立（秩序）。

但从某种意义上讲，与《斐莱布篇》中苏格拉底关于适恰生活的反思相比，《蒂迈欧篇》的神话（密托思）叙事探究的是某个更深刻的根据。这里所关注的不只是能追求并造成秩序的人类，而是世界的秩序构造（die Ordungsverfassung）。虽然这一点在《斐莱布篇》中也是很清楚的——即"善"和秩序适用于整个存在，但是，从人的角度看，无规定之物似乎只表现为人们必须遁入其中的、无论如何都不能臣服于规定行为的领域。与之相反，虽然对于创造主（他在这里从事着真正的"实践"，其作品被人们称之为"自然"）

而言,世界秩序之持存(Ordnungsbestand)也通过可能之物而包含着普遍的限制,但是,可能之物对创造主而言不仅具有一种限制的作用,同时也好像是一种本体论的提议。有赖于那个在必然性领域中自我揭示出来的理性,可见宇宙的完美秩序一般来说才变得可能。而只是有赖于"必然性"的妥协,创造主才能够促成上天的秩序(亦即给"诸神"排列座次)以及尘世间的自然秩序。然而与行为、安顿和自我安顿(Sich-Ordnen)所有这些人的可能性相比,在《蒂迈欧篇》中发展出来的存在秩序(Seinsordnung)还是一种在先的东西。这是(我的)整个阐释的目的之所在。世界的结构应该为人类生活和人类社会的可能结构建立基础,或者我们这样说会更好些:世界的结构应该为事关城邦和灵魂的某种理想的人类结构的可能实现提供基础。这也一再让人联想起《蒂迈欧篇》中的阐述:在瞻望整个存在秩序(Seinsordnung)之际,人们也学会去安顿(ordnen)本己灵魂的运动。当然,根据《蒂迈欧篇》的报道而适用于神的行为的东西,也同样适用于人的行为:即使神做到最好和尽可能好,他也要接受必然性的支配。从自身看,这可能就是走上秩序之路,但无论如何,他不会对他自己那一设定秩序的行为不加限制,而是预先规定好了某种可能性,预先规定好了可能性的某个敞开着的游戏空间*——他根据善的原则去安顿和建立这一游戏空间。这一点对人类实践来说也是一样的。苏格拉底在与斐莱布的竞争中,仅仅为 φρόνησις(明智,实践理性)争夺第二名的位置——

270

---

　　* Spielraum 原意为"活动余地、回旋余地",此处暂视为组合词,故译为"游戏空间"。——译者

类似地,这似乎也适用于"理想的城邦"。"乌托邦"——柏拉图将
其变成了一般的框架——的作用在于:它绝不会为人类的政治-社
会任务提出要否认真实的前提条件和必然性的要求。(按照这一
思路)《蒂迈欧篇》是在《理想国》问世之后才出现的。⑱

(师庭雄 译,缪羽龙、程炜、易刚等 校)

---

⑱　〔目前就这一研究的主题而言,还得指出两个新的出版物。第一个是卡琳·阿
尔特(Karin Alt)的缜密研究之作"阿南刻的劝说",载《赫尔墨斯》,第 106 卷,第 3 期
(1978 年)。她在此文中频繁地挑战我的观点。在我看来起决定性意义的论点她却认
为不能接受。我试图指出,在《蒂迈欧篇》原文中没有任何证据表明创造主设立了一个
原子和元素的数学性结构。数学是某种神性的东西这一点与该问题毫不相干。我的
考察旨在抛开密托思(神话)去查看偶然性问题。就像我在其他地方的研究那样,在这
里我也试图指出:科学对于希腊人而言主要表现为数学这种形态——在这个地方(数
学中),没有探究偶然性问题的任何余地。蒂迈欧的神话(密托思)寓言乃是对这一观
点的某种表达。与之相比,数学是合乎理性的,也就是说,正是通过我们的理性才得以
实现出来。

可以大致做出这样的猜测:在《蒂迈欧篇》中可以捕捉到数论(die Zahlenlehre)的痕
迹,因此我当然不会拿这一点去为那些根深蒂固的观念作辩护,而是像盖泽(Gaiser)的
研究那样提醒人们不能忽视的是:在构造三角形这一点上,线条不一定比数字更管用。
不过,卡琳·阿尔特的著述仍然是颇有教益且极为重要的。

诺贝特·费舍尔(Norbert Fischer)发表于《哲学年鉴》(第 89 卷,1982 年 2 月)的
"柏拉图《蒂迈欧篇》中的起源哲学"一文也谈到了我的研究。这也一再引发了我的思
考,因为神的超验性不但在《蒂迈欧篇》中被强调,而且在《智者篇》249a、《斐莱布篇》28c
和《法律篇》967e 中还被刻意强调;所有这些在我看来无疑都具有宗教的形式,偶然性
这个哲学问题正是通过这一形式被表达出来的。〕

16. 哲学与语文学
——谈谈乌尔里希·冯·维拉莫维茨-默伦多夫

（1982 年）

维拉莫维茨-默伦多夫[*]逝世 50 年后，这个问题又被重新提了出来：他在他那个时代的地位究竟如何，他又是怎样在我们的时代里呈现，我们今天该如何看待这位给数代学者厘定好了古典（科）学的研究领域而且我们都得在其门下执弟子礼的人？

我们不应该在提出如是问题之际罔顾那位伟大的对手，同样是舒尔普福塔^{**}的寄宿学生，同样以古典语文学家的身份开始其职业生涯，但最终却逐渐成长为一位在世界史中特立独行的人物：弗里德里希·尼采。

众所周知，这两个大人物在青年时代的激烈辩论中已经感觉到了彼此的存在，因此我们要问的是：他们怎样一个接一个地在我们的意识中占据了重要的位置？尼采的当代性完全是从世界各地向我们传导回来的，然而我们同时也知道，他那茕茕孑立的呼喊在

---

   * 维拉莫维茨-默伦多夫（Ulrich von Wilamowitz-Moellendorff, 1848—1931），德国古典语文学家，古希腊研究领域的权威。——译者

   ** 舒尔普福塔文科中学，瑙姆堡附近的精英学校。——译者

很大程度上终结了对科学之利与弊的追问,特别是早早地就对历史对于生命的价值提出了质疑。那个紧挨着他的人又该何以自处呢?对此人,我们还记得他的基本信念是这样的:科学的生命乃是真正有生命价值的生命。我们不应该对这些问题的答案等闲视之。我们知道:通过其强大的影响力,维拉莫维茨曾经把古典时代(die Antike)的古典主义见解引到了终结,并且借助他的工作,"古典语文学"(Klassische Philologie)这一名称被"古典(科)学"(Altertumswissenschaften)这个影响深远的概念所取代。这里面所表现出的,乃是一个相信自己总在进步的时代的傲气,如果不是自负的话。

　　然而,"语文学和哲学"这个题目似乎与(维拉莫维茨)这个人及其形象并不完全相符。我们有足够多的证据(表明这一点)。诚然,他对于哲学文本以及整个丰赡的古典科学传承物曾经做出过一些研究贡献。但是他一再强调,当他折返到文学作品中去并对文学作品予以阐释之际,他是何等的轻松自如、何等的欢欣鼓舞。当我们把语文学家之于哲学家、语文学之于哲学的关系变成一个题目的时候,应出于何种理由让我们带着敬意去纪念他并在我们本己的处境中确立他的位置呢?众所周知,语文学家从语词开始其工作,因此我们自己也应当对"语文学"和"哲学"这两个词稍作思索。谁要是知晓希腊语和希腊的传承物,他立即就能听得出两个概念的亲近关系,或者说得更恰当些:听得出它们融会贯通以及互为渗透的关系。

　　语文学就是对 Logoi(逻各斯)的爱。因此,例如在柏拉图《斐多篇》的某个著名段落,(我们)就遇到了 Misologie(厌语症)这个相反的概念。危险在于：随着对真理之探寻归于失败，对逻各斯的爱（亦即对思想的爱）突变为对思想的厌语症、对思想的怀疑和绝望。哲学就自身而言意味着对"sophon"（智慧）的爱，从这里得出最广义的对如下东西的爱，即超越所有对功用和收益的衡量和预示而吸引人的东西——有如所有美好的东西。因此，深爱着 Logoi 的语文学家和那个其理论热情超脱于日常实用之物的功用与损害之上的人，他们看上去几乎是同一种人。

我们将不得不问自己，上述说法在何种意义上是正确的而且哪一个要点必须因此被我们注意到。不过，这个问题还有别的理由允许我姑且把我自己的合理化证明引入进来。我指的是这样一个不争的事实，即维拉莫维茨在第一次世界大战的最后几年完成并出版了一部论述柏拉图的伟大著作。那时，作为青年学生的我第一次听闻"维拉莫维茨"这个名字；斯时，我的老师——马堡（大学）的保罗·纳托普——针对维拉莫维茨的这部柏拉图著作写了一篇措词犀利的评论性文章并傲气十足地冲着我宣读了这篇文章。对于我和出生于 1900 年的那一代人来说＊，这本书具有某种象征性的意义。它就像是一件罕有其俦又颇具挑衅意味的穿越之物，作为这个传记的世纪（人们如此称呼 19 世纪）的最后的以及某种意义上迟开的花朵绽放在我们眼前。假如有这样一个人，关于他，我们得不到足够丰富的生平信息也缺乏足够数量的回忆材料，那么在此情形下去书写他的传记是一个令人惊讶的尝试；这样一个人一点儿也不像我们所认识的歌德，歌德在童年和青年时代的

＊　伽达默尔出生于 1900 年 2 月 11 日，故如是说。——译者

历练、他的爱情遭遇以及教育经历我们都可以从他自己、从不计其数的来源和其他证据中获致充足的信息量。更何况,柏拉图已经年代久远,对我们来说,历历可辨且谙熟于心的只是通过他的著作以及来自其哲学学说中的那些或多或少有点无从稽考的间接传承物,关于柏拉图本人我们则几乎一无所知。现在,来了一位伟大的学者和满腹经纶的人,他试图把这一个人给我们阐释得更富有人情味。从柏拉图的作品及其后世影响中,这位学者将要去猜度其灵魂,通过书写其悠悠生平而为我们树立一个楷模。对于我们那一代在第一次世界大战中成长起来并在战后乱如梦丝的世事中尝试着在自我责任感方面迈出颤颤巍巍的第一步的人来说,此举不啻一种过分苛求。在这样一个曾充斥着不可理喻之物而且让更多的东西变得不可理喻的世界上,去理解这样一个遥不可及的心灵并学会爱上这一心灵,有可能吗?有那么重要吗?

　　如果再考虑到给从事理论研究的人写传记根本引不起人们的兴趣,那么上述要求就面临着前所未有的挑战。古代肯定有哲学家生平的学院式谱系*,该谱系依照这一类人的智慧格言和哲学学说的特征,把传记作品的格式应用于他们身上。但是,人们却本能地觉察到:一个孜孜于理论和思想工作的人的生命(我们只接触到他们的作品)根本提不起人们的兴趣。毋宁说,传记似乎本来就在没有任何作品——不论是思想作品,还是艺术作品——存在的地方才有自身的权力,传记应该去描述那位处于波澜壮阔的历史

---

　　* Genos 在希腊语中有"人种、民族或部落"之意,柏拉图哲学中还有"种"和"相"之意,此处为照应上下文语境,译为"谱系"。——译者

和政治生活中的人的命运。这个人的辗转徘徊，这个人的浮浮沉沉就此变成了一般人的此在的道德原型（Paradigma）*。

普鲁塔克的《希腊罗马名人传》中，伟大人物那一由命运高扬，又由命运贬抑之间的对照——这曾是传记作品真正引人入胜之处。现在，一位伟大的语文学家根据柏拉图作品中关于柏拉图生平那少得可怜的信息带领着我们恣意前行。他向我们描述的柏拉图乃是一位政治人物，在不同的人生旅途中，柏拉图把他的诸观点发展和拓宽成实实在在的城邦结构（Staatsverfassung）并试图不失时机地把这些思想转化成现实。突然间，我们以一种全新的眼光来看待柏拉图，不是把他看作"基督教启示录里的同伴（Mitgenoß）"（语出歌德），而是看作一个失败的政治人物。这对当时（的学术界）来说可是一个石破天惊的大事件。由于这部著作的引发，关于柏拉图的政治化阐释在德语柏拉图研究界变成了绝对的主流。后来，伴随着帝国的垮台，维拉莫维茨辞去教职（"他必定只能慨然死去"），更年轻的一代已不再唯其马首是瞻。

这一新的阐释以之为依据的主要证物是一封其真实性颇有争议的书信，亦即著名的《第七封信》——当人们承认了其真实性的时候，该信件作为一封政治性公函，引起了人们极大的兴趣。就在晚年维拉莫维茨开始从事其柏拉图专著的写作之时，突然间，这一封长期未被承认的信件其真实性在历史学家那里，最后在语文学家那里得到了确证。这时，年近七旬的维拉莫维茨以一种年轻学

*　Paradigmatism 在柏拉图哲学中译为"模型论"，此处的 Paradigma 译为"原型"，既照顾了"范例、示例"的字面意思，又考虑到柏拉图关于"原型-模型-模本"的整个模型论架构。——译者

者的热情在新近所获的基础上写就了这个人具有政治色彩的传
274 记。他自然还是以一种能唤醒我们年轻时睥睨万物的豪情的方式
来写作,因为他并不惧怕这样的做派会给传记作品添枝加叶。在
柏拉图《斐德罗篇》＊的描述中,苏格拉底与其年轻的追随者们沿
着伊利索斯山谷漫步,雅典地区炎热午后那种让人着魔的情致被
柏拉图以一种不可思议的方式召唤出来了。

　　这篇对话谈的是人的灵魂跟随宙斯的队列飞升到诸天绝顶并
坠落人间这回事儿＊＊,在其中,唯有爱神(Eros)才能带领灵魂重新
飞翔——随后,这篇对话在其谈论辩证法的那一部分中讨论了修
辞学的本质。在维拉莫维茨那里讨论这篇对话的那一章,被冠之
以"一个幸福的夏日"这样的标题。这才是维拉莫维茨的真正作
风。他自己很清楚——而且他也说了——"人们将会对之冷嘲热
讽",不过,这对他来说无关紧要。实际上,我们确实曾经对之冷嘲
热讽。以人性化的方样式去接近一位如此遥远过去的伟大人物,
而且似乎还要对之信赖有加,这一要求对我来说显得荒诞不经。
此外,从某种程度上说,要是哪位传记作家按照上述方式来创作其
作品,那么柏拉图的哲学家形象就将被边缘化了。维拉莫维茨想
的根本不是这样。他把这种写作方式视为一种更高级的批判,虽
然他自己无能力从事这种批判,而只有哲学家才能承担:那就是去

＊《斐德罗篇》与《会饮篇》讨论的主题都是柏拉图关于"爱的思想"。在柏拉图看
来,爱是一种冲动,充满着美和善,是一种提升灵魂、使之能够踏上通往真理之路的神
圣的迷狂。——译者

＊＊ 参见中文版《斐德罗篇》,王晓朝译,载《柏拉图全集》,第 2 卷,人民出版社 2003
年版,第 161 页。——译者

重构和重估柏拉图对思想体系的贡献。对于我这一代人来说也以这样的方式来看待维拉莫维茨的作品——我也不过是众人中的一分子而已——他的作品有一种令人惊讶的、充满了时空舛误感的姿态。

我们已经——直接或间接地——被思想史中称之为历史主义的东西紧紧抓住了。特别是在那个时候，施加于威廉·狄尔泰和维拉莫维茨的柏林同事身上的那种深远且深刻的影响开始蔓延开来，对他们来说，精神史的本质并不在于构建某种因果关系，并不在于从某部作品的历史素材或历史来源、历史环境或历史动力出发去证明该作品的真实性，而在于他*用"影响关联"这个全新的词汇所命名的东西。他对此作了如下理解：把各种各样的原因所造成的诸效果聚集起来，那么，一个时代、某个人、某种精神的面孔就塑造起来了。

早于结构主义十年之久，狄尔泰也用"结构"和"结构关系"这些语词来表达这一点。通过他的研究方式（Arbeitsweise），他主导了一场改变百年来传记作品写作方式的转向，其效果在于：它摒弃了那种以思想为旨归的研究型传记的写法。人们大概会想到格奥尔格小圈子（George-Kreis）那些"研究和炫耀的作品"（Werke der Schau und Forschung），当时，贡多尔夫的《歌德》、贝尔特拉姆的《尼采》、康特洛维茨的《弗里德里希二世》以及一大批另类作家的作品都表征着某种全新的传记类型。与以往时代的作品相比，这些作品表达着一种另类的态度，它们属于——就尼采而言——

275

---

*　此处应指维拉莫维茨。——译者

某个纪念碑式的历史类型。这是一种对以往时代之神话（密托思）力量的重新召唤，这一召唤应该在当代以及每一个时代中以纪念碑式的历史书写（Geschichtsschreibung）方式被确立起来，与那些确立巍巍楷模之事相比，这些作品显得并不十分科学，并不十分"如其曾经所是"地那般学究气。从当时看，这种做派在很大程度上效果明显，因此我们汲汲自问：这一实质性转向对于乌尔里希·冯·维拉莫维茨-默伦多夫的形象以及他的毕生事业到底意味着什么？

这一转向意味着去设立某个令人满意的尺度。从其生活态度看，由受过学院式训练、年轻且杰出的学者所构成的整整一代人已经被那个全新的柏拉图深深吸引，这一现象让我们这些曾经的（维拉莫维茨的）追随者备受鼓舞，然而那一代人却不得不终其一生都在两种语言的碾轧中与那位博古通今的能人和满是历史沧桑感的学者所抛出的伟岸形象生活在一起。我想到的是卡尔·赖因哈特、保罗·弗里德兰德以及维尔纳·耶格尔，就像其他很多受过学院式训练的人那样，他们也是从维拉莫维茨那里汲取营养并崭露头角的。他们所有人——就像我们这些追随者一样——在内心的某个地方已经是某个新时代的孩子，这个时代有些影影绰绰、危险重重、犹豫不决、方向感不足以及缺乏方向感；缘于自身的种种困境，这个时代相信：那种诚实严谨的研究态度并不需要统摄一切。

首先是词与概念的关系。维拉莫维茨在其柏拉图著作中谈到，哲学家们本应如何从概念的和逻辑的至关重要的提纯中继承一个在漫长岁月中不断丰富的武器库，并能够在这个武器库的帮助下以全新的和批判的方式去解释柏拉图思想。与此相反，我们曾经察觉到而且现在也察觉到这一传统的、哲学的概念表达（Begrifflichkeit）的前概念状态（Vorgreiflichkeit），更不必说它们缺乏使我们时代的学院哲学不堪重负的思辨内容了。不过，正是在这一点上，语文学家（的工作）对我们来说才显得至关重要。我们在概念的陈规下发现谈话中的语词的独特性。我们发现，像"艾多斯"（Eidos）、"种"（Genos）或者诸如此类的概念，都还隐藏着某些未被揭示出来的东西："艾多斯"未被揭示出来的东西是"看（Sehen）之面貌"（Gesichtigkeit），"种"未被揭示出来的东西是"生殖和亲属关系的自然性"。

因此我们能够到处发现那个全新的使命——让坚若磐石的诸概念重新消融于被说出的词语的炙热岩浆里。这种做法总是把新的东西带入哲学，而哲学终究借助现象学学派的发展转向了生活世界（die Lebenswelt）并超越了科学世界独有的优先权。

其次是关于文本与解释的关系。谁要是曾经学习过古典语文学（Klassische Philologie），他就会想起在自己的学习年代，我们怎样总是对某个语文学研讨课的稀奇体系惊讶不已。那时，大家首先得恢复（herstellen）文本（甚至是翻译），然后还得去解释文本。然而，在运用所有解释技巧于文本之前，我们应怎样恢复文本甚至翻译文本，这里并没有得到追问。这自然是某种教学法上的简化处理，并不是对真实理解过程的模拟。显而易见的是，当人们已经理解了某个文本，人们才能恢复这个文本。因此我们学到的是——而且古典语文学中也越来越渗透着这些东西——解释不但是进入世界的核心形式，而且也是进入传承下来的文本的核心形式。我们从来不至于单纯接受毫无疑问的既有文本，也不至于能够以物理学家的方式来建构我们文本的意义和历史传承物的意义,物理学家是以数学的方式来处理他的可靠数据,而且几乎可以说,是从零开始发展出自己的参照系(Koordinatensystem)。毋宁说,我们到处遭遇着解释的风险,以至于当我们听到某人说"这不是明摆着的嘛"(Aber das steht doch da)这样的话时,我们总是发出无奈的一笑。

这确实是一件严肃的事情。只有那种明摆着的东西,我们才想要且应该去理解。然而,在我们对之有所理解之前,我们知道那个明摆着的东西吗? 这就是那个著名的诠释学循环。我们对解释的这个复杂结构的意识已经区分出文本与解释之间的整体关系。一般情况肯定是这样的:我们总是在有争议的问题中去叩问于文本本身,就此而言,文本有最终的决定权。不过,我们同时也知道,那个被置于阐释问题之下然后等待着它的答案的文本,总已经是一个被叩问的文本。情况不会是这样的,好像文本对我们来说乃是一个毫无疑问的现成之物(Vorgegebenheit),而解释就好像是某个事后增补的步骤,被人们挪到了文本的前面。这些就是维拉莫维茨这样的解释大师能够向我们指出的东西。

这对语文学家和哲学家之间的关系引发了一个进一步的后果。哲学文本让哲学家们案牍劳神。但是,究竟有没有哲学文本? 就像有文学文本,尤其是诗歌文本那样。哲学中有这样的文本吗? 该文本作为有其自身的内在完整性和言说力量的构成物在其自身的在场中似乎就是其所讲述的东西,有如我们关于某一首诗将会说的:该诗就是它所谈论的东西。在这种意义上有哲学文本吗? 或者说,哲学在岁月流逝中给我们留下来的全部传承物难道不是一系列关于某个永无止境的对话——作为哲学探讨者的我们恰恰就栖身于这一对话中——的讨论文章？"文本"在哲学家那里的意思完全不同于在语文学家那里的意思。

因此,整个伟大历史都被清晰地刻写在语文学家优异的记忆 277 中,Philologia* 这个词渗透到了历史的所有角落——从论据、思想和解释中获得的快乐一直到后来那种对文本的忠诚,这种忠诚构成了亚历山大学派与现代语文学家的本质。就语文学家而言,文本的原文(der Wortlaut des Textes)、文本的恢复不但与他的解释休戚相关,而且从某种意义上讲也一直是他的理解所要达成的目标区域。与之相反,哲学家对于文本原文了无兴趣;对于他而言,只要能保证做到这一点即可:即话语与句子能够紧扣某物并且与此物之区域保持距离,使得"概念的活动"对之有效。然而,在这里又有一个极具成果的相似方面。文学作品的解释者也看到了他自己的解释任务是漫无止境的,在这里,文本的恢复也超出了对原文的单纯厘定,并在语言艺术作品所特有的不可完成性(Unvollendbarkeit)上有所获益。文学作品不只是一个文本,它还是音调和韵律,它的意义并不像重要信息那样可从文本里读出来。诗歌文本总是具有这样的特性,即我们后来追加和进行的理解,在对构成物之在场的漫长熟悉过程和温故而知新中只不过是一个阶段。

这对我来说似乎成了第三点,即为什么像维拉莫维茨这样一位伟大的诗歌文本解释者会去迎合哲学的兴趣。我们越深入到文本与解释的复杂关系中去,解释文本(尤其是诗歌文本)的工作以

---

　*　该词是"语文学"的拉丁语写法。——译者

及破解那个由哲学家提出来的关于人的问题的工作也就越错综复杂地交织在一起。这是从浪漫主义时代降临到我们头上的伟大遗产：只有当哲学密切注视艺术的尺度，或者当它失去了这一尺度时懂得将其重新赢获时，哲学才会保有其伟大使命。

因此，我们最后需要严肃对待关于"语文学"和"哲学"这两个词间的内在关系的开端性诠释。我们都知道，该关系关键取决于"智慧"（sophon），取决于本来要去认识的东西（was eigentlich zu wissen not wäre）；而且我们同样也知道，我们都是继承者——我们所有人都是，向来如此——并借此身份被指引向逻各斯，指引到对话的参与中去，此对话超过我们而且正是它赐予我们足以引领我们前行的语言和视野。

（师庭雄 译，洪汉鼎、缪羽龙 校）

17. 假象与存在
——悼念卡尔·赖因哈特

（1958 年）

卡尔·赖因哈特在语文学家的圈子中是一种特立独行的现象。他好像无论从事什么职业大概都不会较此逊色。与那项最为严肃,乃至需要投入激情的本职工作有着如此多令人生疑的距离——这是从卡尔·赖因哈特的思想姿态和做人的姿态中表露出来的——无论在哪里都似乎异乎寻常。时而顶着全职学者的头衔,时而顶着全职考古学专家的头衔(此领域较之于任何一个其他精神科学研究的领域,都被那未曾明言的行业准则更为有力地裹挟着),时而作为一个从柏林古典语文学、从维拉莫维茨学派走出来的人,一个匆匆走完一段很快受到尊重的学院生涯的人(经由马堡去汉堡、法兰克福、莱比锡,后来又返回到法兰克福),并深谙如何获得荣誉和最高声望——一路直上勇摘级别颇高且非同寻常的奖项,成为获得功勋勋章 * 的和平骑士——他身上折射出来的现

---

* 又称为蓝马克思勋章。1667 年 5 月 12 日,普鲁士国王威廉·弗里德里希一世创制了 Ordre de la Generosite 勋章(法语"慷慨勋章"——当时普鲁士宫廷的官方语言为法语)。1740 年 6 月 6 日,弗里德里希二世("腓特烈大帝")把"慷慨勋章"改名为 Pour Le Merite("功勋勋章")。1916 年 1 月 12 日,马克思·因默尔曼成为了首位获得功勋勋章的军人。从此,这枚勋章被非正式地称为"蓝马克思勋章"。——译者

象却是某种最让人讶异的东西。谁要是听到他的谈论,谁就会体验到这种讶异。这样一位对文学和诗学的形式刻意求之的专家,这样一位本己风格有着鲜明表现力的学者,在登场和演讲时却可能那样地毫无形式、笨拙迟钝和狼狈不堪,看上去对自己能产生怎样的影响毫无把握,这一点已间接表明他的地位及其本质的多样性。

实际上,他不会也不愿意像节庆致辞人那般去讲话,他也不是什么"中规中矩的人道主义者"(Programmhumanist)。在他曾几何时不得不在庄严的场合发言之际,他会绝望地在各种小纸条上反复搜寻,且以听天由命的举动察觉到这一番努力的徒劳无功,支支吾吾,长时间的停顿,在某个地方突兀地插入不相干的话,又在某个地方突兀地戛然而止——这肯定与他的大多数听众的期望和要求相悖。不过,谁要是懂得去倾听,他就不会错过这一笨拙的表演中蕴含着的高超技艺,也不会错过"点到即止与突然中止的"话语方式中蕴含着的强大说服力。除了力量之外,谁若是能够将精神展示的有效惯例一并纳入自身,那他使之得到展示的就不仅是某种新发生的东西、本己的东西和新颖的东西了——就像是另一个林叩斯*(Lynkeus)(我暗示的是那个意味深长的神话譬喻,出现在柏拉图的《第七封信》中,344a)——这位愁云不展、满腹狐疑的侦察家不仅懂得去展示,而且也懂得教导他人去观看。因此,尽管有这样的外貌举止,他却是一位令人难忘的教师,是开创了一门

---

* 林叩斯(Lynceus),是古希腊神话中的阿尔戈英雄之一,阿尔戈斯国王,埃及国王埃古普托斯(Aegyptus)之子。——译者

学问的宗师。他不是教我们怎样去做,而是让我们学会转化,唤醒新的感觉机能,碰撞出新的深度共鸣。我们中那些认识他、读过他的作品的人,又有哪一个不是他的学生呢?

我还清楚地记得由我们共同的朋友马克斯·科默雷尔(Max Kommerell)促成的我与他的首次会面。正如一个年轻学者即将见到某位令人钦佩的科学大师那样,我显得既拘束又紧张;他的著作于我而言堪称典范,我期望从这次拜访中获得科学方面的丰富教诲——就像我在柏林语文学大师维尔纳·耶格尔那里领受训诲那般。(谈话过程中)倘若有人这个时候来敲门,他就会觉得似乎是某个人在朗诵,只好带着一种恭聆教谕的方式去倾听并怀揣敬意地凝视着手头那部由赖因哈特刚刚完成的学术著作。斯时,卡尔·赖因哈特一反常态,没有表现出那种近乎抑郁和沉重的缄默,有时也会从我们的友好交谈中突然活跃起来。我们的所有讨论都围绕着他的作品展开,但对于那些尚未深思熟虑的东西,他往往三缄其口。

其实,他那些已经完成的作品已经替他诉说了太多太多。谁只要通盘考察一番赖因哈特讨论过的那些相当宽广的主题——这些主题涉及到这些伟大的人物:巴门尼德、波希多尼、柏拉图、希罗多德、修昔底德、索福克勒斯、埃斯库罗斯、阿里斯托芬、荷马,以及歌德、席勒、克莱斯特以及尼采,这让人觉得他的工作可以和他老师维拉莫维茨那气势恢宏的毕生事业比肩相望,后者是他念兹在兹的榜样和对手——他就会提出这两个问题:语文学的时代特征和学科风格如何通过卡尔·赖因哈特发生了转变? 他身上的哪一些力量使他在这一转变中造就了属于他自己的成就?

　　全都是伟大的语词创造者,只有他们才激励着他,并且他懂得重新看待和展示这些创造者,这一点不仅是他个性本质的表达。赖因哈特在某个题为"古典语文学和古典特征"的既思维丰富又充满忧虑的演讲中提出了这样一个尚未解决和无法解决的问题,经上个世纪历史学研究的精心培养之后,古典语文学家比以往任何时候都更清楚地看到自己已经深深陷入由这个问题所造成的困境之中。在古典学经历普遍扩张(universalen Ausweitung)之后,假如人们想要在历史传承物的整体中凸显出古典作家们的典范性和唯一性,那么这些伟大的古典作家就得有新的当代化(Vergegenwärtigung)。就在有个维尔纳·耶格尔以一种纲领性的意识接过这里提出的任务并从对"古代的精神性当代"(die geistige Gegenwart der Antike)的反思出发发展出一种新的人文主义之际,卡尔·赖因哈特却独辟蹊径地走上了一条完全为他保留的"自发的再认识"(Wiedererkenntnis)之路,亦即用魔法召唤那些强有力地运动着我们对过去的理解愿望和理解能力的伟大的共时性:哲学和艺术。

　　这样,他开始了第一部著作的写作,这本以《巴门尼德》为书名的著作实际上一下子改变了我们关于这位希腊悲剧时代的伟大思想家的整个形象(1916年)。他以令人惊愕的直接性一眼看出的东西以及某种永恒真理尽管具有这一大胆尝试的种种片面性而真正要说的东西,乃是他对当时在宗教史中占统治地位的思想方法的抗议。他直接指出,我们在最古老的希腊哲学家那里要与这样一些伟人打交道,他们不是从神秘的玄想,而是从希腊人对世界的好奇和从思想的思辨冒险中成为西方哲学的缔造者。在这部最具

280

天才之创见的著作中,作者非同寻常的强大个性已然变得一目了然。另一方面,(他)在历史学方面接受过的严格训练而显示出来的那种博学多才往往与极具挑衅性的性格、妙语频出的幽默和才智缠结在一起,以至于他的读者在陶醉于那些戏剧性情节的同时也被深深地说服了。从赖因哈特这一部揭示了巴门尼德和赫拉克利特之间有着内在亲近关系的著作开始,一种奔着前苏格拉底而去的新的哲学兴趣被唤醒了。

1921 年他出版了第二本书,该书涉及伟大的斯多葛派思想家波希多尼,对其连续做了两次深入到个人的研究。这是一部真正具有革命性质的著作,同时也遭遇了极大的阻力。人们感觉并怀疑这本书是同时代的表现主义(Expressionismus*)的科学对应物——这种看法不无道理,假如人们想要借此去刻画某种直接性的话,借助这种直接性,人们将从完全间接的来源赢获古希腊风格的最后一位伟大的世界阐释者(Welterklärer)的清晰轮廓,直到现在人们还把这位阐释者视为通向博学多能的一个中介——但假如人们利用这位"新波希多尼"的强大的主体性和他令人着迷的阐述去反对他的稳固立场以及对科学的奠基,那么这种做法就是荒唐的。赖因哈特的语言有如衣服上的那些美丽褶裥,他的新波希多尼身着这套美装向我们阔步走来。"他自己的理想以预言的方式被提前宣布出来后,他对史前智慧投去了匆匆一瞥,那时,人类,为神所生育的人类,在大地上还显得很年轻的人类,身上穿着纯洁完

---

* der Expressionismus(表现主义),20 世纪初盛行于欧洲的文艺流派。其特点是:艺术家的作品重在表达其内心情感,忽视了对描写对象之形式的摹写,因而作品表达出来的内容往往是对现实的扭曲和抽象化。——译者

美的超大的力量的嫁衣,而那时还是智慧之人当国王,国王也都很智慧,那时哲学家、政治家、艺术家、学者、发明家、教育家、神职人员、医生、先知作为普遍精神聚于一人身上,在大地上行走,这是一个伟大的、赐福着的形成过程,一个种属,随着它的后裔毕达哥拉斯探入历史性的伟大时代,它的余晖还洒落在了德谟克利特和柏拉图身上。"

有些人已经觉察到:(赖因哈特的写法)与格奥尔格小圈子(George-Kreise)通行的人物传记的写法保持着形式上的整体相似性。然而,实际上在这里还不像在其他著作中那样,诠释者已持有了某个价值标准(Werttafel),借此赋予本传记的所有主人公某种明确的家族相似性(Familienähnlichkeit)——赖因哈特孜孜以求地从源头处重新赢获的那种"内在形式"乃是一种新的思想形式,这一新思想对于整个晚期希腊,甚至对于整个西方来说都是一种具有决定性意义的思想:力量的概念和维系一切且统摄一切的诸力量的概念,是希腊人关于世界的最后之思,也是超越世界和时间而进入新时代的第一项指标。"宇宙亘古如斯,但已向前迈了一步,并且宇宙缚于自身的诸力量成了统治宇宙的主。诸力量并不在宇宙之中释放其秘密,宇宙自身却要在诸力量的秘密中释放自己;宇宙变得具有指示意味,变成了现象,变成了符号(Symbol),而从诸力量中则演变出了精神、能量、联系链、起源、不可言传之物的原始形式和流溢(Ausfluesse)、存在(Existenz)的原始秘密。"

过去一百年的研究充斥着针对新波希多尼形象的各种争论,这表明赖因哈特写的那些关于波希多尼的文字造成了极大的影响力,在这些文字中,他以令人钦佩的奉献精神给我们展示了他从研究中得出的那些卓立不朽的评述性研究。这部著作是赖因哈特退休之后完成的最终研究之一,它展现了学者身上某种不可或缺的气质,同时也让我们看到了他身上那种讲求事实的作风和与自己的生活拉开距离的自觉。

此外,最后还有一本小书也是围绕一位哲学家来展开的:一本关于柏拉图的神话的书(1927 年)*,在该书中,赖因哈特一反常态,从自身出发进行写作——他有自己的理由。这本成书于一些范围更加宽泛的演讲、以信心满满的一笔一画把柏拉图画进雅典的精神和社交世界的书,也是赖因哈特的第一本著作,它以一位语言大师的那本传承下来的作品为对象,是第一次被公开证明的艺术家与艺术家之间的相遇,在伟大的魔术师卡尔·赖因哈特提出的伟大转换任务(Verwandlungsaufgaben)中这是第一个同时也是最厚重的一个。因为这位哲学家的不同寻常的神话——在其中,逻辑的学究气和戏谑式的反讽如此频繁地混合着更深刻的含义——保留着逃避感官直接性的某种不可把捉的东西以及某种关系上盘根错节的不确定之物。赖因哈特也知道必须把柏拉图神话之创造解释为关于灵魂的宇宙起源论,但是从这个角度而言的,即用来解释的词语进入到它意指之物中——柏拉图的寓言式话语的那条掷地有声、熠熠生辉、光芒四射、令人着迷的河流在赖因哈特的解释中找到了悠悠回响。

接下来我们要面对的则是他一系列针对诗歌的阐释之作,他的索福克勒斯、埃斯库罗斯,他的荷马研究,他关于阿里斯托芬、欧

---

　　* 赖因哈特的这本书应该与柏拉图的《蒂迈欧篇》有关。——译者

里庇得斯、歌德、席勒、克莱斯特和尼采的重要论文,简直就是一笔令人叹为观止的思想财富。我们情不自禁地要去问一问:是什么东西让这些研究变得那样的无与伦比? 这些研究对于其作者意味着什么,对于其研究对象又意味着什么? 就像是某个恢弘的、永恒的、循环往复的主题的诸多变体那样,这些研究发出的和谐之音久久回荡在我们的心头。他谙熟于心的这些主题谈的是假象、歧义、冲突、虚伪与嘲讽以及那些无以说明且无法解决的关系。不过,我们并不能以泰然任之的心态去看待这些主题——就像带着愉快的心情去旁观一场(其中一方)具有压倒性优势的比赛那样——只要在什么地方听到赖因哈特关于假象的谈论我们就会生出一种毛骨悚然之感。假象乃是这样的东西,人们深陷其中,无计消除,必得去忍受的只能是真理自身那唯一的、又是如此惚兮恍兮的现象。年轻的赖因哈特早已懂得不仅仅从字里行间,而且从两者的互属关系中去阅读真理和假象间的本质关系(就像巴门尼德的古体教谕诗所传达的);巴门尼德的这位令人畏惧的劲敌——赫拉克利特,从“谜语”(griphos)和谶谜(das Rätsel)的形式出发,向赖因哈特倾吐衷肠,并且因此,幽暗之物的谜一般的语言将那种独有的、深邃的和茫然无解的钮结映射进幽暗之物的真理中,这些确实不是偶然的。赖因哈特曾经在一次关于赫拉克利特的报告中以一个古代的趣闻作为结束语——据说一群小孩给荷马出了个谜语。这群正在捉虱子的小孩说:所有我们看到并捉住了的,我们放了;而我们没看到也未曾捉住的,我们随身带着。在赖因哈特的叙述中,这就像赫拉克利特自己似乎深陷于这个谜语中(就像人们能够深陷于某个谜语中那样),谜底总是近在眼前却又无从记起,并且就像无药可救地深陷于那个未曾被解决过、也无从解索的存在(Sein)之谜中,这个存在之谜赋予其格言特有的晦暗与深邃。

现在,横亘在我们面前的是《尼采对阿里阿德涅*的抗诉》这本书。"一个心如迷宫的人从来不会去寻求真理,而总是去寻求他的阿里阿德涅,这就是他**想要对我们说的东西。"赖因哈特对这一主题的研究一头扎入到同样有"迷宫性质的"这一"抗诉"中去。他从尼采那里清楚地看到,"萦绕在阿里阿德涅身边的所有复杂问题类似于:面具要把自身视为面具,文本要把自身作为解释来解释,把自己引导到迷宫外的那根线恰恰就掌握在自己手中。"——此乃尼采以及他抛出的上帝之谜给我们造成的令人绝望的难题。

然而,就在此谜语与彼谜语之间,在青年赫拉克利特和晚年尼采之间,广袤的诗性假象整个被耖平了。尤其要指出的是,赖因哈特还对戏剧假象的所有形态进行过探究。他的研究并不止步于假象问题,而且还涉及如何纠缠进假象中的问题。他这样来谈论俄狄浦斯王:"在这里,这个人迷失于存在与假象之间;存在与假象并

283

＊　希腊神话中,雅典人必须每年给克里特王国送去七个童男和七个童女作为贡赋,这些孩子被锁闭在巨大的迷宫里供牛首人身的怪物弥诺陶洛斯食用。在第三次送去贡赋之际,英雄忒修斯自愿同往。到达克里特岛后,国王的女儿阿里阿德涅爱上了忒修斯,她不忍心眼睁睁看着自己的爱侣去送死。于是在进入迷宫之前,阿里阿德涅送给忒修斯一把利剑和一个线团。后者进入迷宫之前把线团的一端系在入口处,杀死怪物后沿着预先布下的线走出了迷宫。返回雅典的路途中,酒神狄奥尼索斯强行夺走了阿里阿德涅,一路悲愁的忒修斯忘了换下黑帆,扯上白帆(以此告诉海边等候的人们:英雄们活着回来了)。他的父亲埃勾斯看清了代表着死亡的黑帆,悲情难抑,纵深跳进大海。他丧身于此的那片海被称之为"爱琴海"。(详见〔俄〕尼·库恩:《希腊神话》,朱志顺译,上海译文出版社 2011 年版,第 171—174 页)——译者

＊＊　指尼采。——译者

不会辗转于舞台和观众厅之间,更不会辗转于诗人及其诗性世界之间;而是表达在每一个词里、表现在每一个迷乱的表情里。并不是诗人在与自己的假象或戏剧-假象相嬉戏,而是看不见的诸神从不可思议的舞台背景中跳将出来与人的假象相嬉戏。"

赖因哈特成功地把握了这一表现于诗歌和戏剧中的假象的多样性。他针对波希多尼所谈论的东西是合乎实情的:他曾经是一位用眼睛来思考的人(Augendenker)。他懂得去思,而且他懂得首要的是去看:看到埃斯库罗斯身上的神学家气质,对他而言对立和分裂不断延伸,向上延伸进神性之物,向下延伸进人性之物——看到他身上的导演气质,他善于编排某种全新的表演,某个全新的这一个(Ecce);看到索福克勒斯具有悲剧色彩的"悲观主义",这种悲观主义把终有一死者"从终有一死性这条路线扭转并转移出来,放置到神性的背景中";最后还要看到"最具悲剧色彩的人物"欧里庇得斯——直至18世纪,他无限细腻的描摹手法仍然是所有悲剧的决定性典范,并且在赖因哈特去世后,不断涌现的论文还在《新评论》杂志上继续讨论着该手法。

但是,假象的世界不只是那个由诗歌与戏剧搭建起来的希腊世界——它就是世界本身而且在所有的现象中,假象必定是某种在场的东西,后者则在诗歌中找到假象之深度的镜像。也许这就是赖因哈特的研究透露出来的神秘性:在他展示的所有的东西中,他总是首先去确立主题——这并不等于说:他得了一种"主题"困扰症——并在每一个个别现象中让假象的整体变得明晰可见(我们本就是假象,我们总是在假象中映照出自身)。谁只要像赖因哈特那样懂得去欣赏并喜爱"生活的整个喜剧和悲剧"(出自《柏拉图的神话》,波恩,1927 年),他就能够广博精深且颇有说服力地去表现一切,恰如这出戏剧在艺术的游戏中再现了自身、增强了自身、深化和提升了自身、揭示和遮蔽了自身。赖因哈特懂得在它的所有形式中重新辨认出艺术的游戏。当他把目光停留在歌德、克莱斯特、席勒或者莎士比亚这些人的身上时,他也不只是那个在所有人那里都只看到古典的典范和希腊的追随者的古典语文学家——并且,当他似乎因职是之故向我们解释索福克勒斯和埃斯库罗斯时,那他也同样藉此把我们带到塞涅卡和新戏剧的所有剧作家们（卡尔德隆和莎士比亚、谢林和歌德、易卜生和豪普特曼）的同时代。在赖因哈特那里,艺术家跨越了由现代的专业分工所设定的各种藩篱。在赖因哈特那里,语文学家身上那种古老的、可信度几近消亡的统一性还显得生气勃勃。他是"美好交谈"的爱侣。柏拉图曾经谆谆教诲:谁要是爱上了美好的交谈,他就会去爱所有美好的交谈并最终爱上那个作为真理的美本身。

　　把他的所有研究工作维系在一起的那个主体的统一性,在他的表达方式中可以找到对应之处。他的风格有种清楚明晰的东西在里头。插入到其著作中的那些译文由使他的阐释变得动感十足与生机益然。让人觉得奇怪的是,这两者*是如何结合为一体的。在译文缺少解释性话语来支撑的地方——赖因哈特在翻译索福克勒斯的《安提戈涅》时就遭遇到这种情况——他的语言似乎也还缺少某些最终能代表其个性的东西(Letzt-Individuelles)。任何一个在他身上活跃着的朝向本己形态(Gestalten)的隐秘渴望都能够

284

---

　　*　即译文和原文。——译者

被一无滞碍地说出——这也是唯一造就诗人的东西。与之相对，作为解释者的赖因哈特实际上也是一位形态的塑造者（Gestalter），他懂得去瞻望和描绘诗歌的场景和情境，让它们在自己的眼前徐徐拉开帷幕。让人难以置信的是，他的风格中揉和了张力与细腻、明快与犀利，在尼采那里，这些东西奠立了德语散文的基本特征。但是，赖因哈特的风格表现出来的绝不仅仅是（像尼采那样）对某个在所有方面无拘无束地自我寻找和自我迷失着的灵魂进行多姿多彩的面孔刻画——他同时也指明了科学应当去承担的全部义务，对科学所做出的每一个表述都在科学所超越的对象面前做出了解释。

（师庭雄 译，洪汉鼎、缪羽龙 校）

18. 英雄的危机
——卡尔·赖因哈特逝世十周年纪念

（1966 年）

    作为学者和教师，尤其是作为法兰克福大学教师的卡尔·赖因哈特，想要从这些方面描绘出他的形象并不是一件轻松的事儿。在他身上弥漫着某种特立独行且难以捉摸的东西。他一直坚守着的语文学学科的专业严谨性，以及他在其中得到培养的法兰克福家族的职业严谨性——潜藏在他那冷嘲热讽以及灵光频现的揶揄的甚至几乎让人无法察觉的严谨之中。对那些不再熟悉他的人，应当怎样用语词描绘他的形象，对于那些依然熟悉和尊敬他的人，又应该如何使他的形象重新被他们所认识？拒人千里的沉默寡言如同一出场就魅力四射一样，都归属于他的本质。谁要是作为学生听过赖因哈特讲课，他就还知道描述，他在讲台上的表现是那样的手足无措。那是一种经常性的即兴演说，他在人面前从头演到尾的，似乎是一场费劲的、滞涩的言谈，一种卓越模仿的突然沉默和突如其来的变戏法似的发出声音，假如这个模仿是想要再现阿里斯托芬的某个戏剧场景或苏格拉底的某个手势的话。大家都知道，他备课不是润饰一下已完成的手稿，甚或几年反复使用同一个手稿。他宁愿把他当时从事研究的那位作者的话语从头到尾重新解读一遍,并把在这一过程中获得的洞见尽数传达出来。每当我记起这位令人惊叹的年轻学者和后来让人敬重的同事,我也有类似的感受:他怎样回避就事论事,他怎样在判断和表态的单义性面前退缩,这种过分苛求简直令人感到不舒服——以及他怎样突然间又神采奕奕地做出各种模仿动作。我还记得我与他的最后一次见面,那时他正承受着死亡的痛苦和折磨,当他用身上最后一丝逗乐的光芒描绘某次开会时的有趣观察时,这次见面突然间又充满那种模仿的气氛。

请允许我简要地描述一下学科当时的状况——赖因哈特曾经是学科享有盛誉的代言人——以便随后去追问,是什么使他在所有同时代人中显得如此特立独行与不可模仿。他曾经是柏林古典学(Alterunswissenschaft)*这个伟大学派的一员,他自己在学识和能力方面的卓越表现总是让人叹为观止,这一切都与他的老师维拉莫维茨(Wilamowitz)的名字紧紧联系在一起。在维拉莫维茨那里,历史古典学——这门学问是从具有人文主义特征的古典主义及其发展受到消解之后而具有历史意义地产生的——达到其顶峰。他那颗百科全书式的大脑驱动着古典学研究的传播朝着所有向度向前推进,同时还以某种几近粗野的历史主义给这个传播打上他个人的印记。卡尔·赖因哈特那一代人在第一次世界大战的时代转折点上得以重新确立自己的使命:他们必须从历史-语文学研究的这种广度和几乎普遍化的扩散出发,尝试回归到古典作

---

* 维拉莫维茨为了让自己的工作性质区别于古典语文学,故创造了一个新词"Al-tertumswissenschaft",国内学界暂译为"古代学"。详见本书第 16 篇"哲学与语文学"相关内容。——译者

家那里——希腊古典时期迸发出来的魔力正有赖于这些古典作家的影响。然而，这一任务却经常面临这样的危险，即退回到预先打上了古典主义思想（klassizistischen Denkens）之印记的各种形式中去。维拉莫维茨在柏林大学的教授讲席的著名继任者维尔纳·耶格尔——尽管他在该研究的许多领域投去的更加自信的历史学眼光已产生值得钦佩的各种见解——也不免被这个危险所触及，即退回到某种程序化的（programmatisch）人文主义中去，这种人文主义只具有某种苍白无力的教育实在性。处于其研究中心的主导思想，关于 Paideia 的思想——Paideia 的观念和最初的实践充斥着希腊诡辩术的时代——暗示着对古典传承物的一次系统化的误算，把它算到了希腊人的被程序化地要求的精神在场头上。维尔纳·耶格尔的这种做法并不十分符合赖因哈特的心意。他并不想成为一个程序化的人文主义者（Programmhumanist），他宁愿去探索并冒着风险与那些伟大的古代作家重逢，也就是与赫拉克利特和柏拉图、与索福克勒斯和荷马重逢。在这些重逢中使他免于危险——即退回到古典主义式的教育评价（Bildungswertungen）中去——的东西，乃是那个独一无二的直接性，借助这种直接性，他把他的研究对象提升到思想的现实性中去，也就是提升到了形象的当前在场（die Präsenz des Bildes）中去。

　　这一直接性赋予了他什么？思想和形象经由它而变得对他而言成了一种真正的在场的那种独一无二之物处于何处？历史诸科学的特性就在于：对历史诸科学的对象的知识已经隐含了或预设了对知识的再认识，作为最终的诠释学原则。因此，必须这样去做，即仿佛倒退着去解读赖因哈特著作呈现在我们面前的科学认识中的客观化,并借助已知之物去认识和再现在已知之物中被重新认识的东西。让我们从语言风格开始。风格即人(Der Stil, Das ist der Mensch)。卡尔·赖因哈特写的是多么独一无二的德语啊!这种德语,没有经院派的灰尘,但也没有亚历山大诗体般的历史正义感的那种节制,飞流直下的话语瀑布就是这种德语,他懂得用这种话语瀑布来表达自己,充满紧张的活力和暗示,正如只有真正的语言艺术家才能够从语言中获得的那样。这一自我聚集的力量、这一自我递增的力量、这一不断凸显的力量、这一呼啸着的洪流、这一叩问着的洪流、这一倾注而下的洪流,使他成为那个时代的学者中最独特的作家。如果用一台电子计算机去计算他语句中出现的惊叹号和问号的数量——但愿上帝不要让这样的事情发生——人们得到的可能会是一个天文数字。其风格的这一富有表现力的力量反映了什么?它起源于何处?应该起源于此:阐释者在每一瞬间都意识到了内在的距离,这个距离将他与他的对象分离开来。每个词语的不充分性、言不及义,即词语落在貌似要表达之物的具体丰富性之后,让话语的增强像谈话的中断那样完全自然而然地生长。此外,赖因哈特的阐释(Auslegungen)中有一种对可能事物的非同寻常的、渊博精深的想象力在起作用。这种想象力的可见表达,就是他的能力——叩问的能力。而叩问则把各种可能性提升到意识中去。他的那些解释性话语所赢获的独特在场归功于他乐于去发问并明确意识到所有回答的多义性。

　　现在,请允许我试着在其作品中解读其本质的镜像书写(Spiegelschrift)。借助一种决定性的明晰,赖因哈特的著作已被

置于思想的直接性和形象(Bild)的直接性之上。他以解释哲学家
们的思想开始自己的工作,以便在自己的思想成熟期转向诗歌中
的生动形象之物。他最初的那些重要作品主要涉及前苏格拉底哲
学家。他在其巴门尼德书(Parmenides-Buch)中做出的成绩确实
具有开创性意义。我们今天才开始估量出,赖因哈特揭示出来的
巴门尼德和赫拉克利特之间的那种内在的切近关系(Nähe)已经
打开了发问(Fragen)的整个维度。对前苏格拉底哲学家的研究和
哲学解释经由他才达到了新的进展,这之后,还得靠他这位语文学
家去做的是:驱散弥漫于宗教史中的迷雾并在希腊的早期思想家
中重新认识那些决定着欧洲文明进程的伟大的世界阐释者
(Welterklärer)。同时他在希腊哲学史领域做出的第二项伟大成
就,即他关于波希多尼的著作,从那时起他变得声名显赫。把他吸
引到这一主题上来的是所有人文主义研究最终都得去面对的那个
至关重要的问题,就是希腊古典时代如何过渡到我们身处其中的
基督教时代的问题。赖因哈特正想去波希多尼那里探寻这一过渡
的诸种迹象。"在世界的统一性形式中形成了一个跳跃,首先是一
个几乎察觉不到的细小裂缝,然后是一条汩汩溪流,一道凶猛的暗
流……",赖因哈特试图表明:波希多尼并没有置身于这个问题的
边界之外,而是作为圈子里的最后一人而归属于伟大的世界阐释
者——他们以早期伊奥尼亚派为开端。构成他内在形式的以及使
他能够与所有后世影响区别开来的,是一个全新的力量概念
(Kraftbegriff),这一概念最后一次把希腊人关于世界的思考中所
呈现出来的那个宇宙整合在一起,然后他的那些概念就改变了它

们的参照点并且变成了超越之物的指针*。

赖因哈特题献给某一位哲学家的最后一部著作是他关于柏拉
图神话的研究。在这里,他首先完全回到自身,并且其著作的镜像
书写自身变得让读者可以理解。他的柏拉图一书中最出彩的内容
就在于他对反讽(话)的感知。在他看来,反讽并非对话中的苏格
拉底这一人物形象的某种偶然现象或外貌特征,而是柏拉图的作
家式的(schriftstellerisch)作品中的普遍手法。这些书页是多么
无与伦比啊!在其中,赖因哈特描述了阿提卡社会以及这个社会
中的可笑事物的力量。当他在书中写道:"为真正的严肃认真精神
所感动的社会成员值得同情",这仿佛就是在描述他自己的某种东
西,这句话说的就是这种令人难忘的态度,这种态度铸造了汉斯·
萨克斯大街、戈利斯、尼德瑙,最后是舒曼大街上好客的赖因哈特
住所的主人,这种态度是老熊的笨拙与慈爱的关切的统一。对于
自己,他有一个人们一听过就不会忽视的说法,即关于反讽的手
法,他(作为一个外人)懂得如何说的东西,在柏拉图那里俯拾皆
是。反讽要求"人类不止一个灵魂等级可供使用",这一点不仅适
用于柏拉图,而且它还是通往模棱两可的、不断遁入不确定之物的
姿态的一把钥匙,这种姿态凸显出了卡尔·赖因哈特这个学者也
凸显出了这个人,当他谈到真正的反讽者时,他试图"要么通过自
己要么通过其他人来对付自己"。他在柏拉图那里看到的东西通
通反映在了他自身上:自我对待(Selbstbehandlung)的反讽,以及
从自我对待中擢升的情绪泛滥的反讽。让他的语言及其作品变得

---

　　*　应指基督教神学。——译者

如此无与伦比的那种模仿的在场就来源于这种在自身中被复制和绷紧的反讽。但是借助这种反讽的在场他也在柏拉图研究中促成了认识方面的一种实实在在的进步,这一功绩似乎直到今天也很难被忘却。他对柏拉图的解释令人瞩目,并且认识到,他称之为"灵魂范畴"的东西被认为是逻各斯和密托思的起源。他从"灵魂"出发并因此通过它使反讽手法变得切实可感(正是在反讽手法中,柏拉图作品变成了完整的艺术),由此他改变了自亚里士多德和观念论的黑格尔以来探寻通往灵魂学说的道路的理解方向。因此,从对反讽的了解的直接性出发,他把多义性还给了柏拉图的思想作品,这个多义性正是其作品的标志。

　　诗歌阐释统摄着赖因哈特创作生涯的第二个阶段。不过,他的诸开端中的哲学主题只是表面上离开了。诗歌对赖因哈特来说就是形象(Bild)和舞台。然而,剧场的可疑的实在性赋予了他哲学的主题并把他留在哲学主题中,这个哲学主题从巴门尼德的教谕诗开始,就一直被他反复揣测着:关于存在与假象以及人类的无法摆脱的纠缠这样的主题。他在索福克勒斯那里认识到的、让他那本关于索福克勒斯的书大获成功以致所有对古典主义的枯燥乏味的回忆都被祛除了的,正是这个主题。正如他把世界文学的当下带入到与希腊文学的每一次相遇中那样,与索福克勒斯的相遇对他来说就是闯入到某种形而上学的深度中去。借助欧里庇得斯的悲剧,他掌握了西方戏剧及其人物塑造的经久不变模式。就像他那个时代的所有人一样,他也深受古代巫术的影响,后者开启了心理学的时代并赋予埃斯库罗斯的戏剧某种新的当下性。不过,索福克勒斯的悲剧是如何超越古今之魅力而进入那种在其中人的

289

实存找到其亘古如斯且受到重重威胁的家园的思想深度的,这一点他很早就认识到了,这尤为显著地表现在他对俄狄浦斯王剧本的解释中。就像,通过"俄狄浦斯想要解答的那个谜语也把他自己卷入其中"这句话,索福克勒斯把令人窒息的张力(Spannung)带入戏剧情节之中一样,俄狄浦斯那可怖且独特的命运变成了人类的一般象征。"那一恶魔般的、一刻也不停歇的抓攫,没有知识,出于假象领域而入于真理领域",这里被认识的,并不是那位眼睛瞎了的国王一个人的悲剧,而是普遍的人类命运。"在这里,人类被假象和存在搞糊涂了。"正如假象与存在之间相互缠绕,正如对真理之单义性的攫取被证明为不过是人类的狂妄自大——这一点既体现在俄狄浦斯的悲剧中,也体现在思想之戏剧中,后者自其古希腊开端之日起就被称为哲学。恰如他明确地指出的那样,"真理被放进假象或者'黑夜'之中",正如他明确表达的,真理"与人类紧紧捆绑在一起"。

如果埃斯库罗斯戏剧被赖因哈特所关注的话,那么它就不只是一个注重心理学的世纪所重新发现的庄严的献金仪式(Litergiker)——赖因哈特从来没有忽视对舞台、剧场演出及其表现手法的观察。他关于埃斯库罗斯的书有一个对比鲜明的副标题:"神学家与导演"。实际上,埃斯库罗斯的戏剧中展示出来的那些舞台技艺,只有那种对各种可能性了然于心的人才能看到。诠释者在其对象中认识自身。因为,正是这一点标画出导演和诠释者的特征——导演自己难道不就是戏剧作品的第一诠释者吗?导演的工作难道不就是看到了更多的可能性并把其中一个作为令人信服的一种可能挑选出来,将其提升为独一无二的、不容反驳的当

下在场？甚至在埃斯库罗斯书这个标题上我们也可以读出作者的 290
别样用心。

　　此外，他关于荷马的理解——经过人文主义者的努力和几个
世纪的学术积淀，在古典作家中，荷马被最大限度地淡化了——也
部分地来自于他对剧场演出的直接观察。赖因哈特善于从六音步
的史诗巨幅中勾勒出向人类的再认识呈现自身的具体的情境并把
这些情境的关系展现出来。奥德修斯一再被阻滞的返乡之旅，越
来越加剧的紧张感，直到最后一刻的消解——在这部长诗中，史诗
的结构与人物的描写结合得天衣无缝！另外，赖因哈特用了好几
个学年来讲授的《伊里亚特》，通过乌佛·赫尔舍（Uvo Hölscher,
1914—1996）的工作，这项成果已经从遗稿中抽出并被集结成了一
部关于伊里亚特的大作。赖因哈特令人信服地指出：假如高级中
学的一些学生想要做阿喀琉斯*，感受其战无不胜与沦落毁灭，而
另外的学生则想要做赫克托耳**，感受其熠熠神采与奋然殉命，那
么他们还在求学期间就已经真正感受到了这部史诗无以伦比的魅
力。把史诗中天才的原型（die Urform）转化为那些在特洛伊城墙
外鏖战的英雄们——正是这种同情的平衡逼迫得我们喘不过气

---

　　* 阿喀琉斯（Achilles），又译阿基里斯、阿基琉斯、阿奇里斯。他是海洋女神忒提斯
（Thetis）和英雄珀琉斯（Peleus）之子。出生后，他的母亲拎着他的脚踵使其整个浸泡
在冥河水中。于是，除却脚踵，他全身上下刀枪不入。特洛伊战争中，阿喀琉斯杀死了
特洛伊第一勇士赫克托耳；后者的弟弟帕里斯为报兄仇发出的一记羽箭恰好射中了阿
喀琉斯的脚后跟，使得阿喀琉斯当场毙命。后来"阿喀琉斯之踵"这个习语便被用来形
容某个无法被攻克的对象身上所携带的某个致命伤。——译者

　　** 赫克托耳（Hector），特洛伊王子，帕里斯的哥哥。他是特洛伊第一勇士，被称为"特
洛伊的城墙"。在与阿喀琉斯（Achilles）决斗过程中，死在对方手里。赫克托耳不但勇冠
三军，而且为人正直，是古希腊传说和西方文学中形象伟岸的英雄代表。——译者

来，同时还一直延伸到了奥林匹斯的诸神世界，一直延伸的最顶端。假如有人试图解读赖因哈特著作中的镜像书写，那么谁都能在犹疑不决的宙斯身上认识到那些人的特征——他们以坚定的确信在同情的均衡状态中破解《伊里亚特》的创作原则。并且，就仿佛舞台上的存在（Sein）与假象一路发挥效用直到开启了奥林匹斯诸神的争端一样，赖因哈特赋予诸神之战的假象特征（Scheinhaftigkeit）极高的评价，在这些战争中，充满了争斗却没有死亡的危险，彼此钩心斗角却没有仇恨的致命性。这一步离这样的洞见并不遥远，即奥林匹斯诸神对人类自我认识的深渊常报以"崇高的不正经"（Unernst），这一洞见使赖因哈特投向人的处境和戏剧场景的目光异常犀利和明澈。我们将在他论文集中找到的名为"英雄的危机"的一次演讲，可能是他最具有个人特色的尝试。它主要是一次演讲的未完全展开的、带有即兴表演之魅力的、未加修饰的复本，这个演讲是卡尔·赖因哈特于1953年在达姆城的语言与文学创作研究院所作。看起来这只不过是文学团体常常讨论的某个具有文学性质的论题，而且人们立即就能猜中其结论：在我们这个时代的文学创作中，不只是那些激情高涨的英雄变得令人难以置信，史诗创作的形式比如像情节的统一性、英雄的统一性（即便他只是情节之承担者）大体上似乎都已经消失不见了。不过，这篇文章在结尾部分的措词却有些出乎意料和意味深长，这篇文章是在超越了和消解了惯常之物的现代诗歌创作的诸形式中展现现代诗歌创作，展现英雄所面临的危机向英雄身上的内在危机的转变。在这里，最古老的东西似乎就是最真实的东西：赫克托耳身上的恐惧，阿喀琉斯身上的愤怒。英雄身上的危机取决于"自我认识的重负"，没有这种重负，英雄就不是人。

赖因哈特成功地做到了让人文主义者顶礼膜拜的那些古典人物、那些只有在人文主义越来越苍白无力的教化庆典中才能苟延残喘的人物——柏拉图、索福克勒斯和荷马——不是以其作品的主角所确立的光辉榜样，而是以其人性来和我们照面，就像普鲁斯特、乔伊斯、卡夫卡、尼采和弗洛伊德来和我们照面那样。并且，如果有人想要总结一下他是如何在他的知识中展现自己的，他是不是无论如何都不能说：他是一个人文主义者？确实，如果把他曾经在某人墓边说过的一句话稍加改动并用来作为对他的纪念，那么我们就可以这样说："他曾如此像一个人。"

（师庭雄 译，洪汉鼎、缪羽龙 校）

Ⅱ

书　评

19. 论希腊的现实性

理查德·哈德尔（Richard Harder）:《希腊人的特质——希腊文化导论》(*Die Eigenart der Griechen.—Einführung in die griechische Kultur*)，载瓦尔特·马尔格（Walter Marg）主编:《赫尔德》（赫尔德书库 120），弗莱堡,1962 年。

（1963 年）

这本同样也是由瓦尔特·马尔格主编的袖珍书,继理查德·哈德尔的短篇论文集《得与失》（该论文集让我们记起理查德·哈德尔的名字）之后,其文字令人印象深刻。如果说这本小册子除了大量的专业化探讨之外,还包含一些以随笔或小品文的形式对希腊文化描述的大体轮廓的勾勒——正如理查德·哈德尔长期以来以此为目的,并且就在全书告竣之前他却被疾病击垮了——那么手头的这本小册子让我们感到异常惊喜,因为除了具有典范性意义的《文化面相随笔》和《希腊人的特质》的重印之外,它还带来了哈尔德为《赫尔德》所撰写的《希腊文化导论》的未公开发表的、本质上更加渊博精深的"概述"。这是一个令人愉快的惊喜。所以这本小册子不仅包含那个已计划好的（对希腊文化的）描述的基础性材料,而且也包含一个简短的大纲,它使得颇为繁复的基础性材料结合成一个整体成为可能。这是一本多么美妙绝伦的小书啊！目光何其宽广,对个别事物的观察何其敏锐！自从雅各布·布克哈特(Jakob Burckhardt)那部令人浮想联翩、让人无法企及的《希腊文化史》问世以来,还没有哪一本谈论希腊人的书写得这样的切中肯綮与机智聪慧,这本书是那样的言简意赅,刻画希腊人形象的技艺又是那样的超秩绝伦。

　　总的来说,我们时代的德国古典学一直在抵抗在所有方面都有其巨大阴影的伟大典范维拉莫维茨,尤其是反对他那种几近粗野的风格,即以现实主义和在任何现代主义面前决不畏缩的革新态度直面古典古代(klassische Altertum),将其当作某种独立的东西。某种尊崇某物并使之风格化的冲动,就像深受旧有束缚的崩塌影响的一代所特有的,某种对形式更加精致的知觉力(我们由此会想到卡尔·赖因哈特),某种在历史研究的精神中被静寂的距离感激发出来的“人文主义”(由维尔纳·耶格尔暗示性地体现出来):在所有进一步的反思中,所有这一切看上去几乎取消了支配着伯克(Boeckh)和蒙森(Mommsen)直到维拉莫维茨的那种努力,即克服古典主义中的希腊人形象。“Paideia”*这个词条不仅表达了一种新的知识,而且也表达了一种新的激情。

　　头脑清醒的理查德·哈德尔总是能让自己免遭各种虚假的或欺瞒的话语之害。不过,现在人们几乎被这种目测力,被这种对实

---

　　* Paideia(派地亚),古典希腊与希腊文化的教育和训练体系,包括体操、语法、修辞、音乐、数学、地理、自然史和哲学等课程。在早期基督教时代又称之为“人文学”。由此,其大致意思是“教育”,主要指智力、精神方面的培养和塑造。——译者

事的感知,被这种广博的、把所有人文主义的限制和先入之见都远远抛在身后的判断——即从《希腊文化导论》出发做出的判断——所深深折服了。在本书中,地理实情或历史状况赋予希腊文化之独特发展的情形如何被重视,因此又如何总是从我们欧洲历史意识的整体出发并基于我们历史整体得到观察,在所有历史特殊性和唯一性方面,普遍之物、自然之物和人性之物如何得到认识和理解——简而言之,在尊敬和大胆的认识以及,如果需要,在否定之中的适度,实际上让我们想起那位具有怀疑精神的巴塞尔人*的伟大典范,也使得手头这本 140 页的小书成为对读者的谆谆教谕与劝导的不竭源泉。

　　把(该书)每一章中提出的知识新见解详尽地表述出来是不可能的。试举一例:"希腊地形以山地为主:那里交通不便,只能搞一些小范围的城邦教育;巍巍在上的天穹不似平原地区那般气势恢宏与褫人心魄,纵横交错的山形似乎给空寂辽远的星辰划定了各种界限……"我不知道,自黑格尔以降,到哪里去寻找这样一个与古代汪洋恣睢的文化形成鲜明对照、对历史特殊性理解得如此透彻的读物。第一章关于希腊民众的阶层划分所作的讨论,以及第二章对希腊语言的感性力量和抽象力量的描述,哪种衡量现实的尺度被纳入内容最丰富的关于宗教的一章(接续着尼尔森的研究),当然首先还有关于生命秩序(Lebensordnung)所说的话,其中展示了他在"关乎人性的知识与洞见方面"如此众多成熟见解,以上种种证明了作者学科视野的广度。哈德尔尖锐而且以坚定的

----

　　*　这里的"巴塞尔人"指理查德·哈德尔。——译者

目光在希腊的生活现象中看到一般古典的东西和构成希腊特质的东西。那种常常使得古典语文学家们目光模糊、看不到古代世界中的东方文化和地中海文化的共性的对希腊人有利的"人文主义"或"新人文主义"成见,哈德尔已经整个地从根本上克服了。当然了,书中的某些细节还有待修正与完善,例如:格雷斯(Görres)绝不是学识浅薄的进修生,而是提醒人们去研究克罗伊策的倡议者(参见本书第 128 页)。又如:如果日耳曼传说中的维兰德*懂得铁匠的营生,而希腊人又深谙赫淮斯托斯神**的各种技艺,那么于此(第 139 页)就会得出与哈德尔不同的看法,也就是说,如果哈德尔认为日耳曼诸神的形象之所以没有希腊诸神的那么完美主要缘于技艺娴熟的铁匠神在奥林匹斯神系中地位卑微,那么我们是不能苟同的。不过,至少最后一章的安排是令人信服的,在那里,哲学是从科学那里分开(并放在科学之先)加以对待的。在这里,作为特例的赫拉克利特以及作为中间角色的色诺芬尼诱使哈德尔把哲学与科学的区别作为学科分类的基础,这种区分首先是希腊的,与他后来更好的看法背道而驰——该看法就是:"哲学"与"具体科学"间不存在分道而行(第 177 页)。

此外,哈德尔也应当被视为第一个对希腊文化阐释的某些方面有所改进的人,不过这一切还缺少那种真正具有启发意义的简洁与明晰,携随着这些不足,这个令人难忘的人物(生硬、出格与尖刻总是同他形影相随)在这本书中向我们娓娓道来。隔得那样

远——却又近在咫尺。

我们为这份礼物而感谢主编瓦尔特·马尔格，因为这份感谢再也无法抵达作者本人那里。

　　沃尔夫冈·沙德瓦尔特（Wolfgang Schadewaldt）：《希腊与西班牙——古典与现代文学论文集》（*Hellas und Hesperien* *. *Gesammelte Schriften zur Antike und zur neueren Literatur*），两卷本。1970 年 3 月 15 日沙德瓦尔特七十寿诞时，赖因哈特·图罗（Reinhard Thurow）和恩斯特·齐恩（Ernst Zinn）在助手克劳斯·巴特尔（Klaus Bartel）的帮助下又出版新增订的第 2 版，苏黎世/斯图加特：Artemis 出版社，1970 年。［第 1 版，1960 年］

（1975 年）

恰值沃尔夫冈·沙德瓦尔特 70 寿诞之际，他的论文集《希腊与西班牙》以增订版的形式出版，我受邀就此书给感兴趣的读者做些介绍，这个任务在我这里已经被搁置得太久了。作为他的好友，同样是新世纪初年的孩子**，垂垂老矣，在古典语文学的些许领域

---

　* Hesperien 音译"赫斯柏利"，指西班牙。——译者
　** 伽达默尔出生于 1900 年，沃尔夫冈·沙德瓦尔特也出生于 1900 年，故有此语。——译者

稍有涉猎,如何能够就沃尔夫冈·沙德瓦尔特这位大人物——他自己已经凭借其科学著作中那些非同寻常的开阔视野和他语言艺术方面的成就确立了自己的独特的地位——的大作写些什么呢?可以肯定的是,他不是像维拉莫维茨那样满腹经纶、无所不知的人,而是与他的老师维尔纳·耶格尔、与卡尔·赖因哈特、布鲁诺·斯内尔(Bruno Snell)和理查德·哈德尔(Richard Harder)一起代表了一般的历史意识和特定的古代古典学的某种经过反思的形式。不过,回想起他也就会同时回想起维拉莫维茨,后者是普鲁士时期的柏林人身上那种生命力量的新的化身。

幸运的是,就像我自己必然感受到的那样,面对着这两卷书,古典语文学家也感到不能胜任,因为该书也谈及歌德和荷尔德林、克莱斯特和理查德·瓦格纳、教育问题和学校问题以及现代技术——而不只是去谈荷马和萨福*、悲剧作家和历史学家、哲学和喜剧这样一些古典语文学家出于自身的才具和判断力才能够去谈的内容。这样一来,也许像我这样半道出家的非专业人士在去描述此书所处理的“现象”时才不会闹出措词失当的笑话。

不过,根本说来,关键是要指明一个人的作品和本质,他首先并且先于其他一切是自然的一部分,是在其精神体验的多样性中那种直白的自我感悟(Sich-Darleben)和自我确证(Sich-Bestätigen)。语文学家或许能够这样去描述:这几页里潜藏着多少专业的才能,那几页里又隐藏着多少纯属炫技性质的东西。这

---

　　* 萨福(Sappho,约前630或前612—约前592或前560),古希腊著名的女抒情诗人,被誉为第一位描述个人的爱情和失恋的诗人。——译者

些都不是我关注的重点。我只想表达一个读者的心声——这位读者在那些夜漏沉沉的晚上以渐感疲累的手指捧持着这些厚重的书页，却又深深陶醉于呈现在他眼前的戏剧，陶醉于由自我表演与肆意挥霍所带来的酣畅淋漓。由短小精干的各种研究组合而成的这个论文集显得颇为驳杂，与那些知名的科学著作和语言艺术的研究成果相比，顶多就充当一个补充。《希腊与西班牙》讲到了荷马与歌德、温克尔曼与里尔克、萨福与理查德·瓦格纳、大器晚成的东西和随机突现的东西、严格的学术性的东西和更多的介绍性的东西、纯粹就事论事的东西和完全个人的东西。不过，这本书中首要讲述的，是沙德瓦尔特本人50年的学术生涯与生命体验，一个历经风雨飘摇的时代却依然富有创造性的生命的50年。学术生涯与生命体验也进一步延伸到沙德瓦尔特的译著中——当然包括他为德语的教育生命所作的极富成效的贡献，并且这也许实际上是他的创作（Schaffen）中最令人惊叹的东西。把最大程度地忠实于希腊话语的意义与思想当作法则并通过这种方式使自己的翻译比所有早期译者（除荷尔德林之外）对希腊形式的诗性意译和模仿都更具当下性、更具诗性、"更加活灵活现"（seidender）——这是如何可能的？

这个论文集是按照学科类别来编排的，因此之故，经过几十年成熟过程的那些独立成果得以并肩而立。这自然符合作者的某种意向和偏好，作者一直不遗余力地、忘我地投入到自己的"观察"（如作者自己所说的）中。不过，这种编排又有悖于沙德瓦尔特那种非程式化的、相机而动（取其好的意义）的研究方式。因此，各种各样的相互矛盾的东西把某些明显自传性质的东西聚合在一起，或者在传记的镜子中把某些自传性质的东西聚合在起，这是好事。

不过,去逐一观瞻历史上形成的存在(Sein)和还能被回忆起来的存在(Sein)将是多么漫长的一段旅程啊!所有东西都被聚拢在一起。可以肯定的是,人们老早就知道:特洛伊之战这个古老的传说一个世纪之后才在荷马的史诗中得以塑造。但是,荷马的世界,正如沙德瓦尔特所描述的那样,不再是一个在晨光中渐渐暗淡的世界。对我们来说,它已经变成了公元前8世纪的确切世界,这倒不是因为诗人的一生都活动于这个世纪,而是因为其诗作映现了这个世纪,就像我们在神话传统及英雄形象中所认识的某个世纪一样,而且我们也已经学会了借助神话和英雄去认识某个世纪。它是这样一个世纪,就在这个世纪里,这个最初的、经过漫长岁月而浓缩成独特形态(individuelle Gestalt)的历史,也就是希腊诗歌创作与希腊智慧的历史,开始了。

《奥德赛》在这个进程中扮演着非常重要的角色,尤其沙德瓦尔特在《奥德赛》自身中也保持了某种进程,因为他认为他在《奥德赛》中感觉到了两位作者而不只是一位诗人或一种精神。他的这个假设迄今尚未得到确证,主要是出于这样的原因:任何认为《奥德赛》有两个修订版本的假设,都面临着这样的两难处境,即必须贬低修订者的天赋。沙德瓦尔特虽然试图避免这种情况,但是,如果人们最后还是搞清楚了并且懂得剔除掉第二个诗人努力整合在一起的东西,这还能走多远呢?不过,更深层地涌入这位语文学家特殊品性中的东西,就是某种运作不同的东西了:他不喜欢为规定着他的那些显见东西提出根据,而是喜欢介绍给别人。这本论文集的方方面面都打上了这一印记,大家读读就知道了。实际上,相当多的迹象现在每个读者都看到了。并且我们看到的是某种根本无从质疑的东西。某种对才高智深的精神的顶礼膜拜更是蔓延开来。他信仰着，并且唤醒了信仰。因为，疑惑的人必然显得胆小。如果在学术论文中听到某个词显得大而无当或是老调重弹，他们就会感觉这是自己的缺失。我还清楚记得1930年召开的瑙姆堡古典学会议上我与他的首次相遇。这次会议的整体氛围还有这位受到祝贺的青年学者*给我的感受太多了，这也就是说，他有太少东西要讲。在我40多年后的今天回眸瞻望之际，我可以这样说：这恰恰就是他的本性——即使他没有把握自己能否对自己所说之事进行追补，他也不顾一切地说出来，无所畏惧。这样一来，我们常常可以看到：他那些具有前瞻性的话语展示了全新的道路，开拓了全新的视野，揭示了全新的关系，只有他才具备如此敏锐的洞察力并敢于不顾一切地说出自己的看法。

　　我将从这本书中得到些什么呢？几乎每一页都让我有所获益。有时候，当某个观点"切中要害"时，简直让我心旷神怡。我突然想到几个例子：《致女儿克勒斯**》里的萨福、埃斯库罗斯《奠酒人》中的孔摩斯***，或者厄忒俄克勒斯****的武备（不胜枚举）——这三个范例都以其理所当然、合乎逻辑而令人惊叹，人们也是带着这种理所当然、合乎逻辑而接受了沙德瓦尔特的结论。有时候让

　　*　沙德瓦尔特1928年成为格尼斯堡大学教授，1929年起执教于弗莱堡大学，当时年仅29岁，是弗莱堡大学最年轻的讲席教授。在会议上被同行祝贺指此事。——译者

　　**　萨福有一个女儿克勒斯，后者在其缠绵病榻之际始终不离不弃；她生前有多首诗歌赠予这个女儿。——译者

　　***　孔摩斯（Kommos）是演员在戏台上所唱段子之一种。——译者

****　厄忒俄克勒斯是俄狄浦斯王的长子，因王位继承权问题与其弟龃龉不断。后来受到父亲的诅咒，在与弟弟的争斗中败亡。——译者

人吃惊的东西往往要经过一段漫长的时间才能够被人们所接受：
300　这要等到人们开始用自己的眼睛去打量事实那个时刻。有时候，
人们又会认为沙德瓦尔特说出的东西有点儿不着边际（不是通俗
意义上的说错了话，而是没有做到一语中的），不过，即便如此，人
们还是会把这当作一种敦促，敦促自己去追寻，然后在大多数情况
下人们自然也会发现：要一语中的，比大家初看上去还要难。如果
根本不敢去尝试，那就更加不着边际了。最让我疑云难纾的就是
他论述索福克勒斯的那些文章——那里提出的问题说到底是不是
应该显得有些不同。从不幸中懂得如此之多的人就是幸福之人
吗？还是毋宁是：能够表达出所有人从不幸中所获知之事的人才
是幸福之人？那么，谁是幸福之人？各种表达、各种强调、各种完
完全全毫无保留的强调——这些最终似乎都是希腊人的高深莫测
的天赋、他们最本己的无辜（Unschuld）。他们（指希腊人）的这个
阐释者自己也有这种天赋和无辜。人们总是喜欢援引黑格尔的这
句话来描述沙德瓦尔特（这是黑格尔在论及亚里士多德时说的）：
经验的东西，向着所有方面发展，就是思辨的东西。

　　上面这个令人信服的表达意味着什么，我最好能够借助进入
我自己的能力范围的沙德瓦尔特的观点进行阐述。比如说他的
《柏拉图与克拉底鲁》。他提出了一个令人惊讶且简单至极的问
题：《克拉底鲁篇》的词源学游戏是不是应该追溯到亚里士多德可
以为之作证的柏拉图的青年时代——那时的柏拉图一路追随着克
拉底鲁*的赫拉克利特主义。我承认，在与柏拉图之前的这样一

---

　　*　克拉底鲁是赫拉克利特的学生，诡辩派的代表人物。据说他曾经是柏拉图的第
一位老师。——译者

种"本体论的"赫拉克利特主义打交道时我感到困难重重并反躬自问：这种主义与普罗泰戈拉或者普罗狄科＊有什么样的关系，后二者也曾认真地思考过 ὀνόματα（名词）一词。沙德瓦尔特更多地是从 ὀνόματα（名词）这个词涉及的维度对柏拉图而言所具有的普遍意谓出发而不是从克拉底鲁对柏拉图的影响出发让我信服。在《泰阿泰德篇》的光芒中，《克拉底鲁篇》中的赫拉克利特主义还显得很弱小。可是，有一天人们应该会更好地认识到——（人们出于自身的考虑，也希望见到）——无论如何，沙德瓦尔特把某种简单的显而易见的东西极力放大，以至于人们不能再对之置若罔闻。关于欧多克索斯＊＊我会说类似的话：这个人也可以作类似的处理吗？《斐莱布篇》的基础是什么（难道总是欧多克索斯）？《普罗泰戈拉篇》的基础又是什么？ 欧多克索斯的数学与他本人的"享乐主义"如何关联起来？ 然而，刻画出沙德瓦尔特的许多作品的特征的是，通过暗示力量而找到的答案重又引发了新的问题。

　　如果只是就《希腊与西班牙》这本书来谈论沙德瓦尔特，那就会显得太过偏狭。沙德瓦尔特身上那种卓越的洞察力堪比温克尔曼＊＊＊、荷尔德林，特别是在与惊为天人的歌德两两相对时，就作品之多产与创见之超卓而言也不遑多让。他提出的某些见解直到现在我也还没完全搞清楚。这些见解遵循着由荷尔德林开创的有悖于传统的那些道路。沙德瓦尔特把两种可能性变得显而易见——

　＊　普罗狄科，苏格拉底在《申辩篇》中大加挞伐的三位收费授课的智者之一。——译者
　＊＊　欧多克索斯（约前390—前337），柏拉图的学生，在数学方面成绩斐然。——译者
　＊＊＊　温克尔曼（1717—1768）开辟了以造型艺术为主要研究对象的美学新途径，对席勒、歌德、黑格尔和谢林的历史研究和考古学研究起到了巨大的启迪作用。——译者

遥远与切近相互转换的规律性以及消逝于无限性中且偏离了所有中心的星体运行轨迹。在荷尔德林、歌德以及沙德瓦尔特那里,这两种可能性在不同的关系显得不尽相同。这个论文集还给理查德·瓦格纳做了一个独特的附注。艺术鉴赏力方面显得惊才绝艳的理查德·瓦格纳在沙德瓦尔特关于古代与现代的当前表述中找到了一位能言善辩的阐释者。不过,人们还是会问:撇开其音乐,理查德·瓦格纳的文章真的能够"卓然自立"吗——恰如撇开了当时的音乐和舞蹈,索福克勒斯和埃斯库罗斯的剧本却依然能够"卓然自立"一样?

　　人们还可以找出更多的事例来证明:沙德瓦尔特的洞察力与说服力所促成的东西大多数只是某种放大效应(der Verstärkereffekt)——往往以令人错愕的方式做出阐明,总是把我们带到更为切近问题的地方。人们认识到:这位杰出的语文学家让戏剧表演者和导演明白,他们的任务就在于激发这种放大效应。不过,人们最先认识到的还是其译作的独一无二性。在一个希腊语在德语的日常教化中(Bildungsleben)日趋式微的时代,一个卓越的译者被赠予这个时代必须被视为命运的真正恩宠,他的译文不是单纯的复制品,而是从他那强大的生命力中流溢而出的极富说服力的话语。我在沙德瓦尔特那里听到的一句口头禅可以在此处用作结语:"人必须冒险而行。"多么精彩的一句话啊! 但是又有多少人能做到这一点呢?

(师庭雄 译,张柯 校)

20. 关于亚里士多德的伦理学

《尼各马可伦理学》，由 R. A. 高蒂尔（R. A. Gauthier）和 J. Y. 约利夫（J. Y. Jolif）撰写导言、翻译与评注，3 卷本，鲁汶／巴黎（Nauwelaerts），1958/1959 年。

（1962 年）

我们似乎在所有地方都必须把重新唤醒对亚里士多德的哲学兴趣记录在案。维尔纳·耶格尔出版于 1923 年的著作已被证明是一部真正的开山之作。下面这点在今天看来并不令人惊讶：具有历史学倾向的语文学家必然不会对亚里士多德所涉及的哲学"实事"无动于衷，即使他认为亚里士多德哲学完全可以寿终正寝，以便"历史地"看待他①。如果对生长于亚里士多德哲学中的东西不甚了了，那我们就无法搞清楚亚里士多德哲学的"发展"。即使有"纯粹语文学"倾向的评论，例如迪尔迈尔（Dirlmeier）建基于深厚的柏拉图-亚里士多德学识的评论，也都证实了类似说法。但更为重要的是，对于我们面前这本伟大的伦理学评论，这一点更加确定无疑。

---

① 维尔纳·耶格尔：《亚里士多德》（1923 年），第 393 页以下。

　　这绝不是说,亚里士多德在这里似乎被置入托马斯主义的外观之下。这是指引着许多作者的彻底历史性-批判性的看法。但是,这些(最宽泛意义上属于文本批判的)观点把有关文本分析的东西都放在现代的发展史框架之内,因为文本分析如此牢固地(mit Dezidiertheit)与拉姆绍尔(Ramsauer)和苏赛米尔(Susemihl)的研究相关,众所周知,两人的研究都认为,《尼各马可伦理学》编辑的连贯性是相当松散的。对此,具有决定性的是恩斯特·卡普(E. Kapp)和维尔纳·耶格尔(W. Jaeger)所取得的对于《欧德谟伦理学》的真实性的承认,根据两位作者的意见,三卷有争议的文字(它们在《尼各马可伦理学》中的传统编号为Ⅴ—Ⅶ卷)在其原始的形式里乃属于《欧德谟伦理学》。而众多另外的复本似乎是出版者的编辑之作,被视为高蒂尔(Gauthier)版的《尼各马可伦理学》(在泰奥弗拉斯托斯的帮助下)。

　　一个详尽的序言通常会对该评论所建基于其上的某些最根本的规定做出详尽的解释。不过,让人有些茫然无措的是:那个将专业研究拼凑在一起的自传体框架以怎样的确信被当作确定的现成

303 之物来处理。首先,具有哲学的重要性的是这样一个观点:即《尼各马可伦理学》与《欧德谟伦理学》一样,并不包含"最终定型的"亚里士多德伦理学,《尼各马可伦理学》只不过描述了"一种过渡阶段的道德"(une morale de tansition)。这个观点的依据是弗朗索瓦·纽杨斯(Fr. Nuyens)著作里那种几乎不受限制的承认[②],按照这部著作的说法,首先在《论灵魂》中和他关于作为躯体之圆满实

---

②　《亚里士多德心理学的演化》(1948 年)。

现（Entlechie）的灵魂的学说以及《形而上学》的核心章节（除第 10
卷以外的第 6 卷至第 13 卷第 9 章）中呈现出来的"质料形式论的
阶段"（phase hylomorphiste），这个阶段才再现了亚里士多德哲学
最后的、"最终定型"的阶段。对所有肉体与灵魂二元论的彻底拆
解都间接地重新接近柏拉图，只要努斯（Nous）恰恰通过这种拆解
而在其超越性中得到承认。就此而言，第 5 卷绝对是靠近亚里士
多德独立哲学的终端，而非——有如在耶格尔那里——开端。

　　这一点对于亚里士多德的伦理学首先意味着：φρόνησις（实践
智慧）——按照耶格尔的看法，它在《尼各马可伦理学》中具有中心
的、却又受制于实践的此世性的道德功能——而《欧德谟伦理学》
却还保留着 φρόνησις 的柏拉图主义的意义，在《尼各马可伦理学》
中也决不可能完全中断与理论性的理想（theoretische Ideal）及神
性之物的超验性之间的关联。总的来说，这种观点在我看来是合
理的，尤其是更新的研究已经大大地证实了我在 1928 年就已经做
出的断言：在《欧德谟伦理学》中，φρόνησις 的意义在任何方面都绝
对没有"柏拉图主义的"味道，而是通常与《尼各马可伦理学》的意
义保持一致（第 3 卷，第 467 页以下）。展示出评论的主要价值的
那些丰富的语词史和概念史注释卓越地证明，对于竭尽所能试图
去追踪 λεγόμενα（语词）的亚里士多德而言，在概念把握上付出了
怎样的艰辛，以便在政治和神学之间貌似留出"伦理之物"的空间
并将其巩固到自身之中。在我看来，高蒂尔极其出色地解决了在
《尼各马可伦理学》中占主导地位的 φρόνησις（实践智慧）与 σοφία
（智慧）之间、实践与理论之间悬而未决的关系；然而，在我看来，他
对于伦理学与政治学同样本质性的悬而未决的关系，亦即对于所

有"道德正当性"和所有"道德知识"(以及因此间接地甚至"理论"的可能性)对城邦的生活秩序的依赖性,他的解决方法却显得完全不合理,并且他把对"个体伦理学"的错误选择也诿过于亚里士多德。(参见那个在我看来站不住脚的对《尼各马可伦理学》第 1 卷第 1 章 1094b11＝第 2 卷第 10—12 页的注释)依我看,这里证明的是《尼各马可伦理学》第 6 卷 1141b22:高蒂尔误以为这个句子回指前言,并且关于 φρόνησις(实践智慧)和 πολιτική(政治学)之间关系的这一整个讨论似乎只与《欧德谟伦理学》第 1 卷第 8 章相关。

304　不过,这是以这一最为可疑的假设为前提的,即第 6 卷存在原始的、"欧德谟的"编辑版本,并且甚至那时就与《尼各马可伦理学》第 1 卷第 1 章有了关联。

　　依我看,这里还根本没有出现亚里士多德与柏拉图的真正矛盾。相反,柏拉图才是 ἐντὸς πολιτεία(城邦体制内〔的生活〕)的真正揭示者,他是在城邦生活的彻底"乌托邦式"乌有之乡中揭示它的,而亚里士多德则实际上致力于为苏格拉底-柏拉图关于 ψυχή(灵魂)和 λόγος(逻各斯)的研究领域准备"位置"并因此而成为"伦理学"的创造者,这一伦理学囊括了"灵魂"所构成的内在世界以及道德、风俗、法律的外在世界直至 ἐκτὸς χορηγία(学院内)的世界。

　　因此,纽杨斯(Nuyens)所支持的、认为《尼各马可伦理学》乃暂时之作的看法是否还暗示着某种错误的东西,我对此保持着根本的怀疑。道德哲学家亚里士多德的智慧不应该恰好就在于这一点吗?即他试图紧紧抓住太此岸之物与——容许我这么说吧(sit venia Verbo)——太彼岸之物之间、太外在之物与太内在之物之间以及 ἦθος(伦理)与 λόγος(逻各斯)之间人类德性此在(Dasein)

的本质性中间位置,并因此把伦理学放入政治学更大的框架内。
(对《尼各马可伦理学》第 1 卷第 13 章的那个解释——尽管是纽杨
斯给出的——在我看来无论如何都没有说到点子上。)

在我看来,高蒂尔评论这个了不起的资源,其卓越性并不在于
对文本的具体考察及其解释,而更多地在于其方式方法,在于他如
何以巨大的穿透力去理解文本的哲学思想运动,并为评价亚里士
多德准备了希腊文学及其概念语言的整个历史。人们总是可以从
他的这些论述中获得教诲。

　　　　亚里士多德:《尼各马可伦理学》,第 2 版,由 R. A 高
　　　蒂尔重写导言,第 1 卷,第 6 章,第 360 页以及第 322 页;
　　　第 2 卷,第 6 章,第 434 页以及第 3 章,第 435—986 页。
　　　鲁汶(Nauwelaerts),1970 年。

　　　　　　　　　　(1969 年)

在过去 10 年里,对亚里士多德的研究有了一个令人惊叹的蓬
勃发展,这促使《尼各马可伦理学》的出色评注作者中的一
位,——高蒂尔(我已在本杂志 10 年合集之 3/4 册的第 293 页以
下〔1962 年〕对他予以过评价。也可参见本书第 302 页以下),对放
在第 2 版前面的导言已经彻底重写。与之相对,译文和评注却几乎
原封未动,因而此书第 1 版的持有者只需要去研读新导言即可。

确实值得花些气力来研读一番。因为这位写过有关

Magnanimité(崇高)问题的具有远见卓识的专著(巴黎,1951 年;
305 《哲学评论》,第 2 卷,第 120 页)的作者最近已经把他的导言旧文
本在一个重要段落上加以扩充。经他概述的注释(解经)史在旧版
本中遗留下来的那些漏洞——因为其中的描述从文艺复兴一下就
直接跳到了 19 世纪——现在已经从内容上得到了填充。文艺复
兴本身已经得到更详细的探讨(第 147 页以下),并且以一个概述
结束,即概述了接下来的一百年中在意大利、法国和德国出版的评
论和译著——这是精神史方面的一个了不起的成就。

　　之后,高蒂尔带着极大的责任心投入到过去十年的亚里士多
德研究中。当然,他的根本思想在此并没有发生明显的变化,尤其
是他与纽杨斯的紧密合作,这种合作我们在此已讨论过。无论如
何,他必须研究一些极为重要的新文献,比如研究迪尔迈尔
(Dirlmeier)对《欧德谟伦理学》和《大伦理学》的评论(这些评论的
重要性远远超出迪尔迈尔对《尼各马可伦理学》的那些评论);或者
研究威登尼乌斯(Verdenius)那部博学程度令人钦佩、类似于说明
手册却又是出于最个人的研究经验的著作。两者都明显地背离了
高蒂尔的根本方向。当然,在某些情况下,作者也能够从更新的研
究中获取对自身观点的证明,比如通过 P. L. 多尼尼(Donini)的
《〈大伦理学中〉的伦理学》(L'Etica dei magna moralia)。他从
纽杨斯那里借用的那个发展模式在他与更新研究的辩论中得到了
进一步的辩护,根据这个发展模式,理念论*阶段之后是工具论的
阶段,最后是质料形式论阶段。显而易见,最后一个阶段已经从我

---

　　*　idealistisch 亦译为"观念论的"。——译者

们的伦理学中消失了。幸运的是,伦理学并没有太依赖于这个模式。人们完全可以同意这个普遍的观点,即《欧德谟伦理学》和《尼各马可伦理学》有着相同的基本立场,二者之间存在着一个只能以极其微妙的方式才能看清的内在发展,从一个发展到另一个,而不是相反。

诚然,我常常无法理解高蒂尔。高蒂尔特别加以赞扬,认为其具有哲学特征的耶格尔的发生学分析,虽然在他的分析性观察中具有奠基意义而且一直是重大成就,但是恰恰就是从哲学的特征去看,这一分析显得差强人意。高蒂尔的某些发生学观点也是如此——尽管他在整个语文学和哲学的实事理解中保持一致。饶有兴味的是,他是如何通过一个章节来充实对最新的阐释的描述的,在这一章里,他把真实的亚里士多德伦理学从对亚里士多德伦理学的那些传统的、经过"托马斯主义"中介的见解中提取出来了。藉此,他还深入探讨了费尔贝克(G. Verbeke)提出的批评,详见后者的文章《亚里士多德道德学的几个主题》,发表于《鲁汶哲学评论》1963 年第 61 卷第 185—224 页。与此同时,他还探究了亚里士多德的幸福论这一主题,这是一种颇为有益的探讨。但是,当他 306 提出以下观点作为结论时,即《尼各马可伦理学》把实践机智(praktische Klugheit)的理想与某种友谊伦理学意义上的静心养性(Kontemplation)的理想结合起来了,还有当他在友谊伦理学这个词目下建构出一种与柏拉图的正义伦理学相反的东西时,我就实在是不敢苟同了。

虽然在我看来论友谊这几卷的核心观点也极其重要——假如

人们想要一般地去规定 $τὰ\ ἠϑικά$（伦理之物）的意义的话[③]——但是要在柏拉图那里解读出一种并不意指友谊问题的"正义伦理学"，还是意味着太从字面意思上去理解柏拉图的《理想国》以及其中"有社会等级差别的"心理学了。与自身的友谊、与自身团结一致是一切与他人的友谊和团结一致的基础，除了这点外，柏拉图在其对话（与《第七封信》一致）中还试图确立其他的不同东西吗？恰恰在其关于与自身的友谊的学说上，亚里士多德从来没有这么像一个柏拉图主义者。迪尔迈尔能够为那些论述友谊的书籍提供关于亚里士多德与柏拉图的亲近关系方面的尤其丰富的文献，这不是偶然的。

不过，我们也为本书提供的颇为丰富的教益而备感欢欣，它们在新版本中以更大的篇幅呈现于我们面前。这部著作或许将有助于更鲜活地去对待柏拉图-亚里士多德伦理学中的实质性问题，并使得高蒂尔深信不疑的诸发生学假设不至于板结为一些独断。

（师庭雄 译，洪汉鼎、缪羽龙 校）

---

③　［参见我在 1929 年开设的亚里士多德课程，新的修订版收入我的著作集，第 7 卷。］

21. 关于柏拉图

J. N. 芬德莱(J. N. Findlay):《柏拉图——成文与未成文的学说》(*Plato. The Written and Unwritten Doctrines*),Routledge & Kegan Paul 出版社,伦敦,1974 年。

(1977 年)

这本由芬德莱写的书出版得恰当其时。关于"柏拉图未成文学说"的讨论几十年来可谓方兴未艾。这一讨论是由莱昂·罗宾[①]那部开创了新纪元的著作所开启的。在柏拉图对话居有优势的一个半世纪后,研究工作开始越来越多地转回到对后柏拉图的,尤其是亚里士多德的传承物的一种日益增强的重新重视中。如保罗·弗里德兰德(Paul Friedländer)这样的人通过把诸对话的诗歌形象与在对话中得到讨论的诸哲学主题联系在一起,从而以令人印象深刻的方式带到终结的东西,当然也不过是表现了整个对话的一个方面。无论我们从间接传承物——这种间接传承物是我们在亚里士多德和此后哲学家那里得到的——中可能得到怎样的

---

① 莱昂·罗宾:《依据亚里士多德的柏拉图式理念论和数论——历史性和批判性研究》,巴黎,1908 年。

坚持,但诸对话与其说是从作为学园"教师"柏拉图那里引发的哲学活力的源泉和起源,毋宁说更是一种文献汇编,这一点没有人会对之提出质疑的。

　　因此,当我们这个世纪在追随罗宾的过程中越来越得到认同这样一种信念,即通常所说的理数论(Idealzahlenlehre)并不能代表晚年柏拉图给出的独特学说(Sonderlehre),而是以一种难以确定的方式支撑着柏拉图的全部对话作品,这就意味着某种新状况和新任务。众所周知的是,在古代传承物中只有个别的地方能够让人看出某种暗示:好像柏拉图在开端(ἐξ ἀρχῆς)上假设了理念,而理念与数的性质没有联系(《形而上学》,第13卷,第4章,1078b11)。不过,这一"开端"能否作为某种历史见解而不只是用作逻辑分析的手段——就此而言,作为赫拉克利特信徒的柏拉图变成了苏格拉底的信徒并借之含蓄地变成了毕达哥拉斯的信徒——在此处还是个问题。无论如何,对于从哲学角度来切入的柏拉图研究而言——这项研究在德国尤其在尤利乌斯·斯坦策尔推动下通过与马堡学派的新康德主义的同化柏拉图的做法展开批判性的争论而获得了进展——这倒不是什么值得大惊小怪的事儿。正如二战结束后,经由蒂宾根学派(K.盖泽和H. J.克雷默)关于语文学方面的研究,某种理念数的柏拉图古代学说与某种"关于善"的古代讲稿的全部理论都被认作是不可靠的。如果人们对蒂宾根学派做出的对柏拉图"未成文学说"的重构还是感到如此不满意，并认为 18 世纪学院形而上学的某个形态在未成文学说里找到了柏拉图足以撼动世界的深奥思想——那么现在必须把这一使命承担起来：也就是在间接传承物的光照下对柏拉图的对话作品进行全新的通盘思考。许多学者——我指的仅仅是维尔纳·耶格尔、尤利乌斯·斯坦策尔、雅各布·克莱因和我自己——早在十年前就在德国看到了这一使命。不过，第一个从直接和间接传承物的相互印证中得出的合适成果就是 J. 芬德莱这部已出版的著作。

人们用"柏拉图信徒"来指称芬德莱的整个一生，他的著作也是其漫长的一生中在与柏拉图打交道的过程中而赢得的思想上的收获。即便如此，人们也不会一上来就直接把他称之为柏拉图信徒。毋宁说，芬德莱以某种令人惊讶的魄力把柏拉图主义构建为某种（当然还有别种）可以实现的、合法的哲学世界观（Weltsicht）。"然而，我们并不能因为这一点就以为有了正当理由，可以把他从其他同样合理的世界观中扯离出来。"（第 358 页）不过，这并不是芬德莱最终的结论。倒不如说，这本书给柏拉图主义施加于欧洲哲学的影响作了一番概述，并以此表明：芬德莱从柏拉图的诸对话和间接的亚里士多德传承物中发展而来的体系化理论实际上已经压倒了其他所有哲学的世界观。因此，芬德莱与任何一种相对主义都相去甚远。他对于柏拉图主义的效果历史所给出的评价使得他对其自己的柏拉图主义进行哲学建构的真正历史动机能够被清楚地看出来：在他看来，罗素、摩尔和怀特海远比那个他认为只具

有批判和否定意义的维特根斯坦(第 405 页)更能作为宇宙公理-
数学化构造这一原始柏拉图的思想的现代继承人。然而从施莱尔
马赫以来的德国柏拉图研究,正如芬德莱强调海德格尔的哲学的
开端(Ansatz),即作为一系列没有统一系统意向的林中路一样,同
样也没有在相反的方面进行考虑,因为这些研究并没有足够认真
地去对待新柏拉图主义的传承物。不过,在芬德莱看来,德国唯心
论中的同一哲学(Identitätsphilosophie)似乎是柏拉图主义的某种
创新样态,因为这种哲学克服了康德的先验主体主义;尤为重要的
是在黑格尔那里,柏拉图的"宇宙的自我实现"能以概念的自我运动
被重新认识。

　　显然,一个这样学识广博的柏拉图主义形象,有如此
处深刻揭示的,绝不会只是从诸对话而获得的。不过,就
对话的文学特征而言,我们完全可以合法地越过彼处说
出的东西并沿着在彼处得以指明的方向继续思考——假
如间接传承物从它那方面以这种牢固的方式让自己与我
们知识的文学基础结合起来,那就更是如此。在我看来,
芬德莱的这个观点是令人信服的:亚里士多德于公元前
367 年进入学园之际,柏拉图思想的基本线索和根本问
题已然明晰,并且它们构成了各种辩论的主题并促成了
学园内部的各种思想变异。这一历史的观点与那种(我
长久以来都相信的)理念与数之间的关联所具有的重要
意义是高度契合的——这种观点肯定不能首先被视为某
种"在古代造成的偏差"。

309

在亚里士多德看来,柏拉图实际上乃是一个普罗泰戈拉信徒。可以合理地假设:柏拉图的诸对话(至少是《国家篇》)都可以在柏拉图的普罗泰戈拉主义这一假定下阅读,并在此前提下去进一步猜想理念与数在结构上的亲缘关系。

在上述假设之外,我尤为认同芬德莱一开始就设定好的两个宽广的出发点:第一个出发点是他对这些东西的批判性拒绝,即二元世界学说、理念的一般性与现象的个别性之间那种“本体论的”对置(ὁμοταγές在普罗克洛的巴门尼德注释中被当作“造成了分离与分有疑难重重”的真实原因);第二个出发点则是:他把“元素”(Stoicheia)与事实性理念区分开来。(此外,我想把这一点暂时搁置一旁,即他把关于“善”之超验性的学说纳入到元-理式〔Meta-Eide〕*的维度中去是否合理。)在我看来,即使人们只是从柏拉图的诸对话出发,这两个假定也是他们所无法回避的:如果人们想要真正理解《巴门尼德篇》的第一部分,他们就无法回避第一个假定;如果人们看到《智者篇》(以及《巴门尼德篇》)里的“最高的种”(μέγιστα γένη)与属和类的分类法图式几乎了无关联,他们就会毫不犹豫地接受第二个假定。此外,人们也必得承认:“一”这个概念具有统治性地位,并且与“多”的概念辩证地结合一体,因为它既包含理念的辩证法,又包含理念与个体的辩证法。

如果人们仅仅以一种恰当的方式去看待《形而上学》第1卷第6章和第9章里头不同的内容,那么上述观点

---

* Eide 是柏拉图用来指代“理念”(Idee)的另一个词,为做出区分,此处译为“理式”。——译者

是比较符合亚里士多德文本的原意的。即便芬德莱对第
1卷第6章的阐述遭到了批评,对质料(Hyle)-概念的思
考更是遭人诟病。不过,这是一种内在的批评,前提是:
柏拉图的双重讨论方式在亚里士多德的《形而上学》中要
分别表现为芬德莱区分过的"元素"(Stoicheia)或"本原"
(Archai)与"理念王国"两个维度。显然,不是很有说服
力的是:最高种、元-理念(Meta-Ideen)的整个领域应该
包含《形而上学》文本中单独谈到的一和不确定的二这两
个原理。根本上说,这一点对于《斐莱布篇》23c以下。
那个地方针对于四个种的讨论没什么帮助。然而,理念
与数的关系却借此获得了坚实的基础。

　　(《形而上学》)第1卷第9章借以去批判理念的分离
(Chorismos)和世界的双重化(Verdoppelung)的那种具有
嘲弄意味的浅薄性,来源于某种完全不同的态度。因为这
完全就是一种从某个人自己临时拿来的本体论观点出发
建构来的外在的论证方式,那个被柏拉图批判过的"通才
(homotages)"再次朝气蓬勃地粉墨登场。在亚里士多德
看来,诸理念与其说是不变性(Unveränderlichkeit)的原
因,倒不如说是变化(运动〔Kinesis〕)的原因。它们表现的
是毕达哥拉斯那里某种数的关系(Zahlenverhältnisse),以
此为基础,同样的音程*总是可以被音乐家制作出来。要

---

　　* 音程(das Interval)指两个音级在音高上的相互关系,就指两个音在音高上的距
离而言,其单位名称叫作度。——译者

是后来的人把哲学整个地变成了数学,亚里士多德也会
为之扼腕哀叹的。因此我觉得,从亚里士多德的出发点
去看,柏拉图未成文的学说应表现为何种样态的问题就
变得相当清楚了。当然了,究竟亚里士多德的"本原"
(Archē)概念是不是可以用在柏拉图身上——更不用说
他那有着四重性质的"原因"(Aitia)概念了——我还是
有些犹豫。柏拉图似乎是从一(das Eine)的基本特征
(Zusammenschauen,概观)开始谈起的,因此似乎是用
功能性更为强大的 ἄκρα καὶ πρῶτα(顶端的和首位的)来
表达(其思想的)。然而,假如人们把《物理学》一书中亚
里士多德对"形式"(Eidos〔理念〕)*概念做出的全新解
释作为前提,那么他们就会加入到批判柏拉图的洪流中,
并以此直接和间接地与柏拉图的传承物打交道。

假如人们像芬德莱那样处心积虑地摒弃了柏拉图的辩证法并
转向系统化的统一性以及从统一性而来的系统化演绎,那么柏拉
图形象就会根本不同。在这里,芬德莱以柏拉图时代得出的只存
在着五种正立方体**的数学证明为根据,也就是以所谓的"柏拉图
立体"为根据。对于柏拉图而言,"柏拉图立体"就是一般构造模本

---

* Eidos 在柏拉图那里是 Idee 的另一种表达式。在亚里士多德这里,一方面指"内
在形式",也就是事物之为事物的本质,与柏拉图的理念(Idea 或 Eidos)分享了同一个
词源,一般译为"形式";另一方面是指外在形式,即形状(Morphe),是事物外在的样
子。——译者

** 这五种正立方体是:正四面体、正六面体、正八面体、正十二面体和正二十面体,
每一个正立方体都是由一种正多边形组合而成的。——译者

的合理性原型,在《蒂迈欧篇》中他把这些立方体直接用来构造他
那些妙趣横生的元素构造(Elementenkonstruktion)*。芬德莱本
来也可以援引盖泽对维度秩序(Dimensionsfolge)的重新演绎来
为自己作证,人们几乎也不会反对:《斐多篇》《国家篇》《斐德罗篇》
《巴门尼德篇》《蒂迈欧篇》《智者篇》《政治家篇》和《斐莱布篇》这些
对话不但以在"一"上达成的共识为前提,而且也以普遍的分殊为
基础。不过,字母系统这个例子——《斐莱布篇》中除了字母还谈
到的音调——也表明**:柏拉图显然绝不会期望在任何地方都得
出同一个完美的合理性,也就是在谈论"柏拉图立体"时涉及到的
那个合理性。实际上,在柏拉图那里展示出来的绝不是彼此不相
干的"理论碎片"。在我看来,这一点也限制了盖泽举出的"维度秩
序"这个例子的范围。当柏拉图在谈论"一"的时候,总是显得举棋
不定而且总在强调"(这是)辩证法式的"。即使在《斐莱布篇》中,
善也只是在"第三种东西"(συντρισί)中才得到理解的。《巴门尼德
篇》中芬德莱特别喜欢援引的第一个假设所涉及的东西,是这样以
辩证法的方式同第二个假设紧密地共属一体,以至于关于"'一'这

---

　　* 参见《蒂迈欧篇》中蒂迈欧在构造宇宙、世间万物和人诸方面的有趣论述。——
译者
　　** 苏格拉底:如果你去掌握音乐技艺,你也像前面学习字母一样掌握某个声音吗?
　　　普罗塔库:当然。
　　　苏格拉底:我们可以从声音中区别高音、低音,以及音高,是吗?
　　　普罗塔库:是的。
　　　苏格拉底:如果你知道的无非就是这三个术语,那么你还不是真懂音乐,尽管你
　　　　要是连这些术语都不知道,那么你根本与音乐无关。
　　(详见《柏拉图全集》,第 3 卷,《斐莱布篇》,王晓朝译,人民出版社 2003 年版,第
185 页)。——译者

个原理"的讨论让人觉得与柏拉图无关。就算做了些添枝加叶的 311
工作，亚里士多德对柏拉图的描述（《形而上学》，第 1 卷，第 6 章）
看起来也绝不是"一元论的"，他记在柏拉图名下的二原理学说
（Zweiprinzipirenlehre）显然就是他自己的形式-质料-二元论（Ei-
dos-Hyle-Dualismus）的另一种说法。

　　因此，所有问题都尖锐地集中到这个问题上，即新柏拉图主义
哲学，尤其是普罗提诺的哲学究竟在多大程度上最终准确地理解
了柏拉图。芬德莱对这个问题进行了深入的研究。虽然他清楚地
认识到：毕达哥拉斯学派把理念和数等同起来的做法并没有得到
普罗提诺的欣然接纳（第 374 页），但是这一点却很符合他的胃
口——即柏拉图的"一"并非"新柏拉图主义所鼓吹的空洞的统一
性"，而是纯粹的"在数和比例以无限的方式界定的统一性中的多
样性"的抽象结构（第 295 页）。不言而喻的是，他绝不会在理解
柏拉图时加进些由"一"流泻出"多"的宇宙论闹剧以及任性胡为的
心灵闹剧。理式（Eide）的"自我实现"（selfinstantiation）指的无非
只是，理念只存在于具体的实在物中，而且，就像《第七封信》所描
述的那样，理念只有借助这些具体的东西才能得到理解。"在这样
一种学说中，理式并不依赖于它们之外的事物和行动：该学说把这
些所谓的事物和行动（如果有必要的话）都还原到理式存在的各种
独立的（如果是本质的）样态。"（第 353 页）这是多么精彩绝伦的观
点啊！[②]

————————————

　　[②]　在这一点上我与芬德莱的看法有多大的一致性，参见我的论文"柏拉图与亚里
士多德之间的善之理念"，海德堡，1978 年（现收入我的著作集，第 7 卷）。

不过,在芬德莱看来,普罗提诺(以及普罗克洛)乃是
(柏拉图思想)忠实的后继者和完成者。按照芬德莱的观
点,苏格拉底的思想——为个体灵魂(Einzelseele)之不
朽首次做出有效证明的思想——应当(借助普罗提诺的
工作)被理解为"灵魂"在具体化自身的过程中迈出的一
大步(第50页)。他自然知道,柏拉图和亚里士多德都没
有实质性地迈出这一步,不过他好像把所有严肃的东西
都视为不合逻辑的东西。

　　更让人吃惊的是他得出的这个观点:即柏拉图(不同
于亚里士多德)认为主体性(Subjektivität)的理型与事物
(Ding)的理型是一种并列关系。在所谓的遵从柏拉图
的暗示这一前提下,他提到了《巴门尼德篇》134里的那
个讨论,在那里谈的是"知识本身"(Wissen selbst)。就
此而言,这一荒谬的、显然是通过间接证明杜撰出来的理
论(它给诸神预留了认识理念的权利)实际上是无法被接
受的。此外,我在柏拉图那里也找不到任何理由去假定
"noeron"(灵)与"noeton"(理智)的新柏拉图主义二元
性。在这里,就连芬德莱也总得去问,为什么柏拉图没有
在上述关联中更明晰地去谈论"努斯自身"(Nous an
sich)*,并认为亚里士多德放进神圣努斯中去的心理主
义的东西应对此负有责任——因为这种情况并不是由思
想的内在必然性造成的,真理(Aletheia)无非就是存在

---

*　Nous同时也可译为"心灵、心智、神智"。——译者

的敞开性(die Offenbarkeit des Seins)，以至于灵魂，说得确切些，"精神自身"只不过是这种真理从其中显现出来的东西而已。我在这里找不到任何不同于亚里士多德的"Topos Eidon"*（意义显现的场所）的东西。

最后，芬德莱对元-理型的构思(Konstruktion von Meta-Eide)——某种关于理型的范畴学说——虽然做到了实际的一贯性（而且这一构思与许多阐释者〔包括1931年的我〕对柏拉图对话录的解读是极为相似的）。但是，柏拉图在《智者篇》中明显保留了"最高的种"($\mu\acute{\varepsilon}\gamma\iota\sigma\tau\alpha$ $\gamma\acute{\varepsilon}\nu\eta$)一词，仿佛这里事所攸关的是最高的、种的普遍化(höchste generische Verallgemeinerungen)——尽管柏拉图也明白这个词想要说出的东西与"金字塔形的理念世界"(Ideepyramide)有些格格不入。

我可以按着"理型的算术化阐释"(der Arithmetisierung der Eide)这个路子走得更远（但是该阐释却与新柏拉图主义毫不相干）。我或许还可以给这种做法增添些内容——在我看来，用毕达哥拉斯学派的"四元体"(1＋2＋3＋4)来确立10这个数的理念似乎比找出该数的事实根据要容易得多。而且，在我们这里，10个数对于所有的计算来说已足够用了。

此外，就芬德莱为了有利于普罗提诺的柏拉图主义而采取的

312

---

* 亚里士多德把"灵魂"描述为"Topos Eidon"，即"意义显现的场所"。为衔接上文，未译为"灵魂"。——译者

做法而言,他费了很大气力才把萦绕着普罗提诺的各种去神话化
(Entmythologisierung)驱逐殆尽,而且不得不承认:通过这一方
式,针对柏拉图的各种分歧才得到了缓解,特别是仰仗于他的阐
释,第一实体(Hypostase)与启示(Ellampsis)的分歧才得到了缓
解。然而,在我看来,普罗提诺的思想也是具有独创性的:虽然柏
拉图的某种源初思想或某句名言作为基底支撑着普罗提诺的一切
思想过程,但是一切东西听起来都是崭新的、不同的、出自内心思
考的。

最后,我想要以赞赏的态度来评价芬德莱的这本书——芬德
莱所构思的柏拉图主义形式虽然既不能完整地代表柏拉图传承
物,也不能完整地代表新柏拉图主义传承下来的思想形象(Denk-
figur),但是这一针对直接或间接的柏拉图–传承物的理解却在许
多重要的方面起到了促进作用。人们当然必须去问一问,他的构
思以之为基础的那个一致的"理论"和"系统"的主导性概念是不是
像他设想的那样不言而喻。他一方面避开了近代先验哲学的"主
体主义",另一方面也避开了"亚里士多德的形而上学神学"。这一
点虽然令人印象深刻,但是,柏拉图的"辩证法"是否仍然没有被他
投射到一个不恰当的层面上去,也即倒不如说亚里士多德的层面
上去(在我看来,《塞克斯都名言录》〔ad. math. X, 263—276〕所说
的存在的三个层次可能也算在这个层面),以及哲学在此有没有被
苛求去达成某种完满性——一种不但柏拉图有意识地予以否认,
而且我们也不得不对之疑虑重重的完满性?

B. L. 范·德·瓦尔登(B. L. van der Waerden):《毕达哥拉斯信
徒》(*Die Pythagoreer*),苏黎世/慕尼黑:Artemis 出版社,1979 年。

（1981 年）

在欧洲科学和哲学的早期历史中,所谓的毕达哥拉斯信徒乃
是一种最暧昧不明、最有争议的现象。个中原因繁多冗杂。很显
然,毕达哥拉斯长久以来就是一个传奇人物——人们所了解的毕
达哥拉斯是一个虔诚的宗教团体的创始人,该宗教团体从政治上
方面对公元前 5 世纪的历史,尤其是大希腊(Magna Graecia)的历
史*具有决定性意义的影响力——后来的人都试图接续他的衣钵
并常常把自己的思想和认识(Erkenntnisse)的缘起都追溯到他那
里。没有人会对此提出反驳意见。与此同时,针对古代传承物的
捏造和扭曲至少发生了两次,毫无疑问,这都是从事毕达哥拉斯研
究的权威为了突出自身研究的可靠性而采用的手法。

　　一次发生在柏拉图时代。我们这样说是有确切根据
的,因为柏拉图与毕达哥拉斯学派最后几位令人敬佩的
成员之一即塔林敦的阿尔基塔无论是私交还是业务方面
都过从甚密。很明显,这位阿尔基塔对柏拉图思想世界
的形成具有启迪意义,他与其说是一位宗教人物,毋宁说
是一位科学人员,一位科学声望不会受到任何质疑的数
学家,此外,他也令人惊异的是一位杰出的政治家。然

　　* 大希腊(Great Greece;Magna Graecia)是公元前 8 世纪至公元前 6 世纪古希腊
人在意大利半岛南部建立的一系列城邦的总称。——译者

而,这里确实还得提出一个难以回答的问题,即这位柏拉图的同时代人在数学-科学方面的成就究竟在多大程度上能够代表原初的毕达哥拉斯宗教团体的科学观点。尤其是我们这个世纪刚开始时的德国学术界对此采取一种极为激进的批判形态。埃里希·弗兰克(Erich Frank)在其名作③中以很偏激的方式对古代传承物予以通盘的质疑。实际上很明显,而且也有理由认为:就连毕达哥拉斯的名字在柏拉图(亚里士多德把他与毕达哥拉斯信徒混为一体)的对话中也只被提到过一次(《理想国》,600b),以至于数学、音乐和天文学的知识——毫无疑问,我们认为这些知识出自毕达哥拉斯之手并且被柏拉图承继下来——在柏拉图那里根本就没有与毕达哥拉斯这个名字联系在一起。

当然了,人们不应该对此过分渲染。众所周知,德谟克利特的名字在柏拉图的对话中出现的频率同样很小——尽管他至少从亚里士多德以来就被当作一个伟大的代表性人物。遗憾的是,这位苏格拉底的同时代人并没有在那个时代借自己的著述成名,而只是被当作柏拉图-亚里士多德式"辩证法"的反对者而打入另类。然而,另一方面,我们当然知道:在柏拉图借助其对话使之升格到哲学层面的这一类小说里(《第欧根尼·拉尔修》,3,48),毕达哥拉斯的朋友从蓬迪科岛的赫拉克勒斯那里获

---

③　《柏拉图与所谓的毕达哥拉斯信徒》,哈勒,1923年。

悉的毕达哥拉斯的主要形象也就是这样的。数学家毕达
哥拉斯最终可以回溯到这样的文学形象吗？埃里希·弗
兰克在他那个时代就对毕达哥拉斯在数学和科学方面提
出的观点予以质疑，这同样要归咎于这一类学究气太重
的小说。今天，我们有充分的理由抛开上述做法的羁绊。
不过，这却似乎不太符合菲洛劳斯*的胃口。无论如何，
我们从某些语录中了解到的并同样属于其团体成员的
"菲洛劳斯"是极不可信的，以他们的名字命名的那些残
篇断简也许跟柏拉图一点关系都没有。范·德·瓦尔登
向我们表明：如果那些残篇是真实可信的，那么菲洛劳斯
就是一个头脑混乱的人。

在最近 50 年里，研究状况发生了翻天覆地的变化。给古代毕 314
达哥拉斯传承物平反的工作已然展开。当然了，人们从未能完全
去质疑毕达哥拉斯自己把此二者结合为一体，即他关于灵魂转世
的宗教学说以及他关于音乐和声学说以及数学说的知识。（卡梅
伦〔A. Cameron〕在他那个时代从占据统治地位的观点出发极有
说服力地陈述过这一点。）然而，所谓的作为"科学"人士的毕达哥
拉斯信徒与晚期团体（der älteren Bund）的彻底决裂最终被证明
不过是某种过度批判得出的结果。恰恰就是手头这本书的作
者——除了其他语言学学者，诸如布尔克特（Burkert）、冯·弗里
茨（von Fritz）、德拉特（Delatte）、冯·福格尔（von Vogel）这些

———————

* 菲洛劳斯（Philolaos），毕达哥拉斯学派后期人物，他把毕达哥拉斯学派的学说书
写下来并使之流传于世。——译者

人——做出了巨大的贡献,即以内在的事实逻辑(Sachlogik)为准绳,重新审视了古代传承物,使之相互一致并合情合理。在手头这本书的序言中,这位借助其著作《正在苏醒中的科学》在哲学圈声名鹊起的作者重新提到了他的"毕达哥拉斯信徒"这个词条,实际上,他可以自诩:从全面性和公正性方面看,没有谁比他更熟悉最新的研究状况。尤其是为了证明自己的研究,范·德·瓦尔登在其著作的第二部分用了六章近 150 页的篇幅以高超的洞察力再现了毕达哥拉斯信徒们归属其下的科学流派。

然而,这部新作原本要讨论的重点乃是第一部分,它打算从全部传承物中恢复毕达哥拉斯的宗教形象以及宗教创始人的形象。就这一任务而言,内在的事实逻辑——对这一事实逻辑的精通使得数学家范·德·瓦尔登能够把他在历史学上的贡献应用于科学史——不能提供任何有决定性的帮助。在这里我们要讨论的是传承物历史中的第二个事实,它使得我们那个围绕着毕达哥拉斯展开的疑问变得愈发沉重。众所周知的是,充斥于世纪之交的那种宗教狂热导致对古典时代晚期的毕达哥拉斯主义进行重新理解——这一理解在数量惊人的理论著作、传记体著作和有传奇意味的著作中一一展露出来。长久以来,对于历史评论界来说,这些文献首先是颇为可疑的。然而,在(本书)这里也同时还残存着因过度批判而导致的某种程度的倒退,主要表现为通盘否定了这些传承物的价值。假如范·德·瓦尔登想要更为可信地说明真实的传统遗产在任何情况下都拒绝回到本源处,那么他本可以援引某些更新的研究作为证据。

在对起源问题的讨论中,他极其谨慎地探究了一些关键的问题,同时在堪称完美的诸译文中提供了相当多的传承物碎片。总的说来,(他的讨论)最让人信服的是,毕达哥拉斯的传承物从未完全消失殆尽,以至于人们完全可以去期待:古代知识(die Kunde) 315 也会在后来的诸源头中继续存活下去。

　　哲学家们首先感兴趣的是该书随后的一章。毋庸置疑,从柏拉图那里得出的柏拉图本人(和亚里士多德)转向天体崇拜(Gestirnreligion)的各种证据既向前指涉着晚期古典时代(späteren Altertums)的宗教思潮,也向后指涉着晚期毕达哥拉斯主义留下的某项遗产。人们往往把事物间的关联和事物的变更等同视之,这就是说,雅典哲学已然探讨过有着科学品性的启蒙运动,而那源自遥远之地的天体崇拜则与"荷马的"公民宗教(Volksreligion)达成了某种互补关系。就此而论,人们并不能说:作者通过资料翔实的描述从希腊思想中获得的这一番哲学思考太过于怪诞荒谬或者耸人听闻。

　　不过也有例外,这首先是本书第 13 章在阐释格拉萨的尼科马霍斯(Nikomachos von Gerasa)*时出现的情况。假如这里的讨论是正确的,那么我们自己的研究就不得不另起炉灶了。那就是说,相应于那种与 7 世纪的伊奥尼亚学派的风尚颇为接近,然而根本说来,至少可以在荷马史诗的诗意想象中找到描述的启蒙运动而言,另一种完全不同的传承物也具备了启蒙运动的特征,这一传承

---

　　*　格拉萨的尼科马霍斯(Nikomachos von Gerasa,约公元 100 年前后),希腊数学家、声学家。虽然在毕达哥拉斯去世 400 多年后才出生,但是他在哲学思想和数的理论方面却继承了该学派的衣钵。他本人系"新毕达哥拉斯学派"成员之一。——译者

物向后把毕达哥拉斯与琐罗亚斯德*的教理连接在一起,向前则把毕达哥拉斯与《蒂迈欧篇》以及被我们称之为"新柏拉图主义的"传承物连接在一起:这样一来,柏拉图就不是那位把数的(以及真实存在的)"理智"世界与现象的世界分离开来并借此帮助毕达哥拉斯信徒们获得适当的本体论上的自我理解的第一人。这样一来,柏拉图就不是那位通过数和尺度(Maß)把设置界限的行为(Grenzsetzungen)与如此这般被限定的东西(dem so Begrenzten)区分开来的第一人——这似乎给《斐莱布篇》关于种的学说注入了新的理解。这样一来,柏拉图也就不是那位在区分理智与感性(Intelligiblen und Sensiblen)而得出的结论中设定了努斯(Nous)作为具有统一特性的原因(《斐莱布篇》,26以下)并在《蒂迈欧篇》关于那位创造了宇宙的创造主的神话叙事中阐发了"对基督教尤为称道的创世学说有着启迪意义的东西"的第一人。这样一来,毋宁说毕达哥拉斯信徒们乃是古伊朗智慧的代言人,亦即那种按照某个神的建造计划来创造世界的学说的代言人——该建造计划在数(四进制〔Tetraktys〕)的神秘性中找到了自己的根据。与之相应,《蒂迈欧篇》以及后来的新毕达哥拉斯派的谈论都不过是上述内容的某种回响而已。

　　人们不应该立即就对此予以拒斥。毕竟,我们的传

---

　　* 伊朗先知琐罗亚斯德是琐罗亚斯德教(又称拜火教)的创始人。拜火教强调正直和诚实,反对禁欲主义和单身制度。拜火教寺庙里总是燃烧着一堆圣火,教徒们则站在尊师面前拜火。尼采《查拉图斯特拉如是说》一书的主角"查拉图斯特拉"就是"琐罗亚斯德"的波斯语译名。——译者

承物如此强烈地取决于：亚里士多德的 φύσις（自然）概念、对无疑来自更早时代的东西的取缔以及东方的高度文明从宗教上得到证实的宇宙起源学说，以至于人们无论如何也必须去稽考一番那些观点——这些观点使得我们那些基于亚里士多德的描述而获得的柏拉图形象以及所谓的毕达哥拉斯信徒的形象都变得疑问重重。这一传承物把亚里士多德对毕达哥拉斯信徒和柏拉图的描述与伊奥尼亚学派的"生理学"杂糅在一起成为一个宽广的综合。戒日思想中宇宙起源学的因素以之为基础并且由赫尔舍（U. Hölscher）重新凸显出来的宗教史视角还能够以完全不同的方式适用于毕达哥拉斯信徒吗？还能够把这些信徒变成古伊朗"形而上学"智慧的代言人吗？古典时代晚期的新毕达哥拉斯信徒因此需要以别样的方式来评价。他们以古代毕达哥拉斯的传承物为依据，只是把这种代言行为提高到使柏拉图与这一（传承物的）传统全然融合的程度。

实际上，范·德·瓦尔登在这一点上是以格拉萨的尼科马霍斯和亚历山大城的斐洛之间那种显著的一致性为理论支撑的，这些一致性把"创世传说、数的神秘和建造者的计划"这些全新的音调放进了像 νοητὸς κόσμος（可被思考的世界）这样的听起来像是"柏拉图式的"概念中去。那么，范·德·瓦尔登的这本书针对源头（Quellen）的所有具有表演性质且最有吸引力的描述就不应该只是从总体上提升了"新毕达哥拉斯"传承物的价值。应该从这里

头得出某种更令人吃惊的结论才对。第 13 章里提出的那个猜测
应该具有某种革命性的意义。对此,数在创世者的思想(Geiste)
中应该用来描述世界的建造计划;此外也搞出一种创世思想的柏
拉图因其理念学说之故应该不会完全接受上述观点,因此他在《蒂
迈欧篇》中的表述显得模棱两可,以至于那些学院派的人会多多少
少地认为《蒂迈欧篇》的整个神话叙事披上了一件教诲别人的外
衣。(迄今为止的研究认为:理念在精神中的位置调换〔Verset-
zung〕最初应该被看作柏拉图主义的某种后期发展〔参泰勒尔和
默兰在新柏拉图主义④的开端问题上所做的研究〕,而且在斐洛和
尼科马霍斯等人那里的新毕达哥拉斯元素也取决于理念的这一位
置调换。)

　　范·德·瓦尔登为其转变这些既有主张(opinio re-
cepta)所能提出的相反论据还显得太少且不够犀利。他
对《赫拉克利特著作残篇》中的残篇 30 的看法——"同一
个世界秩序(宇宙),对所有本质而言的世界秩序,既没有
创建诸神的某个世界秩序也没有创建人的某个世界秩序
……"——闪烁着一道新的光亮,这看起来是最犀利的。
那么,在这里被拒绝的东西应该不是常见的神话式虚
构——在某种宗教性的神圣话语中(à la Usener)*("既
非神,也非人")暗示着的就是这种虚构——而是某种被

---

④　W. 泰勒尔(W. Theiler):《新柏拉图主义得以形成的预备性条件》,柏林/苏黎
世,1934 年;P. 默兰(P. Merlan):《从柏拉图主义到新柏拉图主义》,海牙,1960 年。

*　à la Usener,字面直译为"在乌西诺这里",指的应该是乌西诺关于"瞬息神"—
一种旋生旋灭的神祇——的理论。——译者

精心拟定好了的毕达哥拉斯理论。然而，人们还能进一步去证明这一假设吗？也就是以分有（Methxis）（来源于亚里士多德的《形而上学》第 1 卷第 6 章 307——当然也许并非如此）取代模仿（Mimesis）这种方法来证明。对此，从科勒（Koller）开始就引起人们极大兴趣的模仿概念是极其不明确的；同样可以肯定的是，只是就某种预先确定好的秩序的单纯"维持"这一意义而言，模仿概念也是易于把握的。就连亚里士多德《形而上学》第 14 卷第 3 章 1091a 这一部分提及这一点时也显得不够明晰。"毕达哥拉斯信徒们"（哪些？）讲授的数结构（Zahlenkon-struktion）的意义在亚里士多德看来是颇有争议的，而且不管怎样他是以宇宙起源学的方式来理解这一结构的。他本不应该这么做——假如他想要从某个数的方案（Zahlenplan）中获悉创世之事的话（ἐκ σπέρματος，1091a16 与此根本不符）。

　　对宇宙做出"神学"解释——以柏拉图身份来出现的苏格拉底在《斐多篇》中设定了这种解释，该解释还促使苏格拉底在《理想国》530a 处谈到了上天的创造主（Mem. Ⅰ,4,7 也是如此）——证明了古代毕达哥拉斯学派的存在（应该是现代学者西米〔Simmia〕和克贝〔Kebe〕提出的证明吧?），这是顺理成章的。〔对苏格拉底的指控（308）根本没有涉及他求助于戴蒙（Daimonion）*的种种

317

---

　　* 戴蒙（Daimonion）在苏格拉底的对话中有二意，一是指介于神和人之间且常出现于人的内心之中的"神秘声音"或"超自然征兆"；二是指"守护神""神灵"等。今从音译。——译者

行径,在我看来,这一点可以从《游叙弗伦》(5b)中得到
确证。〕

在给范·德·瓦尔登的这个例证找出更为有力的论据之际,
我们会发现对于神学、宇宙起源学和宇宙论之间的总的关系,尤其
对 φύσις(自然)这个概念有一重大的结果。

接下来的这些内容或许有更深远的意义。我们必须正视这一
问题:在毕达哥拉斯的东方宗教思想的影响与早期伊奥尼亚学派
研究的推动下是否在意大利促成了某种独特的“历史”——我们本
应该把这一历史不但归功于恩培多克勒,而且也要归功于巴门尼
德和芝诺(比如 J. E. 拉文〔Raven〕⑤原本就是这样认为的)。与之
相反,我们的祖国则沿袭着肇始于米利都的启蒙运动的特征前
行——到了苏格拉底和柏拉图那里向后转到天体崇拜,或许也转
向另外的宗教动机(在亚里士多德看来,正是这一宗教动机把柏拉
图变成了毕达哥拉斯信徒)。亚里士多德把“毕达哥拉斯信徒”置
于其《物理学》和《形而上学》的前史之中,这一做法最终造成了某
种可怕的误解:毕达哥拉斯信徒们与塑造“自然”(Physis)的思想
毫无关联,而是以理性的方式变换了伊朗人的创世学说。显而易
见的是,范·德·瓦尔登在重建希腊数学史时给出的那些卓越的
分析根本就没有谈到这一点。

应该不会造成这样的印象,即本书的整个论证过程完全取决
于能否与毕达哥拉斯信徒在其创世学说中提出的这种独特观点达
成一致。其实反过来说也能成立。公元 5 世纪的毕达哥拉斯信徒

---

⑤　《毕达哥拉斯与埃利亚学派》,阿姆斯特丹,1966 年。

们——全都是柏拉图的同时代人——促成了数学以及天文学领域的各项重大进步,柏拉图对此也是了然于心的,范·德·瓦尔登则以一种令人茅塞顿开的方式描述了上述事实。(他关于均轮和本轮的讨论也令我心悦诚服。)因此,在读完这部谈论柏拉图的美妙作品之后,我很想这样去表述我的心意:人们绝不能把柏拉图假想为一位研究数学的学者。人们也不能以这样的假设为前提——擅长于抽象思维的数学研究者也必须从抽象层面去把握他们的所作所为。在我看来,柏拉图的《泰阿泰德篇》就是对这一情形的说明。⑥ 希腊时代的数学家们并非一文不值的蹩脚的数学家,以致他们并不是从苏格拉底的概念诘难中成长起来的,而且也不会在"大的相对性"如此简单的事情上要弄"把戏"。不过,在此处,柏拉图则迈出了关键性的一步。关于数之产生与消逝的谈论并不适用于事物在自然变化之中的产生与消逝,自《斐多篇》以来这种看法就成为去理解"打上了柏拉图印记的 νοητόν (自然)的"出发点。就连这个概念的印记——正如在范·德·瓦尔登的推论进程中所显现的那样——还要追溯到晚期毕达哥拉斯哲学并最终追溯到伊朗文化,我目前还没有把这一点搞明白。

（师庭雄 译,洪汉鼎 校）

---

⑥　参见我最新的研究"柏拉图论数学与辩证法",C.F.冯·魏茨泽克编,慕尼黑,1982 年,第 229—244 页,现收入我的著作集,第 7 卷。

本书论文版源

1. 希腊哲学与现代思想

Die griechische Philosophie und das moderne Denken.

首次发表于《弗朗茨·维亚克尔 70 寿辰纪念文集》(*Fest-schrift für Franz Wieacker zum* 70),O. 贝伦德(O. Berend)等编,哥廷根,1978 年,第 361—365 页。

2. 论形而上学前史

Zur Vorgeschichte der Metaphysik.

1941 年 11 月 15 日在莱比锡的萨克森科学院的讲演。首次发表于《马丁·海德格尔 60 寿辰纪念文集》,法兰克福,1950 年,第 51—80 页。

3. 巴门尼德的教谕诗

Das Lehrgedicht des Parmenides.

"库尔特·里茨勒的巴门尼德注解",首次发表于库尔特·里茨勒:《巴门尼德》(《法兰克福关于古代宗教和文化研究》,第 5 卷),Klostermann 出版社,法兰克福,1934 年。后收录于《日晷》(*Gnomon*),第 12 卷(1936 年),第 77—86 页。

修订:首次修订,题目为"巴门尼德教谕诗修订",载《卡尔·赖因哈特纪念文集》,科隆,1952 年,第 58—68 页。

里茨勒注解后记。首次发表于库尔特·里茨勒:《巴门尼德》,法兰克福,1970 年(第 2 版补充版),第 92—101 页。

4. **柏拉图与前苏格拉底学派**

Platon und die Vorsokratiker.

首次发表于《Epimeleia——赫尔穆特·库恩纪念文集》,慕尼黑,1964 年,第 127—142 页。

5. **吾爱柏拉图,吾更爱真理**

Amicus Plato magis amica veritas.

为庆祝弗朗茨·迪尔迈尔(Franz Dirlmeier)60 寿辰所写(1960 年),首次发表于 H-G. 伽达默尔:《柏拉图的辩证法伦理学与其他关于柏拉图的研究论文》,汉堡,1968 年,第 251—268 页。

6. **柏拉图《第七封信》中的辩证法和诡辩术**

Dialektik und Sophistik im Siebenten Platonischen Brief.

1963 年 6 月 29 日海德堡科学院演讲。首次发表于《海德堡科学院哲学-历史会议论文集》,第 2 卷,海德堡,1964 年。

7. **反思的原型**

Vorgestalten der Reflexion.

首次发表于《主观性与形而上学——沃尔夫冈·克拉默纪念文集》,法兰克福,1966 年,第 128—143 页。

8. **柏拉图未成文的辩证法**

Platos ungeschriebene Dialektik.

洛特豪森(Leutershausener)关于柏拉图《第七封信》研讨会上的报告。首次发表于 H-G. 伽达默尔编:《理念与数——柏拉图哲学研究》。后收录于《海德堡科学院哲学-历史会议论文集》,

第 2 卷,海德堡,1968 年,第 9—30 页。

9. **论早期希腊思想中的神性东西**

Über das Göttliche im frühen Denken der Griechen.

首次发表于《古代与每一新善——沃尔夫冈·沙德瓦尔特纪念文集》,斯图加特,1970 年,第 397—414 页。

10. **柏拉图《吕西斯篇》中的言说与行为**

Logos und Ergon im platonischen *Lysis*.

首次发表于 H-G. 伽达默尔的短篇著作集,第 3 卷《观念与语言——柏拉图·胡塞尔·海德格尔》,蒂宾根,1973 年,第 50—63 页。

11. **柏拉图《斐多篇》中的不死论证**

Die Unsterblichkeitsbeweise in Platos *Phaidon*.

首次发表于《实在与反思——瓦尔特·舒尔茨纪念文集》,普夫林根,1973 年,第 145—161 页。

12. **物质是否存在?——哲学和科学中的概念构成研究**

Gibt es die Materie? Eine Studie Zur Begriffsbildung in Philosophie Wissenschaft.

首次发表于《Convivium Cosmologicum——赫尔穆特·亨尔(Helmut Hönl)纪念文集》,巴塞尔,1973 年,第 93—109 页。

13. **希腊思想中的父亲形象**

Das Vaterbild im griechischen Denken.

首次发表于《神话和历史中的父亲形象——埃及、希腊、旧约圣经、新约圣经》,H. 泰伦巴赫(H. Tellenbach)编,斯图加特,1976 年,第 102—115 页。

14. **论赫拉克利特那里的开端**

Vom Anfang bei Heraklit.

首次发表于《存在与历史性——卡尔-海因茨·福尔克曼-施卢赫纪念文集》,法兰克福,1974 年,第 3—14 页。

15. **柏拉图《蒂迈欧篇》中的理念与实在**

Idee und Wirklichkeit in Plotos *Timaios*.

1973 年 11 月 10 日在海德堡科学院的讲演。首次发表于《海德堡科学院哲学 - 历史会议论文集》,第 2 卷,海德堡,1974 年。

16. **哲学与语文学——谈谈乌尔里希·冯·维拉莫维茨-默伦多夫**

Philosophie und Philologie. Über Ulrich von Wilamowitz-Moellendorff.

1982 年在巴登·洪姆伯格举行的柏林学者逝世 50 周年会议上的报告,首次发表于《新苏黎世报》,1982 年 9 月 11/12 日,第 211 期,第 68 页。

17. **假象与存在——悼念卡尔·赖因哈特**

Schein und Sein. Zum Tode von Karl Reinhardt.

首次发表于《新评论》,第 69 卷(1958 年),第 161—168 页。

18. **英雄的危机——卡尔·赖因哈特逝世十周年纪念**

Die Krise des Helden. Zum Gedenken an Karl Reinhardt nach zehn Jahren.

在 1966 年卡尔·赖因哈特逝世十周年之际于法兰克福大学所作的关于卡尔·赖因哈特的思想的讲演。首次发表于《新苏黎世报》,1966 年 5 月 1 日。

19. 论希腊的现实性

Zur Aktualität von Hellas.

理查德·哈德尔(Richard Harder):《希腊人的特质——希腊
文化导论》(*Die Eigenart der Griechen. Einführung in die
griechische Kultur*),载瓦尔特·马尔格(Walter Marg)主编:
《赫尔德》,弗莱堡,1962 年。后收录于《日晷》(*Gnomon*),第
33 卷(1963 年),第 93—94 页。

沃尔夫冈·沙德瓦尔特(Wolfgang Schadewaldt):《希腊与西
班牙——古典与现代文学论文集》(*Hellas und Hesperien.
Gesammelte Schriften zur Antike und zur neueren Litera-
tur*),两卷本。赖因哈特·图罗(Reinhard Thurow)和恩斯
特·齐恩(Ernst Zinn)在助手克劳斯·巴特尔(Klaus Bartel)
的帮助下又出版新增订的第 2 版,苏黎世/斯图加特,Artemis
出版社,1970 年。后收录于《日晷》(*Gnomon*),第 47 卷(1975
年),第 5—9 页。

20. 关于亚里士多德的伦理学

Zur aristotelischen Ethik.

《尼各马可伦理学》,由 R. A. 高蒂尔(R. A. Gauthier)与 J. Y.
约利夫(J. Y. Jolif)撰写导言、翻译与评注,3 卷本,鲁汶/巴黎
(Nauwelaerts),1958/1959 年。另见《哲学评论》,第 10 卷
(1962 年),第 293—295 页。

亚里士多德:《尼各马可伦理学》,第 2 版,由 R. A. 高蒂尔重写
导言,鲁汶(Nauwelaerts),1970 年。另见《哲学评论》,第 17

卷(1970 年),第 299—301 页。

21. 关于柏拉图

Zu Plato.

J. N. 芬德莱(Findlay):《柏拉图——成文与未成文的学说》(*Plato. The Written and Unwritten Doctrines*),Routledge & Kegan Paul 出版社,伦敦,1974 年。另见《哲学评论》,第 24 卷(1977 年),第 204—209 页。

B. L. 范·德·瓦尔登(van der Waerden):《毕达哥拉斯信徒》(*Die Pythagoreer*),苏黎世/慕尼黑:Artemis 出版社,1979 年。另见《哲学评论》,第 28 卷(1981 年),第 140—145 页。

概念索引

（索引所标页码均为德文原书页码，即本书边码）

A

Abwesenheit 缺席、离席。缺席并不是虚无（Nichtigkeit） 35；缺席者之思 56

Aisthesis 参见 Wahrnehmung（感知）

Akademie 柏拉图学园是教育之国 72,82；柏拉图思想的更进一步发展在学园中 106,141ff.,161

Anamnesis（Wiedererinnerung） 回忆。对不死的半截子论证 191—184；回忆与数学 195

Andere 他者。他者性（ἕτερον）与自我认识 10,184；他者性作为逻各斯的结构要素 68；他者作为理型的他者 113,164,246,251,277f.；图像的他者性 101,256，参见 Verschiedenheit 差异性

Anfang（Arche） 本原、开端，参见 Ursache（原因）。巴门尼德反对生成的本原 43；无限者（Apeiron）作为生成的开端（原则）62,64；本原的原初意义，亚里士

多德那里的开端与起源 70；一切运动的开端是灵魂的自我运动 124f.；《蒂迈欧篇》中没有对运动之开端的发问 247

Anschauung 直观。神话作为逻各斯的直观投射 61；假设无限的诸世界作为直观的超越 63；巴门尼德完全在直观领域内的存在学说 68；形象 98

Anwesenheit 在场。参见 Sein（存在）

Apeiron（das Unbegrenzte） 无限者。作为开端的无限者，诸对立从中分离 62f.；亚里士多德对无限者的批判 72f.；无限者作为毕达哥拉斯主义的基本概念 20,144ff.

Aporie（Euporie） 困境、难题。整体与部分之间的难题 21；二分法（Dihairesis）作为困境的快感 23；理念学说的困境与快感的起源 88,106；快感与辩证法 112

Arche/Aitia 参见 Ursache（原因）

Arete（Tugend） 德性。德性的统一

Hypothesis   参见 Idee(理念)

I

Idealismus   观念论、唯心论、理型论。观念论作为主体主义   10；巴门尼德的观念论阐释   24f.；思辨观念论作为古人辩证法的反思形式   29；柏拉图的观念论作为反物质主义   195ff.

Idee(Eidos)   理念(理型)的词义   275；理念(理型)与埃利亚派的存在   12—16,19ff.；毕达哥拉斯派的理念概念   16；阿那克萨戈拉的努斯概念与理念(理型)   25；苏格拉底的模范   71ff.,76ff.,173；亚里士多德的理念(理型)学说   83,86ff.,208；理念(理型)从何必须被假定   81；在逻各斯中可能的理念(理型)描述从其他中各自凸现出来   127,151；ἄτομον εἶδος   139；为了"理念"(理型)而展示给生命与灵魂的不死性   198；理念(理型)与现实的区分(Chorismos)   79,242ff.

-Hypothesis   理念(理型)的假设作为对争论术的回答   16,20f.,195ff.；在二的例子上   64,137；数学的与苏格拉底的假设概念   197f.

-Ideenlehre   理念(理型)学说将感性与智性存在分开   15,153；理念(理型)没有自为存在   22,26,138ff.,146ff.,151f.,268f.；对理念学说的生成解释之批判   132f.,

137,243,307；理念(理型)与数   27,76ff.,135ff.,149ff.；理念(理型)学说的疑难   88,130f.；《斐莱布篇》与《蒂迈欧篇》中的理念(理型)学说   15,7,153,242ff.；两个原则   77ff.,111,129—153；理念(理型)学说与数学   190

-Dialektik der Ideen   理念的辩证法

-Teilhabe(Methexis)   个别物对理念的分有，临时性描述   17；作为理念(理型)间的关系   22,26f.,82,138ff.,254,268ff.；分有的可能形式：Koinonia(联合)、Synousia(同型)、Parousie(再临)、Mixis(混合)、Symploke(交织)   22,146ff.

-Mischung(Mixis)   诸理念(理型)的互相混合   22；5世纪的混合学说   43；混合作为存在   143；存在、同一性与差异性的混合   166,249；理性与必然性的混合   253；联动状态(Aggregatzustände)的变化并非元素的混合(恩培多克勒)   266

-Verflechtung(Symploke)   27,68；同一性与差异性的交织作为逻各斯的结构   144；交织作为世界结构   251f.

-Steresis   缺乏作为理念(理型)的尚未存在   70,83ff.

Identität von Denken (Gedachten) u. Sein   思(被思者)与存在的同一性   25(巴门尼德)，37,45,56,168

Reflexion/Reflexionsbegriff 反思/反思概念。形式的诸理念 136;逻各斯的结构要素 143;同一与差异 164ff.

Relation/Reflexionsbegrif 关系/关系概念。赫拉克利特那里的关系概念 236;感知与二(柏拉图) 137f.;柏拉图的普遍关系理论 127,151;命题的关系性 164f.

Religion 宗教。希腊宗教既非书本宗教亦非正确学说的宗教 154;"荷马的"宗教 190,219;希腊与基督宗教 231;赫拉克利特反对秘教与民间信仰 238;启蒙与荷马的民间宗教 315

Rhetorik 修辞学。作为辩证法 17;智者的修辞学 226ff.;参见 Paideia

S

Sachlichkeit 事实性、实事性,参见 Dialektik(辩证法)

das Schöne 美。美的理念 16,246f.(作为秩序);美的尺度特征 136,258,264f.

Seele(Psyche) 灵魂。最古的概念:生命、生命力 67f.;赫拉克利特的"灵魂",参见 Feuer(火) 238ff.;苏格拉底向"灵魂"的转向 116ff.,190f.;柏拉图:灵魂作为自身运动 119ff.,142f.,247;世界灵魂 142ff.,161,165,249;亚里士多德:灵魂作为运动与区分的动力(κινεῖν καὶ κρίνειν) 29,141,311

-Selbstbezüglichkeit 自我关联或关涉性。在柏拉图与亚里士多德那里 117;有生命者与自身运动的本质 119f.,169,241;在赫拉克利特那里 240f.

-Weltseele 参见 Seele(灵魂)

Sein/Seindes(On, Ousia) 存在/存在者。巴门尼德:存在作为存在者之整体 11ff.,13,19,34,45(25,37);柏拉图对可感存在与智性存在的区分(逻各斯的主线 67ff.) 12,20ff.,24,28,51,69,127,163,315;生成与存在 79,193,245,254;亚里士多德:存在作为运动(ἐνέργεια) 28,214,219;存在作为范畴 24ff.,85ff.,214;四因作为存在的要素 202f.

-Anwesenheit 存在作为在场 13—18;作为当下性 48,156;第一推动者的在场 158;在场者之思 56;一种缺乏的在场 181

-Nichts/Nichtsein 无的非思(Ungedanke)作为巴门尼德教谕诗的方向点 41ff.,56,162;柏拉图在他者存在与变化间的无 70;非存在作为缺乏(Steresis) 83ff.

-Pseudos (谬误、错的东西、迷惑)奠基于逻各斯的作为-特性(Als-Charakter)中 23;普遍的关系理论 151f.

-Wahrheit(Aletheia) 作为敞开存在 24,89;作为存在的敞开性还在柏拉图那里 27,94,311;假

人名索引

（索引所标页码均为德文原书页码，即本书边码）

文献索引

译后记

  本卷系伽达默尔著作集希腊哲学专题第 2 卷,主要收录伽达默尔从 20 世纪 30 年代到 70 年代末或 80 年代初关于希腊哲学研究的论文和书评,应当说是伽达默尔著作中比较复杂以致比较难译的一卷。

  参加本卷翻译的有师庭雄、刘康、贺念、缪羽龙、田洁、石海翔、夏一杰、王希佳、高语含、徐涵等。校者除我之外,尚有缪羽龙、张柯、王丁、程炜等。全书统一和索引系高语含负责,希腊文由田书峰译成中文。在此一并致谢!

  由于水平有限,错误难免,望专家指正。

洪汉鼎

图书在版编目(CIP)数据

伽达默尔著作集.第 6 卷,希腊哲学.Ⅱ/(德)伽达默尔著;洪汉鼎等译.—北京:商务印书馆,2024
ISBN 978-7-100-23148-0

Ⅰ.①伽… Ⅱ.①伽… ②洪… Ⅲ.①伽达默尔(Gadamer,Hans-Georg 1900—2002)—哲学思想—文集 Ⅳ.①B516.59-53

中国国家版本馆 CIP 数据核字(2023)第 193707 号

伽达默尔著作集
第 6 卷
希腊哲学 Ⅱ
洪汉鼎 师庭雄 刘康 等译

商 务 印 书 馆 出 版
(北京王府井大街 36 号 邮政编码 100710)
商 务 印 书 馆 发 行
北 京 通 州 皇 家 印 刷 厂 印 刷
ISBN 978-7-100-23148-0

2024 年 3 月第 1 版 开本 710×1000 1/16
2024 年 3 月北京第 1 次印刷 印张 32¾
定价:148.00 元